司法アクセスの普遍化の動向

大村 雅彦 編著

日本比較法研究所
研究叢書
116

中央大学出版部

装幀　道吉　剛

はしがき

　本書は、司法アクセス（民事司法へのアクセスを簡潔にこのように称することにする）の近時の動向を世界的に概観し、その趨勢をできるだけ正確に把握して示したいという意図の下に刊行された。先駆的業績としては、故マウロ・カペレッティ教授が主導された「正義へのアクセス」の国際的研究がよく知られている。それから、すでに 40 年近く経過したであろうか。世界中の一流の学者が協力したあの浩瀚な研究とは比べものにならないが、40 年後の世界の状況を管見してみる学術的意義は小さくはないと考え、ささやかな試みに乗り出した次第である。

　実はこれは、小島武司先生のご示唆を受けて、小島門下の研究者を中心として共同研究グループ「司法アクセスの普遍化の研究」を中央大学日本比較法研究所においてスタートさせたことが基盤となっている。私は、2014 年 10 月にソウルで開催された国際訴訟法学会（International Association of Procedural Law, IAPL）の会議において、"The Right to Access to Justice and Public Responsibilities" と題する総括報告を行う機会を得た。その際には、7 カ国の研究者から提出を受けた国別報告書を基礎として、最近の共通の動向や各国の独自の特色を探ろうと試みたのであるが、それをきっかけとして、共同研究としてさらに発展させることを小島先生が示唆して下さったのである。

　近年私は学内行政の仕事に追われ、参加していただいた研究者の方々もたいそうご多忙の方々が多いため、研究会は毎年 3 回程度しか開催できなかったが、一応の統一方針の下に、研究参加者のご協力を得て、なんとか成果を取りまとめることができた。本書には 10 ヵ国の国別研究が収録されている。前記のソウル大会の国別報告と重なる 4 ヵ国については、それらよりも遙かに詳細な研究成果をご執筆いただき、それ以外の国々については、新たに貴重な研究

成果をご執筆いただいた。執筆者の方々には心から感謝申し上げたい。
　また、この共同研究のきっかけを作っていただいた小島武司先生には心からの感謝を捧げたい。小島先生は、本年、瑞宝中綬章の受章という栄誉に浴された。その御祝いを兼ねて、本書を小島先生に献呈することを、執筆者の皆様にお許しいただければ幸いである。

　2018年5月

　　　　　　　　　　　　　　執筆者を代表して　大　村　雅　彦

『司法アクセスの普遍化の動向』の刊行に寄せて

中央大学名誉教授　小　島　武　司

　日本比較法研究所における共同研究プロジェクトの一つである『司法アクセスの普遍化の研究』（代表：大村雅彦・中央大学教授）は、かつてわたくしが研究代表を務めた『欧米民事訴訟法研究会』（1979 年発足）を前身とするものである（研究メンバーの相当数が同一）。この研究は、1980 年代にマウロ・カペレッティ率いる正義へのアクセスのためのフィレンツェ・プロジェクトの諸成果をわが国に紹介する作業であり、マウロ・カペレッティ編〔小島武司＝谷口安平　編訳〕『裁判・紛争処理の比較研究（上・下）―アクセス・トゥ・ジャスティス・プロジェクト―』（中央大学出版部、1982 年・1985 年）、小島武司編『各国法律扶助制度の比較研究』（中央大学出版部、1983 年）、そして、マウロ・カペレッティ編〔小島武司＝谷口安平　編訳〕『正義へのアクセスと福祉国家』（中央大学出版部、1987 年）などを刊行した。それらの著作では、多くの実務家や研究者の興味・関心を惹起するのに足りるものであり、2000 年代における司法改革に連なるものといえよう。

　その後、30 年以上の時を経た現在において、司法アクセスの比較法的研究は、その重要性を高めており、2014 年の国際訴訟法学会ソウル大会（これについては、大村雅彦教授のはしがきを参照）にみられるように、各国の司法システムは、グローバリゼイションに伴う均質化の一方で、独自の発展による多様化という方向を遂げつつ、豊穣化の歩みを進めている。このような状況にあっては、各国における司法アクセスの実状とその進展に関する情報の交換と共有が一層求められよう。

　この間の状況変化のうち、主なものを一瞥すると、日本国内では、1952 年

に創設された財団法人「法律扶助協会」（2000年施行の民事法律扶助法のもとで指定法人）の業務を承継し、さらに発展させた独立行政法人「日本司法支援センター」（愛称、法テラス）が2006年に発足し、司法アクセスのためのさまざまな取り組みが国家的事業としてダイナミックな展開を遂げている。具体的には、ジュディケアとスタッフ弁護士の混合制を基盤として、民事法律扶助業務が一層の充実をみせているほか、地方事務所の設置（50か所）による情報提供および司法過疎対策の推進、アウトリーチ型のリーガル・サーヴィスの定着（司法ソーシャルワーク）、犯罪被害者支援、そして、被災者への法的支援などを目にすることができる。さらに、ADRの領域では、民間型ADRについて、認証紛争解決サーヴィス（「かいけつサポート」）に一定の法的効力を付与するなどして、その促進を図る「裁判外紛争解決手続の利用の促進に関する法律（いわゆる、ADR法）」が2004年に制定され、司法型ADRについても、2004年に労働審判法が制定され、個別労働紛争について調停を試み、まとまらなければ審判を行うという「合意＋裁断」型の手続が2006年の開始以来、実効をあげており、加えて、国際ビジネス紛争の分野では、2017年に「京都国際調停センター」が開設され、翌2018年にその運用が開始される。そのほかにも、2004年に法科大学院を中核とする新たな法曹養成制度がスタートし、組織内弁護士の増加にみられるように、弁護士の職域拡大の動きが看取される。また、2006年には「司法アクセス学会」が創設され、毎年、実務家と研究者の意見交換を通し新生面が開かれている。

　目を転じると、まず、インターネットの普及などのICT（情報通信技術）による急な変化は世界的規模で進んでおり、さらにその先にAIによる深層学習の時代を垣間見る昨今にあっては、司法アクセスのための取り組みも、異次元のイノベーションと無縁ではない。つぎに、開発支援や法整備支援などによって、かつて第三世界と呼ばれたアフリカなどの途上諸国にも人権や法の支配（rule of law）の理念が浸透しつつあり、司法アクセスの充足度は重要な尺度のひとつとなっている。しかも、そこでは、女性（ジェンダー）、LGBT、こども、人種、障碍者、移住労働者などのマイノリティの司法への普遍的アクセ

スが注目されていることも特筆に値しよう。さらには、司法アクセスのための取り組みのなかにビジネスチャンスを見出そうという動きも散見される。たとえば、第三者による訴訟費用のファイナンスビジネス（Third Party Litigation Finance［TPLF］や Alternative Litigation Finance［ALF］などの訴訟ファンド）が欧米を中心に広がりつつある。日本でも権利保護保険（弁護士保険）について、販売件数の増加がみられるようになっており、心強いところである。

　ところで、わたくしは、ロシアにおける法律学分野における私法学術賞の審査を 2017 年より担当し、世界各国から出された論文を読みながら、法律学の世界的な趨勢を垣間見る機会に恵まれている。コンメンタールの編纂に代表される伝統的な法律学の役割は今後も変わらないであろうが、それと別の方向において、個性ある頭脳による法のルネッサンスが生まれ、司法アクセスの領域に人間中心の新地平が（サンクトペテスブルク会議における 1918 年 5 月 15 日の小島によるエクパート・コミティ・チェアマン報告を参照）開拓される予感があり、心強い限りである。

　本書の刊行に尽力された執筆者や編集者の方々の労を多とするとともに、日本の司法アクセスがさらなる高みに到達し、法律学が新たな段階にシフトする契機となることを祈念したい。

　　　　　　　　　　　　　　　　　　　　　　　　　　　　　以　　上

目　次

はしがき ……………………………………… 大　村　雅　彦

『司法アクセスの普遍化の動向』の刊行に寄せて … 小　島　武　司

全 体 総 括

第1章　司法アクセスの普遍化の動向……………… 大　村　雅　彦… 3

ア　メ　リ　カ

第2章　アメリカ合衆国における司法アクセス … 山　城　崇　夫
　　　　　　　　　　　　　　　　　　　　　　　　小　林　　　学 … 33

第3章　カナダにおける司法アクセス……………… 猪　股　孝　史
　　　　　　　　　　　　　　　　　　　　　　　　小　林　　　学 …149

ヨ　ー　ロ　ッ　パ

第4章　イギリスにおける司法アクセス…………… 萩　澤　達　彦…223

第5章　ドイツにおける司法アクセス……………… 豊　田　博　昭
　　　　　　　　　　　　　　　　　　　　　　　　清　水　　　宏
　　　　　　　　　　　　　　　　　　　　　　　　秦　　　公　正 …241
　　　　　　　　　　　　　　　　　　　　　　　　田　中　誠　人

第6章　フランスにおける司法アクセス……………町　村　泰　貴…269

第7章　イタリアにおける司法アクセス……………櫻　本　正　樹
　　　　　　　　　　　　　　　　　　　　ジョルジョ・ファビオ・コロンボ…283

　　　　　　　　　　ア　ジ　ア

第8章　中華人民共和国における司法アクセス…　陳　　　　剛
　　　　　　　　　　　　　　　　　　　　　　　韓　　　　寧…329

第9章　大韓民国における司法アクセス……………田　　炳　西…363

第10章　シンガポールにおける司法アクセス……平　田　勇　人…389

第11章　タイにおける司法アクセス…………ナパット・ソラアット…431

　　索　　引　495

全体総括

第1章

司法アクセスの普遍化の動向

大　村　雅　彦

Ⅰ　はじめに／Ⅱ　司法アクセス権の憲法的保障の概観／Ⅲ　司法アクセスに関する政策的動向／Ⅳ　民事司法制度の組織的基盤／Ⅴ　民事訴訟手続の改革とADRの活用／Ⅵ　司法アクセスの改善と訴訟の電子化／Ⅶ　民事訴訟の経済的障害への対処／Ⅷ　さまざまな課題／Ⅸ　むすびに代えて

Ⅰ　はじめに

　故マウロ・カペレッティ教授が「司法へのアクセス」または「正義へのアクセス」（Access to Justice）[1]と題するチャレンジングな国際的プロジェクトによって民事手続法の研究に新たな境地を開拓したのは、30年以上前のことであった。これは、世界各国の高名な研究者の協力を得て、民事司法の状況と課題について国別のレポートを集めるとともに、その世界的動向を分析するという大変広汎な研究プロジェクトであった。カペレッティ教授の研究拠点がフィレンツェ大学であったことからフィレンツェ・プロジェクトとも呼ばれたこの研究は、民事司法の世界的な改革運動の波をもたらし、その後多くの国々において、より効果的な司法アクセスを実現するための改革が推し進められた。その意味で、この研究プロジェクトは、一段と成熟した民事司法の時代の幕開けと

---

1)　Mauro Cappelletti (gen. ed.), ACCESS TO JUSTICE, 4 vols. (6 books) (Sijthoff & Noordhoff, 1978-79).

なったともいえよう。とはいえ、このプロジェクトがあぶり出した課題がその後十分に克服されたかと言えば、おそらくそうではない。司法へのアクセスがどこまで改善されたかは、現在も、将来も、繰り返し検証されるべきテーマである（なお、本書では、司法へのアクセスという場合の司法は、民事司法を指している）。

2014年10月に韓国で、「憲法と訴訟法」を統一テーマとする国際訴訟法学会（International Association of Procedural Law, IAPL）ソウル大会が開催された。その際に、筆者は、"The Right to Access to Justice and Public Responsibilities"と題するセッションで総括レポーターを務めた。そこでは、各大陸を代表する7カ国から提出を受けた国別報告を基礎として、最近の共通の動向や各国の独自の特色を探ろうと試みた[2]。本稿は、それらの総括報告に示された情報をベースとし、さらに、本書に収録された10本の国別研究を参照しつつ、かなり補筆したものである。

IAPLソウル大会では、筆者が個別報告を依頼した国は、北米からアメリカ合衆国[3]、南米からブラジル[4]、西欧からドイツ[5]、東欧からポーランド[6]、そし

---

2) 2014年10月に延世大学を会場として開催された国際訴訟法学会（IAPL）ソウル大会では、「憲法と訴訟法」（Constitution and Proceedings）が大会の統一テーマとされ、"Effective Access to Justice" が主要なセッション・テーマの1つとされた。筆者は、そのセッションで、"Effective Access to Justice: The Right to Access to Justice and Public Responsibilities (General Report)" を提出・報告した。英文で提出したこの総括報告を基にしつつ、和文でいくつかの加除修正を施したものを、高橋宏志教授の古稀祝賀論集『民事訴訟法の理論』（2018年2月刊）に「司法アクセスに関する近時の理念的・政策的動向」と題して寄稿させていただいた（英文での総括報告を日本文で活字にすることについては、ソウル大会の組織委員会代表であるHo Moon-hyuck（胡文嚇）ソウル国立大学教授のご快諾を得た。）。なお、ソウル大会の報告書は活字として刊行されていないので、以下では、その国別報告を参照する際には、できるだけ内容をカギ括弧付きで引用することにする。

3) Richard Marcus, "The Right of Access to Justice: The Experience of The U.S. Since The 1960S"［以後、Marcusとして引用］.

4) Ada Pellegrini Grinover, Kazuo Watanabe, Carlos Alberto de Salles, Daniela Monteiro Gabbay and Valeria Lagrasta, "Effective Access to Justice: The Right to

て、東アジアから韓国[7]、中国[8]および日本[9]であり、それぞれ定評のある研究者に報告を依頼することができた。その後、中央大学日本比較法研究所で「司法アクセス研究会」を立ち上げた。その研究成果として本書に収録できた諸論稿は、アメリカ、ドイツ、中国、韓国についてはこれと重複しているが、より詳細かつ最新の研究成果が寄せられた。また、イギリス、フランス、イタリア、タイ、シンガポールについては新たな研究成果を得ることができ、この種の比較法的研究としては、かなりの範囲をカバーする充実したものとなったと考えている。ご寄稿いただいた執筆者の方々には、改めて感謝の意を表したい。

　さて、司法へのアクセスは、実際問題としては、各国の政治的・社会的・経済的諸条件とも密接に関連している。従って、国別報告には、それぞれの国の状況が反映され、多様な姿を呈している。ただ、筆者は、ソウル大会においても、司法アクセス研究会においても、比較のための視点とするため、各報告には可能な範囲で以下のような要素を取り入れていただくように依頼した。

1）　司法アクセス権の憲法的保障
2）　司法アクセスに関する政策的な動向
3）　民事司法制度の組織的基盤
4）　民事訴訟法改正・制度の改革（特に集合訴訟）

　　Access to Justice and Public Responsibilities — Brazilian Report"［以後、Grinover et al. として引用］.
5）　Felix Maultzsch, "The Right to Access to Justice and Public Responsibilities — National Report: Germany"［以後、Maultzsch として引用］.
6）　Kinga Flaga-Gieruszyńska, Ewelina Cała-Wacinkiewicz, Aleksandra Klich and Michał Wojdała, "The Right to Access to Justice and Public Responsibilities — Poland"［以後、Flaga-Gieruszyńska et al. として引用］.
7）　Young-Joo Ham, "Right of Access to Justice in Korea"［以後、Ham として引用］.
8）　Hangping Chen, "Unsatisfactory speediness: An introduction to Chinese civil procedure"［以後、Chen として引用］.
9）　Takuya Hatta（八田卓也）, "The Right to Access to Justice and Public Responsibilities — National Report from Japan"［以後、Hatta として引用］.

5) 代替的紛争解決（ADR）の利活用
6) 司法アクセス改善と訴訟の電子化
7) 民事訴訟の経済的障害への対処（法律扶助、法律費用保険など）（この項目は司法アクセス研究会において追加した。）

本稿では、ソウル大会での国別報告に示された情報に基づき、また、司法アクセス研究会の各国研究報告を参酌しつつ、これらの項目について、近時の全体的な動向をみていくことにするが、詳細については、本書に収録されている詳細な各研究報告を参照されたい。

Ⅱ　司法アクセス権の憲法的保障の概観

ブラジル報告によれば、"Access to Justice" という概念には、狭義と広義があるという。狭義では、これは裁判所へのアクセスのみを意味するけれども、広義では、「公正な法秩序（fair juridical order）」を指し、そこには ADR を通じた紛争解決や経済的・社会的な障害の除去なども含まれる[10]。広義のそれを意識しておく必要は、フィレンツェ・プロジェクトが裁判手続だけでなくそれに関連するさまざまな代替策をもカバーしていたことからも、当然であろう。ポーランド報告もまた、同国における "right to justice" の概念が、訴訟手続へのアクセス権、その他適切な手続へのアクセス権、および、拘束力ある解決へのアクセス権を含む複合的な概念であることを指摘しており[11]、これはブラジル報告の指摘と同様の考え方といえよう。その意味で、Access to Justice を「正義へのアクセス」と訳すべきかもしれないが、本稿ではそういう広義の概念をも意識しながら、中核的なイメージを重視して、「司法へのアクセス」と称することにする。

ほとんどの国は、司法へのアクセス権（right of access to justice）について定める憲法規定を有する。そして、それは通常、裁判所へのアクセスを意味し

---

10) Grinover et al., supra note 4, at 2.
11) Flaga-Gieruszyńska et al., supra note 6, at 1.

ている。例えば、日本では「裁判を受ける権利」（right of access to the courts)、韓国では「憲法及び法律の定める裁判官によって法律による裁判を受ける権利」[12]、ブラジルでは提訴権（right of action）などについて定める憲法規定がみられる。そして、そこでは、多くの場合、関連して、法の適正手続（due process of law）あるいは十分な防御権（right to a full defense）などの原則が定められている。ポーランドの憲法は、「資格を有する公平かつ独立の裁判所において公正かつ公開の審理を不当な遅滞なく受ける権利を、すべての人が有する」、と詳しく規定している[13]。過不足なく、必要な要素を表現しきっているといえよう。

ドイツでは、「広範な司法アクセス権（access to justice）を保障する明文の規定は憲法にはないけれども、司法行為請求権（Justizgewähranspruch）という同様の権利が一般的な憲法原則から導かれることが広く承認されている。……そして、第1に、この司法アクセス権には独立の裁判所によって争いが審理されるべきことが含まれており、第2に、憲法は少額な請求に対しても効果的な法的保護を受ける権利を保障している」[14]。

アメリカ合衆国憲法におけるデュー・プロセスの保障（修正第5条・修正第14条第1節）は、刑事手続に限らず民事手続においても妥当することが認められており[15]、民事訴訟における近時の世界的な手続（権）保障のバックボーン的な存在といえよう。アメリカの適正手続条項は事前の通知（advance notice）と審問を受ける権利（right to be heard）を保障しているというのが、合衆国最高裁の見解である。加えて、当事者が弁護士を有するときは、弁護士による代理を受ける権利を憲法が保障しているとする。もっとも、弁護士による法的代理の保障は1つの争点となっている。すなわち、本人訴訟（pro se litigations）の当事者は、無資力であっても、国に弁護士をつけてもらう憲法

---

12) 本書363頁（田炳西）。
13) Flaga-Gieruszyńska et al., supra note 6, at 1.
14) Maultzsch, supra note 5, at 1.
15) 本書39頁（山城＝小林）。

上の権利を有するわけではないとされている[16]。

　タイでは、司法アクセスの人権性が 2007 年の憲法で明確に宣言されており、ただ、それを具現化する制度的な整備が不十分であるとの認識に立って、2017 年憲法はその改善に向けた国の責務をも規定するに至っている[17]。

　また、イギリスやカナダでは、元来、法の支配（Rule of Law）という憲法的原則が司法アクセスを保障すると考えられている[18]。

　憲法上の人権としての司法アクセス権の保障は、おおむね現代諸国の普遍的傾向であるといえよう[19]。

Ⅲ　司法アクセスに関する政策的動向

　貧困な市民に対してリーガル・サービスを提供するアメリカ型アプローチは、フィレンツェ・プロジェクトで描かれて以来、世界的に知られるようになった。「1960 年代に、ジョンソン大統領の始めた貧困撲滅戦争（War on Poverty）は、国の資金でスタッフを配置するリーガル・サービス事務所を全国に創設した。これらのリーガル・サービス事務所の多くは、個人への法的代理だけでなく、クラス・アクションのような『インパクト訴訟』の代理をも提供した。これは 1970 年代に、多数の依頼者が置かれていた状況を変革するためであった。」しかしながら、1980 年代になると、「レーガン政権は政府が資

---

16) Marcus, supra note 3, at 1. 本書 42 頁（山城＝小林）。なお、アメリカの本人訴訟に関しては、山城崇夫「本人訴訟と法律扶助」白鷗大学法科大学院紀要第 10 号 33 頁（2017 年）参照。
17) 本書 440 頁以下（ソラアット）。
18) 本書 223 頁（萩澤）、本書 149 頁（猪股＝小林）。
19) 本書 331 頁（陳＝韓）によれば、民事訴訟の領域における司法アクセス権の保障は、憲法ではなく民事訴訟法に規定されている。また、本書 392 頁（平田）によれば、シンガポールでは、憲法に司法アクセス権の保障は存在しないようである。しかし、進行中の ASEAN 共同体の構築の過程で、刑事事件に関しては公正な裁判を受ける権利の保障が共同体宣言に盛り込まれていることからすると、このような形で民事司法の面でもアクセスの保障が将来、域内の国々に広まることが期待される。

金提供するリーガル・サービス事務所がインパクト訴訟を提起することを禁止するとともに、個人への法的代理の予算も削減した」[20]。

　マーカス教授の説くところによれば、「アメリカ合衆国の法制度は司法アクセスという点では［提訴者に］有利と言えるかも知れない」「例えば、提訴手数料の低さ［定額かつ低額］、敗訴者が相手方の費用を負担する必要がないという原則、全面成功報酬制（Contingency fees）、相手方の費用負担での広範なディスカヴァリ、そして、（しばしば巨額の賠償額を認める）陪審制度が存在するからである。」「このような種々の特色を有するために、アメリカの裁判制度は司法アクセスを容易にしすぎており、訴えられる被告にとっては、防御するよりも原告にさっさと支払ってお仕舞いにする方が安くつくので、結局、被告にとっては司法アクセスが否定されている、という強い批判がある。この意味で、司法へのアクセスという概念は諸刃の剣であるといえる」[21]。

　たしかに、これらの特徴は原告側が訴えを提起することを容易にするであろう。ただ、それらが一貫性のある国家政策として意識的に採用されてきたものであるか否かは明らかではないが、無意識的な社会的性向としては認識可能かも知れない。

　さて、以上のような舞台装置を背景に、アメリカでは、1990年に「民事司法改革法」が制定され、それ以後、様々な連邦裁判所で社会実験ともいえる実証的プロジェクトが実施され、連邦民事訴訟規則の改正につながっていった。これはアメリカにおける司法制度改革の全国的な政策であったといえよう[22]。

　イギリスでも、ウルフ・レポート（1996年）が司法制度の広範な見直しを提言し、訴訟遅延や複雑訴訟等に対応する民事訴訟規則改正が行われた[23]。

　ドイツでは、2002年に民事訴訟法典（ZPO）の全面改正が行われ、これは司法アクセスの水準に実務上大きな影響を及ぼした。「この改正の全般的な目

---

20) Marcus, supra note 3, at 4.
21) Marcus, supra note 3, at 5.
22) 大村雅彦『比較民事司法研究』（2013年）125頁以下。
23) 本書224頁（萩澤）参照。

的は、民事訴訟を『もっと市民に優しく、効率的で、かつ、透明なもの』にすることであった」[24]。その具体策としてはいろいろあるが、とりわけ、第一審裁判所における手続を強化するとともに控訴を制限し、また、特定の類型の事件だけではなく民事事件一般において友好的解決を促進するためにいわゆる和解的弁論期日（conciliation hearing）を導入した。ただ残念ながら、この改正はその後さほど重要な成果をもたらしたとは評価されていないようである[25]。

日本では、政府が1999年に司法制度改革審議会を設置し、同審議会は2001年にその報告書を公表した。その中には、新たな法律専門職大学院を通じてより多数の法曹を養成すること、全国的なリーガル・サポート・センターを設置すること、簡易裁判所の事物管轄の拡大、少額請求手続の係争上限額の引き上げ、一定類型の民事訴訟における非法律専門家（建築士等）や準法律専門家（司法書士、弁理士、税理士等）の活用、およびＡＤＲの利用促進など、さまざまな改革提案が含まれていた。そして、2001年から2004年にかけて、この提案に沿った多数の法改正が実施された[26]。

ブラジルでは、全国司法会議（Brazilian National Council of Justice (CNJ)）が第125/2010号決議を制定することによって司法アクセスの改善に寄与した。この決議は、「効率的な紛争管理のための全国的な司法方針を導入することにより、全国における和解および調停を規制し、裁判所のためのガイドラインを明確化した。その主たる目的は、合意による紛争解決方法（調停や和解）へのインセンティブや規制を通じて法的支援を改善し、社会的安定を促進し、結果として、司法アクセスという憲法上の原則を機能させることにある。」[27]

韓国では、2003年に大法院（最高裁判所）の傘下に司法改革委員会が設置され、同委員会は、大法院の機能及び構成、法曹一元化、法曹の養成および選抜制度、国民の司法参加、民事裁判改善方策などについて、2004年に改革提

---

24) Maultzsch, supra note 5, at 2.
25) Maultzsch, supra note 5, at 3. 本書245頁（豊田＝清水＝秦＝田中）。
26) Hatta, supra note 9, at 2.
27) Grinover et al., supra note 4, at 5.

案を行った[28]。韓国における司法アクセスの全国的政策に関連して触れられている諸項目のうち、2つの事柄が特に注目に値すると思われる。第1に、韓国の大法院の事件負担の重さは極めて深刻であり、判事をそのような加重負担から解放することは各事件の慎重な審理を促すためにも必要である。しかし、韓国報告によれば、「法の定めるところに従って審理を受ける」憲法上の権利は、大法院による審理を受ける権利、または、三審級の裁判を受ける権利を含むと解釈されているため、最後の上訴を裁量上訴制（*Certiorari*）とする考え方は韓国では未だ許容されていない[29]。第2に、法曹人口を増加させるために、アメリカ型の専門職ロースクール制度が導入された[30]。この点においては、韓国は日本の改革（法科大学院制度の導入）に倣ったのであるが、韓国の改革は日本が採用したものよりも遙かに徹底したものであったことが興味深い（例えば、日本の予備試験制度にあたるものは導入しなかった）。

韓国報告が示唆しているように、法曹人口の増加は司法アクセスの度合いを高めるものと思われる。なぜなら、弁護士へのアクセスは広い意味での司法へのアクセス（正義へのアクセス）の基礎といえるからである。ただ、他方で、マーカス教授が指摘するように、いくら法曹を増やしても、貧困者には弁護士に依頼することが経済的に困難であり、それを改善するには別の対策が必要であることはいうまでもない[31]。

いくつかの国別報告で示されているように、実際には本人訴訟は相当多数存在するようである。その原因が、弁護士人口の不足にあるのか、法律扶助の不十分さにあるのか、弁護士以外の法律補助職が存在するからなのか、あるいは、当事者本人が自分で処理できると感じる単純な事件が多数存在するからであるのか、安易に決めつけることはできない。しかし、これらすべて、あるいは、さらにほかの要素もまた、原因となっているのであろうと推測する。

---

28) 本書364頁（田炳西）。
29) Ham, supra note 7, at 4.
30) Ham, supra note 7, at 5.
31) Marcus, supra note 3, at 7.

ともあれ、以上の概観からすると、特に 1990 年から 2010 年の間に、相当数の先進諸国において司法制度改革の包括的な運動が盛り上がったことが理解でき、非常に興味深い動向であると思われる。

Ⅳ　民事司法制度の組織的基盤

それぞれの国の裁判官数、弁護士数、訴訟事件数などについての詳しい統計的データについては、本書における各国の報告を参照いただきたい。しかし、各国の民事司法制度自体に多くの違いがあるため、意味のある形でデータを比較することはかなり困難である。それゆえ、ここでは法曹人口と事件数についての筆者の印象を述べるにとどめる。

日本は、2016 年時点で、人口 1 億 2,700 万人のところ、裁判官数は 2,755 人、弁護士数は 3 万 7,680 人であった。裁判官数は、過去 20 年間でわずかに増えただけであるが、弁護士数はこの期間に 2 倍以上に増えている[32]。新しい法科大学院制度を通じて法曹人口を増加させようという 2,004 年以来の国の政策が、この顕著な変化に寄与していることは明らかであると思われる。他方で、民事訴訟の新受事件数は、2009 年までは継続して増加傾向にあったが、その後は減少に転じた[33]。その最大の要因としては、いわゆる過払い金返還請求事件の数が減少していることが挙げられるのではないかと思われる。

韓国は、人口の点では日本の半分程度（約 5,100 万人）、裁判官の人数は 2016 年時点で約 2,900 人、弁護士の人数は 2015 年時点で約 20,500 人に達しており、日本と同様、裁判官の人数は微増であるが、弁護士人口は急増している[34]。なお、韓国では、裁判所の事件数負担の重さが指摘されている。実際、地方裁判所における通常民事訴訟の件数だけでも 400 万件に上り、また、長官と 13 人の判事で構成される大法院（最高裁判所）は 3 万 5,000 件の事件を抱

---

32)　Hatta, supra note 9, at 4.
33)　Hatta, supra note 9, at 4.
34)　本書 368-370 頁（田炳西）。

えている[35]。大法院のこの重い事件負担は、前述のように、憲法上の保障には最上級の裁判所の裁判を受ける権利が含まれているという信念にも関連があると思われる。

　ドイツは、人口8,000万人であるが、通常裁判所の裁判官数は約1万5,000人、弁護士の数は16万人にも上る[36]。

　フランスの人口は、2016年時点でおよそ6600万人のところ、弁護士数は約6万4000人である[37]。

　イタリアでは、2015年の時点で、人口6050万人のところ、弁護士数は23万7000人といわれる[38]。

　ブラジルでは、裁判官数は1万7,000人、弁護士数は87万3,000人もの多数に上るが、人口も約2億人という規模である[39]。

　中国の人口は14億人前後と推定されるところ、裁判官数は（最近の抑制的な改革の結果）10万人余、弁護士数は30万人超とされている[40]。

　ここで、人口1万人あたりの弁護士数を比較してみると、およその数字であるが、中国2.1人、日本3.0人、韓国4.0人、フランス9.7人、ドイツ20.0人、イタリア39.2人、ブラジル43.6人、アメリカ44.4人[41]となる。もちろん、各国の司法制度の状況や社会の構造等が違うので、単純な比較はできないが、国によって相当大きな開きがあることは確かであると思われる。

　アメリカでは130万人を超える数の弁護士がいると言われている。もっとも、彼らのうちのかなりの割合は企業や官庁等の組織に勤務しているので、法

---

35)　Ham, supra note 7, at 4.
36)　Maultzsch, supra note 5, at 6. 本書250-251頁（豊田＝清水＝秦＝田中）。
37)　本書276頁（町村）。
38)　本書303頁（櫻本＝コロンボ）。1985年から2015年までの30年間、人口は微増であったのに、弁護士数は500％増加した。
39)　Grinover et al., supra note 4, at 6.
40)　本書334頁（陳＝韓）。
41)　ここでは、アメリカ合衆国の弁護士数を133万人、人口をおよそ3億人として計算している。

律事務所勤務の弁護士、あるいは、訴訟業務を頻繁に行ういわゆる法廷弁護士 (litigation lawyers) の数は、もっと少ないはずである[42]。他方で、多くの国々では、アメリカにはみられないような資格（士業）としての準法律専門家が存在する。アメリカでは正規の弁護士によって遂行されている法律業務のかなりの部分が、それらの国々では準法律専門家によって処理されているので、かかる国々の弁護士の数がアメリカの弁護士数より少なくても不思議ではない。とはいえ、アメリカ以外の国における弁護士と準法律専門家の数を合計しても、130万人に達するということは、少なくともアジアの国々ではないであろう[43]。

過去10年にわたる日本の経験を振り返ってみると[44]、一国における適切な、あるいは望ましい規模の弁護士数を割り出すことは、容易ではないと思われる。それは、各国における社会的、文化的、政治的および経済的な諸条件に左右され、極めて複雑な諸要因に関わっている。アジアの諸国においては、西洋式の近代化と東洋式の宥和の美徳とのせめぎ合いを通じて適切な弁護士数が決まってくるのではないかという見方もあり得るかも知れないが、それとても単

---

42) 本書60頁（山城＝小林）によれば、アメリカの弁護士人口は、2017年時点で約133万人。そのうち、開業弁護士（企業・行政・研究機関等に属していない弁護士）の割合は、2005年時点で75％とされている。

43) 法曹人口の問題は、法曹の地域的偏在、すなわち、弁護士過疎地域の問題にもつながる。日本では、1996年当時、全国に78か所存在した「弁護士ゼロワン地域」は、弁護士人口の拡大、法テラスの活動、日弁連のひまわり基金法律事務所の開設などにより、2011年までには一応解消されたようである。タイでも、司法アクセスの充実はもっぱらバンコクを中心に進められてきており、法曹過疎問題があると指摘されている。本書444頁（ソラアット）。

44) 近年、日本では2,000人近い法曹が毎年生み出されてきた（但し、2015年以降は政府の方針として1500人程度に抑制されている）。彼らのほとんどは、法律事務所における勤務弁護士の職を求める。しかし、法律事務所はすでに飽和状態で、新人弁護士が職を得ることはかなり困難であり、いわゆる即独が増えているといわれる。他方で、社会に「法の支配」を広く浸透させるためには、国あるいは地方の政府機関や企業などが法律家を組織内弁護士としてもっと採用しなければならないという声も強い。

純に過ぎる推論というべきであろう。

V　民事訴訟手続の改革とADRの活用

1．集合訴訟

　各国のレポートは、民事訴訟法に関するさまざまな改革・改正についての情報を提供してくれている。そのうちのいくつかについては、すでに本稿でも触れたので、ここでは、非常に多数の市民にとっての司法アクセス権の抜本的な保障に重要な関係を有するところの、集合訴訟ないしは代表訴訟（collective or representative litigation）——とりわけ差止請求ではなく金銭賠償請求を求めるためのそれ——に焦点を絞ることにする。

　アメリカは活発なクラス・アクションでよく知られている。これは、被害者の一人が代表原告となって提訴し、裁判所がクラス・アクションとして認可した訴訟においては、判決の効力が訴訟外の被害者全員に及ぶというオプトアウト制の訴訟手続であり、典型的には、少額の被害を受けたきわめて多数の人々の個別的提訴なしに一挙抜本的に被害回復をもたらし得るという大きなアドバンテージを有すると同時に、被告とされる大企業等には巨額の賠償義務という大きなディスアドバンテージをもたらす制度である。連邦議会はクラス・アクションを連邦裁判所の制度として取り込み、主として少額被害を受けた多数人の司法へのアクセス権を回復するとともに、個々の被害者のデュー・プロセスへの配慮や、濫用による弊害を避けるために、種々の規制を加えてきた。さらに、連邦最高裁判所も、一定類型の事件においてはクラスの認定を制限し絞ってきたようである[45]。クラス・アクションの長い歴史は、それを規制しようとする努力の歴史であったといっても過言ではない[46]。

　カナダのクラス・アクションは、基本的にアメリカのそれと同様の制度であるが、濫用（法的根拠の薄いクラス・アクションによって和解金をむしり取ろ

---

45)　Marcus, supra note 3, at 8.
46)　詳細については、本書103頁以下（山城＝小林）。

うとするようなもの）はあまり聞かれない。これは、クラス・アクションにおいては陪審制が採用されていないことなど、ほかの訴訟上の制度にも関係がある[47]。

　ドイツでは、「個別事件ごとに弁護士によってアドホックに組織されるクラス・アクションよりも、適格を事前に認定された団体による制度的な代表訴訟（representative actions）を採用した。」[48]不正競争および独禁法関係の分野で不当に得た利益を国庫に吐き出させる訴訟（actions for disgorgement of excess profits）に加え、「投資家による集合訴訟（collective actions）として、2005年に特別な種類の代表訴訟が導入された。　この訴訟手続は、多数の紛争に関連する事実上または法律上の争点について、統一的でかつ拘束力のある決定を行うことを許容するものである。そこでは、関連紛争のいずれの原告または被告も、ムスタ訴訟（Musterverfahren）の申請を行うことができ、それは電子的な登録によって公告される。ムスタ訴訟は、4ヶ月以内に少なくとも9件の同種の申請があれば、高等裁判所において開始される。高等裁判所は共通する事実上または法律上の争点について判定するのに適したムスタ事件を選択する。そして、ムスタ訴訟の申請がなされた訴訟であるか否かを問わず、関連する訴訟のすべてにおいて手続が停止される。停止された関連訴訟の当事者は、呼出し当事者としてムスタ訴訟に関与することになる。ムスタ訴訟の終局裁判は、当事者および呼出し当事者の全員に対して拘束力を有する。また、ムスタ訴訟の費用はすべての関連訴訟の当事者が分担する。投資者集合訴訟での経験がここには盛り込まれている。というのも、投資者集合訴訟の手続はかなり複雑であるし、また、ムスタ訴訟事件の原告の利益と呼出し当事者の利益とは摩擦がないとはいえないからである」[49]。

　ムスタ訴訟は、単なるテスト訴訟（test case）のアイデアとは異なる。ムス

---

47)　詳細については、大村雅彦『比較民事司法研究』108頁以下、本書202頁以下（猪股＝小林）。

48)　Maultzsch, supra note 5, at 9.

49)　Maultzsch, supra note 5, at 10.

タ訴訟における終局裁判は関連訴訟のすべてに対して拘束力を及ぼすからである。

　ポーランドでは、クラス・アクションに関する法律が2010年に施行された。「クラス・アクションの要件は次の通りである。すなわち、すべての請求が同種のものであり、単一ないしは同一の事実関係に基づくものでなければならず、また、その集団は少なくとも10人以上で構成されていなければならない。この法律の適用範囲はかなり狭い。というのも、この法律の主な適用対象となる事件は、原則として、消費者保護、危険な製造物によって引き起こされた損害の賠償責任、および不法行為（但し、身体的被害の回復のための請求は除外される）に限定されているからである。この訴訟手続は、特に消費者から人気を博しつつある。その理由は集団がその代表者を通じて提訴してくれるからであり、その代表者は当該地方の消費者保護活動をしている弁護士でもある。集団がこのタイプの訴訟を提起することを阻害する要因は、当該集団に属する各人の請求を同一金額にまとめる必要があるということである。この要件があるために、実際には、より高額の請求権を有する者が低い請求権を有する者に合わせるために請求の一部を放棄することが必要になる」[50]。

　ポーランドのこの制度はアメリカのクラス・アクション類似のオプトアウト型手続のように思われるが、適用対象の限定や、全員の請求金額を同一額に揃えなければならないなどの制約を勘案すると、その機能はより限られているのではなかろうか。

　韓国もまた、アメリカ型と類似の金銭請求クラス・アクションを導入しているが、その適用領域は有価証券事件に限定されている[51]。

　イギリスでは、消費者権利法（2015年）による集団訴訟が導入され、競争法違反の事件で損害を被った消費者がクラスの代表者として提訴することができ、裁判所の命令によって集団訴訟として認可されるとクラスが画定されるとともに、手続がオプトイン型かオプトアウト型かも決定される。また、アメリ

50）　Flaga-Gieruszyńska et al., supra note 6, at 6.
51）　Ham, supra note 7, at 14.

カにおけるクラス・アクションの弊害を考慮して、オプトアウト型の手続では弁護士の成功報酬契約は認められず、懲罰的損害賠償も認められない[52]。

ブラジルは、集合的利益の保護のための複数の仕組みを導入しており、それらは金銭的救済を制度としては非常にユニークであると思われる。その種の4つの制度のうち、ここでは2つのみを取り上げるにとどめる。

第1は、民衆訴訟（Popular Action）である。民衆訴訟は、公共財産や歴史的・文化的遺産あるいは環境を毀損する行為に対し、裁判所においてその無効化と損害賠償を求めることを個々の市民に許容する制度である[53]。

第2は、公共民事訴訟（Public Civil Action）である（1990年）。このタイプの民事訴訟に関する法律は、ユニークな概念と手続を設けている。「第1に、法律上の概念として、権利・利益は、拡散利益、集合的利益および同質個人的利益（diffuse, collective and homogeneous individual interests）の3種に分類される。拡散利益とは、その利益が分割できないこと、および、その帰属者の集団が特定できないことを特色とする。典型的な例は環境事件において見られる。集合的利益とは、やはり分割はできないのであるが、その帰属という点では特定のグループの人々に帰属する利益である。この場合のグループの定義については、例えば投資クラブのように私的な関係で結びついているものもあれば、身障者とか人種、民族、出自など特定の保護目的によって形成されるカテゴリーもある。最後に、同質の個人的権利・利益とは、個人的で分割可能であり、被害を受けた個人個人に帰属する権利であるけれども、原因の共通性および権利の同質性のゆえに法的救済を集合的な形で求めうるものである。例えば、欠陥製造物の購入者や飛行機事故の被害者の損害賠償請求権は、同質な個人的権利の例である。一般に、この最後のカテゴリーが北米の損害賠償クラス・アクションの制度に対応する利益である」[54]。

「ブラジル型クラス・アクションに関する法は、原告適格についても特有の

---

52) 本書227頁（萩澤）。
53) Grinover et al., supra note 4, at 9.
54) Grinover et al., supra note 4, at 9.

重要な戦略を採用している。すなわち、公共民事訴訟法は、個々の利害関係者には原告適格を認めておらず、これは大きな制限と言えるが、民間団体、公共機関、公設弁護人および検察官が、あらかじめ法定された利益を保護するために提訴することを認めている」[55]。

「既判力のあり方も重要である。拡散利益や集合的利益に関する公共訴訟では、権利・利益の不分割性ゆえに、既判力は全員に対して（*erga omnes*）及ぶ。但し、証明不十分［請求棄却］であった場合、新たな証拠に基づいて公共訴訟を提起することができる。同質の個人的な権利・利益に関する公共訴訟では、既判力は訴訟の結果に応じて効果を発揮する（*secundum eventum litis*）、すなわち、勝訴判決は個人個人の請求に有利に作用するが、敗訴判決は個人の請求を遮断しない」[56]。アメリカなどのクラス・アクションの判決の既判力は、勝敗を問わず構成員個人個人に及ぶのであるが、ブラジルでは、勝訴判決の既判力は個々の権利者に拡張されるけれども、敗訴判決の既判力は公共訴訟の上にとどまり、個々の権利者はそれに拘束されないという一種の片面的拡張方式が採用されており、それゆえに各個人の手続権保障が不要となり、オプトアウトの権利の保障も不要とされるのである。

日本が2013年に制定した消費者の集合訴訟に関する法律（消費者裁判手続特例法）には、ブラジル型クラス・アクションからの示唆が感じられる。

日本の消費者集合訴訟すなわち「金銭請求のグループ訴訟は、2段階型の手続になっている。第1段階では、適格を認められた消費者団体が一定のグループに属する消費者に損害を生じさせた共通の事件について事実上および法律上の賠償根拠が存在するとの確認判決を求めて提訴する（共通義務確認訴訟）。原告勝訴判決が出た場合には、手続は第2段階に進み、消費者団体は裁判所に対し、損害を被った消費者に被告企業が一定の賠償額を支払うように命ずる申

---

55) Grinover et al., supra note 4, at 9.
56) Grinover et al., supra note 4, at 10. ブラジルの公共民事訴訟の概略について、ワタナベカズオ（前田美千代訳）「ブラジル消費者法の概要」法学研究86巻9号5頁、特に11頁以下参照（2013年）。

立てを行う。しかし、この申立ては、個々の消費者の同意がある場合にのみ行うことができ、第 2 段階での裁判所の裁判は消費者に有利にも不利にも作用する（オプトイン型）。他方、第 1 段階の手続は個々の消費者の同意なしに提起することができ、第 1 段階の判決は消費者団体が第 2 段階の申立てをすることに同意した消費者にのみ、その有利に及ぶ」[57]。

要するに、個々の消費者には原告適格は認められず、訴訟手続は 2 つの段階から構成され、第 1 段階の判決の既判力は第 2 段階に進んだ個々の消費者のために作用する。日本とブラジルの制度はもちろん同じではないが、両者の間にはその発想において一定の類似性が認められよう。このように日本の立法者がアメリカ型のクラス・アクションを採用しなかった理由は、原告敗訴の場合のクラス構成員の手続権保障への理論的懸念と、産業界からの実務的懸念にあると考えられる。

なお、中国では、「集団訴訟」の制度が導入されているが、オプトアウト型の手続ではないようである[58]。

2．代替的紛争解決（ADR）

冒頭に述べたフィレンツェ・プロジェクトの後、代替的紛争解決は世界的に大きく普及し、進歩したと思われる。国別の報告、例えばアメリカ[59]、ポーランド[60]、韓国[61]、日本[62]の報告を見てもそのような発展を看取できる。さまざ

---

57) Hatta, supra note 9, at 7. なお、日本の制度の総合的な解説として、山本和彦『解説消費者裁判手続特例法（第 2 版）』（2016 年）、伊藤眞『消費者裁判手続特例法』（2016 年）参照。
58) 本書 340 頁（陳＝韓）。また、中国では、環境汚染や消費者紛争などの社会公益的な紛争に関しては、民事訴訟法が公的機関や組織に「民事公益訴訟」を提起する適格を付与している。
59) 本書 132 頁（山城＝小林）。
60) Flaga-Gieruszyńska et al., supra note 6, at 4.
61) Ham, supra note 7, at 11.
62) Hatta, supra note 9, at 6.

まな紛争を解決するために、民間型 ADR、行政型 ADR、裁判所付設 ADR、裁判所内 ADR、あるいは強制的 ADR などが活用されている。ここでは、それぞれについて論じる余裕がないので、本書における各国の報告を参照いただきたい。

ここでは、とりわけ、民事訴訟と強制的 ADR との関係についてのみ、触れることにする。

EU では「調停は、時間と費用を節約できるだけでなく、市民が紛争解決を受け入れやすい手続であり、それゆえ市民の正義へのアクセスを高めている」とされており[63]、これは一般的に受け入れられている考え方であるといえよう。しかし、事は単純ではない。ここでは、裁判所へのアクセス権は、(非裁判的)正義へのアクセス権によって置き換えることが可能か、という問題を取り上げる。

ドイツでは、前述のように和解的弁論期日が民事事件全般に拡大採用されたところであるが、加えて、「(近時改正された) ドイツ民事訴訟法 278 条 5 項によると、裁判所は当事者を和解裁判官 (Guterichter) に付託することができる。和解裁判官は、事件について裁判を下す権限を有しないが、調停などあらゆる適切な手段を通じて友好的な解決を探求することができる。この種の裁判所内調停は、一方で、裁判所に係属中の事件をより柔軟かつ友好的な解決へと振り向ける手段として賛美されることがあるが、他方では、任意的な調停と裁判所による正式の紛争解決との境界を曖昧にするとの批判を受けている。さらに、裁判所内調停が実務上成功するかどうかは、手続の質に関する裁判所の努力と、調停を担当する和解裁判官の訓練いかんにかかっている。現在までのところ、通常裁判所は裁判所内調停に対してかなり控えめな姿勢を取っている。これに対して、家庭事件においては、裁判所は盛んに調停手続を活用している」[64]。

アメリカでは、さらに明瞭に問題点が示されている。マーカス教授による

---

63) Maultzsch, supra note 5, at 7.
64) Maultzsch, supra note 5, at 7. 和解裁判官の制度について、本書 247 頁(豊田＝清水＝秦＝田中)。

と、「仲裁契約の効力（強制履行）については大きな争いがある。1970年代の初めに、連邦最高裁は従前の立場を覆した。すなわち、当事者の一方が裁判所に提訴することを望んだときは仲裁契約に縛られないとしていた従来の立場を改め、仲裁契約を結んだ当事者は仲裁によらなければならないと判示した。この変更は多くの論争を生み、裁判所へ提訴することを許さずに私的な法廷に行くことを当事者に強要することは、司法アクセスを正面から否定するものだと批判する論者もいた。おそらく、この問題の最も肝心な争点は、賠償請求可能額（極めて少額）およびそのための費用に鑑みてクラス・アクションでなければ現実には手続の遂行ができないような事件においても、当事者は仲裁でやらなければならない、という場合である。従って、ADRの衝撃は、必ずしも恩恵ばかりとは断定できない」[65]。

　有効な仲裁契約を結んだ以上、それに拘束されるのが原則であるけれども、仲裁契約とクラス・アクションとのこのような関係から司法アクセスが不当に制限されるという問題は、アメリカ（クラス・アクション導入国）特有の問題状況といえそうである。ただ、他の国でも何らかの問題が生ずる可能性はあるかも知れない。いずれにせよ、アメリカ報告は司法アクセスに関する1つの基本的な問題提起をしているといえよう。

VI　司法アクセスの改善と訴訟の電子化

　近時、世界の各国では、この方面では広範な努力がなされている。訴訟制度の電子化（コンピュータ化・ディジタル化）は、民事訴訟制度の利用者にとって時間と費用を節約することのできる方法として期待されている。反面、ディジタル・デバイドという言葉で示されるように、電子手段の採用によって、かえって司法へのアクセスが妨げられる人々が出てくる恐れも考えられるので、注意が必要である[66]。

65）　Marcus, supra note 3, at 9.
66）　本書444頁（ソラアット）にも同様の指摘がある。

第1に、どの国においても共通にみられる大きな発展は、裁判所の判決のデータベース化である。これは裁判所が運営するものと民間会社が運営するものとがあるようである。概して言えば、かかるデータベースは時間と費用の節約のために有用である。民事訴訟の利用者にとって、直面する法律問題に関する適切な判例情報を迅速に検索できることは、司法へのアクセスの改善に大いに役立つ。にもかかわらず、法律文献のデータベースは「法律紛争に過度の重装備をもたらし、かえって裁判所の手続の効率性を損なうおそれもある」[67]ことには、留意しなければならない。

　第2に、相手方がおそらく争わないと見込まれる請求に関する略式手続を完全にコンピュータ化しようという強い傾向が世界的にみられる。ドイツでは自動化された督促手続[68]、ポーランドでは電子的支払令状手続[69]と呼ばれる。日本[70]やその他の国々においても、同様の展開がみられる。

　第3に、いくつかの国々では、通常の民事訴訟手続においても、インターネットを利用した訴訟書類の電子的提出や電子的コミュニケーションを許容するか、または必要的とするプロジェクトが行われ、あるいは、すでに恒常的に実務に取り入れられている。典型的な例として、アメリカのCM/ECF（Case Management/Electronic Case Files）システム[71]があり、2014年にはその次世代システムがリリースされた。ドイツや韓国においても、e-justice またはe-litigation と呼ばれる同様のプロジェクトが運用されているところである[72]。シンガポールにおける Justice Online を始めとする司法の総合的な電子化は、

---

67) Maultzsch, supra note 5, at 13.
68) Maultzsch, supra note 5, at 12.
69) Flaga-Gieruszyńska et al., supra note 6, at 7.
70) Hatta, supra note 9, at 8.
71) Marcus, supra note 3, at 10.
72) ドイツについて、Maultzsch, supra note 5, at 12、本書254頁（豊田＝清水＝秦＝田中）、韓国について、Ham, supra note 7, at 16、本書379頁（田炳西）。日本におけるより控えめな試みについて、Hatta, supra note 9, at 8. ブラジルについては、Grinover et al., supra note 4, at 11.

注目を集めている[73]。中国では、裁判情報のネット上公開とともに、訴訟・調停等の手続のネット上の運用、また、「ネット上の紛争をネット上で解決する」ための専門裁判所の創設が行われている[74]。イタリアにおける訴訟の電子化の進展にも、国際的にかなり高い評価が与えられている[75]。

Ⅶ　民事訴訟の経済的障害への対処

　民事司法へのアクセスに対する伝統的な障害は、経済的な障害（無資力）である。フィレンツェ・プロジェクトでも最重要視された問題である。訴訟には費用がかかる。資力のない市民に対してもリーガル・サービスを提供することは、裁判を受ける権利の実質的な保障に関わるとともに、法の下の平等の原則（経済的格差と公平の理念）にも関わる。また、ヨーロッパ的な福祉国家の理念として、貧富の差によって司法制度の利用に差別があってはならないという主張も有力であった。フィレンツェ・プロジェクトでは、これらの理念的検討とともに、各国の法律扶助（Legal Aid）制度の現状と課題があぶり出された。それは、法律扶助の責任主体（担い手を国の機関とするのか、弁護士会とするのか）、法律扶助サービスの内容・範囲、実際の財政規模など、様々な要因によって左右される。また、提訴手数料の設定の仕組み、訴訟費用の負担に関するルール、弁護士報酬のあり方（特に、全面成功報酬契約を許容するか）とその負担に関するルール（敗訴者負担とするか否か）、訴訟費用保険の発達の程度など、種々の要素と関連して検討されなければならない。

　経済的な障害に対する各国の対応状況については、本書の各報告を参照していただくこととして、ここでは、いわゆる Third Party Funding すなわち第三者による訴訟費用支援について管見するにとどめる。

　英米法系諸国では、訴訟当事者以外の利害関係のない第三者が金銭の供与そ

---

73)　本書 411 頁（平田）。
74)　本書 346 頁（陳＝韓）。
75)　本書 324 頁（櫻本＝コロンボ）。

の他の方法で他人の訴訟を援助することは、訴訟幇助（Maintenance）あるいは訴訟支援（Champerty）として、かつては犯罪ないしは不法行為とされており、現代でも公序良俗違反とされる。他人の訴訟事件を金銭的利益の収受の手段（食いもの）にすることは許すべきでないと考えられたものであろう。他方で、弁護士報酬契約の一種としての全面成功報酬契約（勝訴の場合にのみ高めの報酬を受け取る契約）はアメリカで普及し、徐々に世界に広まりつつある。いずれも、訴訟ローンや訴訟ファイナンス（Litigation Finance）という観点からの捉え方ができる。弁護士による場合は、依頼者に損失を及ぼす危険や濫用のおそれは少ないと考えられ、合法化されてきたものと思われる。しかし、弁護士の全面成功報酬の場合に限らず、近時、アメリカ、イギリス、カナダなどでは、訴訟ファイナンスを公的な組織が業務として、あるいは、企業がビジネスとして、これを行うことが許容されるようになってきており、裁判所も一定の程度までこれを許容しているようである。資力の乏しい個人に対して司法アクセスの経済的障害を取り除く機能を発揮できるという点では、有用な仕組みであろう。特に、クラス・アクションの原告への訴訟費用援助として活用されている。ただ、当然のことながら、勝訴の可能性が高い原告でなければその恩恵にあずかれないし、ファイナンスをした業者側が訴訟追行に口出しをするようなこと（例えば和解に関する指示）があっては好ましくないと思われる。現在のところ、業界の自主規制に委ねられているようであるが、一定のルール化は必要であろう[76]。

なお、タイにおいても、2015年に司法基金法（Justice Fund Act）が制定され、法務大臣を委員長とする司法基金委員会が設置された。これにより、各種の法的サービスへの費用援助が全国的になされる体制が整備されたが、これは伝統的な法律扶助システムが整備されたケースとみられる[77]。

---

[76] Third Party Fundingについては、本書99頁以下（山城＝小林）、本書237頁（萩澤）、本書198頁（猪股＝小林）。
[77] タイの司法基金法については、本書460頁（ソラアット）。

Ⅷ　さまざまな課題

1．マイノリティの司法アクセスの改善

　いずれの国においても、民事訴訟制度それ自体は、原告と被告を対等に取り扱うように構成されている。しかし、少数者にとっての司法アクセスは政治的、経済的、文化的な要因によって制約を受けることがある[78]。

　ポーランド報告が示しているものは、おそらく、そのような例として捉えてよいであろう。すなわち、「ポーランドの法制度においては、国籍、宗教、民族上の少数者のための司法アクセスの促進に関しては、他の市民と対等に扱われるということ以外に特別な規制はない。しかし、民族、国籍、宗教上の少数者がかなり高い割合を占める地域の地方政府においては、これら少数者が法律上排除されるリスクがあると地方政府やNGOが認定する場合には、『ソフトな』プロジェクトが行われている。ポーランドでは、みずから孤立し、またポーランド人から積極的に認知されているとはいえない、ロマ（ジプシー）の人々について、特にこのことが当てはまる。」[79]

　中国は、59の民族からなる多民族国家であるため、当事者が「当該民族の言語及び文字を用いて民事訴訟を行う権利」を有することを、憲法および民事訴訟法で明記している[80]。

　どの国においても、言語上のマイノリティの裁判所へのアクセスを意味のあるものにするために、法廷通訳が保障されているはずである。

　さらに、国境を越えた人の移動がますます活発になっていくと、外国人に対する法廷通訳の保障は深刻な課題になり得る。法律用語は多くの場合専門的な意味内容を含むので、単なる語学としての通訳では不十分と言わざるを得ない。日本でも、英語はともかく、その他の言語については、全国の裁判所で法

---

78)　Grinover et al., supra note 4, at 10.
79)　Flaga-Gieruszyńska et al., supra note 6, at 6.
80)　本書332頁、355頁、359頁（陳＝韓）。

廷通訳を確保することは極めて困難である。

2．外国語による審理手続

通訳による言語上の障壁の克服（アクセス権の保障）という問題とはまったく異なる観点から、ドイツでは次のような興味深い戦略的な試みが行われている。

「地方裁判所（Landgerichte）において国際商取引事件につき英語による審理手続を行う特別部を導入しようという立法提案があるが、これはかなり異なる目的を有する。これは、外国語を話す人々一般に対して司法アクセスを改善しようという趣旨ではなく、国際商取引紛争に対するドイツ裁判所の魅力を高め、またそれによってドイツ法の魅力を高め、事件を呼び込むことを狙っている。もしこれが導入されれば、当該特別部の法廷においては、提出書面、口頭弁論、判決など、すべての手続を英語で行うことができるようになる。この提案はグローバル化の進行する世界でドイツの裁判所を現代化する方法であるとして強い支持を集めているが、同時に、重大な批判にもさらされている。それらの批判としては、一方で、英語による審理手続をドイツ語による法制度に接続する際の問題、例えば、英語でなされた第一審判決に対する（ドイツ語による上訴審裁判所への）上訴をどうするのか、という点が指摘されており、また他方で、一国の法制度に関する国語（native language）の文化的重要性も指摘されている。従って、この立法提案が実現するのかどうかは、今後まだ注視していかねばならない」[81]。

従来、国際商事事件の取り込みは、各国が仲裁の場で模索してきたと思うが、ドイツの動きは、裁判所についても、英語圏以外の国が動き出す可能性を示すものとして興味深いと同時に、司法制度の普遍性と固有性の相克の一場面を浮き彫りにするケースとしても注目される。ALI 等による訴訟ルール自体の国際的統一の試みなどが行われているが、上記のような言語的統一ともいえる

---

81) Maultzsch, supra note 5, at 11.

ものも、今後の展開を注視したい。

3．司法行政のあり方

Chen Hangping 准教授は、中国の民事訴訟制度を現実的な視点から冷徹に検証し、改革の方向性について提案している。同報告によれば、中国の裁判所において民事事件が現実にどのように審理されているかはミステリーであるという。書かれた法と現実の法との間には、巨大なギャップが存在する。裁判官には、専門職としての十分な確立がなく、職業上の保障（高額な俸給など）も欠けているため、個人的利益を追求して裁量権を濫用する傾向がある[82]。

「裁判官の私的利益に誘導された裁量権行使を制限し、全体としての司法の質を維持し、また、トップダウンの政治的・司法的イデオロギーに裁判官が忠実であることを確保するために、最高裁判所（人民法院）は、最近、地方裁判所の経験に基づき、包括的なケース・クオリティ評価制度（Case Quality Evaluation System (CQES)）を立ち上げた。この評価制度の下では、裁判官のパフォーマンスのほとんどすべての側面が評価され、点数化され、管理される。法制度比較の視点からすると、多くの西洋諸国は裁判官の責任を確保するためにこれとは異なるタイプの評価制度を利用しており、政治的に熱い争点を扱う裁判官のパフォーマンスにそれがある程度の影響を与えている。しかし、中国のケース・クオリティ評価制度は、中国の裁判官の司法上のパフォーマンスに関する潜在的なインセンティブ構造を認識し理解するうえで、遙かに重要な根本的役割を有している。」[83] さらに、中国では、裁判所長が部下である裁判官の司法上のパフォーマンスについて責任を負うことになっている。例えば、2001年の最高人民法院の判決によると、「裁判所が国家の利益や公共利益を損なう違法な判決を下した場合、違法行為の十分な調査や解明を怠った場合、または、みずからの法廷の監視を怠った場合、当該裁判所の所長および副所長は辞任しなければならない」[84]。

---

82) Chen, supra note 8, at 3.
83) Chen, supra note 8, at 4

このような司法制度の下では、事件処理率の統計数値をよくみせるために裁判官が事件を恣意的に受理しない傾向があるといわれ[85]、また、パフォーマンス評価の点数を上げるために裁判官が当事者の手続法的利益を犠牲にすることがあるともいわれる[86]。裁判官に対するこのような過度の規制と管理は、多くの国で程度の違いこそあれ存在しているところのいわゆる「管理的裁判（the managerial judging)」とはまったくレベルの異なるものであろう[87]。

Chen Hangping 准教授が指摘するこのような現状理解を前提にするならば、中国の司法制度においては、デュー・プロセス、当事者の手続権の保障、法律専門職としての責務、手続の透明性などの基本的価値を実際に尊重・擁護することが、まず求められよう。さらにいうならば、中国の司法制度の基本的な課題は、「司法権の独立」や「裁判官の独立」をいかに確保すべきかというところにあろう。

IX　むすびに代えて

本稿において筆者が試みたのは、主要国における司法アクセスの権利の理念的保障や政策動向を確認した上で、その実際的保障の基盤を確認し、さらに、近時の国際的動向を表していると思われる点や特定の国における興味深い特徴と思われる点を拾い出し、それらについて若干の評価を試みるという作業であった。司法アクセスに関する比較法的研究としては非常に限られたものではあ

---

84)　Chen, supra note 8, at 5, footnote 21.
85)　Chen, supra note 8, at 7.
86)　Chen, supra note 8, at 14.
87)　アメリカやヨーロッパ諸国における裁判所のクオリティ・アセスメントやパフォーマンス基準に関する情報については、P. Albers, "Quality Assessment of Courts and the Judiciary; From Juducial Quality to Court Excellence" in A.Uzelac and C.H.van Rhee (eds.), ACCESS TO JUSTICE AND THE JUDICIARY: TOWARDS NEW EUROPEAN STANDARDS OF AFFORDABILITY, QUALITY AND EFFICIENCY OF CIVIL ADJUDICATION, at 57 (2009 Intersentia).

るが、国際会議での総括報告とその後の研究会活動を通じて、多くの国に共通にみられる普遍的な傾向、固有の社会的諸条件に基づく相違点、そして、克服さるべき課題などが、ある程度浮かび上がってきたように思われる。

　それらは非常に多岐にわたるので、ここで敢えて再論はしないが、ささやかではあれこのような結論を得るに至ったについては、IAPLソウル大会で7ヵ国の国別報告を提供していただいた方々、および、日本比較法研究所での研究グループの活動に参加していただいた方々の研究成果に多くを負っていることを改めて明記し、感謝の意を表したい。そして、各国における司法アクセスの現況や課題については、本書に収録された各報告をさらに参照していただくことをお願いして、本章を閉じることにする。

アメリカ

第2章

アメリカ合衆国における司法アクセス

山 城 崇 夫
小 林 　 学

Ⅰ　民事司法アクセスの理念・政策・制度改革の動向 / Ⅱ　民事司法制度の特色 / Ⅲ　訴訟に関する費用 / Ⅳ　アメリカのクラスアクション / Ⅴ　アメリカのADR

Ⅰ　民事司法アクセスの理念・政策・制度改革の動向

1．司法アクセスに関する理念―憲法的保障―

　アメリカにおける司法アクセスの理念は、「万人に平等な正義を（Equal Justice）」や「デュー・プロセス」などアメリカ法の信条とされる根本的な理念に基底するものであろう[1]。そこで、まず建国期に遡ってこれらの根本的な理念の形成過程を跡づけることにする。

　　a．平等な正義（Equal Justice）の約束

　1776年、独立宣言に人権の保障が宣明された。すなわち、「すべて人は、平等に造られ、造物主によって、一定の奪い難い天賦の権利を付与され、そのなかに生命、自由および幸福の追求の含まれることを信ずる。また、これらの権利を確保するために人類のあいだに政府が組織されたこと、そしてその正当な

---

[1]　端的には、連邦最高裁の正面入り口の上部に刻まれた 'equal justice under law'（法のもとにおける平等な正義）を示せば良いかもしれない。

権力は被治者の同意に由来するものであることを信ずる。そしていかなる政治の形体といえども、もしこれらの目的を毀損するものとなった場合には、人民はそれを改廃し、かれらの安全と幸福とをもたらすべしとみとめられる主義を基礎とし、また権限の機構をもつ、新たな政府を組織する権利を有することを信ずる」[2]。これは、アメリカ人のマインド（精神的風土）の表明であり、ロック流のイギリス政治思想が、アメリカ的環境においていわば精神的風土化したものを表現したもの、と言われる[3]。

独立宣言に相前後して、最初の13州はそれぞれの憲法を制定した。たとえば、独立宣言に先立つ同じ年に、ヴァージニア州は、権利章典（The Virginia Bill of Rhights）に「すべて人は生来等しく自由かつ独立しており、一定の生来の権利を有するものである。これらの権利は人民が社会を組織するに当り、いかなる契約によっても、人民の子孫からこれを [あらかじめ] 奪うことのできないものである。かかる権利とは、すなわち財産を取得所有し、幸福と安寧とを追求獲得する手段を伴って、生命と自由とを享受する権利である。」[4]と規定した。

また、1780年のマサチューセッツ憲法第1条も「すべての人は、生まれながらにして自由かつ平等であり、生来の、本質的、かつ譲ることのできない一定の諸権利をもっている。これらの権利のなかには、生命と自由とを享受しかつ擁護する権利、財産を獲得し、所有し、保護する権利、すなわち、人々の安全と幸福とを求め得る権利が当然含まれている。」[5]と規定するなど、オリジナル13州はそれぞれの憲法を制定し、憲法において自由と平等を保障する旨明らかにした。このように、平等な正義の約束は、アメリカの国全体に及ぶ建国の理念である。

---

2) The Declaration of Independence（1776年7月4日）。高木・末延・宮沢編「人権宣言集」（岩波文庫）（訳＝高木八尺）114頁。
3) 前注2)の文献113頁（斎藤真の解説）。
4) 前注2)の文献109頁。
5) 前注2)の文献117頁。

b．オープン・コート（open court）の約束

　1776 年の独立宣言、1787 年の合衆国憲法、1789 年の権利章典（修正 10 カ条）と同時にまたは相前後して、各州の憲法（権利宣言）に「オープン・コート条項」と呼ばれる規定が置かれた。たとえば 1776 年のメリーランド州の権利宣言第 17 条では、「すべての自由人は、身体または財産に受けた損害について、その国（land）の法に従って救済を得ることができ、そして、売りつけられることなく無料で、いかなる拒否もなく完全に、遅延なく迅速に、正義と権利を得ることができる。」と規定された。

　他の州でも同様な文言が採用された。たとえばマサチューセッツ州憲法第 1 部第 11 条では、「コモンウェルス（マサチューセッツ州）のすべての人民は、身体、財産または人格に対する損害または不正行為に対して、法律に基づいた特定の救済策を見つけることができる。当該人民は権利と正義を無料で獲得し、それを購入する義務を負うことはない―速やかに、かつ遅滞なく―法律に従って。」と規定する。また、コネチカット州憲法第 1 条第 10 節では、「すべて裁判所は開かれており、すべての人は身体、財産または名誉について被った損害について法の適正な手続に従って救済を得ることができ、権利と正義は売りつけられることなく、拒否または遅延なく運営されなければならない。」と規定する。ヴァージニア州は、同じような文言に加えて、「これらの権利に抵触するあらゆる法律の制定や規制は圧政となり不当である。」と規定する。現在、大半の州の憲法は、類似の規定を置いている[6]。

　これらのオープン・コート条項は、裁判所が州のすべての市民に開かれかつアクセス可能であるという保障、すなわち民事裁判が日常的に機能することを目的として規定されたもの、と解釈されている[7]。前述のマサチューセッツ州憲法第 11 条第 1 文は救済を求める権利についてであり、第 2 文は裁判所への

---

6) Thomas R. Phillips, "The Constitutional Right to a Remedy", 78 N.Y.U.L. Rev. 1309 (2003).

7) James R. Maxeiner, Failures of American Civil Justice in International Perspective, (Cambridge 2011), p. 3-4.

アクセスの権利を保護するものである[8]。このような体裁から、オープン・コート条項は、アクセス・トゥ・コート条項や救済条項とも呼ばれる[9]。なお、合衆国憲法にはこのような文言の条項は存在しない。では、オープン・コート条項はどこに由来するのであろうか。

　オープン・コート条項の起源は、13世紀にイギリスで採択されたマグナ・カルタにあると言われている。それは、マグナ・カルタ第40条「朕は何人に対しても正義と司法を売らず、何人に対しても正義と司法を拒否しまたは遅延せしめない。」[10]である。マグナ・カルタ第40条は、令状 Writ の販売を停止させるなど、裁判所の完全性を回復させることを意図していたことが広く認められている（王室裁判所へのアクセスを求めた者は令状を購入しなければならなかった。令状なければ救済なし）。マグナ・カルタはその採択から数世紀を経て忘れられた存在となっていたが、17世紀にエドワード・クック（Coke）によって再び輝きを取り戻した。クックは、マグナ・カルタを再解釈して、王室の司法権限への介入や裁判官の買収を防ぐために、そして裁判所の「法の適正な過程 due course of law」への大法官府の妨害に抗するために闘った。クックの闘いは、司法権の独立を勝ち取るものであった[11]。

　クックによって新たに蘇ったマグナ・カルタ第40条は、ウイリアム・ペンによってアメリカ大陸の植民地に伝えられた。ペンシルバニア憲章を最初に、

---

8) Daniel W. Halston, "The Meaning of the Massachusetts 'Open Courts' Clause and its Relevance to the Current Court Crisis", 88 Mass. L. Rev. 122, at 123, n. 12 (2003).

9) Id. n. 1.

10) 前注2）の文献46頁（訳＝田中英夫）。1215年のマグナ・カルタは、1225年に修正が行われ、第40条は、1225年版ではチャプター29に移動し、新たな文言も付け加えられているが、「何人に対しても権利または正義を売らず、拒否せず、遅延せしめない。」の文言は1225年版でも変わらない。

11) Halston, supra note 8, at 124 ; Jonathan M. Hoffman, "By the Course of the Law : The Origins of the Open Courts Clause of the State Constitutions", 74 Or. L. Rev. 1279 (1995). なお、クックの役割とマグナ・カルタが近代諸国の人権宣言の祖先と考えられることについて、宮沢俊義・憲法Ⅱ（有斐閣、1959年）6頁（なお宮沢はクックをコウクと呼ぶ）。

続いてデラウエア権利宣言、マサチューセッツ州憲法へと広がった。革命期を経て、現在大半の州憲法はオープン・コート条項を規定する。もっとも、州憲法の制定においてオープン・コート条項に関する議論はなく、その歴史的エビデンスもなかったようである。裁判文書に手数料を要求する印紙法 Stamp Act をはじめ、イギリスによる革命期の植民地の民事法廷を閉鎖に追い込むという「悪事」に対抗することがもっぱらの関心事であったから、特にオープン・コート条項の意義や理念を議論するまでもなかったのではと考えられている[12]。

また、オープン・コート条項は、1938年の連邦民事訴訟規則の基礎であると言われている。連邦民事訴訟規則第1条は、「ルールはすべての訴訟において公正、迅速かつ低廉な裁判を保障するように解釈され運用されなければならない。」と規定する。この起草者は、1936年にアメリカ法曹協会（ABA）の年次総会でそのルールを正式に発表した時、マグナ・カルタ第40条「権利や正義を何人にも売りつけることなく、拒否することなく、また遅延させてはならない」の文言を読み上げて、新しい規則の必要性を説明した。同規則の制定はオープン・コートの約束—公正、アクセス、効率—を果たすことであったといわれるゆえんである[13]。

そこで、問題は、現代において、オープン・コート条項が司法へのアクセスの理念にどのような意義をもちうるかである。この点についての研究は不十分であるようだ[14]。ただし、具体的には、製造物責任法の休止についての法を攻撃したり、非経済的損害賠償額の上限を50万ドルとする法律上の制限を攻撃するなど、主に不法行為法の立法改革に関連して当事者を支援する為に参照され、当事者の法的武器となっているようである[15]。なお、オープン・コート条

---

12) Halston, supra note 8, at 124.
13) Maxeiner, supra note 7, p. 5.
14) Jonathan M. Hoffman, "Questions Before Answers: The Ongoing Search to Understand the Origins of the Open Courts Clause", 32 Rutgers L. J. 1005, 1006 (2001).
15) Jonathan M. Hoffman, "By the Course of the Law: The Origins of the Open Courts Clause of the State Constitutions", 74 Or. L. Rev. 1279, 1280 (1995).

項は、弁護士の代理を求める権利の根拠としては認められていない[16]。

c．デュー・プロセスの保障・平等保護の保障

1787年に採択された合衆国憲法は、当初、連邦政府は人民から委託された権限のみを行使しうる、権限の制限された政府であるから、権利の章典を付ける必要がないとされた。しかし、各州の議論では権利章典の追加が提案され、憲法修正案として1791年に修正10ヶ条が発効した（通常「権利の章典」と呼ばれる）[17]。

その修正第5条では、「何人も、法の適正な手続（デュー・プロセス）によらずに、生命、自由または財産を奪われない。」[18]と規定された。連邦政府に対する制約としてのデュー・プロセスの規定である。この条項もまたマグナ・カルタに遡るといわれている[19]。

「Due Process of Law」の観念は、マグナ・カルタ第39条「いかなる自由人といえども、彼の同輩の合法的裁判により、または土地の法律によるのでなければ、逮捕、または監禁、または差押え、または法外放置（アウトロー）、または追放を受け、またはその他の方法によりて侵害せらるることなかるべく、朕も彼の上に赴くこともなく、彼の上に派遣することもなかるべし。」の中の「土地の法律によるのでなければ」に起源を発するとされている。もちろん近代的な意味でのデュー・プロセスをマグナ・カルタに直接求めることには疑いがあろう。修正第5条制定当時には、デュー・プロセスの意味も必ずしも明白ではなかった[20]。アメリカでは、告知と審問を受ける機会を保障する手続的デュー・プロセスに加えて、1880年代から実体的な面でも、この権利は立法者

---

16) Steven D. Schwenn, "Faces of Open Courts and the Civil Right to Counsel", 37 U. Balt. L. Rev. 21 (2007).
17) 高橋和之編・新版　世界憲法集　第2版（岩波文庫）48頁（土井真一の解説）。
18) 前注17)の文献77頁（訳＝土井真一）。
19) 田中英夫・デュー・プロセス（東大出版会、1987年）8頁。松井茂記・裁判を受ける権利（日本評論社、1993年）12頁。
20) 田中英夫・前注19)の文献54頁。

をも拘束することが確立された。

　南北戦争を経て 1868 年に成立した修正第 14 条第 1 節では、「いかなる州も、法の適正な手続に寄らずに、何人からも生命、自由または財産を奪ってはならない。」[21]として、州に対する制約としてのデュー・プロセス保障が規定された。これら修正第 5 条及び修正第 14 条のデュー・プロセス条項は、刑事手続か否かにかかわらず、民事手続でも行政手続でも妥当することが認められ、政府の手続すべてに適用される権利である。

　この修正第 14 条第 1 節には、「また、その管轄内にある何人に対しても法の平等な保護を拒んではならない。」という平等保護条項が置かれている。刑事事件である Griffin v. Illinois において、イリノイ州法では有罪となった被告人は自費で訴訟速記録に基づいて上訴趣意書を提出することになっていたが、その法は平等保護条項とデュー・プロセス条項に違反するとして、貧困のためにその費用をあがなえない被告人のために無料で提供すべきであるとの判決がされた[22]。

　経済的理由により民事裁判を受ける権利が実質的に制約される場合については、判例が積み重ねられている[23]。著名な判例として、1971 年の Boddie v. Conneticut がある。これはコネチカット州の女性が離婚を求める訴訟で、60 ドルの提訴手数料を貧困のため支払えないことにより訴え提起が妨げられた事例である。連邦最高裁は、原告にとって裁判以外に離婚を求める方法がないのでデュー・プロセス違反であると判決した[24]。もっとも、自己破産の申請に 50 ドルの手数料を要する点が問題となった United States v. Kras では、Boddie ケースと区別して経済的な清算は裁判以外でも行いうるという理由で救済は認められなかった[25]。

---

21)　前注 17) の文献 81 頁（訳＝土井真一）。
22)　351 U.S. 12 (1956)（ブラック判事「人間が手にいれる裁判の本質がその人の持っている金銭の額に依存する場合、平等な正義はありえない。」）。
23)　樋口範雄・アメリカ憲法（弘文堂、2011 年）504 頁以下参照。
24)　401 U.S. 371 (1971).

1981年のLittle v. Streaterでは、強制認知の被告となった男性が子供の血液検査を求め、州法でその費用が請求者の負担とされているのだが、貧しくて払えない場合にはデュー・プロセス条項により州が負担するものとした[26]。

1996年、ミシシッピの女性が親権喪失を宣告され、上訴しようとしたところ、2300ドル余の記録準備費用の負担を求められた事件では、貧困のためにそれができなかった場合にはデュー・プロセスと平等保護に違反するとした[27]。

なお、親権喪失宣告手続において、貧困な当事者が弁護士の代理を求めたLassiter v. Department of Social Servicesでは、デュー・プロセス条項は州に弁護士をつけるよう求めるものではないとした[28]。そして、2011年、養育料の不払いを理由とする民事侮辱審理で被告の貧困者が弁護士の代理を求めたTurner v. Rogersでは、デュー・プロセスは自動的に弁護士の代理を認めるものではないとした[29]。もっとも、この事件では、本件のような本人訴訟の場合に裁判所が審理を尽くしていない点でデュー・プロセスの違反があるとして事件は差し戻しになった。

d．本人訴訟の権利（pro se litigation）と司法アクセスの問題

本人訴訟を選ぶ「権利」について司法アクセスの観点で議論がある。なお、イギリス、アメリカなどのコモンロー諸国では本人訴訟が保障されている。

刑事事件では、被告人が読み書きの能力がないなど自らトライアルに出ることに不十分であると認定されないかぎり、自分自身を代理する権利がある[30]。

---

25) 409 U.S. 434 (1973).
26) 452 U.S. 1 (1981).
27) M.L.B. v. S.L.J., 519 US 102 (1996)（これは刑事のGriffin判決を引用）。
28) 452 U.S. 18 (1981). この事件について後注38)とその本文。なお、山城「本人訴訟と法律扶助～Turner v. Rogers事件の波紋」白鷗大学法科大学院紀要10号33頁 (2017)。
29) 131 S. Ct. 2507. この事件については後注39)とその本文。
30) Faretta v. California, 42 US 806 (1975).

弁護人を強制することは、援助ではなく押し付けであると考えられてきた。

　民事事件では、弁護士の代理をつけるかつけないかは本人の自由である。1789 年、Judiciary Act 第 35 条は、「合衆国のすべての裁判所において、当事者は自らまたは弁護士により訴答を行い事件を追行することが許される。(それぞれ裁判所の規則によってそこで訴訟が追行されることが許されるように)」と規定している（28 U.S.C. §1654）。この本人訴訟の自由は、あらゆる民事事件において、事件の複雑さや専門能力・経済力の有無にかかわらず認められている[31]。

　しかしながら、アメリカの民事訴訟はアドヴァサリ・ルール（当事者対抗主義）で運営されるため、本人訴訟は大いに問題であるという[32]。すなわち、当事者が事実関係を調査し、調査に基づく証拠化作業や証拠の法へのあてはめに関する主張を行い、そして、これらを分かりやすいパッケージにして裁判官（時に陪審員）に提示するという一連の作業をすべて本人の責任とすることになるため、本人による訴訟追行に色々な面で支障をきたすことは明白である。訴訟運営を担う裁判所にとっても負担である。そもそもアドヴァサリ・システムは、法律専門家である弁護士の仕事を前提としてはじめて機能するシステムである、と言ってよい。

　したがって、裁判所がアドヴァサリ・システムを維持したままで、弁護士に代理されていない当事者を迎え入れ続ける場合、裁判は機能不全に陥り、公正かつ誤りのない裁判の実現は難しくなりかねない。そこで、本人訴訟の自由の価値ではなく、アドヴァサリ・システムからの脱却や法律扶助の権利が課題となっている[33]。

---

31)　Rabbet Assy, Injustice in Person-The Right to Self-Representation, (Oxford 2015), p. 9.
32)　Earl Johnson Jr., "Access to Justice in Civil Cases : A Newer and yet Wider Focus", 法律総合支援論叢第 9 号 39 頁（2017 年）（その訳文について同誌 21 頁（訳＝池永知樹））。
33)　前注 32) の文献。本人訴訟の実態については、後注 94) とその本文参照。

2．司法アクセスの保障のための制度改革の動向

a．民事ギデオン運動とその現状～法律扶助の権利をめぐり

1990年代からアメリカのアクセス・トゥ・ジャスティス運動は、「民事ギデオン運動」に集中している[34]。

民事ギデオン運動とは、貧困な刑事被告人に弁護士の援助を求める権利を認めたギデオン事件（Gideon v. Wainright）[35]の名を借り、民事事件でも刑事と同様に弁護士の援助を権利として認めるよう法改革を求める運動である。すでにEU諸国では貧困な民事の当事者に無料で弁護士の援助を求める権利を保障しているにもかかわらず[36]、アメリカでは権利としての保障がないという現実に気づいたところからこの運動が始まったという[37]。もっとも、1981年、連邦最高裁がLassiter v. Department of Social Servicesにおいて、憲法に定めるデュー・プロセスは当然には弁護士の代理援助を求める権利を保障するものではないと判示し、以来、連邦最高裁では法律扶助の権利性が否定され続けている[38]。民事ギデオンの運動家の期待を集めた2011年のTurner v. Rogersにおい

---

34) Jeanne Charn, "Evolution of Legal Services in the United States : From the War on Poverty to Civil Gideon and Beyond", in Ed. By Samuel Estreicher & Joy Radice, Beyond Elite Law : Access to Justice in America (Cambridge 2017), p161. および「法律扶助の権利性とそのグローバリゼイション」総合法律支援論叢9号（2017年）68頁、特に72-76頁。

35) Gideon v. Wainerright 372 U.S. 335. アンソニイ・ルイス（山本＝山中訳）『アメリカ司法の英知―ギデオン事件の系譜』世界思想社（1972年）。

36) 1979年、ヨーロッパ人権裁判所において、公正な裁判を受ける権利の保障は実効的な権利でなければならないとするエアリー判決（Airey v. Ireland, 2 eur. Ct. H. R. (Ser. A) 305 (1979)）。

37) Earl Johnson Jr., "The Twin Imperatives of Providing Access To Justice And Establishing A Civil Gideon", 93 Mass. L. Rev. 214 (2011).

38) 政府による母親の親権喪失事件で母親が弁護士の援助を求めたのに対し、最高裁は当然の弁護士の援助を求める権利を否定し、バランシングテストを用いてケースバイケースで決定するものとし、その結果この事件ではその権利は否定された。しかし、意見は5対4の僅差であった。前注28）とその本文参照。

ても、弁護士の援助を求める権利は当然には認められないとされた[39]。

　州レベルでは、1990年代後半からメリーランド州やワシントン州において州憲法のもとで弁護士の援助を権利として求めるテスト訴訟が提起されていた。これらの州ごとの活動は全米に拡大し、「弁護士の援助を権利とする全米連合」（National Coalition for a Civil Right to Counsel）が結成された。

　また、2010年、アメリカ法曹協会（ABA）は、弁護士の援助を求める権利を定める「モデル・アクセス法」を採択した。これは州レベルで民事ギデオンを実現しようとするものであり、法律扶助の運営を各州に設けるアクセス委員会が行うものとし、基本的な人間のニーズ―住居、栄養、安全、健康、および子の監護―が争点となる場合に法律扶助の権利を認める旨規定する[40]。

　このように、民事ギデオン運動は前世紀末から全米的規模で展開されてきたが、弁護士の援助を求める権利の獲得はいまだ実現していない[41]。後述するように、民事法律扶助の資金削減が続くなかで、制度改革の焦点は弁護士不在の本人訴訟当事者への支援策としてテクノロジーを導入した法的援助の開発、セルフヘルプ（self-help）支援などに移りつつある[42]。

---

39) この事件について、山城「本人訴訟と法律扶助〜 Turner v. Rogers 事件の波紋」白鷗大学法科大学院紀要10号33頁（2017年）。
40) James R. Maxine, "A Right to Legal Aid : The ABA Model Access Act in International Perspective", 13 Loyola. J. Pub. INT. L. 61 (2011).
41) Jeanne Charn, "Evolution of Legal Services in the United States : From the War on Poverty to Civil Gideon and Beyond", in Ed. By Samuel Estreicher & Joy Radice, Beyond Elite Law : Access to Justice in America (Cambridge 2017), p161.
42) 本文で後述するアメリカ法曹協会による報告書「アメリカ合衆国におけるリーガル・サーヴィシズの将来」後注50）とその本文参照。なお、Earl Johnson Jr., "Access to Justice in Civil Cases : A Newer and yet Wider Focus", 総合法律支援論叢9号39頁（2017年）。その翻訳については、同誌同号7頁（池永訳）。

b．連邦、州、及びアメリカ法曹協会等のアクセス・トゥ・ジャスティスへの取組み

(1) 民事司法へのアクセスについての調査

1970年代半ば、アメリカ法曹協会（ABA）および法律扶助資金交付団体であるリーガル・サーヴィシズ・コーポレイション（Legal Services Corporation-略称 LSC）は低所得者および中間所得者の法的ニーズに関する調査を行い、低所得者についてはその80％、中間所得者については50％以上が法的サーヴィスを得ることができない状況におかれている旨発表した[43]。

1977年、バーバラ・クラン（Barbara Curran）は、まずどの程度法的サーヴィスを必要とするか、次にそのニーズがあるときに何をするか、について調査した[44]。その結果、人は生涯で平均4.8回の法律問題を経験し、それは一般的に不動産の取得、財産損害、離婚などであり、白人で教育程度が高く所得に余裕のある人ほど法律問題に出会う傾向が高いとした。そして、雇用差別を経験した人の29％、財産損害問題に直面した人の80％以上がなんらかの対応策をとった（その一部に弁護士に援助を求めることが含まれている）と報告した。

クランの調査から15年を経過した1994年に、ABAの「法的ニーズと民事裁判」について調査が行われた。調査世帯のうち、低所得者の47％および中間所得者の52％が少なくとも前年に一つの法的ニーズを経験したと回答した。この調査結果の詳細な分析によって1977年の調査は実際の法的ニーズよりも少なく数えられていることが判明した[45]。また、所得の違いにより法的問題の種類も異なること、中間所得者は問題に対応しようとしたが、低所得者は法的

---

43) Iwan Weinstein. "Access to Civil Justice in America: What Do We Know?", in Ed. By Samuel Estreicher & Joy Radice, Beyond Elite Law: Access to Justice in America (Cambridge 2017), p3.

44) Id. at 5.

45) Rebecca Saderfur は、この調査に基づいて法的ニーズを1億人のアメリカ人、4400万世帯以上で経験していると推定した。Id. at 7.

援助を求めようともしていない事実を明らかにした。

2005年および2009年に、リーガル・サーヴィシズ・コーポレイション（LSC）は、法律扶助の補助金交付を受けている法律扶助運営団体に対する調査を行ない、その結果を「Documenting the Justice Gap In America : The Current Unmet Civil Legal Needs of Low-Income Americans」として発表した（ジャスティス・ギャップ報告と呼ぶ）[46]。これによると、毎年、法律扶助を求めながらほぼ100万人が財源不足を理由に法的サーヴィスを受けられない状況が続いていること、また、州レベルでは、住居問題、家族法問題、公的給付の順で問題が共通している旨示された。もっとも、州ごとにニーズのヴァリエーションが見られ、全米レベルでの一般化には疑問があるともされた[47]。

(2) 司法省のアクセス・トゥ・ジャスティスへの取組み—アクセス・トゥ・ジャスティスのための新政策（Access to Justice Initiative）

2010年、連邦司法省は、低所得者および中間所得者の司法へのアクセス危機に対処するために新政策を発表し、これを所管する Office For Access To Justice（略称として ATJ が用いられる）を設置した[48]。

ATJは、その基本方針として次の3点を掲げている。

第1は、アクセスを促進し、権利の理解と行使を妨げる障害を排除すること。

第2は、フェアネスを保障し、経済的その他の点で不利な状況におかれている者を含め、すべての当事者に公平かつ公正な成果をもたらすこと。

第3は、効率性を向上させ、無駄または重複を一掃して公平かつ公正な成果をもたらすこと。

司法省は、これらの基本方針を実行に移すため、具体的な方策として以下の目標を定める。まず、ATJ は司法資源を有効に活用してそれを適切に配分する戦略を追求する。次に、州および連邦レベルで民事法律扶助の提供システムの

---

46) Legal Services Corporation, Documenting the Justice Gap in America : An Updated Report of the Legal Services Corporation, September 2009.

47) Weinstein, supra note 43, at 9.

48) Office for Access to Justice の HP 参照（https://www.justice.gov/atj）。

発展を支援する新しい法律、政策および実務改革を進めるように努める。また、法律問題に対して弁護士集約的ではなく、かつ、裁判所集約的ではない方策を促進することに努める。さらに、質の高い法的援助の必要性とその現実の利用の難しさとのギャップを埋めるために、革新的な戦略に関する研究の拡大に努めるというものである。

　(3) 州における取組み－アクセス・トゥ・ジャスティス委員会（Access to Justice Commissions）

　アクセス・トゥ・ジャスティス委員会（以下、司法アクセス委員会という）は、低所得者や恵まれない人々の司法アクセス障害を取り除くことを目的として、裁判所、弁護士、法律扶助提供者、その他の関係者を結集させた組織である。1994年に最初の司法アクセス委員会がワシントン州で設けられ、以後、全米各州に広がり（2016年現在39州に）、目標達成のために多面的な活動を行なっている。委員会モデルの強みは、断片化してバラバラになりがちな様々な司法アクセス方策を州全体としてまとめることができる点である。アメリカ法曹協会（ABA）は基金を利用してこの司法アクセス委員会の立ち上げと発展を促している。ABAが2014年6月に発表したところによれば、各州の司法アクセス委員会の活動内容については、次のように定められている[49]。

　(a) 司法アクセス委員会の構成には、州裁判所、法曹団体、および法律扶助の提供者を代表する者が参加しなければならない。なお、その構成員は、ロースクール、法律扶助の資金提供者、議会、行政府、連邦裁判所および部族裁判所、ならびにこれらの外側にいる司法アクセスの受益者（ステークホルダー）の代表を含むことができる。

　(b) その中心的責務は、州内の低所得層や恵まれない人々の民事の法的ニーズを評価し、アクセスを達成するための戦略を策定し、その進捗状況を評価することにより、あらゆるレベルの民事の司法アクセスを拡大することである。その責務には、中間所得者のためのアクセスの拡大も含まれる。

---

49)　ABA, https://www.americanbar.org > ... > Civil > Access to Justice Commissions

(c) その責務は、州の最高位の裁判所の承認を受けたものでありかつまたそこから委ねられたものである。最高裁判所と最高レベルの法曹団体は、委員会の活動に参加し、委員会は裁判所および法曹団体に定期的に報告する。

(d) 主な活動は、企画、教育、リソース開発、調整、提供システムの強化、そして監督に関連する。なお、監督は、法的援助についての資金提供者または直接の提供者に対するものではない。

(e) 司法アクセス委員会は定期的に会合を持ち、その責務を果たすために継続して責任を負う。

(f) 司法アクセス委員会に関するこの定めは、その委員会構成と新政策の範囲を限定するためではなく、多くの州で成功したモデルの特徴であるコアの部分を取り入れることを目的とする。

(g) 司法アクセス委員会は、最上位の裁判所および最高レベルの州法曹団体の積極的関与とリーダーシップによって、新政策の高い信頼性と可視性を達成する。

(h) 司法アクセス委員会は、一般に文化、言語、年齢などを要因とする不利益や障害について対処されているものの、弁護士を雇うことができないことによって生じた民事上の司法アクセスに対する特定の障壁を克服することに主に焦点を当てる。

(i) 司法アクセス委員会は、スタッフによる法律扶助プログラム、本人訴訟当事者の支援、限定された範囲の代理、プロボノ・サーヴィス、その他の提供モデルに加えて将来のイノベーションなども含め、単一の提供メカニズに焦点を合わせるのではなく、全体としての州の法的支援システムを検討する。

(j) 司法アクセス委員会は、裁判所における訴訟など民事上の法律問題に限らず、法的権利と責任に関する情報の提供、行政手続、交渉や取引の支援、州や地域の立法機関および行政機関におけるアドボカシーなど関係するすべてに射程を伸ばす。

(k) 司法アクセス委員会は、特定の機関の視点に限定されず、異なる機関の視点も包含し、「大きな視点」を維持する能力を有する。

(1) 司法アクセス委員会は、継続的でかつ最後までやり抜くコミットメントを確保するための委員会体制を制度化する。

c．アメリカ法曹協会：アメリカ合衆国におけるリーガル・サーヴィスの将来に関する報告

2014年から2016年にかけて、アメリカ法曹協会「リーガル・サーヴィスの将来に関する委員会」（Commission on the Future of Legal Services-ABA）は、多くのアメリカ人が法的サーヴィスへのアクセスから遠ざけられている多様な原因について分析した。また、同委員会は、法的サーヴィスの提供形態を調査し、法的サーヴィスの提供に影響を与えるプロフェッションの強みと弱みおよび司法システムを詳しく吟味し、公衆のニーズにより効果的に適合する次世代の法的サーヴィスについて勧告を行った。2016年に発表されたその報告書「アメリカ合衆国における法的サーヴィスの将来に関する報告」（Report on the Future of Legal Services in the United States）は、第1部「合衆国における法的サーヴィスの提供：委員会の確認事項」、第2部「合衆国における法的サーヴィス：委員会の勧告」、および「結論」からなる。「結論」では、「この勧告を実施するのはきわめて問題が多いと受け止める向きもあれば、他方でこの程度の勧告では大胆さに欠けるとみる人もいるだろう。しかし、将来のために、今、実行すべきである」、と述べている。ここでは、報告書の要点を紹介するに止める[50]。

（【 】は、説明のために適宜挿入したものである。）
「アメリカ合衆国における法的サーヴィスの将来に関する報告」（Report on the Future of Legal Services in the United States）
第1部　確認事項
(a)　法的サーヴィスへの公衆のアクセスを拡大するための持続的努力にもか

---

50)　Commission on the Future of Legal Services (American Bar Association), Report on the Future of Legal Services in the United States, (ABA 2016).

かわらず、充たされていないニーズが大量に残されている。
① 貧困で生きる大半の人々、そして中間所得者の大多数は、必要とする法的援助を受け取っていない。
　a) リーガル・サーヴィシズ・コーポレイション【LSC：法律扶助の資金提供団体】その他の法律扶助提供者【地域で法律扶助を提供する地域プログラム】の資金は不十分な状態が続き、将来もその状態が続く。
　b) 充たされていない法的ニーズに対処するにはプロボノだけでは不可能である。
　c) 中間所得者の法的援助に的を絞った努力はそのニーズを充たしていない。
② 公衆は、経済力が乏しいため、または法的代理を通じて解決する法律問題が存在していることについて知らないため、法的問題の効果的な援助を手に入れていない。
③ 裁判所において代理のない当事者が膨大な数にのぼり、そのことにより代理のある当事者も含め全ての当事者に有害な影響が及んでいる。【特に州裁判所における裁判遅延、相手方の弁護士費用の増大など。】
④ 法的サーヴィスのニーズが大きく充たされていないという現状がある一方で、数多くの弁護士、特にロースクールを終了して経験の浅い弁護士が職を得ていないし、フルタイムの働き口を持っていない。【2013年のロースクール修了生の43％は修了後9ヶ月間でフルタイムの仕事を得ることができなかった。】
⑤ 伝統的な法実務ビジネスモデルが、法的サーヴィスへのより大きなアクセスを提供しその提供を増強させるイノベーションを抑圧している。
⑥ リーガル・プロフェッションの改革に対する抵抗がさらにイノベーションを妨害する。
⑦ 狭い知識のせいで、法的サーヴィス提供における最も効果的なイノベーションを明らかにし評価する努力が妨げられてきた。
(b) テクノロジーその他のイノベーションの発展により、法的サーヴィスの

アクセスや提供の方法についての改革が続いている。
① 裁判所、法曹協会、ロースクール、および弁護士の一部は、公衆がその法的ニーズを充たすのを援助するためのイノベーティヴな方法を用いた実験を行っている。
  a) 裁　判　所
- リモート・アクセス・テクノロジー【たとえばアリゾナ州のグランドキャニオンのように直近の裁判所まで 9 時間のドライブを必要とするような地理的障害がある場合にキオスクを設置して法律文書の提出などができるようにしている。】
- セルフヘルプ・センター【全米で 500 のセンターが裁判所の中に設けられ、本人訴訟当事者に当座の支援、プロボノその他の紹介、文書援助などを提供する。】
- オンライン紛争解決【ODR システムと呼ばれ、裁判所手続あるいは裁判所への在廷を必要としないで民事紛争を解決するものである。裁判所に付設する仕組みの検討が行われている。】
- 裁判所が認めかつ限定した法的サーヴィス提供者【たとえばワシントン州最高裁判所は限定した範囲で非弁護士のサーヴィス提供者—Limited License Legal Technicians（LLLTs）—についてルールを置いて実施している。連邦でも進められており、たとえば破産裁判所は債務者が申立てに必要な法律文書の準備を素人スペシャリスト—Natitonal Association of Bankruptcy Petition Preparers—に援助させることを認めている。11 U.S.C. §110. Bankruptcy Petition Preparer Guidlines, United States Trustee Central District of California (2014). また、ニューヨーク州では、住居裁判所の事件、賃料取立事件で大学生、ロースクール学生らが本人訴訟当事者を援助する裁判所ナビゲーターの試行的プログラムが 2014 年に始まった。アリゾナ州では、家族法事件で同様のナビゲーターを取り入れている。カリフォルニア州では、家族法事件について代理のない当事者に裁判所ファシリテータ

ーが手続や書式について助言する。】
b) 法曹協会
　○オンライン・リーガル・リソース・センターおよび弁護士レフェラル・イノベーションズ
　○アクセス・トゥ・ジャスティスと将来の法的サーヴィスの基盤形成【過去数十年にわたるアクセス・トゥ・ジャスティス運動とその成果でもある39州で達成されたアクセス・トゥ・ジャスティス委員会の設置。】
c) ロースクール：カリキュラム・イノベーションと支援センター【多くのロースクールは、法的サーヴィスの提供におけるイノベーション教育を実施している。eディスカヴァリ、ヴァーチャル・ロイヤリングなどのコースを提供している。また、修了生に低所得者へ法的サーヴィスを提供する機会を用意する導入的支援センターも置いている。】
d) 弁護士、ローファーム
　○代替的報酬制【大規模法律事務所では、時間報酬制に代わる固定制やフラット・フィー、全面成功報酬制、そしてこれらと時間制との組合せなどを利用する代替的報酬取決めが多く実施され、依頼者の弁護士料に対する不安を減少させようとしている。】
　○法律文書の自動作成【ABAの調査によれば弁護士の40％近くは遺言、契約書などの作成はソフトウエアを利用している。】
　○外部委託【典型的には企業依頼者に対して、コスト低減のために、具体的なプロジェクトを低廉な費用で行う第三者に委託する。たとえば特許申請、eディスカヴァリ、契約管理、コンプライアンス、法律調査などである。ローファームにとっては弁護士をより付加価値の高い業務に回すことができる。】
　○ Legal Startups【イノベーティヴな形態の法律事業—リーガルテック・スタートアップ産業—は、2016年にAngelList上、400を数えている。】

○ メディカル・リーガル・パートナーシップ【病院や健康センターと法律扶助団体のパートナーシップにより、たとえば患者の住居問題などの社会問題と健康との関係を把握し、法的援助を提供する試みであり、すでに38州で展開され、リーガル・サーヴィシズ・コーポレイションも取り組んでいる課題の一つである。】
○ AIの利用【IBMの人工知能システムWatsonを利用したRoss Intelligenceが法律情報調査に利用される例がある。】
○ モバイルのアプリ利用【移民、貧困者、逮捕目前の人にとって利用される頻度が高まっている。もっとも、現状では、モバイル・アプリから得た法的援助は必ずしも弁護士の援助に代わる効果を持っていない。】
○ 非営利の団体による法的サーヴィスの提供【たとえば2015年、ジョージタウン大学と二つのローファームが免税慈善団体である非営利ローファームを設立した。これは、法律扶助の受給適格を欠く人や標準的な時間報酬制では弁護士を雇えない人のために法的サーヴィスを提供することをミッションとしている。】
○ コスト削減のための効率的調達【大企業や国際企業は法的コストを削減するために、多くの弁護士が訓練されていない役割―すなわち外部のサーヴィス提供者からサーヴィスを買うべきかの判断やその交渉や管理を行う役割―をリーガル調達プロフェッショナルに委ねている。これにより企業の法的サーヴィスの提供にイノベーションをもたらすプレッシャーをかけている。】
○ プロジェクトマネッジメントとプロセス改善【ローファームによる法的サーヴィス提供における効率性の改善のためのツールである。その一例がSeyfarthLeanであり、ローファームSeyfarth Shawがモトローラ社の開発した品質管理手法であるシックスシグマを組み合わせて発展させている。】
○ 先払いリーガル・サーヴィシズと保険給付【先払い型リーガル・サー

ヴィシズ・プランは、弁護士を必要とする依頼者とのマッチングを図る効率的なメカニズムを提供している。グループ・リーガル・プランは多様な分野の専門知識を有する弁護士のパネルをつくり、プランの会員メンバーに弁護士とのマッチングを提供している。】
  ○アンバンドルの法的サーヴィス【コストを低減するために限定した小分けの法的サーヴィスを提供する。助言、調査、文書起案、交渉、裁判所代理に小分けして提供することができる。これは依頼者にとって不要な法的サーヴィスの節約になる。】
② 法的サーヴィスの新しいタイプの提供者が増殖し、消費者と弁護士のために選択の幅を作り出している。【10年前には存在しなかったオンライン法的サーヴィス産業の爆発的誕生がある。個人消費者は do-it-yourself への容易なアクセスを望んでおり、またモバイルで理解できるシンプルなサーヴィスを望んでいる。】
(c) 正義を手に入れようとし、法的サーヴィスにアクセスしようとするとき、公衆の信頼と信用は、偏頗、差別、複雑性、およびリソースの欠如によって傷つけられる。
① リーガル・プロフェッションは公衆の多様性にいまだ対応していない。【2015年、アメリカの人口は3億2141万8820人であり、その77%が白人であり、23%が少数人種であった。これに対して資格ある弁護士人口は130万705人である、その88%が白人であり、12%が少数人種である。ローファームのパートナーの92%が白人であり、8%が少数人種であった。パートナーの9%が女性であった。ロースクール学生の48%が女性であり、少数人種は28%であったが、リーガル・プロフェッション内部でのパワーポジションは女性も少数人種も減っている。】
② 意識した偏頗も無意識の偏頗も法律制度の公正と正義を阻む。
③ 司法制度の複雑性およびその役割について公衆の理解の欠如は、司法制度に対する公衆の信頼と信用を損なう。
④ 刑事司法制度は、大量の投獄と過剰な有罪化が不十分なリソースと相ま

ってその制度は危機に瀕している。
⑤　連邦および州政府は、裁判所制度にしかるべき資金を投入していないし、これを支えることもしないで、法の支配を危機に追いやっている。

第2部　勧告

①　リーガル・プロフェッションは、弁護士を雇うことができないすべての人の民事上の法的ニーズに対して効果的な援助形態を提供するという目標を支えるべきである。

②　裁判所は、法的サーヴィス提供領域におけるイノベーションズ規制を検討するべきである。

②-1　裁判所は、ABA の採択した Model Regulatory Objectives for the Provision of Legal Services の採用を検討すべきである。【2016年2月、ABA で採択されたモデルである。】

②-2　裁判所は、適切かつ有意義である場合、裁判所の権限によりかつ限定した法的サーヴィス提供者のためのルールと手続を採用するべきである。

②-3　州は、新しいテクノロジーやインターネットベースのプラットフォームを利用する組織が提供する法的サーヴィスのあり方を探求すべきであり、それらのサーヴィスが利用された場合の公衆の利益とリスクを評価するべきである。

②-4　代替的ビジネス構造（ABS）の継続した実験は有益である。そしてABS が許される場合、これらの組織に付随したリスクと利益に関する証拠やデータが示されそして評価されるべきである。【弁護士倫理またはプロフェッションの独立の劣化の有無、または依頼者や消費者に対する損害の有無などについて議論がある。】

③　リーガル・プロフェッションのすべてが重要なテクノロジーの進展に遅れないようにするべきである。

④　個別のリーガル・プロフェッションは（法的サーヴィスへのアクセスを拡大するために）法的点検を定期的に受けるべきである。ABA はそのよ

うな法的点検方法を開発し運営する弁護士、法曹協会その他のためにガイドラインを策定するべきである。

⑤　裁判所は、公正、中立、そしてデュー・プロセスを保障することは当然のことであり、さらにアクセスが容易であり、利用者目線に立って、すべての訴訟当事者に利用しやすいものとすべきである。

⑤-1　裁判所への現実のかつヴァーチャルなアクセスが拡大されるべきである。

⑤-2　裁判所は、統一的で、平明な言語による簡素化した訴訟プロセス—適切に行われれば訴訟手続の促進となる—を検討すべきである。

⑤-3　裁判所は、多言語文書資料を採用するべきであり、資格ある通訳者や翻訳者の利用範囲を拡大すべきである。【2014 年の調査によれば、年に 32 万 5000 件以上の裁判手続で 119 の異なる言語の通訳が必要とされている。2012 年、ABA は「裁判所における言語アクセスの基準」を定め、通訳は憲法上要求されるべきことを述べている。】

⑤-4　裁判所付設のオンライン紛争解決システムは、試験的に導入されるべきであり、そして適切に拡大されるべきである。

⑥　ABA は、イノベーション・センターを設置すべきである。

⑦　リーガル・プロフェッションは、法的サーヴィスの提供にイノベーションを活用することについての洞察力をもつために、他の専門分野や公衆をパートナーとするべきである。

⑦-1　リーガル・プロフェッションと他の専門分野の人々との協力関係の拡大は、法的サーヴィスのアクセス改善になる。

⑦-2　ロースクールおよび法曹協会は、ABA も含めて弁護士のために起業、イノベーション、法実務のビジネスと経済、およびその他関係する分野を学ぶことができるよう継続法学教育その他の機会をこれまで以上に提供するべきである。

⑧　リーガル・プロフェッションは、最高の多様性と包摂を進展させる方策、政策、スタンダード、そして実務を採用すべきである。

⑨　刑事司法制度は改革されるべきである。

⑨-1　本委員会は、ABAジャスティス・ケネディ委員会その他の提案にかかる改革を支持する。

⑨-2　行政上の罰金や過料は、貧困者に過酷な影響を及ぼさないように、そしてこれらの不払いを原因とする拘禁を回避するように調整されるべきである。

⑨-3　裁判所は、生産的市民および遵法市民として社会への復帰を容易にするという目的のために拘禁されている人々のための訓練と助言を提供するプログラムの創設を促進するべきである。

⑨-4　軽犯罪は、人種差別や過剰拘禁の緩和に寄与するよう非犯罪化されるべきである。

⑨-5　公設弁護人事務所は、適切な事件負担をこなすレベルの資金が投入されなければならない。

⑩　法的サーヴィスへのニーズに対処する点で成果をあげている長期的活動を支援するため、リソースが大きく拡大されるべきである。

⑩-1　法律扶助およびプロボノ活動は、拡大し、十分な資金を投入し、より一層の進展をはからなければならない。

⑩-2　法的サーヴィスへのアクセスを得る方法についての公教育は、ABAその他の法曹協会、裁判所、弁護士、法的サーヴィス提供者、およびロースクールが幅広く提供するべきである。

⑪　法的サーヴィスを提供する既存のモデルであれ新しいモデルであれ、それらのモデルから引き出された結果については標準的な目的達成の効果を評価するために測定されなければならない。【イノベーションの実際の効果は経験的に示されなければならない。】

⑫　ABAその他の法曹協会は、それぞれの進行中の長期の戦略プラニングの一部として法的サーヴィスの将来について検討するべきである。

結　論

「合衆国におけるリーガル・サーヴィシズの将来に関する報告は、法的サ

ーヴィスの提供方法や 21 世紀のアクセスの改善のための野心的なアジェンダを示す。本報告の初めに指摘したように、本委員会の勧告にはきわめて問題があると考える人もいれば、大胆さに欠ける勧告だとみる人もいるだろう。しかしながら、明らかなことは、その解決策はこの報告書に含まれている勧告を実施するためにはすべての利害関係者の努力を要求することである。もちろん、勧告の多くは新しい考え方、データ、そして情報が利用できるようになるたびに改定される必要がある。同時に、本委員会はこの報告書の勧告を実施するよう求める。将来は我々の手にあり、今が行動に移す時である」。

II　民事司法制度の特色

1．司法制度のインフラストラクチャー

a．裁判所制度と裁判官

アメリカの司法制度は、アメリカ建国の歴史的背景から、連邦と州の司法制度の二系統が併存している。

(1) 連邦裁判所と連邦裁判官

連邦の裁判所は、連邦地方裁判所（U.S. District Court）、連邦控訴裁判所（U.S. Court of Appeal）および連邦最高裁判所（U.S. Supreme Court）に加えて、国際通商裁判所（U.S. Court of International Trade）、連邦請求裁判所（U.S. Court of Federal Claims）、連邦租税裁判所（U.S. Tax Court）、破産裁判所（U.S. Bankruptcy Court）等の特別裁判所がある[51]。

---

51) 連邦裁判所制度の説明については、田中英夫・英米法総論（東大出版会）のほか多数の文献がある。ここでは、主に、アメリカンセンター・レファレンス資料室「米国司法制度の概説」(http://americancenterjapan.com（11/5/2017）、および 2017 年度裁判所予算の説明（https://www.uscourts.gov/sites/default/files/fy_2017_federal_judiciary_congressional_budget_summary_0.pdf）によっている。
　連邦裁判官の欠員状況については、United States Courts Judicial Business 2016, http://www.uscourts.gov/judges-judgeships/judicial-vacancies による。欠員は 2017

これらは憲法上の裁判所と立法上の裁判所の二つに分けることができる。憲法上の裁判所とは、憲法第 3 条によって設立された裁判所で、連邦最高裁判所、連邦控訴裁判所、連邦巡回区控訴裁判所（U.S. Court of Appeal for the Federal Circuit）、連邦地方裁判所、国際通商裁判所がこれにあたる。立法上の裁判所とは、憲法第 1 条により設立された裁判所であり、軍事控訴裁判所（U.S. Court of Military Appeals）、連邦租税裁判所（United States Tax Court）、退役軍人控訴裁判所（Court of Veterans Appeals）などがある。憲法上の裁判所と立法上の裁判所の違いは、後者は司法機関としての職務のほかに行政や準立法機関としての役割を担い、しばしば特定の法律の施行という目的をもってつくられた裁判所であるという点である。なお、立法上の裁判所の裁判官の地位は憲法上の保障がなく、任期を定めることができる。

連邦地裁は、全米に 94 ヶ所設置されている。民事通常事件および刑事事件の第一審ならびに破産裁判所からの控訴事件を担当する。裁判官は原則、単独である。連邦地裁裁判官の定員は全米 677 人であり、憲法上の身分保障がある。このほかに、数百人規模のマジストレイト・ジャッジがいる。マジストレイト・ジャッジは、地裁裁判官の指示に基づき裁判官の職務を補助する裁判官である。プレトライアル・カンファレンスの実施や、当事者の同意があれば審理を主宰する（陪審審理も含まれている）こともできるほど職務範囲は相当に広い。

なお、破産裁判所は 91 ヶ所設置され、連邦地裁の一部門に位置づけられ、破産事件を専属的に扱う。破産裁判所裁判官は控訴裁判所から任命され、任期を設けることができる。

連邦控訴裁判所は、全米に 12 ヶ所設置されて、連邦地裁からの上訴事件を担当する。裁判官は 3 人の合議体である。全米で控訴裁判官の定員は 179 人である。なお、連邦巡回区控訴裁判所が一つ設置され、連邦地裁で審理された民事事件のうち商標、特許などの事件、国際通商裁判所および連邦請求裁判所の

年 10 月現在。

表 2-1　連邦裁判所と裁判官の定員　　（2016 年 10 月現在）

	裁判所名称	設置数	裁判官定員数
法律審	連邦最高裁判所	1	9
	連邦控訴裁判所	12	179 （21 欠員）
	連邦巡回区控訴裁判所	1	12
事実審	連邦地方裁判所	94	677 （121 欠員） ＊マジストレイト・ジャッジを含まない。
	連邦破産裁判所	91	－＊
	国際通商裁判所	1	9 （2 欠員）
	連邦請求裁判所	1	16 （6 欠員）

＊破産裁判所の裁判官数は不明。

事件についての不服申立てについて専属管轄を有する。その裁判官は 12 人である。

　連邦最高裁は、合衆国の最上級裁判所であり、控訴裁判所および各州の最終上訴裁判所の判決のうち連邦法に関連する事件について裁量上訴を認める。裁判官は、長官を含め 9 人で、一つの合議体を構成する。なお、連邦控訴裁判所、連邦巡回区控訴裁判所、そして連邦最高裁は法律審である。

　国際通商裁判所は、全米に一つであり、関税および貿易に関する民事事件につき、原則として専属管轄を有する。その裁判官は 9 人である。

　連邦請求裁判所は、全米に一つであり、合衆国を被告とする憲法、連邦法、契約に基づく請求、公務員の給与、連邦犯罪で有罪を受けた者の損害賠償請求、先住民の請求などを扱う。大統領が 16 人の裁判官を上院の助言と承認に基づき任命する。この裁判官は憲法上の身分保障はない。

(2) 州の裁判所と裁判官

　各州は自ら構想した裁判所組織を編成し、その裁判所の名称も自由である[52]。事実審と法律審の構造は連邦と同じではない。巡回区裁判所が事実審裁判所である州は10州以上を数えることができる。名称のつけ方も自由であるため、紛らわしい例がある。たとえばニューヨーク州では事実審裁判所のことを最高裁判所と呼ぶ。

　州の裁判所は大別して、限定的な管轄権を有する事実審裁判所、全般的な管轄権を有する事実審裁判所、中間控訴裁判所、最終審裁判所が設置されている。

　限定的な管轄権を有する事実審裁判所は、家庭裁判所、少額裁判所、市裁判所、郡裁判所、治安裁判所などがあり、全裁判所の90％を占める。これらの裁判所の判決に対する不服申立ては全般的な管轄権を有する事実審裁判所が行い、再審（trial de novo）と呼ばれる。

　全般的な管轄権を有する事実審裁判所については、多くの州は複数設置し、控訴裁判所の機能も有する。

　中間控訴裁判所は、州の最高裁判所の事件負担を軽減する目的で設置されている。

　最終審裁判所は、州ごとに名称は異なる。多くの州は最高裁判所と呼ぶが、ニューヨーク州では控訴裁判所、マサチューセッツ州では最高司法裁判所などという。

　州裁判所の訴訟件数についてのデータについては、全米州裁判所センター（The National Center for State Courts）がまとめている。

b．弁　護　士
(1) 弁護士数
　アメリカの弁護士の数については、アメリカ法曹協会（ABA）が2017年に

---

52) 州の裁判所制度についても、アメリカンセンター「米国司法制度の概説」前注51) を参考にした。

第2章　アメリカ合衆国における司法アクセス　61

表 2-2　全米の弁護士人口の推移

年	活動中の弁護士数	アメリカの人口（億）
2017	1,335,963	3.265
2007	1,143,358	3.012
1997	963,260	2.726
1987	695,020	2.423
1977	431,918	2.202
1967	310,736	1.987
1957	264,373	1.72

行った全米弁護士人口調査に基づいて示すことができる[53]。これによれば、全米で133万5963人を数え、前年の131万5561人に比べ1.6％の増加である。2007年の114万3358人に比べれば16.8％増である。

ABAがまとめた全米の弁護士人口の推移（1878-2017）の一部を10年ごとの表にすると[54]、表2-2のようになる。

2017年の弁護士数は、50年前（1967年）のそれのおよそ4.3倍となっている。1957年のアメリカの人口1.72億人に対し2017年は3.265億人であり、約1.9倍の伸びであるが、弁護士は5倍を超えるものとなっている。

2017年の弁護士の男女比は、男性64.7％、女性35.3％である。2007年に比べて男性は5.2％減少、女性は5.2％増加した。

---

53) ABA National Lawyer Population Survey, at http://www.americanbar.org/resources_for_lawyer/profession_statics.html
　　調査は、各州の法曹協会が、2016年12月31日現在、各州に常駐し現に活動中の数を報告する方法で行われた。
54) ABA National Lawyer Population Survey-Historical Trend in Total National Lawyer Population 1878-2017, at https://www.americanbar.org/content/dam/aba/administrative/market_research/Total%20National%20Lawyer%20Population%201878-2017.　アメリカの人口は、The United States Census Bureauの統計による（https://www.census.gov/popclock/）。

人種（民族）構成は、アフリカ系アメリカ人5％、アジア系2％、白人種85％、ハワイアン（太平洋諸島人）0％、ヒスパニック5％、Multiracial 2％、先住アメリカ人1％、その他である（ABA 2017年調査）。2007年に比べて、白人種の割合が5％減少している。

なお、アメリカでは、弁護士の資格を裁判官や検察官の法曹資格の基礎とする法曹一元が採用されており、ロースクールを修了してBar Examinationをパスして弁護士としてのキャリアを積んだ後に裁判官や検察官となるのが一般である。もっとも、裁判官や検察官となる弁護士は、大規模な法律事務所や官庁に勤務する弁護士が多く、小規模やソロ・プラクティスの法律事務所から裁判官になる者はきわめて少ないようである。

弁護士の中で開業弁護士の割合については、少し古いが2005年のデータによると、開業弁護士75％、リタイア（非活動）4％であり、その他として、裁判所、行政、企業、団体職員、研究職などである[55]。

(2) 法的サーヴィス市場

アメリカの法的サーヴィス市場は巨大である。合衆国国際取引委員会は、法的サーヴィス産業はマルチ・ビリオン・ドラー規模に達し、それはグローバルな法的サーヴィス産業によって産出された収入の半分を占めると報告している[56]。2010年に開業弁護士が提供した法的サーヴィスは合衆国GDPで2040億ドルを生み出し、法律事務所に支払われた金額は2370億ドルであった。アメ

---

55) American Bar Foundation, The Lawyer Statiscal Report 2013 (2005data).
56) Gillan K. Hadfield & Jamie Hein, "Life in the Law-Thick World : Legal Resources for Ordinary Americans", in Samuel Estreicher & Joy Radicle, Beyond Elite Law : Access to Ccivil Justice in America, Cambridge 2016, p. 21. 23. 法的サーヴィス市場についてはこの論文による。これによれば、法的サーヴィスの世界市場の39％をアメリカが占め、2015年ではアメリカの法的サーヴィスの個人消費は1兆200億ドル、GDPの1.3～1.8％にあたるという。p. 27 ほかに Benjamin H Barton and Deborah Rhode, "The United States of America : Legal Services Regulation in the United States-A Tale of Two Models", in Ed. By Andrew Boon, International Perspective on the Regulations of Lawyer and Legal Services, (Hart Publishing 2017) がある。

リカの法的サーヴィス市場は巨大であるが、平均的な市民の消費はその半分にも満たず、2010年では970億7000ドルが個人消費であり、全体の34%であった。1%（28億9000ドル）は法律扶助弁護士および公設弁護人から提供されたサーヴィスに換算される。

c．事件負担（訴訟事件数等）
(1) 連邦の事件負担

連邦の訴訟事件数については、連邦裁判所事務局が Judicial Caseload

表2-3 連邦裁判所の事件負担指標―民事

裁判所の事件負担		2007	2012	2015	2016	2007年からの変動率	2012年からの変動率	2015年からの変動率
連邦地方裁判所								
	新受	257,507	278,442	279,036	291,851	13.3	4.8	4.6
	終了	239,678	271,572	274,627	271,649	13.3	0.0	-1.1
	係属中	265,443	271,141	341,364	361,566	36.2	33.3	5.9
破産裁判所								
	新受	801,269	1,261,140	860,182	805,580	0.5	-36.1	-6.3
	終了	864.588	1,304,429	989,872	910,122	5.3	-30.2	-8.1
	係属中	1,275,841	1,624,606	1,269,304	1,164,747	-8.7	-28.3	-8.2

表2-4 連邦地裁裁判官当たりの新受事件数

年	裁判官数	新受事件数	新受事件数／裁判官	終了事件数	係属中
2012	677	278,442	411	271,572	271,141
2013	677	284,604	420	255,260	300,469
2014	677	295,310	436	258,477	337,302
2015	677	279,036	412	274,627	341,364
2016	677	291,851	431	271,649	361,566

Indicator に発表している[57]。ここでは、連邦地裁の新受事件等と破産裁判所の事件について示す（表 2-3）。

2016 年度の連邦地裁新受事件数は 29 万 1851 件であり、前年から 5 ％の増加であった（1 万 2815 件増）。

つぎの表 2-4 は地裁裁判官（定員）当たりの新受事件数等の統計である[58]。2015 年の 412 件から 2016 年は 431 件に増えている。

(2) 州の事件負担

州の事件負担については、全米州裁判所センターが発表提供しているものがある。2013 年度の州ごとの民事事件負担表によれば[59]、2013 年度では、全米で 1432 万 3966 件の新受事件が持ち込まれた（2014 年以後 2017 年 10 月現在までの全州統計は不完全である）。

表 2-5　州ごとの民事事件数

州	2013 年新受事件	10 万人当たり事件数
Alabama	168,156	3,479
Alaska	23,596	3,210
Arizona	289,172	4,364
Arkansas	93,291	3,152
California	1,003,010	2,617
Colorado	344,464	6,538
Connecticut	203,524	5,660
Delaware	61,477	6,641
District of Columbia	57,589	8,909

---

57) United States Courts, http://www.uscourts.gov/statistics-reports/judicial-caseload-indicators-judicial-business-2016. また、連邦地裁における民事事件負担に関する詳細な分析として、Patricia W. Hatamyar Moore, "The Civil Caseload of the Federal District Courts", 2015 U. Ill. L. Rev. 1177 (2015) がある。

58) United States Courts, http://www.uscourts.gov/statistics-reports/judicial-caseload-indicators-judicial-business-2016 (TABLE 3).

59) http://www.ncsc.org/Sitecore/Content/Microsites/PopUp/Home/CSP/CSP_Civil

Florida	768,943	3,933
Georgia	776,483	7,771
Hawai'i	35,103	2,500
Idaho	72,823	4,517
Illinois	537,930	4,176
Indiana	421,456	6,414
Iowa	130,308	4,217
Kansas	157,013	5,426
Kentucky	224,533	5,108
Louisiana	212,362	4,591
Maine	36,362	2,737
Maryland	1,046,696	17,654
Michigan	667,458	6,745
Minnesota	176,675	3,259
Missouri	272,783	4,513
Nebraska	120,187	6,432
Nevada	160,175	5,741
New Hampshire	45,467	3,435
New Jersey	882,676	9,918
New Mexico	86,094	4,129
New York	1,539,950	7,836
North Dakota	32,753	4,528
Ohio	568,239	4,911
Pennsylvania	479,285	3,752
Puerto Rico	172,419	4,769
Rhode Island	51,467	4,895
South Carolina	296,795	6,216
Texas	1,596,824	6,038
Utah	125,011	4,309
Vermont	18,170	2,900
Washington	295,268	4,235
West Virginia	71,979	3,882
計	14,323,966	

d. 司法予算

　2013年末、ジョン・G・ロバーツ連邦最高裁長官は、合衆国裁判所の年次報告書で「裁判所が直面する最も重要なシングル・イシューは予算である」と述べた[60]。20世紀末、1995年の時点では、連邦裁判所の事件負担は引き続き上昇局面が続いており、2020年には100万件に達するだろうと想定された。この「悪夢のシナリオ」を前提にして、司法会議は、連邦政府の財政的リソースの制約という現状から、裁判所へのアクセスを制限することが求められていると結論し、その対策として1995年に「Long Range Plan」を発表した[61]。そのプランの実施勧告、民事訴訟規則改正、連邦仲裁法の制定などを通じて新受事件数増加率を低減させる努力が続けられ、その結果、連邦裁判所から多数の民事の当事者を裁判所の外に連れ出すことに成功したという[62]。民事事件の新受事件数増加率の低減という大きな目標は達成された。しかし、その目標は達成されたものの、司法予算の伸び率の拡大を伴うものではなかった[63]。

　2010年の司法会議は、Long Range Plan の後を受けて新しい戦略プランを発表し、効率的な事件運営のほか、裁判所の安全の改善、裁判官職の数の拡大、裁判官の給料の改善などを目標として掲げた[64]。しかし、司法予算の伸び率は

---

60) John Roberts, 2013 Year-End Report on The Federal Judiciary 1 (Dec. 31,2013), at http://www.supremecourt.gov/publicinfo/year-end/2013year-endreport.pdf

61) Judicial Conference of the United States December 1995, Long Range Plan for the Federal Courts-As Approved by the Judicial Conference. (http://www.uscourts.gov/statistics-reports/publications/long-range-plan-federal-courts).

62) Judith Reznik, The Privatization of Process : Requiem for and Celebration of the Federal Rules of Civil Procedure at 75, 162 U. Pa. L. Rev. 1793 (2014), at 1834.

63) Id. at 1831. なお、2012年では、提訴手数料からの収入は、破産申立て手数料が全体で3億5820万ドル、そのうちチャプター・セブンによる破産申立てが約2億5000万ドル（事件当り306ドル）、チャプター・イレブンのものが1190万ドル、チャプター・サーティーンによるものが9980万ドルなどに対し、一般の民事提訴手数料が9750万ドル（事件当り350ドル）である。破産事件からの手数料収入が圧倒的に大きいことが分かる。Id. at 1835.

64) Judicial Conference of the United States, Strategic Plan for the Federal Judiciary September 2015, (http://www.uscourts.gov/statistics-reports/strategic-plan-federal-

第 2 章 アメリカ合衆国における司法アクセス 67

表 2-6 連邦司法予算 （2015 年から 2017 年まで）

(単位 1000 ドル)

予算		2015 年度	2016 年度	2017 年度
連邦最高裁判所	給与および経費	74,996	78,143	79,187
	Buildings and Grounds	9,000	11,063	17,087
連邦巡回区控訴裁判所		28,841	34,332	33,185
国際通商裁判所		17,299	20,324	21,246
連邦控訴裁判所、連邦地方裁判所、その他裁判所サービス	給与および経費	5,198,533	5,351,000	5,452,000
	ディフェンダーサービス	986,541	1,034,511	1,054,003
	陪審等の報酬	49,159	44,992	48,948
	セキュリティ	486,041	544,000	566,200
	小計	6,720,274	6,974,503	7,121,151
合衆国裁判所事務部		71,993	76,222	88,148
連邦司法センター		27,371	28,194	28,341
裁判官退職基金		143,600	155,400	168,300
Sentencing Commission		16,252	17,981	18,448
計		7,109,626	7,396,152	7,575,093

減少傾向にある[65]。

　2017 会計年度（2016 年 10 月～2017 年 9 月）の連邦予算は、約 4 兆 890 億ドルであり、そのうち連邦司法予算は 75 億 7509 万 3000 ドルである。連邦の財政赤字は 5030 億ドル（対 GDP 2.6％）であるが、引き続き財政状況は改善傾向にある[66]。連邦司法予算の概括的内訳および 2015 年度から 2017 年度までの推移は表 2-6 のとおりである[67]。2017 年度の司法予算は、連邦予算の 0.185

---

　　judiciary).
65)　Reznik, supra note 62, at 1834.
66)　アメリカ合衆国予算教書（外務省 www.mofa.go.jp/mofaj/na2/us/page25_000342.html）。
67)　The Administrative Office of The U.S. Courts February 2016, The Judiciary FY 2017 Congressional Budget Summary, p. 11 (https://www.uscourts.gov/sites/default/files/fy_2017_federal_judiciary_congressional_budget_summary_0.odf).

表 2-7 法的リソースの各国比較

($)	アメリカ	フランス	ドイツ	ハンガリー	オランダ	ポーランド	イギリス
国民1人当り法律扶助額	12	7	6	0	27	1	58
事件当り法律扶助額	75	135	70	0	241	4	823
10万人当り裁判官数	10	11	24	29	15	28	9
10万件当り裁判官数＊	65	204	283	289	133	146	126
10万人当り弁護士数	404	80	190	121	100	77	299
10万件当り弁護士数	2,567	1,522	2,224	1,210	880	404	4,234
10万人当り刑事事件数	6,626	1,692	1,468	3,004	2,400	2,880	3,442
10万人当り民事事件数	9,111	3,537	7,095	7,010	9,000	16,230	3,623
10万人当り総事件数	15,737	5,229	8,563	10,014	11,401	19,110	7,065

＊裁判官は非常勤を除く常勤のみ

％である。

e．弁護士数、裁判官数、事件数、法律扶助支出額など総合的な法的リソースの比較法的位置づけ

　法の支配は、法律制度へのアクセスと法的リソースを前提とする。アメリカの場合、法的リソースの厚みは大きいと想定されるが、Hadfield & Heine の研究によると、次のような比較法的位置づけになる（表2-7）[68]。

---

68) Gillian K. Hadfield & Jamie Heine, Life in the Law This World : Legal Resources for Ordinary Americans, in Ed. By Samuel Estreicher & Joy Radice, Beyond Elite Law : Access to Justice in America (Cambridge 2017), p. 29, table2.2. の一部分。基礎データは 2010 年〜 2015 年。

7カ国中、アメリカの弁護士の厚みは一見するとトップに位置するが、ヨーロッパの国々ではアメリカのように完全に弁護士が法的サーヴィスを独占するということはなく、その意味ではヨーロッパの国々の弁護士数は控えめになっていると考えてよい。また、アメリカでは企業法務を担当する主に大企業の企業内弁護士（イン・ハウス・ローヤー）も弁護士に数えられるのに対し、ヨーロッパの国々の企業内弁護士の多くは弁護士数に入っていないことから、企業ではなく個人に対する弁護士の厚みはアメリカでは弱くなる。裁判官の厚みについては、アメリカの場合パートタイムやマジストレイトを除いた常勤の裁判官は10万件当りで比較すると下位になる。なお、法律扶助への支出額もイギリス、フランス、オランダに比べて小さいことがわかる。

2．国民の司法参加および情報へのアクセス

a．陪　　審

刑事裁判だけでなく[69]、連邦裁判所で行われる民事訴訟についても、合衆国憲法修正第7条において陪審裁判を受ける権利が保障されている。すなわち、「コモンロー上の訴訟において、訴額が20ドルを超えるときは、陪審による裁判を受ける権利は維持される。陪審が認定した事実は、コモンロー上の準則による場合を除き、合衆国のいかなる裁判所もこれを再び審議してはならない。」と定めている。州の憲法も同じように陪審裁判を受ける権利を規定している[70]。陪審員は12人で構成し、全員一致の結論をだすのが伝統的である。し

---

69) 刑事裁判については、アメリカ合衆国憲法第3編第2節第3項「すべての犯罪の審理は陪審によってなされなければならない」とあり、第6修正で公平な刑事陪審による審理が保障されている。

70) マサチューセッツ州憲法第1部第15編では、「財産に関するすべての争訟、および複数人間のすべての訴訟においては、これまで別の慣行実務がなされてきた事件を除いて、当事者は陪審による審理の権利を有する。この手続方式は神聖なものとされなければならない。ただし、公海上で生起した請求、船員の賃金に関する請求について、立法部がこれを変更することが必要であると認定する場合には、この限りでない。」とする。リチャード・B・パーカー（浅香吉幹訳）「製造物責任事件に

かし、民事事件では6人制が認められ、12人制でも10対2の評決を認めている。

陪審の役割は、民事事件では原告被告のいずれに勝訴させるかだけでなく、原告勝訴の場合、損害賠償額も認定する。

陪審員は当初、その資格が白人男性に限られていたが、現在は人種や男女で資格に違いはない。連邦の場合、陪審員の選び方は、合衆国市民で18歳以上の当該地裁管轄権内に1年以上居住していること、1年以上の懲役刑の前科がないこと等の要件を満たす者の中から、陪審員候補者が無作為に選ばれ、ハガキや電話で裁判所に呼びだされ、陪審員の選考が行われる。voir dire と呼ばれる陪審選考手続では、両当事者の弁護士または裁判官が候補者に質問を行い、理由のある忌避や理由のない専断的忌避を行い、利害関係や偏見のある候補者を排除する。

陪審制については、問題も指摘されている[71]。第1は、コストがかかるとい

おいて陪審を用いることに反対する諸論点」アメリカ法 1990 年 2 号 187 頁。

71) 樋口範雄・はじめてのアメリカ法（有斐閣、2016 年）166 頁以下の説明、およびシンポジウム：民事陪審—製造物責任訴訟における陪審を中心として（アメリカ法 1990- 2 号 167 頁以下に基づく。

なお、統計的には若干古くなるが、Bureau of Justice Statics が 2005 年に発表しているものによれば、全米の州一般管轄裁判所で不法行為、契約、および不動産事件のトライアル件数 2 万 6950 件と推計され、そのうち陪審は 1 万 8,404 件であった。これはトライアル件数の 68％である。陪審の原告勝訴は 1 万 12 件（54％）、原告が 100 万ドル以上の獲得を得た事件は 1,159 件であった。裁判官によるトライアル件数は 8,543 件で、その原告勝訴は 5,809 件、100 万ドル以上の獲得を得たのは 137 件であった。陪審は、不法行為事件の 90％、契約事件の 36％、不動産事件の 26％を占め、不法行為事件では圧倒的に陪審トライアルであった。陪審勝訴原告の獲得額は中位数で 3 万 500 ドルであった。陪審トライアルで原告が通常損害賠償または懲罰的損害賠償で 100 万ドル以上獲得した事件は 6.3％である。連邦の統計では、2002 年度と 2003 年度の不法行為事件を分析の対象としている。連邦地裁に 9 万 8786 件持ち込まれ、そのうちトライアルに至ったのが 1647 件である。そのトライアル事件の 71％が陪審で裁判され、原告の勝訴は陪審に比べて裁判官による場合が多かったことを示している。もっとも、この時代は製造物責任事件が強く統計に影響している点に注意が必要である。以上、https://www.bjs.gov/index.

う点である。裁判官裁判に比べて、陪審員候補者の呼出しや選考に時間がかかり、陪審員の日当や旅費もかかる。さらに、仕事を中断して陪審に専念しなければならないという陪審自身にかかってくる負担感もコストである。第2に、素人の陪審が加わることによって裁判の予測可能性が損なわれ、法的安定性が阻害され裁判に対する信頼も損なう点である。第3に、陪審は誤判をしやすいという点である。陪審は裁判の素人であるから裁判のプロに比べて間違いをおかしやすいし、感情や偏見を制御できずに誤判に至るという。

このような批判に対して、陪審制を擁護する意見は次のように反論する。まず、陪審は、そのコストを上回る利点があるという。すなわち、陪審は国民の自治を実践する場であり、権力の濫用をチェックする機能があり、法と社会が乖離した場合に社会の常識の線に回帰させることができ、裁判官批判に対するバッファー（緩衝装置）として作用するなどの利点がある。次に、陪審は法的安定性に欠けるという批判については、陪審の結論はおおむね裁判官と同じであり、結論が異なる場合でも事案自体が合理的に意見が分かれるようなものであるとの実証的研究をあげて反論する[72]。さらに、陪審は選考手続きが設けられているので偏見を排除する工夫がなされており、陪審員相互のチェックにより偏見が相殺されることになるという。

このように陪審制について色々な意見があるものの、一般に制度の存在意義として、陪審を通じて法的過程にたえずコミュニティの価値観を反映させることができるという点が強調される[73]。コミュニティの代表としてコミュニティを守るために事件に参加することにより、その法的判断に社会的支持があり、当事者も陪審を選んだのは自分であることから納得できるとされる。

---

  cfm?ty=tp&tid=451 より。
72) 小島武司・民事訴訟の新しい課題（法学書院、1975年）25頁。Hans Zeisel, "The Warning of the American Jury", 58 A.B.A.J. 367 (1972).
73) 前注71）のシンポジウム182頁。

b．裁判の公開と法廷のカメラ公開

(1) 裁判の公開

刑事事件については、合衆国憲法修正第6条でトライアルの公開が要請されている。民事事件については憲法上の保障はない。しかし、民事についても、司法の民主的責任の観点および裁判の公正さと公正さの外観を担保する観点から、トライアルの公開は当然のこととされている[74]。なお、連邦民事訴訟規則第77条(b)は、「本案に関するすべてのトライアルは公開の法廷において、また、不都合のない限り、正規の法廷で行われるものとする。」と規定する。

(2) 法廷の写真撮影やテレビ報道（録画）など

連邦も州も何らかの形で法廷のカメラによる撮影・報道等は認めている[75]。仮にこれを認めないとしても、合衆国憲法で保障する表現の自由の侵害にあたらないと考えられている。かつてウォーレン長官は、連邦最高裁は金魚鉢のように透明であると述べたが、ほとんどのアメリカ人は裁判所で行われていることを知らない[76]。裁判の透明化については必ずしも明確な規範として具体化されてはいない。議論は、テレビ報道の是非をめぐって展開されてきた。

1965年に、マーシャル判事は、テレビ時代の到来により法廷にテレビが入れば裁判過程は名誉を傷つけられるだろうと述べた[77]。ラジオ・テレビ会社は重要な事件について弁論の報道をたびたび申し入れてきたが、レーンキスト長官は繰り返しその要求をはねつけた。

2014年にメディアと法律諸団体の裁判所の透明化のための協議会（Coalition for Court Transparency）が弁論のテレビ報道を申しれたとき、ロバーツ・コート（その裁判所広報）は現在のやり方を変えるつもりはないと答えた。そしてロバーツ長官は、含みのある言い方だが、直接には「我々は弁護士や裁判官に与える影響が心配であるし…不幸にもスタンドプレーに奔るかもしれない…

---

74) 浅香吉幹・アメリカ民事手続法（第3版）128頁（弘文堂、2016年）。
75) 浅香・前注74）の129頁。
76) Ronald Collins & Skover David, The Judge (Oxford 2017), p. 137.
77) Ibid.

私はその影響がどんなものになるか、少し案じている」、と述べた[78]。

以下は、合衆国裁判所の法廷におけるカメラの歴史である[79]。

まず、連邦の刑事事件の電気的メディア報道について、1946年刑事手続規則第53条の下で明確に禁止された。

1972年の司法会議（Judicial Conference）は、写真撮影やテレビ報道の禁止を採択し、これは合衆国裁判官行為規範（Code of Conduct for United States Judges）に取り入れられた。

1988年、レーンキスト長官は、法廷のカメラに関する特別委員会を設置し、1990年に司法会議は法廷のカメラに関する特別委員会の報告を採択した。その報告書は6つの連邦地方裁判所と二つの連邦控訴裁判所において民事事件の電気的メディアによる報道を許可する試験的プログラムを勧告した。そして裁判官行動規範にある禁止条項を撤廃し、裁判官は法廷においてテレビ報道、録画、写真撮影を認めることができる旨の新しい方針を採用した。

1991年7月1日、二つの連邦控訴裁判所（第2巡回区および第9巡回区）および6つの連邦地方裁判所（インディアナ州南部地区、マサチューセッツ州、ミシガン東部地区、ニューヨーク州南部地区）で3年の試験プログラムが始まった。

1994年9月、司法会議は、連邦地方裁判所および連邦控訴裁判所における民事事件のテレビ報道等を認める裁判所行政および事件運営委員会（The Court Administration and Case Management Committee ―略称CACM）の報告と勧告を検討した結果、そこに提出されたデータから若干の証人や陪審に対する威嚇効果が懸念材料とされ、司法会議は民事事件でのカメラ報道を拡大すべきとする当該委員会の勧告を否定した。法廷カメラの試験プログラムは1994年12月31日をもって終了した。

1996年3月、司法会議は、各連邦控訴裁判所に対して、法律、ナショナル・

---

78) Id. at 138.
79) 本文は、United States Courts, History of Cameras in Courts (http://www.uscourts.gov/about-federal-courts/cameras-courts/history-cameras-courts) によっている。

ルール、ローカル・ルールおよび司法会議が採択するガイドラインに従い、控訴審の写真、ラジオ、およびテレビによる報道を許可するか否かを自ら決定する権限を認めた。1990年に採択された司法会議の試験プログラムの方針が削除され、控訴審の報道のためにカメラの使用を認める規定が加えられた。続いて、第2巡回区（1996年）、第3巡回区（2017年）、そして第9巡回区の連邦控訴裁判所がカメラ報道を許可するルールとガイドラインを採用した。

同じ1996年3月、司法会議は、28 U.S.C. §332 (d)(1)に従い、連邦地方裁判所においてカメラ、ラジオ、テレビによる報道を許可しないことを決めた1994年9月の司法会議決定に従うよう各巡回区の裁判官協議会（curcuit judicial council）に強く働きかけることを決議した。このほか、28 U.S.C. §2071 (c)(1)に従って、この決議に抵触する裁判所のローカル・ルールを廃止するよう巡回区裁判官協議会に強く求めることを決議した。

2010年9月、司法会議は、連邦地方裁判所におけるカメラ効果、ビデオ録画の公開効果を評価する3年の試験プロジェクトの開始を認めた。試験プロジェクトは民事事件に限られ、裁判長の許可がある場合のみ録画が認められ、当事者が各手続で録画に同意することが必要であるとされた。裁判長が録画を公開しないように決定しない限り、録画はwww.uscourts.govに公表され、加えて裁判所の裁量で地域の裁判所ウェブサイトにも公表されるものとした。この試験プロジェクトは連邦司法センター（Federal Judicial Center）により調査研究の対象とされた。試験プロジェクトには14の裁判所が2011年6月18日から2015年7月18日まで参加した。

2016年3月15日、司法会議はCACMから報告書を受け取ったが、それは当時の司法会議の方針の変更を勧告しないことに合意したものであった。第9巡回区内の連邦地方裁判所のカメラ試験への参加は、同じ条件のもとでより長期のデータや情報をCACMに提供するために継続することが認められた。現在、トライアル裁判所の法廷をテレビ放送、録画、写真撮影を許可することができるのは、1) 証拠の提出のため、2) 手続記録の保存のため、3) セキュリティ目的のため、4) その他の裁判運営のため、5) 上訴の論拠に関して撮影、

録画、または放送するため、または 6）司法会議で承認された試験プログラムに従って実施する場合に限る。

なお、裁判官が許可する場合、以下の事項を確認する必要がある。すなわち、1）当事者の権利と矛盾しない方法であること、2）手続参加者を不当に混乱させない方法であること、3）司法に対して特段に干渉するものではない方法であること。

3．コンピューター・テクノロジーと司法へのアクセスの改善

a．オンライン・セルフヘルプの登場と進展

アメリカでは、コンピューターを利用した法的サーヴィスについては開発が進み、司法アクセスの向上に寄与している[80]。すでに無料または低価格で、法律や判例などの法律情報、法律書式、法的助言へのアクセスが可能であり、さらにより高度なコンピューター・テクノロジーが法的サーヴィス市場の様相を一変させる可能性をもっている。

(1) 法律情報へのアクセス

法律情報へのアクセスは、20 世紀末から、インターネット上無料である。オンラインで、連邦、州の法律、規則、判例が無料で利用できる。また、コーネル・ロースクールの運営する Legal Information Institute（LII）はこれらの情報をまとめ、無料で利用できるようにしている[81]。このほか、ウィキペディア（Wikipedia）の法律情報、検索エンジンのグーグル（Google）やヤフー（Yahoo）でも情報が得られる。

---

80) ここでは基本的に、Benjamin H. Barton, "Technology Can Solve Much of America's Access to Justice Problem, If We Let It", in Ed. By Samuel Estreicher & Joy Radice, Beyond Elite Law : Access to Justice in America (Cambridge 2017), at 444 の説明に依拠している。特にアーカンサス州を中心に説明したものとして、Vincent Morris, "Navigating Justice : Self-Help Resources, Access to Justice, And Whose Job It Anyway?", 82 Mississippi L.J. 161 (2013). アメリカの状況についての邦語文献として、上田竹志「司法アクセスと Legal XML」法政研究 83 巻 1・2 号 258 頁（2016 年）。

81) LII は、https://www.law.cornell.edu/lii/about_lii (2017).

(2) 法律文書起案へのアクセス

法律文書起案へのアクセスは、州最高裁、プロボノ・ネット、法律扶助団体などの無料で利用できるものや、低価格で提供する民間のLegalZoomやRocketLawyerがある。これらは、インターネットでアクセスし、ダウンロードして利用する方法である。

たとえばテネシー州では、裁判所の支援するセルフヘルプ・ウェブサイトが非抗争離婚の申立て文書、借金取立てに対する防御方法などを記入できるpdfファイルを提供している（英語とスペイン語）。全米州裁判所センター（NCSC）は、49州のオンラインによる裁判所書式を無料でリンクするページをもっている。より高度な対話形式で書式を提供するものとして、プロボノ・ネットとシカゴ・ケント・ロースクール「A2J Author®」（Access to Justice Author）プロジェクトが共同して開発したLawHelp Interactive（LHI）がある。2009年以来、LHIは28州で14万5000件以上の書式—子の監護、ドメスティックバイオレンス、明渡し、金銭貸借に基づく取立て、差押えなど—を提供している。A2J Author®のソフトは、とくに本人訴訟の当事者を想定して開発されたという。これは質問に順番に答える形式で記入して完成させる方法である。法律扶助団体もプロボノ・ネットのLawHelpをプラットフォームとして利用する。カリフォルニアの法律扶助組織は、「I-CAN!」というソフトウエアを開発し、市役所や図書館などに設けられているキオスクから無料でアクセスできるようにした[82]。なお、全米法律扶助組織であるリーガル・サーヴィシズ・コーポレイション（LSC）は、2000年からテクノロジー・イニシアティヴ・グランツ（TIG）に資金を提供し、質の高い法的情報および本人訴訟の司法アクセスを向上するテクノロジー開発に取り組んでいる[83]。

民間企業の提供する法律書式として、LeagalZoom[84]の提供するものがある。

---

[82] I-CAN!の開発について、山城「法律扶助の権利性とそのグローバリゼイション」総合法律支援論叢9号65頁、78頁（2017）。

[83] LSC：http://www.lsc.gov/about/types-grants

[84] 1999年設立のLegal Zoom, Inc.は、2013年現在で551人の従業員を擁し、成長著

LegalZoom はほぼありとあらゆる法律文書を提供する。たとえば遺言の中でリビング・ウイル（Living Will）を選べば 39 ドルで一連の質問に答えて簡単に作成でき、最後に印刷されたものが郵送される。

(3) オンラインの法的助言

オンラインの法的助言は、LegalZoom と RocketLawyer が弁護士による低額のオンライン・バーを設けているが、インターネット世代からすれば高額にすぎるといわれている[85]。MetaTalk のようなオンライン・コミュニティーズには無料の助言提供がある。「I am not a lawyer」および「I am a lawyer, but not your lawyer」のそれぞれ頭文字をとった「IANAL」および「IAALBNYL」がこれらのフォーラムで法的問題に基づく質問と回答を行っている。これは一般的でインフォーマルであり、公衆向けの形態である。これに対して LawPivot は、よりフォーマルで秘密保持の無料の法的助言を提供している（次のビジネスに結びつくという期待を込めて無料である）。

訴訟内における法的サーヴィスの提供は、オンラインでは実施されていない。この範囲では最も明白な非弁活動の規制が働き、訴訟において依頼者を代理できるのは弁護士に限られるという 19 世紀以来の規律は当分変わりそうにない[86]。弁護士を雇えない場合は本人訴訟を選ぶことになるが、本人訴訟はアメリカの弁護士代理を想定したアドヴァサリ・システム（当事者対抗主義）と親和しないという問題があり、裁判所の負担が重くなる。そこで、本人訴訟当事者に対する法的助言や書式準備援助がオンライン援助で行われている。カリフォルニア州では、州最高裁の支援のもとにオンライン・セルフヘルプ・センターが設けられている[87]。ユタ、メリーランドその他の州および法律扶助団体のウェブサイトでも本人訴訟当事者を対象とするオンライン援助が行われてい

しい企業と目されていることについて、Morris, supra note 80.
85) Barton, supra note 80, at 453.
86) Barton, supra note 80, at 454.
87) The Judicial Branch of California, Online Self-Help Center, at www.courtinf.ca.gov/selfhelp/

る。

(4) オンライン紛争解決

　裁判所手続に代わるオンライン紛争解決（ODR）の利用実験が始まっている。2003年から2011年にかけてColin Ruleが運営する、「eBay」および「PayPal」と名付けられたODRが実験的に提供された。州間や国際間で発生する多数の低価格取引紛争については訴訟コストが高くつく。ODRの利用はその解決策である。eBayは、非常に成功した例であり、年間6000万件以上の紛争を扱い、その90％を人間の手を経ずに解決している[88]。他に、Colin Ruleが手がける「Modria」があり、第三者によるメディエイション・モジュールを組み込んでいる。

　このように、オンラインによる司法アクセスは、法律情報へのアクセスという段階から、法律文書作成、法的助言へと高度な段階に進み、さらに本人訴訟当事者へのオンライン援助を模索している。定型的な法律問題であればオンラインによる解決は将来有望であろう。もっとも、そこには限界もある。法律文書援助や法情報の提供を得た人々の多くは、事前の法的予防行動をとったり、裁判以外の非司法的救済を選ぶことができる点では有益かもしれない。だが、オンライン利用やIT機器操作に不慣れであるなどのIT格差（デジタル・デバイド）があれば、その効果も限られる[89]。また、先に触れたように非弁活動規制にいかに対応していくかが問われている。

b．ディスカヴァリほか

　アメリカでは、コンピューター・テクノロジーを用いた「eディスカヴァリ」として知られる電子的証拠調手続[90]が実施されている。eディスカヴァリの中

---

88) Barton, supra note 80, at 456.
89) Bartonによれば、アメリカ人のほぼ70％は家庭でブロードバンド接続ができる。これは所得3万ドル未満の世帯の半数以上を含む。すべての公共図書館は無料のインターネットアクセスができる。また、アメリカ人の61％がスマートフォンを所有する。Supra note 80, at 444.

身をプリントアウトすれば高層ビルに匹敵する量になるともいわれ、この情報量に対処するために、アウトソーシングの引き受け手であるリーガルテックなる企業も誕生している[91]。

なお連邦の管轄となる破産事件について、電子事件記録閲覧システム、オンライン申立て、事件管理システムがある[92]。

4．本人訴訟の状況

a．コート・クライシス

アメリカでは、当事者は弁護士を雇わないで自ら訴訟を追行することが権利として認められている[93]。もっとも、アドヴァサリ・システムで運営される民事訴訟において弁護士の代理がついていない本人当事者に不利益が及ぶ点は認識されており、前述したように民事ギデオン運動を通じて法律扶助の権利性を求め、また後述するように先進的なテクノロジーを利用したセルフヘルプ方策の拡充に努め、さらに裁判官にアドヴァサリ・システムから脱却した訴訟運営策が議論されるなど、具体的な取り組みが進められている。

問題は、本人訴訟当事者の不利益とは別に、裁判所が本人訴訟で溢れ、これが一般に常態化すれば、訴訟遅延や裁判運営の過剰な負担を招くなど、「コート・クライシス」に直面するという点である[94]。現在、様々な調査が示しているようにその危機に直面しているのが実情と思われる[95]。

全米規模で集約された本人訴訟統計は見当たらないが、いくつかの裁判所調

---

90) ケネス N. ラシュバウム・菊池毅「米国民事訴訟における証拠開示と電子情報（e ディスカバリ）の実務について」国際商事法務 38 巻 10 号 1340 頁。
91) 前注 50) とその本文参照。
92) 笠原毅彦「民事裁判の IT 化」棚瀬ほか編『小島武先生古希祝賀〈続〉権利実効化のための法政策と司法改革』（商事法務、2009 年）。
93) 前注 31) とその本文。
94) LSC は、裁判所は弁護士のついていない当事者であふれているという。Justice GAP, supra note 46, at 25.
95) Morris, supra note 80 も同旨。

査は、本人訴訟の割合について著しく高い数値を示しており、家庭裁判所や住居裁判所などではとくに低所得者の本人訴訟で溢れているという[96]。

b．ジャスティス・ギャップ調査報告書

リーガル・サーヴィシズ・コーポレイション（LSC）に設けられたジャスティス・ギャップ委員会は 2005 年と 2009 年に本人訴訟について調査した。その結果は、Documenting the Justice Gap in America-The Current Unmet Civil Legal Needs of Low-Income Americans に発表されている[97]。2005 年の調査では、本人訴訟のデータ収集のあり方が検討され、以来、より多くのデータが入手可能となった。2009 年の春、LSC は、現在の景気後退による本人訴訟当事者の数に関するインパクトを判定するために裁判官およびセルフヘルプ・プログラムに関する調査を行った。

ジャスティス・ギャップ報告書には、法律扶助プログラムの衰退と本人訴訟当事者の増加との関連性、ならびに本人訴訟当事者が抱えている問題と裁判所制度への影響について、アイオワ州、ニューハンプシャー州、マサチューセッツ州の問題状況が明らかにされている[98]。

これによれば、本人訴訟当事者の大半が法律扶助を受ける資格のある低所得者である[99]。たとえば 2005 年のニューヨーク市家庭裁判所および住居裁判所で本人訴訟当事者に関する調査では、57％が年 2 万ドル未満の所得であり、83％は年間 3 万ドル未満の所得であった。また、2003 年のカリフォルニア州の報告書は、裁判所のセルフヘルプ・プログラムを使用している 45 万人のうち 90％以上が月収 2,000 ドル以下である。

ニューハンプシャー州の報告によれば、一方の当事者が本人訴訟の割合は地方裁判所の民事訴訟の 85％、上級裁判所の民事事件の 48％を占めていた。上

---

96)　Justice GAP, supra note 46, at 25.
97)　Ibid.
98)　Id. at 24.
99)　Id. at. 25.

級裁判所の家族事件では、事件のほぼ70％で一方が本人訴訟であり、地裁のドメスティックバイオレンス事件の97％で一方が本人であった。

ユタ州の調査では、家族法事件の場合、申立人の49％と相手方の81％が本人訴訟であることが判明した。

カリフォルニア州の調査によれば、家族法事件では、申立人の67％と相手方の80％が本人訴訟であった。明渡事件では、被告の90％以上、申立人の34％が本人訴訟であった。ドメスティックバイオレンス事件では、当事者の90％以上が弁護士代理がなかった。

ウィスコンシン州の調査によれば、家族法事件で当事者の70％に弁護士の代理がついていなかった。

より最近では、2008年にマサチューセッツ州最高裁の報告書は、現時点で少なくとも10万人の当事者が本人で民事訴訟を起こしていると推定している。家庭裁判所では、家族法事件の80％が少なくとも一方が本人訴訟であるとした。住居裁判所では、賃借人の場合は本人訴訟が原則化しており、家主の側でも本人訴訟が増えている。これらの数値は将来的に増加する一方であろうと予測している[100]。

2009年春、全米の裁判官に対して実施した調査では、回答者の60％が、前年度よりも本人訴訟が増えているとした[101]。

Ⅲ　訴訟に関する費用

1．訴訟費用

a．提訴手数料

アメリカでは、訴訟費用（提訴手数料、証人費用、証言録取書費用など）については、勝訴者は敗訴者にその費用の償還を求めることができる[102]。すなわ

---

100)　Ibid.
101)　Justice Gap, supra note 46, Table 7.
102)　James R. Maxeiner, Failures of American Civil Justice in International Perspective

ち訴訟費用敗訴者負担である。連邦裁判所では、連邦民事訴訟規則 54(d) に規定されている。ただし、この訴訟費用には、弁護士費用は含まれていない。

提訴手数料は、日本のように訴額と連動する仕組みとせず、基本的に定額制である。一般に 100 ドル程度であり、それほど高額ではない[103]。連邦地裁の場合は、提訴手数料を 350 ドルと定めている[104]。提訴手数料は高額ではないが、ディスカヴァリ (discovery) の費用が無視できないほど高騰する場合がある[105]。

前述したように、合衆国最高裁は、貧困な原告が離婚訴訟を起こす場合、離婚は「基本的な権利」[106]であるため、デュー・プロセスにより提訴手数料の支払いは要求されないと判示した。しかし、破産免責を得るのは同じ基本的な権利ではないため、破産申立ての 50 ドルの手数料を取ることについては妨げられないとした[107]。

b．貧困者手続（訴訟救助）

提訴手数料を免除する貧困者手続 (in forma pauperis) と呼ばれる訴訟救助がある[108]。一般に、提訴手数料の免除を求める当事者の資格については貧困であるか否かの決定のみならず、その請求が十分根拠があるか否かの審査に従う[109]。

(Cambridge 2011), p98.
103) Richard Marcus, The Right of Access to Justice-The Experience of the U.S. since 1960s, in International Association of Procedural Law Seoul Conference 2014, p. 249.
104) 28 U.S.C. Code §1914 (a).
105) 溜箭将之・英米民事訴訟法（東大出版、2016 年）204 頁。
106) Boddie v. Conneticut, 401 U.S. 371 (1971). 前注 24) とその本文参照。
107) United States v. Kras, 409 U.S. 434 (1973). 前注 25) とその本文参照。
108) 28 U.S.C. §1915.
109) 28 U.S.C. §1915 (e)(2)（もし訴えが「取るに足りないあるいは悪意」で提起されるなら裁判官に却下することを命じている）。

2．アメリカの弁護士報酬制度

「訴訟は時間がかかり、裁判手続は複雑であるため、弁護士の代理のない本人訴訟の当事者は弁護士代理のある当事者に比べて明らかに不利である。しかし、代理に要するコストが高いため、権利を主張をするために本人訴訟を選ばざるを得ない。高額な法的サーヴィスが正義の否定に導いているのである。このようなアクセスを阻害するコスト問題は、アメリカの弁護士報酬制度を規律する二つの規範にその原因がある」、と David L. Noll が述べている[110]。二つの規範とは、アメリカン・ルールとタイムチャージである。

a．アメリカン・ルールとタイムチャージ

「アメリカン・ルール」とは、訴訟の結果にかかわらず、当事者は弁護士費用については各自で負担するというルールである。イギリスをはじめヨーロッパ諸国やほぼ世界の多くの国々と異なり[111]、勝訴当事者は敗訴当事者からその弁護士費用を取り立てることはできない。18世紀末に確立されたといわれるこのルールは、例外はあるものの基本的に維持されている[112]。いま一つのタイムチャージは、弁護士報酬の計算基準を単位時間当たりの報酬とするやり方である。このタイムチャージ制では、結果に関係なく働いた分だけが報酬となる。

---

110) David L. Noll, "The Effect of Contingent Fees and Statutory Fee-Shifting", in Ed. Samuel Estreicher & Joy Radice, Beyond Elite Law-Access to Civil Justice in America, Cambridge (2016), p. 170.
111) 日本はアメリカと同じ各自負担ルールを採用する。もっとも、報酬の計算は、基本的にアメリカはタイムチャージであるのに対し、日本は訴額に応じた着手金と獲得利益に応じた報酬金の二段階制である。
112) アメリカン・ルールの例外として、判例でコモンファンド理論やコモンベネフィット理論、そして不誠実訴訟（嫌がらせ訴訟）の例外が認められてきた。これについて山城「弁護士費用の第三者負担について～コモン・ファンド理論の軌跡から」山口経済学雑誌39巻1・2号95頁（1990年）。

b．司法へのアクセスを広げるための原則からの離反

アメリカでは、これらの規範を逃れて、裁判所へのアクセスを広げる取組みが行われてきた。「勝訴なければ報酬もなし」とする全面成功報酬（コンティンジェント・フィー）の取決めを活用する方法や個別の立法で敗訴者負担ルールを設定する取組みである[113]。こうしたやり方を採用すれば、弁護士は訴訟の結果を待たなければ報酬を請求できないことになり、法的サーヴィスの支払時期は後ろにズレる。そして、法律による敗訴者負担規定によるときは、最終的に法的サーヴィスのコストの負担は敗訴被告に移転する。

これらのアクセスを改善するメカニズムが司法へのアクセスを保障するものになっているかが問われる課題である。

たとえば家族法紛争は法律問題のなかでは相当大きな部分を占めているが、この法領域で弁護士費用の敗訴者負担を定める法律はなく、また、結果に依存して支払われる全面成功報酬の取決めは離婚などの事件では倫理的理由から禁

---

[113] 特に 1960 年代から 70 年代にかけて、判例上、公共の利益を実現する訴訟において私設司法長官理論（private attorney general）に基づく敗訴者負担が認められた。しかし、連邦最高裁は 1975 年の Alyeska Pipeline Service Co. V. Wilderness Society (421 U.S. 240) において、制定法で敗訴者負担を規定しない限りアメリカン・ルールが維持される旨判示した。その結果、公民権、環境保全などの領域で法律による敗訴者負担ルールが次々と現れ、その多くは勝訴原告が敗訴被告に（双面的ではなく片面的に）弁護士費用を転嫁することを明記した（いくつかの法律では、勝訴を条件とせずに、被告に負担させるのが適切であるとしている）。州においては、連邦最高裁のアラスカパイプライン事件の影響として、カリフォルニア州民事訴訟法典（§1021.5）に公共利益に影響を与え重要な権利の実現を図る訴えにおいて弁護士費用の転嫁を認める規定をあげることができる。

なお、勝訴の概念について争いがあったが、連邦最高裁は、2001 年に Buckhannon Board & Care Home, Inc. v. West Virginia Department of Health & Human Resources (532 U.S. 598) において、本案の請求で救済が認められたものに限るとして、請求に対する救済が得られない場合であっても訴えが違法行為の矯正に導く触媒となった場合に弁護士費用の転嫁を認めていた判例を否定した。以上について、楪　博行「アメリカにおける私的司法長官理論「白鷗法学 49 号 35 頁（2017年）参照。

じられている[114]。したがって、家族法領域では、これらの全面成功報酬制や法律による敗訴者負担はアクセスを拡大するものではない。

これに対し、不法行為紛争、契約紛争、財産紛争など民事事件の主要な領域では、これらの弁護士報酬支払システムは明らかにアクセスを実現可能なものにする。平均的なアメリカ人にとって時間ベースでは弁護士を雇うことが困難な訴訟、たとえば複雑な製造物責任訴訟や医療過誤訴訟などでは明らかである。しかし、原告側の訴訟をファイナンスすることに積極的でかつそれができる弁護士側の供給事情を含めた法的サーヴィス市場の要因を無視できない[115]（この点につき後述 e．参照）。

c．全面成功報酬制

19世紀初頭、弁護士報酬は一般に訴訟の「コスト」から払われた。訴訟コストについては、裁判所が法律で決めた基準に基づいて一定の金額を裁定した。しかしながら、法律の基準はインフレの進行と調整されなかったので、活躍中の弁護士はより高い報酬を求め、私的に交渉したレートで請求することができるようにロビー活動を行なった。そのロビーが功を奏し、交渉による報酬の取決めが広がり、明らかに「非合理的な」報酬についてチェックを受けるという規制だけが残った。

契約交渉で報酬が決定されることになれば、依頼者側にとってその交渉上の価格では高額にすぎる場合、契約は成立しないこともある。そこで、「勝訴なければ支払いなし」という全面成功報酬の取決めは、依頼者の金銭の獲得を条件とする報酬支払義務を設定することで法的サーヴィスの購入を容易にする[116]。

---

114) ABA, Model Rules of Prof'l Conduct R. 1. 5 (d) (1983).
115) Noll, supra note 110, at 176.
116) 全面成功報酬制について、小島武司・弁護士報酬制度の現代的課題（鳳舎、1974年）、山城＝秋田「アメリカ合衆国における Contingent Fee System をめぐる最近の議論から」リーガルエイド研究6号55頁（2000年）。

全面成功報酬制が合法であるという点については、現在は確立されているが、以前は必ずしもそうではなかった。コモンローでは、利益分配付き訴訟援助（champerty）や訴訟幇助（maitenance）の法理により、請求の結果を分かち合うことや請求における「誠実な」利益（bona fide）を欠く者による経済的支援は禁じられた。19世紀の初め、州裁判所は全面成功報酬の取決めはこれらの訴訟援助や訴訟幇助の法理に違反していると判示した。基礎となる紛争に関係のない弁護士が投機として報酬目当てにサーヴィスを提供していると認定したのである。

　しかしながら、19世紀の半ば、その制限は徐々に緩みはじめ、20世紀に入ると、依頼者が弁護士報酬の支払いを金銭的利益の獲得を条件とすることが広く受け入れられた。今日、全面成功報酬制は、弁護士倫理規範で禁じられる刑事と家族法問題を除いて[117]、ほとんどのタイプの訴訟で利用されている。

　一般に、全面成功報酬制で支払われる弁護士報酬額は、訴訟で獲得した利益の3分の1である。弁護士はこれに実費をプラスして請求する。この契約構造は、全面成功報酬制による代理の大多数で使われている[118]。この全面成功報酬の取決めにはヴァリエーションがある。調査によれば[119]、ウィスコンシン州の弁護士では、回答者の31％がトライアルまたは上訴で報酬の取り分を変えている。また、1回目の和解の申出まではタイムチャージとして、その申出額を上回る利益を獲得した場合に割合報酬とするなどの契約を用意する弁護士もいる。

　全面成功報酬制をとる事件の大半は人身傷害事件である[120]。もっとも、その他の領域、たとえば労働者災害補償事件、人身以外の不法行為事件、公民権事件、財産事件、そして租税事件にわたる[121]。依頼者はほとんど個人であるが、

---

117)　モデルルール　R. 1. 5 (d) (2012).
118)　Noll, supra note 110, at 172.
119)　Ibid.
120)　Ibid.
121)　Peter Karsten, "Enabling the Poor to Have Their Day in Court : The Sanctioning of

最近、企業も増えている[122]。

d．法律による敗訴者負担

全面成功報酬制が広く受け入れられるようになった頃、法律による敗訴者負担ルールが現れ始めた。三つの連邦法、すなわち1870年の選挙権法、1887年の州際通商法、そして1890年のシャーマン法は勝訴原告に損害賠償または3倍賠償に加えて弁護士費用の回復を許した[123]。シャーマン法の構造は典型的である（後にクレイトン法により修正）。この法律は、「私人をして反独占を攻撃するよう促すために」訴えを提起する権利（right of action）を規定した。そして、私的実現へのインセンティヴとして勝訴原告に「合理的な弁護士報酬など訴訟コスト」を裁判所に裁定することを許している[124]。

今日、法の実現としての私人の訴えを提起する権利（right of action）とインセンティヴとしての敗訴者負担規定の組合わせは、州および連邦の規制立法の標準的な特徴となっている。1984年の州の立法調査では、なんらかの敗訴者負担を定める州法として1974件を数えた[125]。2008年報告によれば、合衆国法典中敗訴者負担規定は293件を数える[126]。

敗訴者負担の規定ぶりは法律ごとに違いがある。しかし、機能的には、勝訴原告が当然に資格を有するが、勝訴被告が弁護士費用を回復するためには訴訟が取るに足りないこと（フリボラス）や非合理的である旨を証明しなければならないとされている[127]。この差は、私的訴訟の活用によって公共政策を実現さ

Contingency Fee Contracts, A History to 1940", 447 Depaul L. Rev. 231, 248 (1998).
122) Robert E. Litan & Steren C. Salop, "Reforming the Lawyer-Client Relationship through Alternative Billing Methods", 77 Judicature 191 (1994).
123) John Leubsdorf, "Toward a History of the American Rule on Attorney Fee Recovery", Law & Contemporary Probs. 9, 25 (1984).
124) 15 U.S.C. §15 (a) (2012).
125) Note, "State Attorney Fee Shifting Statutes", 47 Law & Contep. Probs. 321 (1984).
126) Cohen, CRS Report for Congress, Awards of Attorneys' Fees by Federal Courts and Federal Agencies 64-114 (June.20,2008).

せようとする議会の判断によるものである[128]。規制立法の下で原告が持ち込む訴えは、「『私設司法長官』として、高度な優先順位が置かれている政策を実現するように働く限り」、積極的な外部的効果を生み出すと考えられている[129]。

　e．法律事務所または弁護士によるファイナンスとその意味

　全面成功報酬制と法律上の敗訴者負担制は、法律事務所または弁護士が訴訟をファイナンスする点に重要な特徴がある[130]。法律事務所は、依頼者が利益を獲得するまでは当該弁護士の提供するサーヴィスについて自己負担となる（しばしば訴訟コストも）。したがって、依頼者は弁護士報酬や訴訟コストについて実質的に負担しないで請求を持ち込むことができる。

　この法律事務所によるファイナンスのあり方は、いろいろな意味をもつ。

　第一に、全面成功報酬制や敗訴者負担制に依拠する法律事務所は、前払いなしに事件を引き受ける判断を行うことになり、これはある種の投資を行う判断と同じだという点である。事件に投入できる時間や獲得利益も不明である。そこで、法律事務所はそのリスクを他の投資と同様に、多様化を通じて減少させる。すなわち、事件の在庫目録を維持する。全面成功報酬制や法律による敗訴者負担制による一つの事件を引き受けることで負うことになるリスクを拡散させるために、多様化した事件の引受けによりポートフォリオ（採算）を維持する。

　この帰結は、法律事務所の依頼者間で補助金（cross-subsidization）が受け

---

127) Christiansburg Garment Co. v. Equal Employment Opportunity Comm'n, 434 U.S. 412, 421 (1978). これについて、山城「合理的敗訴者と非合理的敗訴者～アメリカ合衆国における弁護士費用負担ルールの近年の展開から」『民事裁判の充実と促進下巻　木川博士古稀祝賀』（判例タイムズ社　1994年）365頁.

128) Noll, supra note 110.

129) Newman v. Peggie Park Enters. Inc., 390 U.S. 400, 402 (1968).

130) Jonathan T. Molot, "Litigation Finance : a Market Solution to a Procedural Problem", 99 Geo. L. J. 65, 90 (2010).

渡されることである。ある事件からの売り上げは次の事件の生成のために資金を投入し、その資金も次々に事件を生み出す。かくして、法律事務所が事件追行に投入することができるリソースはその法律事務所の経済力に依存する。Noll によれば、受任した事件より前の世代の事件の成功いかんが法律事務所の事件追行の投資に影響を与えるという[131]。

　第二に、全面成功報酬制と敗訴者負担制は、弁護士依頼者間に利益相反をもたらす点である。依頼者にとっては、特大の利益を獲得するチャンスがある場合は訴訟を継続することが依頼者の利益になるが、弁護士にとっての利益は和解であることもある（またはその反対も）[132]。弁護士倫理ルールでは、和解判断にあたり依頼者の了解を得なければならないにもかかわらず、依頼者よりも弁護士の利益になっているようにみえる例がある。たとえば、クラス訴訟の和解の場合に弁護士報酬と訴訟コストを引き算すると、クラスの成員には何も残らなかったという例をあげることができる[133]。

　f．全面成功報酬制および法律による敗訴者負担制と法へのアクセス改善
　全面成功報酬制と法律による敗訴者負担制による訴訟ファイナンスは、結局、法律事務所（弁護士）ファンドの形態にほかならない。そこで、このような形態でもって、実際、アクセス問題にどの程度対処できるかが問われている。
　Noll によれば、弁護士ファンドによるファイナンス形態は、平均的なアメリカ人のために司法へのアクセスを確保する点で少なくともアクセスの改善を可能にする。ただし弁護士ファンド・ファイナンスは、弁護士が数多くの事件のなかでどれが提訴に値するかを決定する形態である。このやり方によれば、

---

[131]　Noll, supra note 110, n18. 証券訴訟などハイコスト領域においては100の法律事務所の独占となっている。
[132]　John C. Coffee, Jr., "Understanding the Plaintiff's Attorney: The Implication of Economic Theory for Private Enforcement of Law Through Class and Derivative Action", 86 Colum. L. Rev. 669 (1986).
[133]　Kamilewicz v. Bank of Boston, 92 F. 3d. 506 (1996).

依頼者の法的サーヴィスに対する支払方法以外の要因が決定的に司法アクセスを左右する。これらの支払方法の採用は、見かけのうえでは提訴事件のアクセス問題を改善することができるが、アクセス問題を克服することはできない、という[134]。

3．法律扶助[135]

a．概　要

アメリカの法律扶助（民事）は、スタッフ弁護士をベースとする多数の独立した法律扶助実施団体によって運営されている。これらの団体の法律扶助活動資金は多様であり、2015年では、全資金の総額は、約10億3900万ドルである。

法律扶助提供団体の大半は、1974年にワシントンDCに設けられた連邦の独立非営利法人「リーガル・サーヴィシズ・コーポレイション」（以下、LSCという）の資金援助と監督を受ける。これら法律扶助提供団体はリーガル・サーヴィシズ・プログラム（以下、地域プログラムという）と呼ばれ、全米に134の地域プログラムがある。これら地域プログラムは、全米で799の法的サーヴィスを提供するフィールド・オフィスを設け、4000人以上の専任の弁護士を擁する。

LSCは連邦議会から予算配分を受け、それを地域プログラムに交付する。2015年では、連邦からLSCへ予算措置として配分された資金は、3億7500万ドルである。この資金は20世紀末から削減が続き、財政問題は深刻である。

---

134)　Noll , supra note 110, at 175.
135)　この項目については、Alan W. Houseman, "Civil Legal Aid In The United States - An Updated For 2015President Consortium For The National Equal Justice Library May14, 2015" に基づいている。その他LSCのホームページ掲載資料（http://www.lsc.gov/about/lsc-numbers-2013）。

b．リーガル・サーヴィシズ・コーポレイション（LSC）と地域プログラム
　1974年、連邦議会はLSC法を可決した。この法律は経済機会法の下で始まったリーガル・サーヴィシズ・プログラムを政治的争いの渦中から救い[136]、法律扶助を永続的なものにするための立法である。
　LSCは、非営利の法人であり、連邦政府の機関ではない。大統領が11人の理事を上院の同意を得て任命する。理事の任期は3年である。また、LSC理事会はその代表を1人選任する。
　LSCは、直接、連邦議会にその予算を要求する。
　LSCは州や地域で法律扶助を運営する134の地域プログラムに資金を援助する。すべて地域プログラムは民間の非営利の組織であり、LSCから独立している。その理事会の構成は、60％を弁護士、3分の1を依頼者の資格ある者とされている。
　LSCの規則により、すべての地域プログラムはLSC資金の12.5％を開業弁護士の参加する法的サーヴィスの提供に使わなければならない。

　　c．実　　　績
　2013年では、75万8689件の法的サーヴィスが提供された。
　提供されたサーヴィスの種類は、助言60.4％、書面サーヴィス16.1％。行政事件代理3.4％、裁判所事件代理12.9％、その他、であった。
　事件類型では、最大のカテゴリーが家族事件32.9％、続いて住居27.4％、所得補助12.1％、消費者11.0％、健康3.6％、雇用3.0％、その他、であった。
　依頼者の人種・民族では、白人46.0％、アフリカ系アメリカ人28.0％、ヒスパニック17.3％、アメリカ先住民2.6％、アジア系・太平洋諸島住民2.5％、その他3.6％である。なお、人種・民族ごとの貧困率は、白人44.2％、アフリカ系アメリカ人20.7％、ヒスパニック27.2％、アメリカ先住民1.4％、アジア系・太平洋諸島住民4.1％、その他2.4％である。

136）　山城「リーガル・サーヴィシズ・コーポレイションの事業と課題〜アメリカの法律扶助の現状」『リーガルエイドの基本問題』（法律扶助協会、1992年）139頁。

d．適格基準
(1) 資力基準

資力基準のガイドラインに適合した依頼者のみに法的援助を提供できる。

地域プログラムのガイドラインはLSCのガイドラインに従う。

LSCの資力基準ガイドラインは、連邦政府の設定する貧困ガイドラインの125％以下、または4人家族で30,313ドルまでを原則とする。政府の貧困ガイドラインは、1963年に設定された所得ラインであり、毎年、生計費指数によって改定されるものである。最初のガイドラインのための調査は1955年の低所得者家族の食費に基づいて、所得の3分の1を食費に使った世帯を基準とした。現在、貧困ラインの設定基準について議論があるが、改正されていない。

地域プログラムは、福祉団体や借家人団体など低所得者団体に法的援助を提供することが許されている。

なお、LSC以外の資金については、LSCの資力基準とは別にガイドラインや優先順位を設けることができる。

(2) 外国人、在監者等

LSCの補助金を交付された地域プログラムは、ビザなし外国人 (undocumented)、亡命を求める外国人、難民の地位を有するまたは条件付きで滞在する地位を有する外国人、その他合衆国に合法に滞在する学生や観光客などに援助することはできない。

さらに、在監者に対して一定のサーヴィスを提供することは許されていない。LSCの地域プログラムは連邦、州、または地域の刑務所に拘禁されている人のために民事訴訟に関与することを禁じられる。また、拘禁の処遇を攻撃する行政事件に関与することはできない。このほか、LSCの地域プログラムは、公共の住居の明渡しをめぐる事件において、その明渡しが公共の住居の住人または被雇用者の健康または安全への脅威に基づく場合には、ドラッグ犯罪で有罪または訴追された人を代理することは許されない (45 CFR 1633)。

(3) メリット・テスト等

LSCは、地域プログラムに正式のメリット・テストの実施を課していない。

すなわち、勝訴の見込みを要件としていない。また「重要性のテスト」も要求されていない[137]。

　地域プログラムは、独自の基準を課すことができる。たとえば、一定の種類の事件では助言と書面サーヴィスに限ること、特定の類型の事件や特定の争点に関する事件に援助を限ることなどである。その判断はプログラムごとに行われ、LSCや州のファウンダーの判断によるものではない。もっとも、若干の他のファウンダーには、ドメスティックバイオレンス事件の被害者など一定の型の事件や依頼者についてのみその資金の利用を限定する場合がある。

　e．無料のサーヴィス

　民事法律扶助は、一般に、分担金またはサーヴィスを受領した者から一部負担を要求していない。LSCも州のファウンダーもこれを要求していない。実際、LSCは、サーヴィスを受ける依頼者に分担金を求めることを禁じている。加えて、合衆国は、弁護士費用は敗訴者負担制度を採用していないので、訴訟事件で敗訴しても依頼者も地域プログラムも勝訴の相手方からその弁護士費用の償還を要求されない。

　なお、報酬を生み出す事件（コンティンジェント・フィーなど）については法律扶助は除外されている。

　f．活　動　規　制

　地域プログラムは、誰にサーヴィスを提供するか、提供されるサーヴィスの種類（助言、書面、代理、そして法改革）は何か、そして法的援助の実体的な領域を決定する必要がある。また、提供主体のあり方については、弁護士とパラリーガルの混合方法についても決定する。法律扶助の優先順位を決めるのもプログラム自身であり、スタッフ弁護士または開業弁護士のどちらを提供者と

---

137)　重要性テストとは、通例、「中程度の所得のある当事者」にしてみれば弁護士を雇うほど重要な利益や実質的な利益に関わる事件であるか否かというもので、このテストにより、少額軽微な事件は除外される。

するかを決めるのも地域プログラム自身である。これらのサーヴィスの提供実態を監視し、その地域プログラムで働くスタッフ弁護士や、プロボノ弁護士、および有料の開業弁護士の仕事の質を評価するのも、その地域プログラム自身である。

このように、法律扶助の運営は基本的に地域プログラムの自主的運営にまかされている。しかし、連邦議会が地域プログラムが実施できる法律扶助の内容について制約を課していることに注意すべきである。

連邦議会は、非 LSC 資金を利用する場合でさえ制約を課している。たとえば、LSC 資金の交付を受けた地域プログラムは、立法府や行政のルール制定過程に関与することはできない。加えて、地域プログラムは、クラスアクションに従事することはできない。また、選挙区画割改正事件での代理や妊娠中絶に関する訴訟への参加を禁じられる。1996 年の規制により、それ以前には許されていたようだが、LSC 資金の利用が制限される活動について非 LSC 資金を利用することも禁じられた。

これらの規制にもかかわらず、地域プログラムが低所得者のためにすることができるほとんどの仕事はこうした制約の対象外である。実際、地域プログラムは、1996 年規制以前に引き受けることができた事件の 95％以上で代理を提供している。なお、2009 年、連邦議会は、弁護士費用を敗訴した相手方から取り立てることができることに基づく事件についての制限を解除した。

g．財源問題

2013 年、合衆国の法律扶助資金 10 億 3900 万ドルは、以下のような財源から構成されている（ドル）。

州の一般財源	265,396,000
IOLTA[138]	74,497,000

---

138) IOLTA は、"Interest on Lawyer Trust Fund" のことであり、裁判所費用、和解の支払いなどのために利用される依頼者信託基金の少額または短期の預金に基づく利子をプールしたものである。

他の公共基金	322,771,000
地域法曹団体	95,793,000
信託設定者の意思に近い公益目的	63,086,000（CY Press）
財団・会社からの寄付	130,541,000
その他（United Way など）	111,521,000
LSC	322,049,000

　LSC の資金は貧困ライン以下の人口比で配分されるが、その他の資金は等しく分配されない。そのため、最大の州と最小の州では 10 倍の開きがある。非 LSC 資金は着実に増加している。

　LSC 資金は、現在、実質で換算すると 1980 年に実行されたミニマム・アクセス・プランあるいは「1 万人の貧困者に 2 人の弁護士を」計画に提供された時代の購買力の半分である。1980 年以来、LSC はその時代に達成されたアクセス・レベルを維持するための十分な資金の必要性を連邦議会に納得させることができていない。LSC は、1982 年、1996 年、2012 年の三回にわたる重要な予算削減のためにしかるべき地歩を失った。

　インフレ率を考慮すると、LSC 予算は、1975 年〜 1980 年に比べて 2015 年では実質マイナス 57% である。

　2011 年と 2012 年に、LSC は 134 の地域プログラムについて資金削減の影響を調査した—スタッフの削減、一時解雇、給与の凍結、手当削減、事務所の閉鎖（事件受付停止）などの有無について。その結果、97% が事務所の閉鎖、スタッフ削減、依頼者サーヴィスの減少など財政的ストレスを経験していた。

　2010 年と 2012 年の間に、資金削減のために 923 人のフルタイムのスタッフが解雇された。その内訳は、弁護士 385 人、パラリーガル 180 人、サポートスタッフ 358 人であった。2 年間で法律扶助スタッフが 10.3% 削減されたことになる。

　過去 25 年以上、LSC を主要な唯一の資金源とする状況から、格段に多様化したファンディングベースへと劇的な転換が行われた。地域のプログラムは、

州や地域から重要な予算を獲得する能力を発展させた。全体として名目上の資金量は増えている。しかし、インフレ調整を経た実質では、LSC 資金は減少を続けている。

　合衆国の法律扶助は他の西側諸国のそれに比べて資金レベルで格段に劣る。アール・ジョンソン Jr. 元カリフォルニア州控訴裁判所判事の試算によれば[139]、GDP に占める法律扶助支出の割合が、アメリカはイギリスの 10 分の 1、オランダの 7 分の 1、カナダのオンタリオ州の 4 分の 1 である。

　　h．改革の試み
　(1)　テクノロジーの利用
　LSC は、予算削減への対応として、テクノロジーを利用したサーヴィスの提供方法の開発に取り組んでいる。2014 年現在、38 のプロジェクトがあり、女性退職者のためのユーザーに優しいオンライン・ツール、テキスト・メッセージを使う依頼者のための法的サーヴィスのモバイルによる提供、田舎の低所得依頼者に向けたビデオ会議テクノロジーなど多様な試みに資金を援助している。
　(2)　メディカル・リーガル・パートナーシップス
　メディカル・リーガル・パートナーシップス（MLP）は、弁護士の関心を健康ケア問題にたぐり寄せ、健康の社会的決定因子に対する解決策である複雑な法律制度について患者をナビゲートする施策である。38 州に 262 箇所の病院で MLP が活動している。LSC の資金を得た地域プログラムの半数以上がこれを行う。MLP は公的給付、食料切符、障害問題、住居問題、教育問題、雇用不安定、移民問題、家族法問題など健康に影響を与え法的救済を要求する低所得者を支援する。2008 年に、ABA は MLP を援助する全米サポートセンターを設け、プロボノの参加を図っている。ある調査によれば、MLP の効果は

---

[139]　Earl Johnson Jr.（池永知樹訳）「民事事件とアクセス・トウ・ジャスティス：さらに広範な焦点」総合法律支援論叢 9 号 7 頁、36 頁（2017 年）。なお、前注 68）とその本文に掲記の表に法律扶助の支出額の 7 カ国比較がある。

重要であり、これは重要な貧困撲滅効果を有すると認めている。

4．グループ・リーガル・サーヴィシズ・プランおよび先払い リーガル・サーヴィシズ・プラン

　グループ・リーガル・サーヴィシズ・プランおよび先払いリーガル・サーヴィシズ・プランは、法的サーヴィスを必要とする依頼者と弁護士を効率的に組み合せる仕組みである[140]。

　1978年の時点で、カペッレティ＝ガースは、フィレンツエ・プロジェクト『正義へのアクセス』において、「近年、先払いおよびグループ・リーガル・サーヴィス・プランが発展しているが、これは、ここで取りあげた諸改革のなかでも最も幅広い効果を有する正義へのアクセス改革である。」と評価した[141]。

　グループ・プランは、特定団体の構成員に割安の費用で法的サーヴィスが利用できるようにするものである。これは二つの特質をもつ[142]。第一は、組織化された潜在的な依頼者集団と一人または数人の弁護士との間の合意に基づく点である。第二に、典型的には、一定回数の無料相談および事前に取り決めた報酬基準——これは、個人依頼者のための通常の報酬基準に比べて通例（常にとはいえないが）低額である——に基づいて算定する個別的報酬で提供される給付である。

　先払いプランは、一定の法的サーヴィスをその必要が生じたときに個人が無料または割安の費用で受けることができるように会費または保険料に類するものを支払う仕組みである。

　グループ・プランも先払いプランのどちらも法的費用発生の危険を保険料または会費を支払う者全員に分散することであり、グループ・プランの場合は特

---

140) 前注50）のABA報告。
141) カペッレティ＝ガース（小島武司訳）・正義へのアクセス〜権利実効果のための法政策と司法改革（有斐閣、1981年）134頁。
142) Pfennigstorf & Kimball, Legal Services Plans : A Typology, 1976 Am. Bar Foundation Research J. 411.

定の構成員だけが利用できるという違いがあるにすぎない。

　ABAの弁護士の法的サーヴィスに関する将来委員会の報告によると、「グループ・リーガル・プランは、様々な分野の専門知識を有する弁護士パネルを設け、プラン会員の依頼者と組み合わせる。依頼者は、パネル上の適切な技能を有する弁護士を見つけ、プランの範囲内で必要とする法的サーヴィスを得る。弁護士はしばしば依頼者との関係を構築することができるし、同じ依頼者が弁護士の通常レートの別のサーヴィスやグループ・サーヴィス・プランや先払いプランでは対象とされないサーヴィスを求めてその弁護士に再び依頼するかもしれない…多くの開業弁護士は、その業務を補完するために先払いリーガル・サーヴィシズ・プランに参加する方に向かっている。依頼者は事前に決められた額の金銭を払い、見返りに必要な法的サーヴィスを追加の費用なしに提供される。先払いプランの例は、以下に限定されるものではないが、単純な法律文書の吟味、単純遺言の準備、そして相手方に対して弁護士によって行われる短い手紙または電話をかけることである」[143]、という。

　シカゴに本部を置くグループ法務サーヴィス協会（GLSA）は、グループ・プランおよび先払いプランを運営する組織のための非営利の支援団体である[144]。ここに加盟するアメリカ最大の提供者ARAGLegal[145]の例を紹介する。この会社はドイツのAllegemeine Rechtsschutz-Versicherungs Akten Gsellshaftを親会社とする。

　ARAGLegalは、消費者向けのプランを月額16.25ドルで提供する。アラスカ州を除く全州で利用できる。プランの会員は法的な援助が必要になったとき、ARAGに連絡し、ARAGはこのプランに参加している全米1万1000人の弁護士のなかから特定の種類の問題を扱う弁護士を紹介し、会員が弁護士を選

143）　前注50）のABA報告書。

144）　シカゴに本部を置くグループ法務サービス協会（GLSA）のウェブサイトは、http://www.glsaonline.org/である。このサイトに加盟団体の一覧表が掲載されており、そこから各プランの内容をみることができる。

145）　https://www.araggroup.com

び、直接連絡をとる。基本の援助領域は、民事訴訟のほか、不動産問題、借家問題、信託、後見、税金、少年犯罪、軽犯罪などである。プランに含まれない問題は参加している弁護士の通常料金から25％割引で購入できる。たとえば、離婚と扶養、親権、傷害請求、倒産、保険紛争、養子縁組などである。被保険者の配偶者や扶養家族も含まれている。弁護士は経験や懲戒記録を踏まえて毎年再認定される。ARAG は弁護士に支払う料金を設定している。この料金は、通常の弁護士報酬額に比べれば低く、たとえば60％という弁護士もいる。しかし、当該の弁護士は、顧客獲得のための費用がかからず、リピートする依頼者がおり、ARAG 以外のビジネスも紹介されるなど利点が多く、ARAG から年間 6 万ドルの収入があると述べている（2 人の弁護士で）。

　なお、LegalShield という、月額17.95ドルで法律保険プランを提供している会社がある。2011年に上場された会社であり、以前 Pre-Paid Legal という名称で運営されていたものが販売や会計上の問題に直面してから新しいオーナーにより買収され改名されたものである。ARAG に比べれば給付範囲は相当に制限されている。

　アメリカの場合、一概に述べることはできないが、弁護士が先払いプランおよびグループ・プランのパネルに登録し、会員である依頼者がその登録弁護士から選ぶという点で、ヨーロッパ（とくにドイツ）の法律費用保険と異なる。後者を開放型パネルとすれば前者は閉鎖型パネルである。閉鎖型は料金設定の点で割安になるといわれている。また、弁護士費用が訴訟費用に含まれないアメリカン・ルールのもとでは法律費用保険はそれほど需要はないかもしれない。その点で前述の LegalShield は数少ない例である。

5．第三者による訴訟支援（Third Party Funding）

　21世紀のはじめごろから、景気後退の経済環境のなかで新しいビジネスモデルとして、第三者による訴訟支援（Third Party Funding）が登場している。これは、訴訟にもともと利害関係のない第三者（一般に、Litigation Finance Company と呼ばれる組織）が、当該訴訟の判決や和解の成果を分け前として

獲得することを条件に、弁護士費用など法律コストや実費を払うことに同意する形態の訴訟支援（訴訟ファイナンス）である[146]。

1980年代後半から、Third Party Funding の先駆けとなるファイナンス形態が登場した。金融・営利企業等が交通事故など人身傷害事件の原告に対し、2万ドルを上限に、訴訟中の生活費用も含めて資金を前貸し（訴訟ローン）、勝訴の賠償金額から取り戻すという訴訟ファイナンスである[147]。また、会社間の商業訴訟においては、請求を有する会社自ら資金提供者を勧誘し、請求の価値が1億ドルの場合に1500万ドルの資金提供を得て、勝訴の経済的利益から取り戻すというやり方も行われていた[148]。これらは、コンティンジェント・フィー——勝った場合のみ獲得額の一定割合を報酬とする——の枠組みを変形させたものであるが、弁護士によるファイナンスとは異なる仕組みである。保険会社やグループ・リーガル・サーヴィス等の保険給付等として支払われるものとも異なる。

これらを先駆けとして、資金提供の規模の大きさと投資産業による経済的インパクトの大きさの点で格段に上回るファイナンス形態が Third Party Funding である。Third Party（第三者）とは、原告および被告と訴訟上の利害を有する意味での第三当事者とは異なる意味で使われており、実際、投資会社が Third Party になっている。その点で Third Party という用語は紛らわしさが残る[149]。2007年に、投資会社「Juridica Capital Management」が訴訟ファイ

---

146) Willem H. van Boom, Litigation costs and third-party funding, in Ed. by Willem H. van Boom, Litigation, Costs, Funding and Behaviour-Implications for the Law (Routledge 2017), p6.

147) Jason Lyon, "Revolution in Progress : Third-Party Funding of American Litigation", 58 UCLA L. Rev. 571, 574 (2010).

148) Ibid. なお、巨額な紛争では、特許権侵害訴訟を提起するためにヘッジファンドが特許権を取得するという方法も登場していたようである。これについては後注150）、Hensler, at 320, n. 55.

149) S. Garber, Alternative Litigation Finance in the United States-Issues, Knowns and Unknowns (Rand 2010), IX. https://www.rand.org/content/dam/rand/pubs/occasional_papers/2010/RAND_OP306.pdf

ナンス市場へ参入したときから新たなビジネスモデルが登場したといわれている[150]。

資金提供者は獲得利益の割合で手数料を得る。請求が不首尾に終われば資金提供者は手数料を求めることはできない。

このビジネス・モデルは大要、次のようなものである。

投資会社など資金提供者は紛争が生じた後で訴訟ファイナンスを提供する。請求の実現可能性や被告の経済力など慎重に見極めて受け入れられると判断するなら、事前に訴訟資金を提供する。事件が成功した場合のリターンとしての手数料は20％から50％までの間で色々であり、プレトライアルでの和解や勝訴判決などでも異なる。

紛争当事者がThird Party Fundingを利用するのは高度な勝訴の可能性と極めて高い請求価値をもっている場合であると考えられる。原告側が基本であるが、被告側へのファイナンスも否定されていない。

投資会社Juridicaは、2008年に、122の事件を調査し、そのうち17件に訴訟支援を行なった[151]。平均投資額は750万ドルである。Juridicaが当初懸念した点は、リターンを生みだす事件を特定することであり、そのために外部の専門家＝弁護士に分析を求めている。

世界的金融会社クレディ・スイスはこの種の投資部門ユニットを置いている。また、シカゴのJuris Capitalはヘッジファンドを背景にしており、複数のヘッジファンドが訴訟ファイナンスに参入している[152]。Jurisは、1事件で50万ドルから300万ドルを投資する。ポートフォリオ上、年平均リターンは年率20％を超えている。たとえば、Jurisはインターネット等のサーヴィス会社としては機能停止寸前のWaKuL Inc. に訴訟支援を行なった。WaKuLは、

---

150) Deborah R. Hensler, "The Future of Mass Litigation : Global Class Actions and Third-Party Litigation Funding", 79 Geo. Wash. L. Rev. 306, 320 (2011).

151) Jonathan D. Later, Colum, Investing In a Portfolio of Lawsuits, New York Times, June 3, 2009.

152) Ibid.

Ericsson Inc. を相手に契約違反および詐欺で訴え、賠償額 300 万ドルを得た。Ericsson 側は不服申立を行なったが、WaKuL は Juris からの訴訟外部資金を得ていたので戦い抜くだけの訴訟資金に余裕があり、その結果、当初の賠償額を守り抜くことができた。その WaKuL 側弁護士は 65 万ドルを報酬として手に入れた。

　一般に、訴訟投資会社がどのように資金援助の対象たるべき事件を選んでいるかは明らかにされていない。法律事務所側（弁護士）が投資会社に事件を知らせているようである。

　弁護士と依頼者との関係に投資会社が加われば、和解など訴訟追行に干渉する問題がでてくるであろう。だが、より根本的にはコモンロー上禁止されてきた訴訟幇助（maintenance）や利益分配付きの訴訟肩代わり（champerty）に牴触しないかという問題がある。

　州ごとに規制の実情が異なり、現在 3 州——メーン州、オハイオ州そしてネブラスカ州——は独自の規制を行うが、連邦ではいまだ規制されていない[153]。ニューヨーク州は州法務総裁と 9 つの訴訟投資会社との間で一定のプラクティスについて、規制に準じた取り決めを行なっている[154]。訴訟投資会社の 1 グループは、American Legal Finance Association（ALFA）を結成し、訴訟ファイナンス産業の基準、特に契約の透明性や消費者への明快な開示についての基準を設定することに取り組んでいる。しかしながら、訴訟投資会社のオーナーが自らその産業を「ファイナンスの無法地帯（ワイルド・ウエスト）」と呼ぶほどであり、今後の展開を見据えたルールづくりが喫緊の課題である[155]。

　最後に、第三者訴訟支援は、司法アクセスの改善に寄与するかという問いである。たとえば勝訴の可能性がありながら司法の場に持ち出すには経済的採算の点で赤字になるような事件でも、第三者訴訟支援の利用によって提訴を可能

---

153) Terrence Cain, Third Party Funding of Personal Injury Tort Claims : Keep the Baby and Change The Bathwater, 89 Chi.-Kent L. Rev. 11 (2014), at 15.
154) Ibid.
155) Garber, supra note 149.

ならしめることができるかである。訴訟投資会社による支援はハイ・エンドの領域でハイリターンを求めて行われるので、平均的な個人が当事者となる事件では意義が乏しいと思われる。もっとも、クラスアクションの領域ではハイ・エンドの領域でハイリターンが見込まれるので第三者の訴訟投資家の役割がありそうである。しかし、クラス弁護士の選任、和解などをめぐり、第三者の投資会社が干渉することになれば大きな問題になるだろう。もっとも、現在のところ、訴訟投資会社はクラス訴訟市場に参入する意思はないと述べている[156]。

Ⅳ　アメリカのクラスアクション

1．意義、沿革、そして、根拠法

　同一の事件について多数人が利害関係を共通にする集団紛争の解決手段として、各国には、それぞれの実情に応じた集団訴訟ないし集合訴訟の諸形式がみられるが、その一種であるクラスアクションは、アメリカ合衆国を代表する訴訟形態としてあまりにも有名である。

　クラスアクションは、共通の利害関係を有する一定範囲の人々（クラス）を代表して、1名または数名が、全員のために原告として訴え、または、被告として訴えられる訴訟形態である。クラス代表者は、クラス構成員の授権を得ていないにもかかわらず、自己の利益だけでなく、クラス構成員のためにも訴訟を追行する。そのため、クラス構成員は、クラス認可の通知を受け、判決に拘束されることになる。

　このようにクラスアクションは、手続を一括することで効率的な審理と統一的な判断を可能とする集合訴訟の一種であり、利害関係者を一方的にクラス構成員に巻き込むことによって強力な効果を発揮し、とりわけ、個別提訴が事実上あり得ない大量少額被害ないし拡散利益の救済を中心に司法アクセスの拡充に大いに貢献し得るところに特徴がある。その反面、手続外に置かれるクラス

156）　Hensler, supra note 150, at 322.

構成員の利益を蔑ろにして提訴や和解が行われるリスクなど、さまざまな課題も指摘されてきた。

以下では、アメリカのクラスアクションについて、その沿革および根拠法を確認したうえで、連邦民事訴訟規則を中心に手続の概略と個々の諸問題を眺め、そして、クラスアクションに向けられた批判とその対策についても触れることにしたい。

a．アメリカにおけるクラスアクションの沿革

アメリカにおけるクラスアクションのルーツは、17世紀および18世紀の英国裁判所でみられた「濫訴防止訴状（bill of peace）」に求められる。これは、多数の請求を一つの訴訟手続で処理するエクイティ上の慣行であり、これがアメリカに渡り、クラスアクションへと発展したといわれている[157]。すなわち、コモンロー上の手続とエクイティ上の手続を統一したフィールド法典によって、州でのクラスアクションがコモンローの領域にも拡大するとともに、1938年の連邦民事訴訟規則（Federal Rules of Civil Procedure）にクラスアクションに関する明文規定が置かれたことにより（旧 Rule 23）、その後、同条を参考にして多くの州法に同様の規定が設けられるに至った[158]。

もっとも、旧 Rule 23 の規定は十分ではなく、実務上の混乱を招いたため、1966年に行われた連邦民事訴訟規則の全面改正により、現行の Rule23 として整備された。そして、1970年代以降、社会経済の発展や商業化の加速に伴い、公害や環境被害に加えて、食品、薬品、医療器具などによる健康被害といった拡散利益の救済を司法に求めるトレンドに押されて、クラスアクションはさらなる普及をみた。しかしながら、その反面で、被告の立場に置かれることの多い企業を中心に濫用の弊害も叫ばれるようになった。たとえば、クラスアクシ

---

157) William Weiner, Delphine Szyndrowski, The Class Action, from the English Bill of Peace to Federal Rule of Civil Procedure 23 : Is There a Common Thread?, 8 Whittier L. Rev. 935, 1986-1987.

158) 浅香吉幹『アメリカ民事手続法〔第3版〕』（弘文堂、2016年）42頁など。

ョンにおいてもその多くが和解で終結するところ、1980年代には、クラスアクションの和解に対する批判が高まった。それは、一方で、被告は巨額の損害賠償のリスクから不利な和解にも応じざるを得ないという「強迫的和解（in terrorem settlement）」の懸念であり、他方で、被告が原告のクラス弁護士と通じて、クラス構成員の利益を蔑ろにする和解を成立させておきながら、クラス弁護士が高額の報酬を得ているのではないかとの疑念である。

　これに対して、裁判所は、クラスアクションに対するそうした不安の声に耳を傾け、クラス認可、クラス構成員への個別通知、そして、和解の承認・通知などにおける監督機能を果たす運用が実践され、これは2003年の連邦民事訴訟規則 Rule23 改正として結実した。このような実務上の努力のおかげで、次第にクラスアクションに対して冷静な眼差しが向けられるようになり、事件類型によってクラスアクションの弊害の有無が異なることが意識されるようになった。たとえば、証券詐欺事件[159]は「訴訟爆発（litigation explosion）」の典型例とされるほどクラスアクションが濫用され、個別の手当てがなされたのに対し[160]、大規模不法行為事件（mass tort cases）は将来の和解による解決を見込んだクラスアクションの利用が被告にとっても合理的であるとみられている[161]。なお、クラスアクション批判への対策については、後述する（本節3．

---

159) クラスアクションが提起される証券詐欺事件とは、虚偽情報を流布して株価を維持し、その後の下落によって株主に損害を与えるような場合であるという。浅香吉幹「アメリカの大規模民事紛争『解決』：引き潮のクラス・アクションと上げ潮の広域係属訴訟」東京大学法科大学院ローレビュー11号（2016年）216頁。

160) 1995年の「私人による証券訴訟改革法（Private Securities Litigation Reform Act of 1995, 15 U.S.C. §§77z-1 (a), 78u-4 (a)）」によって連邦裁判所におけるクラスアクションの提起を抑制する手続改正を行い、さらに、同様の改正を1998年の「証券訴訟統一基準法（Securities Litigation Uniformity Standards Act of 1998, 15 U.S.C. §§77p, 78bb (f)）」によって州裁判所において行った。

161) David Marcus, *The History of the Modern Class Action, Part II : Litigation and Legitimacy,* 1981-1994 (August 8, 2017).— Fordham Law Review— (2018 Forthcoming) ; Arizona Legal Studies Discussion Paper No. 17-17 ; *available at* <https://ssrn.com/abstract=3015581>.

参照)。

b．アメリカにおけるクラスアクションの根拠法

アメリカにおけるクラスアクションの根拠法は、連邦裁判所では、前述の連邦民事訴訟法規則 Rule23 であり、州裁判所ではそれぞれの州法である[162]。

連邦裁判所の管轄は、アメリカ合衆国憲法に定められた範囲で認められており、民事訴訟に関しては、連邦問題事件[163]や州籍相違事件[164]などが挙げられている。これらには、州裁判所の管轄と競合するものもある。

アメリカのクラスアクションは、濫訴のおそれのほか、クラス構成員の利益が蔑ろにされるおそれなど、常にその弊害を指摘する声と向き合っており、判例・実務においてはクラス認可を厳格に解したり、和解に裁判所の承認を要求するなど、裁判所の積極的な介入によって対処しようとする努力がなされてきた。そうしたなか、2003 年に連邦民事訴訟規則 Rule 23 について、裁判所の監督権限を強化する方向での改正がなされた[165]。これにより、州法の規律が相対的に緩やかとなり、連邦と州の管轄が競合する事件は州裁判所に流れてしまい、Rule23 改正の趣旨が潜脱されかねない状況が生じた。そこで、多くのクラスアクションを連邦裁判所に誘導することなどを企図して、2005 年にクラスアクション公正法（Class Action Fairness Act of 2005 ［以下、CAFA と略記する］）が制定された。さらに、消費者権利章典により、クラス弁護士がクラ

---

162) クラスアクションに関する各州の規律は、① 連邦民事訴訟規則 Rule23 に準じる州、② 模範クラスアクション法（Model Class Action Act）を採用する州、③ フィールド法典に準拠する州、④ 独自のクラスアクション法制を有する州、そして、⑤ クラスアクションを認めない州に分類されるという。楪博行「州裁判所におけるクラスアクション」人間学研究 8 号（2007 年）91 頁以下。
163) 連邦問題事件としては、アメリカ合衆国の憲法、法律、あるいは、条約に関して発生する事件である。28 U.S.C. § 1331.
164) 州籍相違事件とは、異なる州の住民間の民事訴訟であり、訴額が 7 万 5 千ドルを超えるものである。28 U.S.C. § 1332 (a).
165) 裁判所の監督権限が強化されたのは、Rule 23 の (c)(2)(A)、(e)(2)、(e)(3)、(g)、(h) である。

ス構成員の利益を犠牲に高額の報酬を得ようとして、クーポン和解[166]などの不当な和解の成立を防止しようとした[167]。

以下では、連邦民事訴訟規則 Rule 23 に規定されたクラスアクション手続を概説する。

２．連邦裁判所におけるクラスアクションの手続

クラスアクションも通常の訴訟と同様に原告の提訴によって開始されるが、ここではクラスアクション独自の手続を取り上げる。

a．クラス認可の基本的要件

連邦民事訴訟規則 Rule 23(a) は、クラス認可の基本的要件として、以下4点を定める。

> ① 併合訴訟が現実的でないほどにクラス構成員が多数であること（Rule 23(a)(1)：numerosity）
> ② クラスに共通する法律上または事実上の争点があること（Rule 23(a)(2)：commonality）
> ③ クラス代表者の請求または抗弁がクラスにとって典型的なものであること（Rule 23(a)(3)：typicality）
> ④ クラス代表者がクラスの利益を公正かつ適切に保護し得ること（Rule 23(a)(4)：adequacy）

クラスアクションは併合訴訟の非現実性によるアクセス障害を克服する工夫として生み出されたことに鑑みると、最も重視されるのは上記①多数性の要件ということになろう。なお、併合訴訟が現実的でない（impracticable）ので

---

[166] クーポン和解とは、被害者であるクラス構成員に損害賠償金に代えて被告企業の商品等の利用券や割引券（クーポン）を配布することを内容とする和解をいう。被告企業の収益につながり、被告にとってメリットがあるとともに、クーポン額を基準とすると代表原告の弁護士の報酬が高額になるため、構成員の利益が犠牲になるとの問題が指摘されていた。

[167] 28 U.S.C. §§ 1712-1715.

あれば、それが理論的に可能であっても ① 多数性の要件との関係では問題はない。その判断は、構成員の人数だけでなく、その所在、請求金額などを総合的に考慮して行われる。

つぎに、手続を一つに束ねることで司法の効率性を企図したクラスアクションにとっては、同一手続で審判し得る共通の（common）争点、および、典型的（typical）な請求・抗弁の各存在を要求する上記 ② 共通性および ③ 典型性も重要な要件といえる。そのため、裁判所は、これらを一括して検討する傾向にある。さらに、② 共通性の要件が認められる場合に ③ 典型性の要件を別個独立に検討する必要があるのかといった問題も提起されている。なお、② 共通性の要件について、裁判所は緩やかな判断をする傾向にあり、共通する争点が一つだけでも、その重要性から、② 共通性の要件を肯定する場合もある。

そして、デュー・プロセスの要請から定められたのが、上記 ④ 適切性の要件である。すなわち、実際には手続関与しないクラス構成員にも判決効が及ぶことを正当化するために、手続追行するクラス代表者についての公正性・適切性が求められたのである[168]。クラス代表の ④ 適切性を欠いた判決がなされた場合、構成員は当該判決に拘束されない旨の主張をすることができる[169]。

b．クラスアクションの類型

クラス認可の要件を満たすクラスアクションは、さらに、Rule 23(b) に定める以下三つの類型に該当する場合に限って提訴が認められる。

---

[168] ④ 適切性の要件は旧 Rule 23 にも規定されており、1940 年に合衆国最高裁判所は、訴訟当事者以外の者への判決効拡張は合衆国憲法第 14 修正のデュー・プロセス条項に反するとしつつ、出廷する代表者が適切にクラスを代表するのであれば、訴訟当事者として在廷していないクラス構成員にも判決効が及ぶとの判断を示した（Hansberry v. Lee, 311 U.S. 32 (1940))。なお、クラス代表の適切性に関して、楪博行「クラス・アクションにおける適切な代表」人間学研究 14 号（2014 年）23 頁以下を参照。

[169] Matsushita Elec. Indus. Co. v Epstein, 516 U.S. 367 (1996).

(1) 必要的クラスアクション

Rule 23(b)(1) は、個別訴訟の弊害によりクラスアクションが必要的である類型（以下、「必要的クラスアクション」という）として、つぎの二つを掲げる。

第 1 は、(A) 個別訴訟の許容によって、判決相互の一貫性を保つことができず、相手方に対して両立し得ない行為規範を定立しかねないというリスクを回避するために認められるクラスアクションである。このタイプは、相手方の利益保護のために、裁判所によって、さらに多くの詳細な条件設定がなされてきた[170]。たとえば、① クラス代表にクラス認可が得られなければ、構成員が相当数の個別訴訟を提起するであろうとの証明が必要であるとされ[171]、② 個別訴訟の方が有利であるとして相手方がクラスアクションによる統一的・一回的な解決の利益を放棄したときは、Rule 23(b)(1) の認可は不適切であるという[172]。あるいは、③ Rule 23(b)(1)(A) の認可がなされるのは、相手方が一つの裁判所の救済を受けるには他の裁判所の判断に違反せざるを得ない場合に限られるという[173]。おそらく最も興味深いのは、金銭的救済のみを請求する場合に、裁判所は、重畳的損害賠償請求訴訟（multiple damages suits）では被告に矛盾する義務を生じさせる危険性はないとして、Rule 23(b)(1)(A) の認可は適切でないと説明してきたことであろう[174]。

---

170) Mollie A. Murphy, *Rule 23 (B) after Wall-Mart : (Re)Considering a Unitary Standard,* 64 BAYLOR L. REV. pp. 749-759 (2012).

171) *See, e.g.,* Eisen v. Carlisle & Jacquelin (*Eisen II*), 391 F. 2d 555, 564 (2d Cir. 1968) ; Berlin Democratic Club v. Rumsfeld, 410 F. Supp. 144, 163 (D.D.C. 1976) ; Free World Foreign Cars, Inc. v. Alfa Romeo, S. p. A., 55 F.R.D. 26, 29 n.9 (S.D.N.Y. 1972).

172) *See, e.g.,* Corley v. Entergy Corp., 222 F.R.D. 316, 320 (E.D. Tex. 2004), *aff'd sub nom.* Corley v. Orangefield Indep. Sch. Dist., 152 Fed. Appx. 350 (5th Cir. 2005) ; *see also* Doiron v. Conseco Health Ins. Co., 240 F.R.D. 247, 254 n. 12 (M.D. La. 2007).

173) *See, e.g.,* Vulcan Golf, LLC v. Google, Inc., 254 F.R.D. 521, 537 (N.D. Ill. 2008) ; *see also* Alexander Grant & Co. v. McAlister, 116 F.R.D. 583, 589-90 (S.D. Ohio 1987).

174) *See, e.g.,* Cunningham Charter Corp. v. Learjet, Inc., 258 F.R.D. 320, 330–31 (S.D. Ill. 2009).

第2は、(B) 個別訴訟の許容によって、ある判決がその訴訟当事者ではない他の構成員の利益を害するか、もしくは、その者の利益主張を実質的に妨げるおそれがあるというリスクを回避するために認められるクラスアクションである。これは、「限定的基金のクラスアクション（limited fund class action）」として知られている。オルティッツ対ファイバーボード社事件において、最高裁判所は、アスベスト請求に基づく限定的基金のクラスアクション和解の承認の検討に際し、構成員を束ねる基準として、① 当事者間で合意された請求額の総和およびそのために利用可能な基金が最高限度額に設定されており、請求額のすべてを支払うための基金としては十分でないこと、② その基金が支配的な請求のためにあること、そして、③ 請求者が公平に扱われることの3点を示した[175]。

(2) 差止型クラスアクション

Rule 23(b)(2) は、クラス全体に共通する理由に基づいて相手方がある行為をするため、または、しないためにクラス全体との関係で最終的な差止めによる救済（injunctive relief）または宣言による救済（declaratory relief）が適切である場合に認められる類型を規定する（以下、「差止型クラスアクション」という）。

通知が基本的要件とされる Rule 23(b)(3) のクラスアクションと異なり、差止型クラスアクションでは通知は要求されないが、金銭賠償請求の場合には、デュー・プロセスの要請から通知は必要であると解されている[176]。なお、金銭請求を併せて行う場合には、一般的に Rule 23(2) の認可を受けることは困難である。

なお、この差止型クラスアクションは、前述の必要的クラスアクションとともに、個別的処理になじまず、構成員のクラス離脱が認められない。そのため、両者をまとめて「強制クラスアクション（mandatory class action）」と呼ぶこともある。

---

175) Ortiz v. Fibreboard Corp., 527 U.S. 815 (1999) at 838-840.
176) Monumental Life Insurance Company, 365 F. 3d 408 (5th Cir. 2004).

(3) オプトアウト型クラスアクション

Rule 23(b)(3) の規定するクラスアクションは、クラス構成員に共通する法律上または事実上の問題が個々の構成員に関わる問題に優越し、かつ、紛争の公正かつ効率的な解決にとってクラスアクションよりも優れている利用可能な手段がほかにないと裁判所が判断する場合に認められる類型であり（以下、「オプトアウト型クラスアクション」という）、構成員には通知（notice）を受ける権利とクラスから離脱する権利（opt-out right）が与えられる。その制度趣旨は、合衆国最高裁判所によると、個別提訴が不可能であると思われる人々の権利保護であるという[177]。これは三類型のなかで最もよく利用されているという。

この類型が認められるには、クラスに共通の争点が構成員に固有の個別争点よりも支配的であること（支配性［predominance］の要件）、および、クラスアクションが利用可能なその他の手段よりも優位にあること（優位性［superiority］の要件）の二点が要求される（Rule 23(b)(3)）。

① 支配性の要件は、争われた問題において共通争点が大部分を占めるというだけでは充足されない。裁判所は、当事者の請求や抗弁にいかなる要素が含まれ、法廷に提出された証拠にどのような性質が認められるかを分析したうえで、争われた問題が個別争点ないし共通争点のいずれに重点を置くかを比較検討したり[178]、当該問題の展開を予測したり[179]しなければならない。構成員に固有の損害があるというだけでクラス不認可となるわけではない[180]。

---

177) Amchem Products, Inc. v. Windsor, 521 U.S. 591, 617 (1997).
178) Butler v. Sears, Roebuck & Co., 727 F. 3d 796, 801 (7th Cir. 2013); *Messner* v. Northshore Univ. HealthSystem, *669 F. 3d* 802, 815 (7th Cir. 2012).
179) *Marcus* v. BMW of N. Am., LLC, *687 F. 3d* 583, 600 (3d Cir. 2012).
180) Caroline H. Gentry, A Primer on Class Certification Under Federal Rule 23, Corporate Counsel CLE Seminar, February 13-16, 2014, at 7; *available at* <https://www.americanbar.org/content/dam/aba/administrative/litigation/materials/2014_corporate_counselcleseminar/b2_2_a_primer_class_certification_under_federal_rule.authcheckdam.pdf>.

② 優位性の要件の判断要素としては、以下 4 点があげられる（Rule 23(b)(3)）。
- a) 構成員が個別の提訴や応訴について有する利益
- b) 構成員が当該事件についてすでに訴えまたは訴えられた訴訟の範囲および性質
- c) それらの請求についての訴訟を特定の法廷に集中させることの長所または短所
- d) クラスアクションの運営において想定される困難

これらのうち、最も重視されるのは d) である。原告がクラスアクションとしての運営可能性（manageability）を立証するために、たとえば、個別争点をいかに扱うことができるかを説明する詳細な審理計画を提出することがある[181]。クラスの規模が大きいほど、構成員の特定や彼らへの通知に困難をきたすことが通常であり、クラス規模と運営可能性が連動する傾向にあることは確かであるが、クラス構成員の人数だけを基準に判断することはできない[182]。② 優位性の要件によって保障されるのは、クラスアクションが時間、労力、費用の点で経済的な運営を実現することができるとともに、クラスアクションが手続的公正を犠牲にすることなく、または、その他の望ましくない結果をもたらすことなく、同じような立場にある人々に対する判決の統一化に資する場合には、Rule 23(b)(3) によってのみクラスが認可されるということである[183]。裁判所は、② 優位性の要件を検討する際、裁判所は個別訴訟など他の解決手

---

181) Pella Corp. v. Saltzman, 606 F. 3d 391, 396 (7th Cir. 2010) ; Vega v. T-Mobile USA, Inc., 564 F. 3d 1256, 1278-79 & n. 20 (11th Cir. 2009).

182) たとえば、1250 万人の航空券購入者をクラス原告とするクラスアクションについて、② 優位性の要件を満たすとしてクラス認可が認められたケースもあれば（*In re Domestic Air Antitrust Litig.*, 137 F.R.D. 677 (N.D. Ga. 1991)）、4,000 万人のホテル利用者をクラス原告とするクラスアクションについて、運営可能性が認められず、② 優位性の要件を充足しないとしてクラス認可が否定されたケースもある（*In re Hotel Telephone Charges*, 500 F. 2d 86 (9th Cir. 1974)）。

183) *Amchem*, 521 U.S. at 615.

段を比較したうえで、司法経済、欠席した構成員の権利、責任の有無、想定される損害賠償額などの諸事項を考慮して、クラスアクションが他の解決手段に優位するか否かを判断すべきであるとされている[184]。州法の相違が大きい場合や構成員を特定できずに通知ができない場合には、②優位性は認められない可能性がある[185]。もっとも、個別の損害賠償請求について判断する必要があるというだけの理由で、裁判所はクラスアクションの②優位性を否定すべきではない[186]。

c．クラス認可（class certification）の手続
(1)　クラス認可の審査手続

　クラス代表者は、裁判所に対してクラス認可の申立てを行う。クラス認可の要件についての証明責任は、認可を求めるクラス代表者が負う。これに対し、相手方は、認可却下の申立てを行う。認可要件の有無について、裁判所は、証拠の優越（preponderance of the evidence）によって判断することになるが、近時、裁判所の判断は厳格になりつつあるといわれている[187]。

　たとえば、女性従業員の給料・昇進をめぐる性差別に関して約150万人のクラス構成員が差止・宣言判決（Rule 23(b)(2)のクラスアクション）を求めたウォルマート事件では、共通の法律上または事実上の争点の存在だけでは十分ではなく、クラス全体の紛争についての共通の解決策（common answer）の存在を本案審理とも重なり得る厳格な審査によって認定しなければならないとしたうえで、全米最大手のウォルマートの規模と地理的範囲からすると、女性従業員の待遇についてすべての責任者が共通の方向性を持つとは考えられず、クラス構成員の主張を審理しても差別問題に対する共通の解決策は得られないとして、「共通性（commonality）の要件」（Rule 23(a)(2)）は認められないと

---

184)　Pipefitters Local 636 Ins. Fund, 654 F. 3d at 630-32.
185)　*In re Aqua Dots Products Liability* Litigation, *654 F. 3d* 748, 752 (7th Cir. 2011).
186)　Leyva v. Medline Indus., Inc., 716 F. 3d 510, 515 (9th Cir. 2013).
187)　Messner v. Northshore Univ. HealthSystem, 669 F. 3d 802, 811 (7th Cir. 2012).

した[188]。

(2) クラス認可に対する上訴（appeal）

クラス認可をめぐる裁判所の決定に対する上訴は、かつては認められていなかったが、クラス認可の重要性に鑑みて、1998年の連邦民事訴訟規則改正により明文で許容され、その後若干の修正を受けて現在に至る（Rule23条(f)）。これによると、本規則に基づいてなされたクラス認可または不認可の決定に対する上訴については、上訴裁判所は、当該決定後14日内に提起された上訴に限り、受理することができるとされ、さらに、上訴によって地方裁判所の手続は停止しないが、地方裁判所の裁判官または上訴裁判所が停止を命じた場合はその限りでないとされている（Rule 23(f)）。

上訴裁判所は、上訴を受理するか否かについて相当の裁量（considerable discretion）を有しているが、①認可決定に疑義があり、たとえ原告の請求がとるに足りないとしても、解決を強制される被告が当該決定によって万事休すに陥るような場合、②当該決定が審査を免れがちで未解決の根本的な法律問題を提起する場合、または、③当該決定の誤りが明白である場合には、上訴は受理されるとみられている[189]。

(3) クラス弁護士（class counsel）の選任

ところで、制定法に別段の定めがある場合[190]を除いて、裁判所は、クラス認可に際しては、常にクラスを代表するクラス弁護士を選任しなければならないものとされている（Rule 23(g)(1)）。これは、クラス構成員の利益が犠牲とされていた状況を改めるべく、2003年の連邦民事訴訟規則改正によって新設

---

188) Wal-Mart Stores, Inc. v. Dukes, et al., 564 U.S. 338 (2011).

189) *In re* Rail Freight Fuel Surcharge Antitrust Litig., 725 F. 3d 244, 250 (2013) : *See* Gentry, *supra note* 180, at 11.

190) たとえば、私的証券訴訟改革法（Private Securities Litigation Reform Act of 1995, Pub. L. 104-67, 109 Stat. 737）によると、裁判所の選定を要する「代表原告（lead plaintiff）」に弁護士選任権が付与されている例などがある。リチャード・L・マーカス著〔大村雅彦 訳〕「アメリカのクラス・アクション―疫病神か救世主か」大村雅彦＝三木浩一編『アメリカ民事訴訟法の理論』（商事法務、2006年）250頁注2）。

された規定である。「弁護士—クライアント」関係は契約に基づくのに対し、クラス弁護士とクライアントである構成員との関係は裁判所の決定によって発生する。通常、その発生時点で報酬や費用を明らかにすることはできない[191]。なぜなら、クラス弁護士に関する報酬・費用決定は、クラスに有利な判決が得られた場合に事後的に行われるからである。こうした明示的な合意に代わる弁護士選任のあり方は、「弁護士—クライアント」関係の構造に関する市場アプローチから信託的アプローチへの移行という文脈のなかで正当化される可能性があり、そして、裁判官をクラスの利益擁護者として任命すること、および、クラス弁護士の報酬・費用を裁定し、認可する権限を裁判所に与えることによってその正当化は完成する[192]。そうしたことから、裁判所は、クラス弁護士の選任に際して、① 当該訴訟における潜在的な請求の特定または調査における弁護士の作業、② クラスアクション、その他の複雑訴訟、および、当該訴訟で主張されている請求のタイプについての弁護士の取扱い経験、③ 関連法規に関する弁護士の知識、そして、④ 当該クラスを代表するために投入するであろう弁護士のリソースを考慮しなければならず（Rule 23(g)(1)(A)）、さらに、裁判所は、弁護士がクラスの利益を公平かつ適正に代表する能力に関連するあらゆる事項を考慮することができるものとされている（Rule 23(g)(1)(B)）。

(4) クラスの再構成—争点クラス（issue classes）およびサブクラス（subclasses）

クラスをそのままで認可することが難しい場合でも、適切なクラスに再構成

---

191) これに対して、クラスアクションの当事者の代理人である弁護士の報酬の裁定（attorney fee awards）は、連邦民事訴訟規則 Rule 23(h) に規定されている。これによると、弁護士報酬の請求は、構成員に対する合理的な方法で通知された申立て（弁護士報酬裁定の申立て）によってなされなければならず（Rule 23(h)(1)）、構成員または報酬の支払いを求められた当事者は弁護士報酬裁定の申立てに異議を述べることができ（Rule 23(h)(2)）、裁判所はその裁量でヒアリングを実施し、事実を認定し法的結論を示さなければならない（Rule 23(h)(3)）。

192) Morris A. Ratner, *Class Counsel as Litigation Funders,* 28 Geo. J. Legal Ethics, 271, 276 (2015); *available at* <http://repository.uchastings.edu/faculty_scholarship/1247>.

することができる限り、裁判所がそれを認可することは訴訟経済にかなう合理的な裁判運営といえよう。そこで、特定の争点に限定されたクラス（「争点クラス」という）を観念し直してクラスアクションとして維持すること（Rule 23(c)(4)）、および、クラスを分割してできたクラス（「サブクラス」という）についてそれぞれクラスアクションとして扱うこと（Rule 23(c)(5)）が認められている。

それぞれどのような場合に適切なクラスであるとして認可されるのか。争点クラスは、その特定の争点に限定されたクラスとして再構成することで、公正な攻撃防御が可能となり、かつ、訴訟全体としての進展が認められる場合には認可されることになるのに対し、その特定の争点を解決しても、個別の判断を要する他の争点が数多く残されるような場合には不認可となろう[193]。争点クラスは、責任の有無に限定されたクラスの認可に活用されるのが一般的であり、その後に各構成員は個別の審理手続で自らの損害賠償額を立証することになる。

サブクラスは、構成員の求める救済の種類に応じたグルーピングが可能な場合（たとえば、医療モニタリングを求めるグループと損害賠償を求めるグループに分かれる場合や、実体的要件に関してグループごとに異なる州法の適用を求める場合など）に、グループごとにサブクラスの認可がなされよう[194]。多数のサブクラスに分割される場合には、共通争点が支配的ではないという可能性があり、不認可の公算が高まろう[195]。

d．クラス構成員への通知
(1) 強制クラスアクション（mandatory class action）における通知
強制クラスアクションと総称される「必要的クラスアクション」（Rule 23(b)(1)）または「差止型クラスアクション」（Rule 23(b)(2)）において、クラス認

---

193) Gentry, *supra note* 180, at 8.
194) *Id.*
195) Manual for Complex Litigation (4th ed.) ("MCL") §21.24.

可をした裁判所は、クラスに対する適切な通知をするよう指示することができる（Rule 23(c)(2)(A)）。クラスに対する通知の要否や内容・方法いかんは、裁判所の裁量的判断に委ねられる。

(2) オプトアウト型クラスアクションにおける通知

「オプトアウト型クラスアクション」（Rule 23(b)(3)）において、クラス認可をした裁判所は、クラス構成員に対する通知として現状において実行可能な最善の方法（合理的な努力により特定し得るすべての構成員に対する個別通知を含む）を指示しなければならない（Rule23(c)(2)(B)）。クラス構成員に対する通知は、デュー・プロセスの観点から、裁判所の義務とされている。構成員の特定に要した努力が何をもって合理的といえるかは、司法アクセスなどのクラスアクションに期待される機能とデュー・プロセスの要請との調和から、事案ごとに総合的な判断によることになろう[196]。いかなる通知手段が実行可能な最善の方法かについても、同様の観点から検討されようが、構成員が具体的に特定される限りは、適正手続の要請に基づいて、人数いかんにかかわらず、すべての構成員に対する個別通知が必要とされる[197]。なお、個別通知とともに、新聞などのマスコミを利用した告知を併用することも、適正手続の要請に応えるものとして行われている[198]。

さらに近時は、先進的な一部の裁判所と当事者によって、伝統的な通知方法の限界を克服するために、ICTの利活用もみられる。電子メールによる個別通知はもちろんのこと、不特定多数のクラス構成員の目にとまるよう、専用のウェブサイトを開設するほか、バナーやポップアップ広告も利用されている。そして、AI時代においては、ビッグデータを分析してパターンを識別する「機

---

196) たとえば、廃棄物処理サーヴィスを過去10年間に利用したすべての個人と団体に対して通知したケースでは、「合理的な努力」が認定された。*In re* Southern Florida Waste Disposal Antitrust Litig., 896 F. 2d 493 (11^(th) Cir. 1990).
197) たとえば、225万人の構成員が特定可能な場合に、合衆国最高裁判所は、通知に多額の費用を要するとも、すべての構成員に対する個別通知が必要であると判示した。Eisen v. Carlisle & Jacquelin, 417 U.S. 156 (1974).
198) *See* Hartman v. Wick, 678 F. Supp. 312 (D.D.C. 1988).

械学習システム（machine learning systems）」やFacebookなどのソーシャルメディアの活用が検討すべき旨の提言がなされている[199]。

通知の内容については、容易に理解できる言語による明確かつ簡潔な表現を用いるものとされており、以下の記載事項が要求される。① 訴えの性質、② 認可されたクラスの定義、③ クラスの請求、争点または防御、④ 構成員は希望すればクラス訴訟代理人によって出廷し得ること、⑤ 裁判所は除外を申し出る構成員をクラスから除外すること、⑥ 除外申出の時期と方法、⑦ 通知の対象とされた構成員で除外申出をしなかった者はクラスアクションの判決に拘束されること、である。

e．離脱ないし除外申出（opt-out）

オプトアウト型クラスアクションにおいて、構成員がクラスからの離脱を申し出た場合、裁判所はその者をクラスから除外しなければならない。構成員が離脱権ないし除外申出の権利（opt-out rights）を有すること、および、その時期と方法については、通知に記載されており（Rule 23(c)(2)(B)）、離脱を希望する構成員はそれに従って離脱権を行使すればよい。

f．クラスアクションにおける和解

2005年の調査によると、連邦裁判所に提訴されたクラスアクションのうち、20〜40％においてクラス認可がなされ、そのうち90％は和解によって終結しているという[200]。クラスアクションにおける和解としては、このようにクラス認可後に和解が成立する場合だけでなく、和解そのものを目的としてクラス認可を求める場合もある[201]。これは「和解目的のクラスアクション（settlement

---

199) Alexander W. Aiken, *Class Action Notice in The Digital Age,* 165 U. PA. L. REV. 967 (2017).

200) Barbara J. Rothstein & Thomas E. Willging, *Managing Class Action Litigation* : A Pocket Guide for Judges, Federal Judicial Center. 6 (2005) ; *available at* <http://www.uscourts.gov/sites/default/files/classgde.pdf>.

class actions)」と呼ばれ、通常の「クラスアクションの和解」と区別される。これは日本における「起訴前の和解」（民訴法 275 条 1 項）に通じる面があるが、起訴前の和解は簡易裁判所管轄の軽微でシンプルな事件（訴額が 140 万円を超えない事件）に限定される点（裁判所法 33 条 1 項 1 号）は対照的である。

以下では、クラスアクションにおける和解に共通する事項を眺め、その後に「和解目的のクラスアクション」固有の問題をまとめて取り上げる。

(1) クラス構成員に対する和解案の通知

1966 年改正の連邦民事訴訟規則 Rule 23(e) には、和解について裁判所の承認を要する旨の定めがあるが、提案された和解案の審査にあたり裁判所が何をすべきかについての規定は存在しなかった。しかし、クラス代表者の弁護士がクラス構成員の利益を蔑ろにした和解を相手方との間で成立させて、高額の報酬を得るなどの事態が生じたため、2003 年に裁判所の監督機能ないし後見的権限を強化する方向での連邦民事訴訟規則の改正が行われた。これによると、まず、提案された和解案について、裁判所はそれに拘束されることになるすべての構成員に対して合理的な方法で通知をしなければならない（Rule 23(e)(1)）。通知の方法や内容は、クラス認可の通知と異なり、裁判所の裁量に委ねられる。

この通知によって、クラス構成員はさまざまな手続的選択の機会が得られることになる。裁判所の監督機能の強化は、構成員に対して手続関与の回路を増設することと抱き合わせで設計されているのである。

(2) 和解案の承認（approval）

和解案が構成員を拘束する場合には、裁判所は、審理の結果、和解案が公正（fair）、合理的（reasonable）、そして、適正（adequate）であるとの判断に至ったときに限り、それを承認することができる（Rule 23(e)(2)）。

オプトアウト型クラスアクション（Rule 23(b)(3)）においては、クラス認可

---

201) 2006 年から 2007 年に連邦裁判所に提起されたクラスアクションのうち、68％は和解目的であったという。楪博行「大規模不法行為訴訟上の和解をめぐる問題」白鷗法学 22 巻 2 号（2016 年）80 頁注 2）およびそこに掲載の文献を参照。

後の和解は、除外申出の機会を利用しなかったクラス構成員各自に再び除外申出の機会を付与しなければならず、そうでない限り、裁判所は承認を拒絶することができる（Rule 23(e)(4)）。和解に魅力を感じない構成員に離脱によってその利益を擁護する途を提供したのであり[202]、つぎにみる和解案に対する異議申立てとともに構成員の主体的な手続選択の機会を保障したものである。

提案された和解案に関して、Rule 23(e) に基づいて裁判所の承認が求められているとき、クラス構成員はこの和解案に異議を申し立てることができる。この異議は、裁判所の承認がある場合に限り、撤回することができる（Rule 23(e)(5)）。和解案に対する異議申立ては、自己またはクラス全体の利益のために和解内容の改善を望むという動機による場合ばかりではなく、異議申立人とその弁護士が自分たちだけの利益を得るなどの不適切な目的（たとえば、撤回のための追加補償を目論む異議申立てなど）に基づく場合もないわけではなく、裁判所にはその見極めが期待される[203]。

裁判所が和解の承認を拒絶すると、判決に向けた審理手続に戻る。これに対して、和解の承認がなされると、それにより手続は終了する。

ところで、和解案に対して構成員より異議申立てがなされても、裁判所が和解案を承認する要件（Rule 23(e)(2)）に変わりはないために、異議を申し立てても承認されてしまい、構成員がその和解に拘束される可能性があることから、和解に対する上訴の可否が問題とされている[204]。この点、合衆国最高裁判所は、必要的クラスアクション（Rule 23(b)(1)）において承認された和解に対して、承認前の審理において異議を申し立てていた不特定のクラス構成員（nonnamed class members）は、訴訟参加（intervening）していなくても、上訴することができると判示する[205]。そこでは不特定の構成員が「和解に拘束さ

---

202) MCL § 21.643.

203) *Id.*

204) この問題はカナダにおいても議論されている。*See* Vince Morabito, *Can class members appeal class action settlements? A study from British Columbia,* 45 (2-3) Common Law World Rev. 122 (2016).

れること (bound by the settlement)」が強調されていることから[206]、和解に対する不服を離脱により解消し得るオプトアウト型クラスアクションの場合には、和解に対する上訴は認められないとの主張がある[207]。

(3) 和解目的のクラスアクション

裁判所がクラス認可の決定をする前に、クラスアクションの当事者間で和解が成立することは珍しくない。そのような場合に、明文規定はないものの、両当事者が共同して和解のみを目的としたクラス認可を求めることが1980年代より行われてきた。さらに、トライアルや判決を予定して提起される通常のクラスアクションのクラス認可要件が連邦レヴェルで厳格に適用されるようになったことは、「和解目的のクラスアクション」の増加を後押しした。なお、クラス認可を求める当事者間の合意は、裁判所による和解の承認を条件としてなされることが少なくない。このように訴訟手続の初期段階でなされる和解のみを目的とするクラス認可の存在によって、司法審査の重要性は一層増すことになる[208]。

ところで、クラス認可の要件については、「和解目的のクラスアクション」であっても、通常のクラス認可と同じ基準で判断されるのであろうか。この点、アスベスト被害の賠償について「和解目的のクラスアクション」が提起されたAmchem事件に関して、合衆国最高裁判所は、和解目的であってもクラスアクションの成立要件を満たすべきであるとしつつも、「和解目的のクラスアクション」は訴訟手続を目的としないので、審理の運営 (manageability of trial) について考慮する必要はないと判示した[209]。トライアルの予定されてい

---

205) *Devlin v. Scardelletti, 536* U.S. 1 (2002).
206) Devlin, 536 U.S. at 10 ; *See* AAL High Yield Bond Fund v. Deloitte & Touche LLP, 361 F. 3d 1305, 1309-10 (11th Cir. 2004).
207) John E. Lopatka & D. Brooks Smith, *Class Action Professional Objectors : What To Do About Them?,* 39 FLORIDA STATE UNI. L. REV. 865, 891 (2012).
208) BARBARA J. ROTHSTEIN & THOMAS E. WILLGING, MANAGING CLASS ACTION LITIGATION : A POCKET GUIDE FOR JUDGES, 23 (3d ed. 2010).
209) Amchem Products, Inc. v. Windsor、521 U.S. 591, 620 (1997).

ない「和解目的のクラスアクション」においては、合理的な帰結であるといえよう。

g．クラスアクションにおける判決

クラスアクションにおいても、和解や取下げなどの当事者意思によって手続が終了するのでない限り、判決を目指した手続展開がなされることは、通常の民事訴訟と変わらない。

判決効をクラス代表者と相手方のみならず、クラス構成員にも及ぼすところにクラスアクションの真価を認めることができようが、デュー・プロセスの観点から一定の規律がなされている。まず、必要的クラスアクション（Rule 23(b)(1)）および差止型クスアクション（Rule 23(b)(2)）の判決効は、クラスにとって有利か不利かにかかわらず、裁判所がクラス構成員であると認定した者に及ぶものとされ、判決にはそれらの者を記載しなければならないとされている（Rule 23(c)(3)(A)）。つぎに、オプトアウト型クラスアクション（Rule 23(b)(3)）の判決効は、クラスに有利か不利かにかかわらず、Rule 23(c)(2) の通知の対象とされ、除外申出をしておらず、かつ、裁判所がクラス構成員であると認定した者に及ぶものとされ、判決にはそれらの者を明記しなければならないとされている（Rule 23(c)(3)(B)）。

判決に不服があれば上訴することになるが、クラスアクションにおいては、クラスが認可されたか否かにかかわらず、上訴する資格のある者をクラス代表者として指名すればよい[210]。上記の判決効の及ぶクラス構成員に上訴を認めることがデュー・プロセスの要請であるとも考えられるが、「構成員が当事者になる必要を生じないように制度設計されている」ところにクラスアクションの特徴がある[211]。この点、構成員の上訴を認めるには、その者が訴訟参加する必要があるとして、終局判決後の合理的な期間内においてクラス不認可に対する構成員の上訴を認めた最高裁判所の判断[212]が注目される。これは、期間延長

---

210) 連邦民事訴訟規則（Federal Rules of Appellate Procedure）Rule 3(c)(3)。
211) *Crawford v Equifax Payment Services Inc* 201 F3d 877, 880 (7th Cir 2000).

図 2-1 オプトアウト型クラスアクションの手続概要

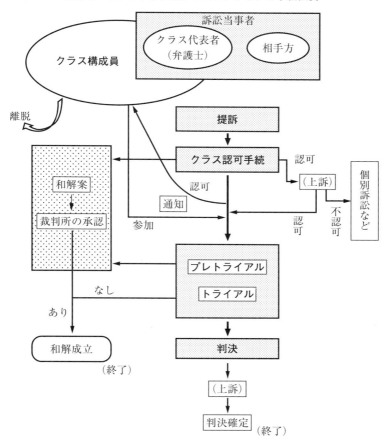

の形式によるものであり[213]、日本の民事訴訟法における訴訟行為の追完（同法97条1項）に通じる面があろう。

これに対し、米国全土の薬局の利益のために提起された医薬品関連のメーカ

---

212) United Airline, Inc v. MacDonald, 432 U.S. 385 (1977).
213) CF Sawyer, Class Actions and Statutes of Limitations, 48 U. Chi. L. Rev. 106, 116 (1981).

ー24社および卸売業者7社に対する反トラスト法違反によるオプトアウト型クラスアクションにおいて、訴訟参加しない構成員および除外申出をした構成員の上訴は認められないとした判決がある[214]。本判決は、構成員も訴訟の結果に拘束されるというクラスアクションの特徴を考慮することなく、異議を申し立てた自己に不利なサマリジャッジメントに拘束される現存の構成員についても、除外申出の権利を行使することですでに不服のある判決の拘束から免れた元構成員についても、クラスアクションの当事者ではないことを理由として、いずれの上訴適格をも否定した[215]。

3．クラスアクションに向けられた批判への対応策

　クラスアクションの弊害は、とりわけ、1966年以降においては、常に注目されてきたものの、大司法システムを擁するアメリカ合衆国においては、決して廃止の方向ではなく、裁判実務の運用や裁判例の累積から法改正に至る一連のプロセスを繰り返しながら、クラスアクション法制をブラッシュアップする方向へと舵を切ってきた。クラスアクションに対する確かな眼差しに支えられたこうした展開は、「クラスアクションは、善悪両翼にわたり途轍もない潜在力を秘めたユニークな創造物である」というある判事のことば[216]にもあらわれている。こうしたスタンスから、アメリカのクラスアクションは、問題を克服するごとに成長を遂げてきたのである[217]。さらに、大規模不法行為訴訟

---

214) *In re Brand Name Prescription Drugs Antitrust Litig* 115 F3d 456 (7th Cir 1997).
215) 　Morabito, Vince, *Class Members Who File Appeals — Effective Guardians of the Interests of the Class or Mere Spoilers?*, 32 (4) Civil Justice Quarterly, 445, 461 (2013)； *available at* <https://ssrn.com/abstract=2354077>.
216) 　Johnson v. General Motors Corporation, 598 F. 2d 432, 439 (5th Cir. 1797)(FAY, Circuit Judge, specially concurring).
217) 　アメリカにおけるクラスアクションの手続的改革の変遷を論じた文献は枚挙に暇がないが、マーカス・前掲注190) 228頁のほか、さしあたり以下を参照。Richard Marcus, *Bending in the Breeze： American Class Actions in the Twenty-First Century*, 65 DEPAUL L. REV., 497 (2016)： *available at* http://via.library.depaul.edu/law-review/vol65/iss2/9； *Marcus, supra note* 161, at 3.

（mass tort litigation）などでは手続の糾合による審理・判決の一本化というクラスアクションに本来期待される機能をクラスアクションの外に求める工夫もあり、上記のダイナミズムはクラスアクション内外においてみられる。

以下では、クラスアクション・レジームの近時の改正である「クラスアクション公正法」を、クラスアクションの外における試みとして「広域係属訴訟」を、それぞれ取り上げる。

a．クラスアクション公正法（CAFA）

2005年にCAFAが制定され、そのポイントは連邦管轄権の拡張と和解の規制であったことは前述したが（本節1．参照）、若干敷衍すると、まず、連邦管轄権に関しては、経済のグローバル化に伴い、全米規模のクラスが想定される事件が散見されるようになったところ、従来、そうした州籍相違事件の多くについて連邦裁判所の管轄が否定されたため[218]、その分、全米規模のクラスアクションが州裁判所に係属する結果を招いていた。そこで、CAFAは、最小州籍相違（minimum diversity）管轄を創設して、クラスアクションの連邦管轄権を拡張したのである。これにより、原告クラスの構成員のいずれか1名が被告のいずれかと異なる州籍を有しており（州籍相違要件の緩和）、クラス全体

---

218) 州籍相違事件について、連邦裁判所の管轄が認められるためには、① 代表原告・被告間には1組でも同じ州籍が存在しないという完全な州籍相違（complete diversity）があり、かつ、② クラス構成員各自の請求権が7万5,000ドル超であることを要するとされていたため、クラスアクションが威力を発揮する大量少額被害に管轄権が及ばない事態が生じていた。なお、1973年に合衆国裁判所は、構成員各自が管轄金額を満足させない限り、クラスアクションを維持できないとの判断を示していたが（Zahn v. International Paper Co., 414 U.S. 291 (1973))、1990年に連邦議会が「司法改善法（Judicial Improvement Act of 1990)」を制定して、連邦地方裁判所に付加的な管轄権を与えることを認めたことから（28 U.S.C. §1367 (a))、結局、クラス代表が管轄金額を満たせば、連邦裁判所の管轄が認められることになった。マーカス・前掲注190）253頁、楪博行「クラスアクション公正法（Class Action Fairness Act）の成立と大規模不法行為訴訟への影響」人間学研究7号（2006年）65-66頁。

の請求額の総計が500万ドル超であれば（事物管轄の拡大）、連邦裁判所の管轄権が認められることになった[219]。

つぎに、クーポン和解[220]が提案された場合におけるヒアリングの実施を要求したり[221]、弁護士報酬を制限するなどの特別ルールが設けられた。そのねらいは、代表原告の弁護士が自らの報酬のためだけにクラス構成員の利益を蔑ろにするような内容のクーポン和解の成立を防ぐことにある。弁護士報酬に関しては、算定の基礎をクーポンの額面ではなく、その換金価値、すなわち、クーポンが商品と引き換えられた際にクラス構成員が手にする価値に求めるべきものとされた[222]。

さらに、クーポン和解に限らず、クラスアクションの和解すべてについて、米国司法長官や被告企業の主要な監督官庁などの連邦・州のしかるべき監督機関に和解案を通知するものとし、通知後90日を経なければ和解案の最終承認（final approval）をすることができない[223]。さらに、通知のない場合、クラス構成員は和解の拘束力を否定することができるものとされた[224]。

上記のようなCAFAの規律によって、被害者が米国全土に散在し、しかも、各自の損害額がさまざまであるような大規模不法行為事件などにおいて連邦裁判所にクラスアクションを提起する途が開かれた。こうした州裁判所から連邦裁判所への移管に対しては、批判もないわけではなく、たとえば、州裁判所の専権領域への連邦裁判所の干渉を招く危険性、和解規制などで手続の重みの増したクラスアクションが輻輳する連邦裁判所の著しい負担増のおそれ、あるいは、CAFAが州裁判所から取り除こうとした問題は、結局、連邦裁判所におい

---

219) See 28 U.S.C. §1332 (d)(2).
220) 前掲注166）参照。
221) クーポン和解が構成員にとって公正、合理的、かつ、適正であるか否かを判断するためのヒアリングを行い、認定書を作成した後においてのみ、裁判所は当該和解を承認することができるものとされた。See 28 U.S.C. §1712 (e).
222) See 28 U.S.C. §1712 (a).
223) See 28 U.S.C. §1715.
224) See 28 U.S.C. §1715 (e).

て再燃しかねないなどの指摘がある[225]）。

b．広域係属訴訟（multidistrict litigation［MDL］）

「善悪両翼にわたり途轍もない潜在力を秘めた」クラスアクションは、「名馬に癖あり」とのアフォリズムよろしく、御者の手綱が引き締まるが如く、クラス認可、通知指示、そして、和解承認へと裁判所がその後見的介入を次第に強めつつあることは既述のとおりである。こうした動向は、クラスアクションの提訴を思いとどまらせるに十分なハードルとしても機能していることは、訴訟手続の糾合を準備段階に限定することでクラスアクションの実を取る広域係属訴訟（MDL）のプレゼンスの高まりを見ても明らかである[226]）。

MDL は、共通の事実問題（common questions of fact）を有する複数の訴訟が各地の連邦地方裁判所に提訴された場合に、これらを移送（transfer）によってプレトライアル手続を一本化して実施し、その終了後に移送元の各受訴裁判所に逆送（remand）して、個別訴訟として手続を続行するという工夫である[227]）。もっとも、移送先の受移送裁判所（transferee court）のプレトライアル

---

225) さらに、今後の CAFA 改正に際して、州裁判所から連邦裁判所への移管を認める規定を削除すべきとの立法論や、連邦議会は CAFA の企図した管轄政策を学術研究の視点から議論し、停止命令排除法（Anti-Injunction Act, 26 U.S.C. §7421）改正の要否を検討すべきとの提言もみられる。Stephen B. Burbank, *The Class Action Fairness Act of 2005 in Historical Context : A Preliminary View,* 156 U. PA. L. REV. 1439, 1543 (2007-2008).

226) 減少傾向にあるクラスアクションとは対照的に、MDL は急増してきており、連邦裁判所の民事事件の 3 分の 1 以上は MDL に関連する事件で埋め尽くされるという。*See* Andrew D. Bradt, A Radical Proposal : The Multidistrict Litigation Act of 1968, 165 U. Pa. L. Rev. 831 (2017). ちなみに、2016 年度の統計を眺めると、連邦地方裁判所の民事未済事件は、前年度比 6 ％増の 361,566 件であるが、その増加分の多くは抗凝固薬イグザレルト（リヴァーロキサバン）に関連した MDL であり、それは前年度比 163％増の 20,021 件であった。U.S. District Courts - Judicial Business 2016, Judicial Business of the United States Courts : 2016 Annual Reports of the Director ; *available at* <http://www.uscourts.gov/statistics-reports/us-district-courts-judicial-business-2016> (last visited Nov.15, 2017).

段階で、和解やサマリジャッジメントによって訴訟終結に至ることが大半であり、その場合にはますますクラスアクションに接近することになる。

　このようなMDLの手法は、1960年代初頭に電気機器業界で発生した反トラスト事件において本格的に用いられ[228]、1968年に立法化された[229]。その後、1990年代に入ると、全米の連邦地方裁判所を席捲したアスベスト事件[230]を一手に引き受けた受移送裁判官（transferee judge）の創意工夫によって、MDLは大規模不法行為事件などを包括的和解（global settlement）により解決する手法としても着目されるようになり、さまざまな領域の大規模民事紛争を解決する手段として確固たる地位を築くに至った[231]。

---

227) MDLに関する邦語文献として、浅香吉彦「広域係属訴訟―合衆国連邦裁判所におけるその移送・包括処理―(1)・(2・完)」法協103巻4号（1986年）749頁・103巻5号（1986年）944頁、浅香・前掲注158）48頁以下、浅香・前掲注159）215頁以下、楪博行「アメリカにおける大規模不法行為訴訟での広域係属訴訟手続：クラス・アクションから広域係属訴訟手続への移行」法政論叢51巻2号（2015年）177頁、佐藤政達「米国における集団訴訟運営の一側面―多管轄係属訴訟（広域係属訴訟）（Multidistrict Litigation）の実務と考えられる問題点―（上）（中）（下）」NBL963号（2011年）56頁・964号（2011年）55頁・965号（2011年）70頁など参照。

228) これは、36の連邦裁判管轄区にある各地方裁判所に1,912件の民事訴訟が提起され、請求件数は総計で25,714件に達した大規模な反トラスト事件であり、これを受けて合衆国最高裁判所首席裁判官アール・ウォーレンは連邦地方裁判所の「広域係属訴訟調整委員会（Co-Ordinating Committee on Multiple Litigation）」を組織し、大胆なケースマネジメントを行うことで、1967年3月までに手続を終了させた。See Bradt, supra note 226, at 24.

229) Multidistrict Litigation *Act,* 28 U.S.C. §1407 (1968).

230) *See* Amchem Prods., Inc. v. Windsor, 521 U.S. 591, 599 (1997).

231) MDLが用いられる訴訟類型としては、製造物責任訴訟および反トラスト訴訟が代表的であり（2016年度は前者が29.1％、後者が22.5％）、それに販売慣行をめぐる訴訟（同13.5％）、知的財産権訴訟（同4.5％）などと続く。*See* United States Judicial Panel on Multidistrict Litigation, Calendar Year Statistics 2016 ; *available at* <http://www.jpml.uscourts.gov/sites/jpml/files/JPML_Calendar_Year_Statistics-2016.pdf> (last visited Nov. 16, 2017).

MDLにおいて移送および逆送の許否は、広域係属訴訟司法委員会（The Judicial Panel on Multidistrict Litigation［JPML］)[232]によって判断される。1968年の創設以来、2016年の会計年度末に至るまで、JPMLがプレトライアル手続に向けて統合した民事訴訟事件数は593,711件にのぼり、そのうち、トライアルのために逆送された訴訟は計16,221件、受移送裁判管轄区（transferee districts）に配置換えさせられた訴訟は398件、受移送裁判所で終結した訴訟は440,174件、そして、受移送裁判所に係属中の訴訟は136,918件であった[233]。受移送裁判所および受移送裁判官の指定もJPMLによって行われる。

受移送裁判所は、移送された訴訟について一括したプレトライアル手続を行うが、そこではディスカヴァリなどのトライアルの準備はもちろん、和解やサマリジャッジメントといった訴訟の終結やクラスアクションの認可を行うことも可能である。さらには、「モデル訴訟」の発想に基づき、テストケースについてディスカヴァリ、トライアル、陪審の評決を先行させて、他の訴訟における和解促進を企図することもある[234]。また、和解の拘束力をできるだけ多くの原告に及ぼすために、和解の成立に一定割合以上の原告の同意を要求したり、複数の原告を代理する弁護士に対してそれら原告全員の同意を得ることを義務

---

[232] JPMLは、合衆国最高裁判所首席裁判官の指名する7名の連邦控訴裁判官・連邦地方裁判官によって構成される。その前身が前掲注228）の「広域係属訴訟調整委員会」であることはいうまでもない。JPMLのウエブサイト（http://www.jpml.uscourts.gov/）も参照。

[233] Judicial Panel on Multidistrict Litigation - Judicial Business 2016, Judicial Business of the United States Courts : 2016 Annual Reports of the Director ; *available at* <http://www.uscourts.gov/statistics-reports/judicial-panel-multidistrict-litigation-judicial-business-2016> (last visited Nov. 16, 2017).

[234] この「先行トライアル（bellwether trial）」につき、浅香・前掲注159）217頁および同頁注20）掲載の文献を参照。なお、英米の裁判運営で古くから行われてきたモデル訴訟と同様の発想に基づくピックアップ訴訟の工夫が日本で実施されたことにつき、小島武司『迅速な裁判―アメリカ民事訴訟法の研究―』（中央大学出版部、1987年）507頁、東孝行「公害訴訟の手続法上の諸問題」判タ271号（1972年）16頁など参照。

図 2-2 MDL の構造

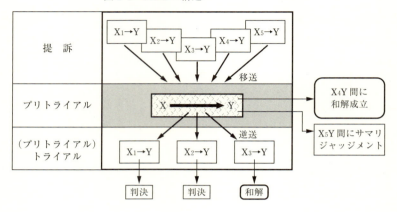

づけるなどの工夫もなされている。

　こうした MDL における積極的なケースマネジメントを求められる受移送裁判所では、合衆国治安判事（magistrate judge）や特別補助裁判官（special master）の活躍が期待される。各訴訟の弁護士らは、MDL においては委員会を組織して代表者を中心に活動することになり、そして、それは全原告のために行うことから、委員会により共益費（common fund）が積み立てられ、そこから弁護士への報酬が各寄与分に応じて支払われることがある。その場合には、各原告の負担する弁護士報酬はそれだけ減額されてしかるべきとの考えから、受移送裁判官は各弁護士の成功報酬に上限を設定することもあるという[235]。

　かくして、MDL は、散在する訴訟を包括的に解決し得る手法として、ますます期待を集め、「準クラスアクション（quasi-class action）」の異名をとるまでに至っている[236]。もっとも、その反面で、すでに眺めたような裁判所の監督権限強化を中心とするクラスアクション規制ほどの規律や運営がなされている

235）　浅香・前掲注 159）219 頁および同頁注 27）掲記のつぎの事件を参照。*In re Zyprexa Products Liability Litigation*, 424 F. Supp. 2d 488 (E.D.N.Y 2006).
236）　浅香・前掲注 158）50 頁。

とはいえないことから、たとえ各訴訟の原告らが自ら現実に提訴した者であるとしても、包括的和解を推し進めることにはデュー・プロセスの原則から問題視する向きもないわけではない[237]。

　c．小　　括
　いずれにせよ、経済のグローバル化による民事紛争の集団化、大規模化、そして、広域化がアメリカの大司法システムに突き付けた課題、すなわち、一方でデュー・プロセスの観点を堅持し、他方でグローバルな統一的・一挙的解決の要請に可能な限り応えるには、果たしていかにすべきかとの難題に対しては、連邦・州を見渡したクラスアクション手続における裁判所の後見的介入の強化、および、そうしたクラスアクション規制によるハードルを回避するためのMDLの積極的活用といったように、クラスアクション内外において創意あふれる手続的工夫がなされてきた。そうした歩みのなかに、アメリカの司法システムが一層頼りがいのある、よりアクセシブルなものへと大胆に進化を遂げていく契機の一端を垣間見ることができよう。
　こうしたアメリカの動向は、日本における集団紛争や大規模紛争などの解決手続として、既存の選定当事者訴訟手続や消費者裁判手続特例法[238]による被害回復手続などの諸問題を検討したり、新たな手続を模索したりする際の示唆に満ちており、今後も引き続き注視してゆく必要がある。

---

237) MDL違憲論につき、浅香・前掲注159) 219頁注29) 掲載の諸文献を参照。
238) 正式には「消費者の財産的被害の集団的な回復のための民事の裁判手続の特例に関する法律」（平成25年法律96号）という。被害回復手続は、二段階の構造をもち、第1段階の「共通義務確認訴訟」では、特定適格消費者団体が原告となり、事業者を被告として、相当多数の消費者に生じた財産的被害について被告に責任（共通義務）があるか否かを審理し、共通義務がある場合には、第2段階の「対象債権の確定手続」を開催し、個別の消費者との関係で被告が具体的な金銭の支払い義務を負うか否かを判断することになる。

V　アメリカの ADR

　アメリカの誇る大司法システムは、前節のクラスアクションやADR（Alternative Dispute Resolution［裁判外紛争解決］）がなければ、早晩、機能不全に陥るであろう。クラスアクションもADRも、ともに大司法システムが実効的に機能するだけの十分な数の事件を供給するアクセス・ルートとして不可欠の存在なのである。すなわち、クラスアクションとADRは、裁判所の内外で司法のアクセシビリティを高めることで、ともにアメリカの大司法システムを支えているということができる。

1．ADR 総論

　アメリカのADRについては、すでに数多くの紹介がなされており[239]、ここでは屋下に屋を架すことはせず、裁判所の内外においてADRがいかに司法アクセスを促進してアメリカの大司法システムを支えているのかについて、そのメカニズムの断片を描き出すにとどめる。

　ところで、アメリカのADRは、司法のアクセシビリティを向上させる機能を民事訴訟手続の内外において実に効果的に発揮している点できわめて特徴的である。すなわち、アメリカのADRは、一方で、手続管理、争点画定、和解促進、トライアル準備を目的とするプリトライアル・カンファレンス（pretrial conference）などの訴訟手続のスタンダードな流れのなかに組み込まれ（訴訟付属型ADR［court-annexed ADR］と呼ばれる）[240]、手続選択の幅を広げるこ

---

239)　たとえば、三木浩一「アメリカ合衆国連邦地裁における訴訟付属型ADR」石川明＝三上威彦『比較 裁判外紛争解決制度』（慶應義塾大学出版会、1997年）73頁以下、E・シャーマン著〔大村雅彦 編訳〕『ADRと民事訴訟』（中央大学出版部、1997年）1-26頁〔大村雅彦＝清水宏 共訳〕、小島武司『ADR・仲裁法教室』（有斐閣、2001年）［以下、小島・教室］30-45頁など。

240)　三木・上掲74頁。

とで民事訴訟の豊饒な魅力の源泉となり、他方で、訴訟手続とは別個の民間サーヴィスとして発展し、競争原理によって民事訴訟の紛争解決サーヴィス向上のモメントとなり、その結果として司法アクセスのさらなる向上に寄与するのである[241]。そのほか、紛争解決において当事者の主体性・自律性を尊重するというカルチャーは、ADRにおける対話促進、変容、ナラティヴなどのパーソンセンタードなアプローチにみられるのは当然として、訴訟においてもアドヴァサリ・システムの採用やデュー・プロセスの要請として顕現しており、そうした点にもアメリカにおいてADRが訴訟手続の内外において司法アクセスの拡充をシステマティックに推進し得る基盤を見出すことができる。

　1970年代頃の連邦裁判所において、仲裁（arbitration）、調停（mediation）、ミーダブ（med-arb）、早期中立評価（early neutral evaluation）、和解週間（settlement week）、事件評価（case valuation）、そして、略式陪審審理（summary jury trials）などのADR手続がすでに取り入れられていた[242]。その後、1990年代後半になって連邦政府は、調停、早期中立評価、ミニトライアル、任意的仲裁（voluntary arbitration）などのADR手続を通じて、当事者の満足度を向上させ、紛争解決における新機軸や効率性を提供し、裁判所の取扱件数を減少させるというADRの可能性に関する連邦議会の判断に基づいて、連邦裁判所システムにおいてADRを積極的に活用しようとする政策を打ち出した[243]。そして、1998年に制定されたADR法[244]は、すべての連邦地方裁判

---

241) かようなADRの「プライヴァティゼーション（privatization）」ないし私設裁判所としての側面について、マーク・ギャランタ＝ジョン・ランデ〔宮野洋一 訳〕「米国における私設裁判所とパブリック・オーソリティ」小島武司ほか編『アメリカの大司法システム（上）』（中央大学出版部、1992年）195頁以下を参照。

242) 1976年のフランク・サンダー教授による「マルチドアの裁判所（multi-door courthouse）」構想につき、山本和彦＝山田文『ADR仲裁法〔第2版〕』（日本評論社、2015年）35頁〔山田〕など参照。See also G. Kessler & L. J. Finkelstein, The Evolution of a Multi-Door Courthouse, 37 CATH. U. L. REV. 577 (1987).

243) Public Law 105-315 § 2, Oct. 30, 1998; available at <http://www.adr.gov/ADR%20ACT%201998.pdf> (last visited Dec. 3, 2017).

244) Alternative Dispute Resolution Act of 1998, 28 U.S.C. § 651.

所に対して、民事訴訟法における ADR の利用を正当化するよう要請した。さらに、そこでは、中立第三者の手続関与を内容とする適正な ADR 手続の例として、早期中立評価、調停、ミニトライアル、および、仲裁が挙げられた[245]。これにより、調停と仲裁は、裁判所において最も利用される ADR 手続となったのである。

そこで、以下では、仲裁および調停について一瞥したうえ、近時広がりを見せつつあるコラボレーティヴ・ロー（collaborative law）についても言及したい。

2．仲　　裁

a．アメリカにおける仲裁法制

仲裁は、アメリカ合衆国の建国以前から認められてきた ADR であるが[246]、1888 年の仲裁法（Arbitration Act of 1888）が労使紛争について自主的な仲裁を可能にする最初の連邦法であった。連邦議会は、鉄道会社に打撃を与えた労働争議を仲裁によって解決することを意図していたが、同法の規定する仲裁は任意的であり、労働争議の解決に仲裁が利用されることは稀であった[247]。そのため、連邦議会は、1898 年にエルドマン法（Erdman Act of 1898）を制定し、労使紛争解決のために調停および仲裁の利用を奨励した。これにより、仲裁は、労働やその他の法的紛争を解決するための一般的な手法となったものの、期待されたほどの利用には至らなかった[248]。そこで、連邦議会は、1925 年に連邦仲裁法（Federal Arbitration Act［以下、FAA と略記する］）を制定し、仲裁の一層の利用を支援する進歩的な連邦政策を打ち立てた[249]。当時、司法の弱体化

245）　28 USC § 651 (a)(b).
246）　*See* Steven A. Certilman, *Throw Down the Muskets, Seek Out the Town Elders : This Is a Brief History of Arbitration in the United States,* 3 N.Y. DISP. RESOL. LAW. 10, 10 (2010).
247）　*See* Dennis R. Nolan & Roger I. Abrams, *American Labor Arbitration : The Early Years,* 35 U. FLA. L. REV. 373, 382-383 (1983).
248）　*See* id. at 383.

を招くとして仲裁を敵対視していた裁判所によって仲裁合意が無効と判断されないよう、連邦議会はFAAを制定し、仲裁合意を他の契約と何ら変わらないとしたのである。さらに、訴訟費用の負担や訴訟遅延に対する社会の関心も、連邦議会が仲裁の利用を奨励する一助となった[250]。

その翌年の1926年には民間組織としてアメリカ仲裁協会（American Arbitration Association［以下、AAAと略記する］）が設立され、1955年には、州法の統一を目指す統一州法委員全国会議（National Conference of Commissioners on Uniform State Laws［以下、NCCUSLと略記する］）によって、統一仲裁法（Uniform Arbitration Act［以下、UAAと略記する］）が制定された[251]。さらに、2016年にはNCCUSLにより、子をめぐる問題などの家族法上の紛争を対象とする統一家族法仲裁法（Uniform Family Law Arbitration Act［以下、UFLAAと略記する］）が制定されている[252]。

このように19世紀半ば頃までに仲裁重視の傾向がアメリカ全体に行きわたったのは、裁判所における訴訟と同じ裁断型の対審手続（adversarial proceeding）であるにもかかわらず、訴訟よりも柔軟でインフォーマルであるために、迅速かつ費用対効果が高いことと無関係ではない。紛争における判断権者（decision-maker）を当事者自身が選任し得ることも仲裁の魅力の一つである。「伝統的な仲裁概念の中核には、紛争当事者が第三者に対して紛争解決の決定権を付与するということがある」のである[253]。

---

249) *See* 9 U.S.C. §§1–16 (2012).
250) *See* Daniel R. Strader, *Bridging the Gap : Amending the Federal Arbitration Act to Allow Discovery of Nonparties,* 41 STETSON L. REV. 909, 914 (2012).
251) 小島武司『仲裁・苦情処理の比較法的研究—正義の総合システムを目ざして—』（中央大学出版部、1985年）77-84頁など。
252) UFLAAの作成経緯、概要、条文邦語訳については、原田圭子「アメリカの統一家族法仲裁法」外国の立法273号（2017年）3-21頁を参照。
253) Evanston Insurance Co. v. Cogswell Properties, LLC, 683 F. 3d 684, 693 (6th Cir. 2012).

b．消費者紛争と仲裁

　21世紀に入ると、言いがかりのような消費者紛争についてまで、クラスアクションなどによる莫大な訴訟対策費に悩まされていた企業は、陪審審理のリスクへの懸念も後押しして、訴訟ではなく仲裁によって消費者紛争を解決する法的義務を消費者に負わせる途を模索し始め、当事者間の私的な契約に起因する仲裁のプライヴァティゼーションという特徴を利用して、消費者契約のなかに仲裁によって解決すべき特定の紛争を掲記する複雑な条項を忍ばせるようになった。そうした仲裁約款の挿入は、かつてはアメリカン・エキスプレスやFirst USA などの一部の企業に限られていたが、その後、Amazon、Groupon、Netflix、Verizon、Wells Fargo などの企業においても仲裁約款を置くことが一般的となり、現在では何億もの消費者契約のなかに仲裁条項が含まれているという[254]。

　これに対しては、仲裁約款の存在を認識していない消費者も多く、たとえ認識していたとしても、仲裁人に対する企業の不当な影響力によって企業に有利な仲裁判断がなされやすいことへの懸念を抱く者は稀であり、そのうえ、仲裁約款を排除する選択肢は消費者には事実上認められない「強制（された）仲裁合意（forced arbitration agreement）」[255]であるとして、批判的な見解も少なくない[256]。

---

[254]　*See, e. g.,* Mandy Walker, *The Arbitration Clauses Hidden in Many Consumer Contracts,* CONSUMER REP., http://www.consumerreports.org/cro/shopping/the-arbitration-clause-hidden-in-manyconsumer-contracts [https://perma.cc/WA5X-3PRZ]; *Amazon Conditions of Use,* AMAZON (June 21, 2016), http://www.amazon.com/gp/help/customer/display.html/?nodeId=508088[https://perma.cc/Y86J-U84Y].

[255]　これは、訴訟付属型仲裁における「強制仲裁（mandatory arbitration）」とは異なる。ちなみに、強制仲裁の場合、仲裁判断の効力は非拘束的（non-binding）であり、仲裁判断に不服のある当事者は、裁判所に対して正式裁判を申し立てることができる。小島・教室31-33頁など参照。

[256]　たとえば、映画やテレビ番組をオンラインでストリーミング配信するNetflix に加入しようとする者は、加入時に仲裁約款を含む利用規約に同意する必要があり、「同意する」をクリックすると、その者が現に仲裁約款を読んで理解したか否かに

そこで、各州は、かような強制された消費者仲裁合意の不公正を是正するために、「非良心性の法理（legal theory of unconscionability）」に基づき、それらを無効とし始めた[257]。その際の基準は、州によって異なる面はあるものの、「非良心性は、手続的には『不均衡な交渉力による抑圧または不意打ち』に、実体的には『あまりにも厳格で偏った結果』にそれぞれフォーカスする」というカリフォルニア州の表現が端的であり、これが広く受容されている[258]。

さらに、定型約款による契約をめぐる紛争は、企業と多数の消費者が対立する構図によって描かれるのが通常であり、クラスアクションが想定される典型的な場面であることから、企業側は、手続の一本化を許さず、個別の処理のみを可能とする糾合禁止条項（anti-aggregation provision；class action waiver）を仲裁条項に付随して定めることがあり、その場合にはクラスアクションのみならず、それに相当するクラス仲裁（class arbitration）も放棄される。こうしたクラス仲裁を排除する強制仲裁合意について、2008年にカリフォルニア州最高裁判所は、非良心性の法理を用いて当該合意を無効とした[259]。強制仲裁合意を実体的に非良心的であったとした理由について、判旨によると、消費者に個別仲裁による企業責任追及のインセンティヴが認められなくても、クラス仲裁によってはそれが認められる場合に、消費者にクラス仲裁を放棄させることは、不正行為に関して企業の責任回避を許すことに他ならないからであるという。この Laster 事件判決は、州裁判所が強制仲裁合意を無効とするための非良心性の法理の適用の仕方を示した代表的なものであり[260]、このカリフォルニ

　　　かかわらず、仲裁合意が成立してその者を拘束することになるという。*See, e. g., Netflix Terms of Use,* NETFLIX (Sept. 15, 2014), https://www.netflix.com/TermsOfUse [https://perma.cc/NEP8-U4YS].

257）　*See* Laster v. T-Mobile USA, Inc., No. 05 cv1167, 2008 WL 5216255, at *14 (S.D. Cal. Aug. 11, 2008).

258）　*See id.*；Cordova v. World Fin. Corp. of N.M., 208 P.3d 901, 908 (N.M. 2009).

259）　*See* Laster v. T-Mobile USA, Inc., No. 05cv1167 DMS (AJB), 2008 WL 5216255, at *14 (S.D. Cal. Aug. 11, 2008).

260）　*See id.* at *9, *14.

ア州の判例法は「ディスカヴァー・バンク」ルール（"Discover Bank" rule）として知られている。

　他方で、企業は、連邦裁判所に、仲裁手続における州の妨害を終わらせるように訴え始めた。具体的には、企業は、FAAが優先されるために、州裁判所が強制仲裁条項を非良心的だと判断することは許されないという決定を連邦裁判所に対して要望するようになった。

　そうした強制仲裁条項をめぐる州と企業とのせめぎあいは、無料といわれて消費税を課せられた携帯電話の購入者らが業者を相手にクラスアクションを提起したAT&T事件において、2011年に合衆国最高裁判所が企業側に軍配を上げてからは[261]、新たな段階に至っている。すなわち、議論は落ち着きを見せるどころか、その波紋は広がるばかりで、最高裁判決に対する批判はもちろん[262]、学者によるFAA改正に向けた立法的提言がなされたり[263]、さらには、仲裁合意の履行強制を禁止し、現に紛争が生じた時点で仲裁か訴訟かの選択を

---

261)　See AT & T Mobility LLC v. Concepcion, 563 U.S. 333, 352 (2011). 合衆国最高裁判所の判事9名の意見は5：4に分かれ、僅差ながらも多数意見は、仲裁合意を支持する連邦政府の政策などを反映したFAA2条により、カリフォルニア州の「ディスカヴァー・バンク」ルールは排除（専占［preemption］）され、クラスアクション放棄を含むAT&Tの仲裁条項は有効（valid）かつ実現可能（enforceable）であるとした。See also Am. Express Co. v. Italian Colors Rest., 133 S. Ct. 2304, 2312 (2013).

262)　Jeremy McManus, *A Motion to Compel Changes to Federal Arbitration Law : How to Remedy the Abuses Consumers Face When Arbitrating Disputes,* 37 B.C.J.L. & Soc. Just. 177, 199-205 (2017) ; available at <http://lawdigitalcommons.bc.edu/jlsj/vol37/iss1/6> (last visited Dec.7, 2017).

263)　FAA改正案の内容としては、たとえば、①国内仲裁と国際仲裁の相違および各別の仲裁制度として発展する必要性に基づく提案として、国際仲裁のための別個の枠組み、②仲裁における消費者の立場を対等にするための提案として、事前のクラス仲裁の放棄に関する無効の推定、③仲裁における矛盾の解消、および、仲裁人が仲裁判断の際に関連証拠のすべてを検討するという方針の推進を目的とした提案として、非当事者に対するディスカヴァリの事前審理に関する規則の見直しがある。See e. g. Id. at 206 ; William W. Park, *Report : Amending the Federal Arbitration Act,* 13 Am. Rev. Int'l Arb. 75, 77-78 (2002).

消費者に認める仲裁公正法（Arbitration Fairness Act）の法案が一部議員により何度も連邦議会に提出されるなどしている[264]。

　c．雇用紛争と仲裁

　個別仲裁以外の選択肢を事前に排除するプログラミングを仲裁約款によって行うという動きは、上記消費者契約の場合のみならず、フランチャイズ契約など定型約款を用いる様々な局面において想定され得るが、ここではもう一つの代表例である雇用契約の場面を眺めてみよう。

　アメリカでは、雇用契約の締結に際し、労働者は、予め雇用契約に起因するすべての紛争を仲裁で解決する旨が記載された仲裁合意書に署名するよう求められるのが通常である[265]。この雇用仲裁（employment arbitration）[266]に関しては、事実上の提訴権放棄の強制に対する不満、仲裁人選任や仲裁判断における中立性に対する不信など、消費者紛争と同様の問題が指摘されている[267]。

　いずれも企業と消費者、使用者と労働者の実質的平等のあり方を問う問題であり、日本と異なり、アメリカでは契約は拘束を正当化するとの形式的合意論が根強いことも議論を困難にしていようが、司法アクセスの側面から眺める

---

264) 仲裁公正法案は、これまで、2011年5月12日、2013年5月7日、2015年4月29日、そして、2017年3月7日に議会に提出されてきた。同法は、FAAの適用範囲を明確にすることで、その本来の立法趣旨を回復することを目的とし、そのために、雇用紛争、消費者紛争、反トラスト法違反事件、または、公民権紛争の紛争発生以前になされた、それらを仲裁で解決しようとする合意を無効とする1章を新たに付け加えようとするものである。See S. 537 : Arbitration Fairness Act of 2017, https://www.govtrack.us/congress/bills/115/s537 (last visited Dec.8, 2017).

265) See Circuit City Stores, Inc. v. Adams, 532 U.S. 105, (2001) ; cf. Gilmer v. Interstate/Johnson Lane Corp., 500 U.S. 20 (1991).

266) 雇用仲裁は、たとえ当事者が多数であっても、あくまで個別労働紛争の解決方法である点で、労働組合と使用者との間で集団労働紛争の解決方法である労働仲裁（labor arbitration）とは異なる。

267) 荒木尚志「労働法政策を比較法的視点から考える重要性」日本労働研究雑誌659号（2015年）98頁・99頁。

と、普遍的な司法アクセスの均衡化（equilibration）[268]をいかにデザインするかというきわめて現代的な課題でもある。立法の動向を含め、アメリカ大司法システムの今後の展開が注目される。

3．調　　停

a．アメリカにおける調停の台頭

調停は、中立第三者が紛争当事者間の対話・交渉を促進することで、当事者が自主的に合意に到達することを企図した任意的な紛争解決手続である。よりフォーマルな法的手続や仲裁に比べて、調停は低コストであることから、現在のアメリカにおいて最も普及した紛争解決の一形態であるとされている[269]。さらに、中立第三者の意思決定権に寄りかかることを潔しとしない強固な主体性によってアメリカにおける調停のニーズは増大し続けており、民事訴訟に代わる紛争解決方法としてのプレゼンスは、仲裁から調停に移行しつつあるともいわれている[270]。

b．裁判所の内外における調停へのアクセス

そうした調停ニーズの高まりを受けて、連邦議会は、連邦裁判所に対してADRプログラムに調停を含めるよう要請し、1990年代には、調停は連邦地方裁判所システムを席巻するADRとしての地位を確立した[271]。

---

268) 小島武司「正義へのアクセス、その新たな波」司法アクセス学会編集委員会編『司法アクセスの理念と現状―法律扶助の理念・弁護士倫理・司法制度改革―』（三和書籍、2012年）13頁参照。

269) Mediation Act Summary, Uniform Law Commission, The National Conference of Commissioners on Uniform State Laws ; *available at* <http://www.uniformlaws.org/ActSummary.aspx?title=Mediation%20Act> (last visited Dec. 1, 2017).

270) Thomas J. Stipanowich, *Arbitration : The "New Litigation",* 2010 UNIVERSITY OF ILLINOIS L. REV. 1, 50. (2010). Retrieved April 7, 2016, from http://www.illinoislawreview.org/wp-content/ilrcontent/articles/2010/1/Stipanowich.pdf_(last visited Dec.4, 2017).

271) Plapinger, E. & Stienstra, D., *ADR and Settlement in the Federal District Courts : A*

そのため、紛争当事者からすると、裁判所その他の機関、または、コミュニティグループの紹介を通じて調停サーヴィスへアクセスすることもできるし、また、自ら進んで裁判所のスタッフ、独立の民間実務家、または、民間ADRプロバイダー組織に所属する実務家を調停人に依頼して調停サーヴィスを享受することもできる。

「コミュニティ調停センター」は、「コミュニティ調停プログラム」としても知られているが、これは紛争解決サーヴィスをすべての人に利用可能にすることによって司法アクセスを拡充するようデザインされたサーヴィス提供モデルである点で、利用者が訴訟当事者などに限られる訴訟接続型調停（court-connected mediation）[272]とは区別される。コミュニティ調停センターは、非営利団体または政府機関として、一般公衆に対して、その資力いかんにかかわらず、無料または手頃な価格で調停サーヴィスを提供する[273]。

このように、コミュニティ調停センターは、裁判所とともに、紛争解決サーヴィスを市民に利用可能なものとするのに貢献している。もっとも、裁判所がコミュニティ調停センターの紹介機関となっている場合も少なくなく、現に、2000年までになされた「全国コミュニティ調停協会（National Association for Community Mediation［以下、NAFCMと略記する］）」に属するコミュニティ調停センターの約半数に対する紹介の半分以上は、裁判所によるものであった[274]。

---

sourcebook for judges & lawyers. Federal Judicial Center & CPR Institute for Dispute Resolution (1996). Retrieved April 18, 2016, from http://www.fjc.gov/public/pdf.nsf/lookup/adrsrcbk.pdf/$File/adrsrcbk.pdf

272) See Olivia Rundle, *The purpose of court-connected mediation from the legal perspective,* 10 ADR Bulletin, 28, (2007) ; available at <http://epublications.bond.edu.au/cgi/viewcontent.cgi?article=1420&context=adr> (last visited Dec.4, 2017).

273) J. Wilkinson, (August 2001). *A study of Virginia and ten states : Final report and recommendations.* For the Virginia Association for Community Conflict Resolution (VACCR) by Institute for Environmental Negotiation, University of Virginia.

274) Kaila Obstfeld Eisenkraft, Access to Justice in the United States with Massachusetts Examples : An Introduction, 2016 Access to Justice, 1, 22 (2016) ; *available at* <http://

c．統一調停法—調停における秘密保持—

　調停は、さまざまな状況で利用が可能であり、各州法は、そうした状況ごとに特有の規則を適用することで増加し続ける調停事件に対処していたが、しかし、調停が盛況であるために、2500 以上の異なる州法が調停手続に影響を持ち、いくつかの問題が引き起こされた。たとえば、調停の当事者は、とりわけ、州籍相違の場合に、どの法律が適用されるのかについて確信を持つことができない。そのため、手続の秘匿性や守秘義務の有無をめぐってことのほか厄介な問題を生じる。

　そこで、こうした調停手続の秘匿性に関する懸念に対処するべく、統一州法委員全国会議（NCCUSL）は、2001 年に統一調停法（Uniform Mediation Act［以下、UMA と略記する］）を公布した。これは、NCCUSL とアメリカ法律家協会（American Bar Association）が共同で起草したものであり、ほとんど全ての調停に適用される一般法として立法された[275]。その後、同法は 12 州で採択され、2016 年にはニューヨーク州とマサチューセッツ州の州議会に提出された[276]。

　UMA の主要部分は、「調停でのやり取り（mediation communications）」の秘密保持に関する規定である。調停が成功して自発的な解決に至るためには、調停の当事者も、当事者ではない手続関与者も、可能なかぎり率直に話すことが求められるために、調停でのやり取りに秘匿特権を認める必要性が認められ

---

　　　scholarworks.umb.edu/cgi/viewcontent.cgi?article=1016&context=mopc_pubs>（last visited Dec. 4, 2017).
275)　例外的に UMA の適用が排除されるのは、団体交渉（collective bargaining）、学校における生徒間の相互評価（peer review）、囚人の調停（prison inmate mediation）のほか、紛争において裁定する権限のある司法官または裁判所などの公的機関との調停でのやり取り（mediation communications）を開示することが裁判所規則により許されている場合である。See Mediation Act Summary, *supra note* 269.
276)　James R. Coben, *My Change of Mind on the Uniform Mediation Act*, Dispute Resolution Magazine, Winter 2017, at 6-7；*available at* <https://www.americanbar.org/content/dam/aba/publications/dispute_resolution_magazine/winter2017/2_my_change_of_mind_coben.authcheckdam.pdf>（last visited Dec.5, 2017).

るからである。調停でのやり取りは、その後の訴訟手続において、ディスカヴァリの対象となることも、証拠として採用されることもないとされている。すなわち、調停後の手続において、調停の当事者であった者は、調停でのやり取りについての開示を拒否し、その他の関係者にも不開示を要求することができる。調停人であった者および当事者でない手続関与者は、調停手続中の自己の発言についての開示を拒否し、当事者であった者にも不開示を要求することができる。したがって、その後のヒアリングにおいて調停でのやり取りを開示するには、その発言者自身の同意と調停当事者の同意がなければならない。

　ただし、これには例外がある。まず、秘匿特権の対象となるのは調停でのやり取りのみであり、紛争の前提となる事実には及ばない。仮にそうした事実についても秘匿特権が認められるとすれば、それが調停で用いられたとの理由で証拠能力（admissibility）を否定されたり、ディスカヴァリを免れたりということになってしまう。つぎに、訴訟手続において調停でのやり取りを開示した当事者は、開示された者が回答するのに必要な範囲で秘匿特権の主張が許されなくなる。さらに、犯罪の計画、実行、または、隠匿を意図して調停を悪用する者も、秘匿特権を主張することができない。

　そのほか、① 調停でのやり取りが、一般に公開されているセッションで行われた場合、② 傷害の脅威が含まれる場合、③ 訴訟手続における虐待、育児放棄、遺棄または搾取の証明に必要とされる場合、④ 調停手続での行動について調停人や当事者等に対する苦情申立ての証明になり得る場合については、その開示要求に対して秘匿特権を主張することはできない。重罪に関する手続や調停から生じた契約の責任回避の抗弁を立証する手続において、機密保持の利益より情報の必要性が上回るものと裁判所、行政機関または仲裁委員会が判断した場合にも、秘匿特権は認められない。

　UMA は、幅広い適用を目指して立法されたものの、同時に当事者の自治を尊重することを目的とする。UMA の下での調停手続が開始されるのは、当事者間の合意による場合、制定法や政府機関の要求による場合、または、仲裁の一環をなす場合であるが、UMA は上記の守秘義務および秘匿特権に関する規

則の適用を受けないという当事者の選択を許している。また、UMAは、調停人の資格その他職業上の基準を規定しておらず、その点は当事者の選択に委ねられている。UMAは、司法官以外の調停人が調停の対象である紛争を裁定する裁判所その他の機関に報告、評価、査定、調査結果その他のやり取りを提出することを禁止する。UMAには、調停人に対して調停開始前に（または、ディスカヴァリ後、可及的に速やかに）利害対立を開示するよう求めるモデル条項も含まれている。

UMAは、迅速・経済かつ円満な紛争解決を推進し、当事者の意思決定権を確保し、そして、守秘義務についての予測可能性を高めることで、当事者が率直に振る舞うことができるように企図するが、これによりADRの到達目標はさらに推し進められよう[277]。

4．アメリカのコラボレーティヴ・ロー

a．コラボレーティヴ・ローとは

ミネソタ州の弁護士グループが1990年に考案したコラボレーティヴ・ロー（Collaborative Law［以下、CLと略記する］）と呼ばれる協調的な紛争解決方法は、離婚紛争の領域を中心に、米国各州に根付きつつある[278]。

CLは、係争中の問題を法廷の場から「トラブルシューティングおよび問題解決」の手法を用いた和解プロセスに移すことによって、紛争を解決する新たな方法である。当事者間の対話により紛争解決を目指す点では調停と類似するものの、両当事者は調停人のような中立第三者を介することなく、直接に協調的対話を繰り広げる点で調停とは異なる。

CLの一環として、両当事者は、そうした協調的対話を支援する代理人弁護士を各自で委任することになる。そうしたCL手続は、当事者全員の同席の下で行われ、情報は全員に開示されるものとし、弁護士は相手方との交渉もクラ

---

277) *See* Mediation Act Summary, *supra* note 269.
278) たとえば、テキサス州では、2011年の家族法改正によって、CLの立法化が行われた（Texas Family Code, Title 1-A. Ch. 15）。

イアントである当事者の面前で行わなければならない。専門家（たとえば、不動産鑑定士、育児コンサルタント、会計士など）の意見や助言が必要な場合には、両当事者から依頼を受けた者として CL 手続に参加する。

　CL 手続は、裁判所に頼らない、合意に基づく紛争解決を目指した当事者およびその弁護士がベストを尽くし誠実に行動するよう書面で合意することにより開始される。その際に当事者が署名する契約には、① 関係文書の開示（disclosure of documents）、② 敬意（respect）、③ こどもの保護（insulating children）、④ 専門家の共有（sharing experts）、⑤ ウィン・ウィンの解決（win-win solutions）、⑥ 提訴禁止（no court）に関する条項が含まれる。この手続選択の合意に関して、弁護士も当事者であることが求められるとともに、CL 手続で和解が成立しなければ、弁護士は代理人を辞する旨が定められる。

　なお、CL 手続を途中で終わらせることも当事者の自由であるが、当事者または弁護士のいずれかが裁判所に訴えることは許されず、仮にそのような事態が生じたときは、CL 手続は終了し、双方の弁護士は当該事件にそれ以上関与する資格を失うことになる[279]。

b．CL 法制──統一 CL 法と各州の立法動向

　統一法委員会（Uniform Law Commission［以下、ULC と略記する］）は 2 年間の草案作成過程を経て、2009 年に統一 CL 法（Uniform Collaborative Law Act［以下、UCLA と略記する］）を全会一致で採択した。その立法目的は、「当事者のためのより均一でアクセス可能な紛争解決オプションを創設することによって、CL の持続的な展開と成長を支援すること」にあるという。翌 2010 年に、ULC は、UCLA を反映した統一 LC 規則（Uniform Collaborative Law Rules［以下、UCLR と略記する］）を採択して、各州に対し法律の制定か裁判所規則の採択、または、それらの両者を実施するといった選択肢を付与するとともに、その適用範囲を家族法上の問題に限定するか、あるいは、そうし

---

279)　Maury Beaulier, What is Collaborative Law?, Mediate. com ; *available at* <https://www.mediate.com/articles/beaulier1.cfm> (last visited Dec. 9, 2017).

表 2-8 　 CL 州法

[A] 民事事件全般	ハワイ州、モンタナ州、ワシントン州、ノースダコタ州、ユタ州
[B] 家事事件	ミシガン州、ニューメキシコ州、ニュージャージー州、テキサス州、オハイオ州、ネバダ州、フロリダ州、アリゾナ州、コロンビア特別区（ワシントン D.C.）、メリーランド州
[C] 家事事件・遺言事件	アラバマ州

　＊　2017 年時点において、マサチューセッツ州およびイリノイ州では法案が審議中であり、ペンシルヴァニア州では、家事事件、それに関連する商事事件、そして、遺言事件に限定される法案を州議会に提出される見込みであるという。さらに、テキサス州では、適用範囲の制限を取り払おうとする動きがみられる[280]。

た制限を設けないかの選択を各州に委ねることとした。これを受けて、州法の制定に至った州をその適用範囲ごとに分類したのが、【表 2-8】である。

　CL が家事事件の殻を破り、民事紛争一般の解決方法として実務に定着するか否かは、これからの課題である。この点、CL は、企業間紛争の解決を基盤として、いずれはより広範に普及していくであろうとの予測に基づいて、今後 10 年から 20 年の間に、ビジネス紛争に CL サーヴィスを提供することを専門とするブティック型企業の成長が見込まれるとの未来予想が示される一方で[281]、それは絵空事にすぎないとの冷ややかな見方もみられる[282]。

　今後、いかなる ADR 手法が成長・発展するかは予断を許さないが、これまで常に新たな代替手段を追い求め、アメリカの大司法システムを支えてきたダイナミズム自体は、今後も変わることはないであろう。

---

280) Lawrence R. Maxwell, Jr. & Melanie Merkle Atha, Uniform Collaborative Law Act-Spring 2017 Update ; *available at* <https://www.americanbar.org/content/dam/aba/administrative/dispute_resolution/newsletter/july2017/ucla_update_maxwell_and_atha.authcheckdam.pdf> (last visited Dec. 10, 2017).
281) Will Pryor, *Alternative Dispute Resolution*, 3 SMU ANN. TEX. SURV. 3, 13 (2017).
282) Anna Sapountsis, *Challenges of Collaborative Practice and the Commercial Context*, COLLABORATIVE LAW, 1 (2013).

5．まとめに代えて─ロースクール教育、ADR、そして、司法アクセス

　そうしたアメリカにおけるADRの成長・発展がさまざまな要因によって促進されることは論を俟たないが、それらのうち、法律学以外にも交渉理論や心理カウンセリングなどの多様な専門領域が重なり合う学際的研究およびその成果を実務に反映させるロースクール教育の重要性を最後に指摘しておきたい。

　半世紀前のアメリカでは、ADRコースを設置するロースクールはほぼ皆無であったが、現在では、ほとんどのロースクールにおいて交渉、調停、仲裁などのコースが開講されている。これらは、ロースクールのカリキュラムにおいて、伝統的な法律学のコースには属さない「実技（practice skills）」科目として、学生に一定時間の履修を課している。こうした紛争解決に関するロースクール教育のリノヴェーションは、紛争解決こそが法律家の日常業務であるという認識を反映したものである。そのような重点の置き方は当然であって、法を学ぶ者であれば、交渉スキルのトレーニングおよび実践によって日々の法律業務に有用な何ものかを手にするであろうといわれている[283]。

　こうしたアメリカのロースクール教育は、学際的なアプローチとともに、座学による専門分化の弊を取り除き、さまざまな分野の成果を取り込みながら紛争解決の新手法を生み出す人的および制度的基盤の形成に寄与し、そして、アメリカの大司法システムへのアクセスを実効化し続けてきたのであり、これからもまたそうあり続けるであろう。

---

[283] *Pryor, supra* note 281, at 3.

第 3 章

カナダにおける司法アクセス

猪 股 孝 史
小 林 　 学

I　司法アクセスの理念・政策／II　インフラストラクチャとしての司法制度／III　司法コスト（Legal costs）の基本ルール／IV　経済的アクセス障害克服の工夫／V　クラスアクション

I　司法アクセスの理念・政策

1．司法アクセスについての憲法的保障

a．カナダの憲法

カナダ憲法は、カナダの最高法規であり、その成文法の部分は、複数の憲法法（Constitution Act）から成る[1]。憲法法とは、憲法という名称をもつ法律で、そのうち重要なのは、1867 年憲法法と 1982 年憲法法である[2]。1867 年憲法法

---

[1] カナダ法一般については、さしあたり、以下の文献を参照。新潟大学法学部日加比較法政研究会編『カナダの現代法』（1991 年　御茶の水書房）、森島昭夫＝ケネス・M・リシック編『カナダ法概説』（1984 年　有斐閣）、桑原昌宏編集代表『現代カナダの社会と法』国際研究センター地域研究叢書第 1 巻（2001 年　愛知学院大学国際研究センター）〔非売品〕、松井茂記『カナダの憲法　多文化主義の国のかたち』（2012 年　岩波書店）、斎藤憲司（政治議会調査室）『カナダ憲法』（2012 年　国立国会図書館調査及び立法考査局）。なお、松井・同前には、カナダ憲法の歴史など、各章ごとに参考文献の紹介がある。

[2] See, Stephen Waddams, *Introduction to The Study of Law*, 8th ed., CARSWELL, 2016,

は、1867年英領北アメリカ法（British North America Act. 1867 : U.K., 30 & 31 Victoria, c.3）が、1982年に名称変更されたもので、連邦、執行権、立法権、州の組織、司法、財政など、もっぱら国の統治機構を定める。また、1982年憲法法（1982年カナダ法別表B）は、人権憲章（カナダの権利及び自由の憲章）、先住民の権利、憲法改正手続などを定めている[3]。

カナダは[4]、独立の立法権限を有する10の州（province）と、連邦直轄の三つの準州（territory）で構成される連邦国家である。州と準州の違いは、連邦政府との関係にある。州政府と連邦政府は対等の関係にあり、その権限の分配については、1867年憲法法で定められている。一方、準州は連邦直轄領とされ、連邦議会が定めた連邦法に基づき、連邦政府のコントロールの下で自治権が認められている。

州内における財産と民事的権利（property and civil rights in the province）については、カナダ連邦政府と州政府との権限分配に関する1867年憲法法92条13号により、州政府が規制する排他的権利を有する。

主として刑事手続を念頭においた手続的権利については、陪審裁判を受ける権利も含め、1982年憲法法（人権憲章）7条から14条に、これらを保障する規定がおかれている[5]。

---

at 59 ; Nancy McCormack and Melanie R. Bueckert, *Introduction to the Law & Legal System of Canada,* CARSWELL, 2013, at 63-82.
3) 邦訳については、松井・前掲注1）323頁以下、斎藤・前掲注1）を参照。
4) カナダは、面積が998.5万平方キロメートル（世界第2位、日本の約27倍）、人口は約3,616万人（2016年4月カナダ統計局推計、日本の約4分の1）、オタワを首都とし、公用語は英語と仏語、宗教はローマン・カトリック（加国民の約半分近く）、政体は立憲君主制（イギリス型議院内閣制と連邦主義に立脚）であり、元首としてエリザベス二世女王を戴くが、総督（デービッド・ジョンストン）が女王の代行を務める。以上、わが国の外務省のウェブサイト、http://www.mofa.go.jp/mofaj/area/canada/data.html#section1（last visited Mar. 28, 2017）を参照。
5) なお、松井・前掲注1）266頁によれば、日本法との違いに、勾留理由を人身保護令状で争う権利と保釈の権利が保障されていること、有罪と確定されるまでは無罪と推定される原則が明記されていること、陪審裁判が保障されていること、言葉

なお、カナダの法システムは、初期の段階ではイギリスの強い影響のもとにあったものの、今日では、コモンローとシビルローの二つの要素で構成されている。ケベック州を除く九つの州と準州では、イギリス法が継受され、コモンローが採用されている。これに対し、ケベック州では、当初、フランスの植民地で、イギリス統治下にあってもフランス法を継受した伝統があり、シビルローが採用されている。

b．司法アクセスと憲法的保障

大切なことは、まずもって「司法アクセス（access to justice）」とは何を意味するのか、明らかにすることである。

このことについては、カナダの最高裁判所は、「司法アクセスの権利は、カナダの憲法の、しかし書かれてはいない原則であるところの、法の支配（rule of law）によって護られる。」ことを、重ねて確認してきている[6]。また、実のところ、カナダの最高裁判所長官（Chief Justice of Canada）は、「〔司法〕アクセスなしの、法の支配はありえない。さもなければ、法の支配は、司法アクセスを誰に与え、誰に与えないのかを人が決する、人の支配に置き換わる。」とも述べている[7]。このように、カナダの最高裁判所が司法アクセスに言及してきたのは、その多くが法的な代理人による代理（representation by legal council）にかかわる事件においてであり、ほかに、クラスアクションや費用決定などの手続問題がある。

また、司法アクセスは、「オープン・コート（Open Courts）」原則との関係においても言及される。司法アクセスは、紛争解決手続に積極的にかかわって

が理解できない人や耳が不自由な人への通訳の権利が保障されていることなどがあるとのことである。See, McCormack and Bueckert, *op. cit.,* at 89-96.

6) Stanny, Re, 2009 CarswellAlta 1206, 484 A.R. 163 (Alta. Q.B.) at para. 27, citing B.C.G.E.U., Re, 1988 CarswellBC 762, 1988 CarswellBC 363, [1988] 2 S.C.R. 214 (S. C.C.) at pp. 229-230 [S.C.R.], cited at McCormack and Bueckert, *op. cit.,* at 133 footnote 3.

7) McCormack and Bueckert, *op. cit.,* at 133 footnote 4.

いく当事者ないし個人に主として関係するものとみられるが、これに対して、「オープン・コート」原則は、全体としては、社会のありようにかかわるものとして理解されうる。そこで、「オープン・コート」原則と「司法アクセス」とは、同じ一枚のコインの両面だとみることができるといわれるのである[8]。

では、そこにいわれる「オープン・コート」原則とは何であるか。

これについて、McLachlin最高裁判所長官は、「オープン・コート」原則に通底する三つの価値として、(1)自由な弁論、および開かれた対話と議論[9]、(2)治癒力ある正義（therapeutic justice）[10]、そして(3)司法による説明責任がある、という[11]。「オープン・コート」原則の唯一の統一目的は、究極的には、司法制度に対する公の信頼を維持することにあるのであって、この意味で、「オープン・コート」原則は、法の支配を支えるというのである。

2．司法アクセスのための制度改革

a．カナダの現状

司法アクセスは、現代的で国際的な論点であるが、カナダでも、司法アクセスは、深刻な問題となっていて、今日、カナダの裁判所は、司法アクセスを維持し、改善する、という最大の挑戦に直面している。既存の司法システムがカナダ国民にとってアクセス可能なものでなくなっているとすれば、カナダにおける法の支配のために、既存のシステムに代わりうるメカニズムを見いだすこ

---

8) McCormack and Bueckert, *op. cit.*, at 138.

9) 「オープン・コート」原則は、明らかに表現の自由と出版の自由に結びつけられ、真実の探求に資するものであるが、この意味で、この原則は、情報的、教育的な構成要素をもつものであるとされる。*See*, McCormack and Bueckert, *op. cit.*, at 138 footnote 30.

10) 言い換えれば、正義が行われているとコミュニティがみていることだという。*See*, McCormack and Bueckert, *op. cit.*, at 138 footnote 31.

11) Beverley McLachlin, "Courts, Transparency and Public Confidence-To the Better Administration of Justice", (2003) 8 : 1 Deakin Law Review 1, on line : AustLII, <http://www.austlii.edu.au/au/journals/DeakinLRev/2003/1.html>[Mclachlin], cited at McCormack and Bueckert, *op. cit.*, at 138 footnote 33.

とを強いられているといえる[12]。

　すなわち、カナダの民事および家事の司法制度（the civil and family justice system）は、複雑すぎる、時間がかかりすぎる、そして、費用がかかりすぎる、との批判がされているのである。たとえば、オンタリオ州では、民事訴訟全般について、多大な時間と費用を要することが問題であると指摘されており、原告が 3 日間の証拠調べ手続（trial）をするのに要する弁護士費用等の費用は、おおむね 3 万 8200 カナダドル（約 382 万円）、証拠調べ手続の前に和解で終わった事件も含めて民事訴訟に要するすべての費用は平均して 4 万カナダドル（約 400 万円）ないし 5 万カナダドル（約 500 万円）との報告があり、この結果として、高額の費用や長期間の審理負担に耐えかねて和解を強いられているとも指摘されている[13]。

　カナダでは、司法アクセスに、五つの波があるとされる[14]。すなわち、第一の波は、法律家や裁判所に焦点を当てたものだ。第二の波は、裁判所やその他の裁判機関の機構的な再構築に関心を当てたものであり、第三の波は、法の啓蒙に焦点が当てられた。第四の波は、裁判外紛争処理のメカニズムに焦点を合わせつつ、これを予防法として性格付けるものであり、そして、第五の波は、積極的な司法アクセスの提供を求めるものである。

b ．「カナダ民事司法フォーラム（Canadian Forum on Civil Justice）」報告書
（1）　そうした流れの中で、「カナダ民事司法フォーラム」は[15]、そのプロジェクトの一つとして、2008 年、民事・家事の司法コミュニティの指導者、公

---

12)　McCormack and Bueckert, *op. cit.,* at 133.
13)　德増誠一「カナダ・オンタリオ州における医事関係訴訟の実情」判タ 1238 号（2007 年）117 頁・119 頁。
14)　Roderick A. Macdonald, "Access to Justice in Canada Today : Scope, Scale, Ambitious", in Juria Bass, W.A. Bogart & Frederick H. Zemans, eds., *Access to Justice for a New Century : The Way Forward,* Toronto : Law Society of Upper Canada, 2005, at 20-23 [Macdonald], cited at McCormack and Bueckert, *op. cit.,* at 134 footnote 11.
15)　これについては、http://www.cfcj-fcjc.org/（last visited Mar. 28, 2017）参照。

益代表 (public representative)、司法システム各界各層の代表などから構成された、「民事および家事事件における司法アクセスに関する行動委員会 (the Action Committee on Access to Justice in Civil and Family Matters)」を立ち上げ、2013 年 10 月、訴訟当事者の現実に焦点を当て、変革のための工程表を提示し、一新されたビジョンを示唆する報告書、「民事および家事司法へのアクセス——変革のための工程表 (Access to Civil and Family Justice: A Roadmap for Change)」を公表した[16]。

　この報告書は、カナダにおける深刻な司法アクセスの問題に当面して、これまでにも改革に向けて多くの人びとの貢献と多くの努力があったけれども、必ずしも首尾一貫したものでなく、また、持続可能なものでもなかったとして、まずは、司法アクセスの意義とその問題の所在について幅広い理解を促進すること、つぎに、ここでのアプローチを改革につなげるべく文化をシフトさせることを明らかにし、その新しい考え方を促進すること、そして、真の改善に向けての司法アクセスの工程表を提示することを目的として、三部構成で、まとめられている[17]。

　(2)　まず第一部は、「民事および家事司法へのアクセス——変革のための緊急的必要」とのタイトルのもとで、司法アクセスのビジョンを拡大し、現状とのギャップと、そこで生じる問題について検討している[18]。

　すなわち、カナダでは、日常的に法律問題が生じているのに司法アクセスへ

---

16) Action Committee on Access to Justice in Civil and Family Matters, *Access to Civil and Family Justice: A Roadmap for Change* (Oct. 2013), http://www.cfcj-fcjc.org/sites/default/files/docs/2013/AC_Report_English_Final.pdf. (last visited Mar. 28, 2017) この報告書は、Jean-Francois Roberge, "SENSE OF ACCESS TO JUSTICE" as a Framework for Civil Procedure Justice Reform: an Empirical Assessment of Judicial Settlement Conferences in Quebec (Canada), 17 Cardozo J. Conflict Resol, 323, Winter 2016 において紹介されている。本論文については、佐藤信行本学法科大学院教授から教示を得た。

17) Action Committee on Access to Justice in Civil and Family Matters, *op. cit.*, at 1.

18) Action Committee on Access to Justice in Civil and Family Matters, *op. cit.*, at 1-5.

のギャップがあるが、これには以下のようなものがあるという[19]。たとえば、1200万人近くのカナダ国民は、離婚など家族法の問題だけみても、3年間もあれば少なくとも一つの法律問題を経験する、また、収入がより低く社会的弱者の属する人びとは、より裕福で安定層に属する人びとに比べ、多くの法律問題を経験する、一つの法律問題、たとえばドメスティック・バイオレンスについていえば、関係の破綻や子の教育に発展していくことがあるなど、多層的・多重的である、そうした法律問題を解決するには社会的・経済的なコストを要する、である。

そうであるにもかかわらず、現在のシステムは、これらの問題に適切に応えることができていないし、持続可能なものとなってもいないとして、必要なのは、第一に、文化をシフトさせるという新たな思考方法であり、第二に、司法アクセスの工程表を見据えた行動計画だとするのである[20]。

(3) 次いで、第二部は、「前へ動かす――変革のための六つの指導原則」とのタイトルを掲げ、変革のための六つの指導原則を提示し、変革と実行の前提条件となる改革のため、文化の要素を描き出し、それをシフトさせようとするものだ[21]。つまり、新たなアプローチと新たな思考方法が必要であって、文化の意味あるシフトがなされなければならず、そのための六つの指導原則として、以下のことを指摘する[22]。つまり、第一に、公共を優先すること、第二に、共同し調整すること、第三に、予防し教育すること、第四に、簡潔かつ一貫させ、均等に持続可能なものとすること、第五に、行動を起こすこと、そして、第六に、結果に焦点を当てること、である。

(4) そして、第三部は、「司法を通じて発展的目標とのギャップを繋ぐ――司法アクセスの工程表のための九つのポイント」とのタイトルのもと、理念と行動とのギャップを橋渡しすべく、変革の領域を大きく、A民事・家事司法の

---

19) Action Committee on Access to Justice in Civil and Family Matters, *op. cit.*, at 2-3.
20) Action Committee on Access to Justice in Civil and Family Matters, *op. cit.*, at 5.
21) Action Committee on Access to Justice in Civil and Family Matters, *op. cit.*, at 7-9.
22) Action Committee on Access to Justice in Civil and Family Matters, *op. cit.*, at 6-9.

革新、B機関や構造的な目標、そして、C研究と財源の目標、これら三つに分けたうえで、司法アクセスの工程表のための九つのポイントをまとめる[23]。

まず、A民事・家事司法の革新について、具体的には、第一に、日常的な法律問題に向き合う司法システムに焦点を当てること、第二に、基本的なリーガル・サーヴィスを誰もが利用可能なものとすること、第三に、裁判所・審判所 (courts and tribunals) を公的な紛争解決のためのマルチ・サーヴィス・センター (multi-service centers) として十分にアクセス可能なものとすること、そして第四に、調整的かつ適切で多面的な家事サーヴィスを容易にアクセス可能なものとすることが必要だとする。

つぎに、B機関や構造的な目標との関係では、具体的なポイントとして、第五に、地方と全国とで司法アクセスを実行するためのメカニズムを創り出すこと、第六に、法教育を通じて、持続可能でアクセス可能なものとして統合された司法アジェンダ (Justice agenda) を促進すること、そして第七に、民事・家事司法システムの革新的な許容量を増大させることを指摘する。

さらに、C研究と財源の目標として、第八に、証拠に基づいた政策決定を促進するために司法アクセスの研究を支援すること、第九に、一貫性のある統合的で持続された資金戦略を促進することが必要だとする。

(5) この報告書は、以下のように、その結論をまとめている[24]。

カナダでは、司法アクセスは、きわめて重大な局面にあり、変革は喫緊の課題である。この報告書のアプローチは、具体的な発展目標を示して、リーダーシップを提供するというものである。いくつかの推奨できる目標はあるが、これを指図するものではない。地方に固有の前提条件や問題は、その地方に適合的なアプローチや解決を求めてしかるべきだからだ。われわれは深刻な司法アクセスの挑戦に直面しているとしても、改革を遂行して、現在のギャップの橋渡しをする能力について楽観的でいられるのには、多くの理由がある。民事・家事司法システムの中にあるか、その外であるかを問わず、司法アクセスの挑

---

23) Action Committee on Access to Justice in Civil and Family Matters, *op. cit.,* at 10-23.

24) Action Committee on Access to Justice in Civil and Family Matters, *op. cit.,* at 24.

戦にかかわり、変革のための懸命な取組みがすでにみられるからである。いずれにせよ、変革のため必要な原則を明らかにし、工程表を提示した。今や行動の時である。

(6) いずれにせよ、ここに示された行動計画が実現するかどうかは、各州にかかっている。というのも、民事司法の運営（administration）については、各州の責任の一部であり、各州が各州に最適な司法システムの条件を履行する権限を有しているからだ[25]。

一つの例を挙げると、ケベック州では、司法アクセスを促進すべく、2003年から改革を始め、2014年に新民事訴訟法（New Code of Civil Procedure of Québec；NCCP）の改正をもって完成させたが、その新民事訴訟法は、文化的な変革を支持するものとなっている[26]。それは、その前文（preliminary provision）において、以下のように、示されている。

「この法典は、公益において、適切で、実効的かつ公正な立場（fair-minded）で、関与する者が能動的な役割を果たすよう促される手続を通じて、紛争を予防し、解決し、また訴訟を避けるための方法を提供すべく、企図された。この法典はまた、民事司法のアクセス可能性、質、そして迅速性を確保し、手続ルールの公正で簡潔、均衡ある（proportionate）経済的な適用を確保し、協同的でバランスがとれ、司法の運営に関与する者への尊敬ある精神をもって当事者の権利行使を確保すべく、企図された。」である[27]。

この前文は、司法の外であれ内であれ、紛争の予防・解決などにあたって、公正な立場で能動的にかかわるべきことを求めるものである。こうした参加型の司法（participatory justice）は、新民事訴訟法によってもたらされた文化的な変革の中心におかれたものだが、法の支配のためには、市民の支持を補強するのに必要なものだということであろう[28]。

---

25) Roberge, *op. cit.*, at 324.
26) Roberge, *op. cit.*, at 325.
27) NCCP, Preliminary provision, para. 2, cited at Roberge, *op. cit.*, at 325 footnote 9.
28) Roberge, *op. cit.*, at 326.

II インフラストラクチャとしての司法制度

1．裁判所制度

a．総　　論

　もともと植民州は、イギリス法の伝統を引き継いで、州裁判所制度を発達させた。連邦を結成するにあたっても、1867 年憲法法 129 条は、それを維持することを認め、同じく 92 条 14 号は、州裁判所については、州が設置・運営することを認めている。また、1867 年憲法法 101 条は、カナダ連邦議会が裁判所の設立について定めることができることを認めている[29]。

　民事手続については、たとえば、オンタリオ州では、イギリス法が継受されており、私法についてはコモンローが採用され、また、民事訴訟手続も、英米諸国と同様に、原告による訴訟提起（Commencement of Action）、被告による答弁（Pleadings）、証拠開示手続（Discovery）、各種の申立ての審理手続（証拠開示の範囲確定を求める申立てなど）（Motion hearing）、争点整理手続（Case Management）、証拠調べ手続（Trial）といったふうに進行する。もっとも、地理的・経済的に、アメリカ法の影響も受けており、たとえば、証拠開示についていえば、イギリスでは、伝統的に書証の開示にとどまるのに対し、アメリカの多くの州では、比較的に広い範囲で、書証だけでなく、証人尋問や本人尋問も許容されている。オンタリオ州では、イギリス型とアメリカ型との折衷的な手続が採用されており、たとえば、オンタリオ・ルール（Ontario Rule : Rules of Civil Procedure）31・10 のもとで、当事者は、証人尋問を求める者以外の者の尋問によっては必要な情報を入手できず、不当な訴訟遅延を招来しない等の要件を満たした場合に、裁判所の許可を得て、証拠開示手続にお

---

[29]　以下の本文については、カナダ法務省のウェブサイト、http://www.justice.gc.ca/eng/csj-sjc/ccs-ajc/pdf/courten.pdf　のほか、松井・前掲注 1) 63 頁以下、また、日本カナダ学会のウェブサイト「裁判所制度（古地順一郎）」http://jacs.jp/dictionary/dictionary-sa/09/19/623/（last visited Mar. 28, 2017）も参照。

いて証人尋問を行うことができるとされる[30]。

b．連邦の裁判所

カナダ最高裁判所（Supreme Court of Canada）は、カナダのすべての裁判所からの上告を審理する終審の裁判所である[31]。1名の長官（a Chief Justice）と、8名の裁判官で構成され、連邦政府が任命する。伝統的に、3名はオンタリオ州から、2名は西部カナダ（West Canada）から[32]、そして、1名は大西洋諸州（Atlantic province）から[33]、それぞれ選出するとされ、これに加えて、最高裁判所法（the Supreme Court Act）は、少なくとも3名はケベック州から任命されなければならないことを要求している。

カナダ最高裁判所は、多くの場合、連邦控訴裁判所（Federal Court of Appeal）からの上告事件、州上位裁判所（Superior Court of Province）からの上告事件について、許可（leave to appeal）が与えられた場合に、事件を審理する。また、たとえば重大な刑事事件の場合は、許可を得る必要はなく、権利上告（appeal as of right）として、審理する。ほかに、連邦政府から憲法問題について勧告意見（reference）が求められた場合、カナダ最高裁判所は、審理し、法律の合憲性について判断する[34]。

連邦裁判所（Federal Court）は、公判部〔事実審理部〕（Trial Division：

---

30) 以上について、徳増・前掲注13) 118頁。なお、同頁注4) で、ノバ・スコシア州、ニューファンドランド・アンド・ラブラドル州、アルバータ州、ブリティッシュ・コロンビア州との対比が紹介されている。
31) *See*, Waddams, *op. cit.,* at 103-107；McCormack and Bueckert, *op. cit.,* at 163.
32) 西部諸州とは、ブリティッシュ・コロンビア州、アルバータ州、サスカチュワン州、マニトバ州をいう。松井・前掲注1) 11頁。
33) 大西洋側諸州とは、ニュー・ブランズウィック州、プリンス・エドワード・アイランド州、ノバ・スコシア州、ニューファンドランド・アンド・ラブラドール州をいう。松井・前掲注1) 11頁。
34) これは、具体的事件ないし争訟について法律を適用するのではないので、アメリカでは司法権に含まれないとされるが、カナダでは、事件性・争訟性の要件は厳格に求められておらず、憲法に反するとは考えられていない。松井・前掲注1) 76頁。

Federal Court - Trial Division) と、控訴部〔連邦控訴部〕(Federal Court - Appeal Division : Federal Court of Appeal) とに分かれていたが、2003年からは、公判部〔事実審理部〕が連邦裁判所 (Federal Court) とされ、控訴部〔連邦控訴部〕が連邦控訴裁判所 (Federal Court of Appeal) とよばれるようになっている[35]。

連邦控訴裁判所 (Federal Court of Appeal) は[36]、連邦裁判所 (Federal Court) からの上訴、および、カナダ租税裁判所 (the Tax Court of Canada) からの上訴を審理し、また、いくつかの連邦の審判所 (federal tribunal) の決定について司法審査を行う[37]。

連邦政府は、特別の裁判所を設置することができる。これには、カナダ租税裁判所 (the Tax Court of Canada)[38]、また、軍事裁判として、軍法会議裁判所 (the military court) と軍法会議上訴裁判所 (the Court Martial Appeal Court of Canada) などがある[39]。

連邦裁判所 (Federal Court) は[40]、第一審〔事実審〕裁判所である。現在の連邦法を適用することで審理できるすべての領域にわたる管轄権を有する。すなわち、著作権、特許、商標や海事事件などの連邦議会の権限事項に関する一定の民事事件を扱う[41]。また、連邦裁判所は、連邦の委員会や審判所 (federal boards, commissions and tribunals) などの行政行為について司法審査をする権限を有する。もっとも、連邦裁判所の管轄権は、きわめて限定的であり、その存在意義がどこにあるのか疑わしいとの指摘もされている[42]。

35) McCormack and Bueckert, *op. cit.,* at 130-131.
36) *See,* McCormack and Bueckert, *op. cit.,* at 131.
37) 移民、雇用保険、通信、放送、航行や租税などに関する連邦の行政審判所の決定に対する控訴事件を扱う。松井・前掲注1) 66頁。
38) *See,* McCormack and Bueckert, *op. cit.,* at 130.
39) *See,* McCormack and Bueckert, *op. cit.,* at 131-132.
40) *See,* McCormack and Bueckert, *op. cit.,* at 131.
41) 松井・前掲注1) 66頁。
42) 松井・前掲注1) 67頁。

なお、いくつかの法領域、たとえば海事法など、連邦裁判所と、州上位裁判所（Provincial Superior Court）との管轄権が競合するものがある。

c．州の裁判所

各州（準州）には、州控訴裁判所（Provincial/Territorial Court of Appeal）、州上級裁判所（Provincial/Territorial Superior Court）、第一審裁判所としての州裁判所（Provincial/Territorial Court）のほか、特定の事件のための州裁判所があるが、これらの名称は州によって異なっている[43]。

州控訴裁判所（Provincial/Territorial Court of Appeal）は、各州にあり、州上級裁判所や州裁判所の決定に対する控訴を審理する[44]。ここには、商事紛争、財産紛争、ネグリジェンスにかかる請求（negligence claims）、家事紛争、倒産や会社更生などが含まれ、また、憲法問題も対象となる。控訴は、通常、3人の裁判官の合議体で審理される。

州上級裁判所（Provincial/Territorial Superior Court）は、各州におかれている[45]。ここでは、多くの重大犯罪事件と、離婚事件や高額な金銭にかかる事件（額は州が定める）などの民事事件が審理される。州上級裁判所は、州裁判

---

43) オンタリオ州における裁判制度については、徳増・前掲注13）118頁。これによれば、たとえば、オンタリオ州では、控訴裁判所（Court of Appeal for Ontario）、オンタリオ州上級裁判所（Ontario Superior Court）、オンタリオ州裁判所（Ontario Court of Justice）となるようである。なお、各州における詳細については、McCormack and Bueckert, *op. cit.*, at 119-130.

44) もっとも、ブリティッシュ・コロンビア州やオンタリオ州のように別個の裁判所のこともあれば、プリンス・エドワード・アイランド州のように州上級裁判所の中の部であることもある。松井・前掲注1）65頁。

45) 州上級裁判所は、松井・前掲注1）65頁によれば、「女王部裁判所（Court of Queen's Bench）、上級裁判所（Supreme Court）、上訴裁判所（Superior Court）、控訴部裁判所（Divisional Court）などと呼ばれている」とのことであり、かつては、地方裁判所（District Court）とカウンティ裁判所（County Court）に分かれ、後者が中間上訴裁判所として機能していたが、後者は前者に統合され、現在の形態になったという。*See also*, Waddams, *op. cit.*, at 103.

所（Provincial/Territorial Court）に対する最初の上訴裁判所である。

多くの州では、州上級裁判所に、家事部（family division）などの特定部がおかれている。いくつかの州上級裁判所には、とくに家庭裁判所（family court）として設置され、離婚や財産請求を含めた特定の家族事件が審理される[46]。

州裁判所（Provincial/Territorial Court）は、連邦法または州法にかかわる事件を審理する。州裁判所が審理するのは、多くの刑事事件（ただし、重大事件を除く）[47]、家族事件（子の保護や養子、ただし離婚を除く）、12歳から17歳までの少年にかかる触法事件、交通違反事件、州法違反事件、金銭にかかる事件（額は州が定める）、少額請求（上限の定めある金銭請求で私的に解決できる民事事件）[48]、そして、予備審問（重大な刑事事件を正式審理するのに十分な証拠があるかどうか判断するための審理）（preliminary inquiry）などである。

このレベルの裁判所には、特定の犯罪類型にかかるものがある。たとえば、薬物対策裁判所（Drug Treatment Court）では、違反者に対し、司法による監

---

46) たとえば、オンタリオ州では、家庭裁判所（Ontario Superior Court, Family Court Branch）が設置され、離婚事件とこれに関連する家事事件、相続関連事件を扱い、また、少額訴訟裁判所（Small Claims Court）では、1万カナダドル以下の金銭支払請求訴訟と、同額以下の動産引渡請求訴訟を扱うとのことである。徳増・前掲注13）118頁。

47) たとえば、6か月以下の拘禁または2000ドル以下の罰金が科される軽微な犯罪とされる。松井・前掲注1）65頁。

48) なお、松井芳明「カナダ、ブリティッシュ・コロンビア州の少額訴訟裁判所」海外司法ジャーナル4号（1998年）65-66頁によれば、ブリティッシュ・コロンビア州の州裁判所（Provincial Court of British Columbia）の「民事部門は少額訴訟裁判所（Small Claims Court）と呼ばれ、州最高裁判所（Supreme Court of British Columbia）に比べて簡易、低廉、迅速な手続による事件処理を行っている」ところ、この少額訴訟を利用できるのは、「利息及び費用を除いた請求額が1万カナダドル（約90万円）以下の場合」であり、「金銭債権に限らず、物の引渡や役務の提供を請求する場合でもよい」が、名誉毀損に関する訴訟や土地に関する訴訟、連邦政府を被告とする訴訟は除かれるとのことである。ただし、州によっては、少額訴訟部（少額訴訟裁判所）は2万5,000カナダドル以下の民事事件を扱うようである。同前65頁。

督と依存症への対策が提供される。また、少年裁判所（Youth Court）は、連邦少年司法法（federal youth justice law）のもとで法を犯した12歳から17歳までの事件を対象とする。さらに、DV裁判所（Domestic Violence Court）は、すべての州と準州におかれている。

2．訴訟件数・審理期間

a．カナダの最高裁判所

2015年、カナダ最高裁の新受件数は、上告許可申立て（application for leave to appeal）の件数が539件、権利上告通知（notice of appeal as of right）の件数は21件であった。上告許可申立てのうち、裁判所の判定パネル（panels of the Court for decision）に付託された数は483件あった。そして、上告が許可されたものが48件、権利上告は15件で、合計63件を審理し、74件の決定がされた。また、上告許可申立てから上告許可決定までは4.1月、上告許可決定（権利上告通知）から弁論までは7.3月、そして、弁論から決定まで5.8月である。これらを含め、2011年から2015年までのデータについては、以下のとおりである[49]。

表3-1　カナダ最高裁の新受件数

	2011	2012	2013	2014	2015
上告許可申立て	557	548	491	558	539
権利上告通知	12	15	18	16	21

表3-2　カナダ最高裁における上告許可申立て付託と上告許可数

	2011	2012	2013	2014	2015
上告許可申立て付託	541	557	529	502	483
上告許可（保留）	69	69	53	50	39(40)

49）　以上について、カナダ最高裁（Supreme Court of Canada）のウェブサイト、http://www.scc-csc.ca/case-dossier/stat/index-eng.aspx（last visited Mar. 28, 2017）参照。本文中の表（表3-1から表3-4まで）については、これらに基づいて作成した。

表 3-3　カナダ最高裁における上告審理と既済件数

	2011	2012	2013	2014	2015
権利上告	19	15	12	22	15
許可上告	51	63	63	58	48
合計	70	78	75	80	63
決定	71	83	78	77	74

表 3-4　カナダ最高裁における審理期間（月数）

	2011	2012	2013	2014	2015
上告許可申立てから上告許可決定まで	4.1	4.4	3.3	3.2	4.1
上告許可決定（権利上告通知）から弁論まで	8.7	9.0	8.2	8.2	7.3
弁論から決定まで	6.2	6.3	6.2	4.1	5.8

b．カナダの州裁判所

ここで基礎とする「民事裁判所調査（Civil Court Survey）」は、原則的に、州上位裁判所（superior court）や州（準州）裁判所（provincial and territorial court）の事件についてのデータを扱うものであり、控訴裁判所（appeal court）や、カナダ租税裁判所（Tax Court of Canada）などの連邦裁判所（federal court）、カナダ最高裁判所（Supreme Court of Canada）については範囲外である[50]。

---

50)　これらについては、Statistics Canada のウェブサイト、http://www.statcan.gc.ca/eng/start (last visited Mar. 28, 2017) 参照。とりわけ、Table 259-0011 (Civil court survey, civil court cases (initiated, active and active with disposition) by level of court and type of case, annual (Number), 2005/2006 to 2015/2016) について、http://www5.statcan.gc.ca/cansim/a26?lang=eng&retrLang=eng&id=2590011&pattern=court+survey&tabMode=dataTable&srchLan=-1&p1=1&p2=-1#customizeTab, Table 259-0012 (Civil court survey, number of active family cases, by issue(s) identified over length of case and number of fiscal years since case initiation, annual (Number), 2005/2006 to 2015/2016) について、http://www5.statcan.gc.ca/cansim/a26?lang=eng&retrLang=eng&id=2590012&pattern=court+survey&tabMode=dataTable&srchLan=-1&p1=1&p2=-1, Table 259-0013 (Civil court survey, general civil cases by level of

新受件数（initiated case）、係属件数（active case）、処理件数（active case with disposition）について、州（準州）裁判所（Provincial or Territorial civil court cases）と上位裁判所（Superior civil court cases）の別でみると、4月1日から翌年3月31日までの会計年度（fiscal year）ごとに、表3-5のとおりである。

また、係属件数のうち、一般民事事件数と家事事件数は、表3-6のとおりである。

表3-5　新受件数、係属件数、処理件数

	2011 -2012	2012 -2013	2013 -2014	2014 -2015	2015 -2016
新受件数（合計）	496,019	481,163	480,230	470,622	479,235
州裁判所	108,230	101,366	97,160	94,158	93,527
上位裁判所	387,789	379,797	383,070	376,464	385,708
係属件数（合計）	931,306	922,411	926,825	907,206	907,708
州裁判所	181,617	172,182	166,935	166,473	164,206
上位裁判所	749,689	750,229	759,890	740,733	743,502
処理件数（合計）	554,698	552,750	556,517	537,909	525,188
州裁判所	124,113	120,082	115,845	116,972	115,292
上位裁判所	430,585	432,668	440,672	420,937	409,896

court and type of action, annual (Number), 2005/2006 to 2015/2016) について、http://www5.statcan.gc.ca/cansim/a26?lang=eng&retrLang=eng&id=2590013&pattern=court+survey&tabMode=dataTable&srchLan=-1&p1=1&p2=-1#customizeTab, Table 259-0014 (Civil court survey, number of events in active civil court cases by level of court, type of case and type of event, annual (Number), 2005/2006 to 2015/2016) について、http://www5.statcan.gc.ca/cansim/a26?lang=eng&retrLang=eng&id=2590014&pattern=court+survey&tabMode=dataTable&srchLan=-1&p1=1&p2=-1, Table 259-0015 (Civil court survey, active civil court cases by level of court, type of case and elapsed time from case initiation to first disposition, annual (Number), 2005/2006 to 2015/2016) について、http://www5.statcan.gc.ca/cansim/a26?lang=eng&retrLang=eng&id=2590015&pattern=court+survey&tabMode=dataTable&srchLan=-1&p1=1&p2=-1 参照。本文中の表（表3-5から表3-9まで）は、これらに基づいて整理、作成したものである。なお、これらのデータの存在については、佐藤信行本学法科大学院教授から教示を得た。

表 3-6 係属件数のうち、一般民事事件数と家事事件数

	2011 -2012	2012 -2013	2013 -2014	2014 -2015	2015 -2016
係属件数（合計）	931,306	922,411	926,825	907,206	907,708
一般民事事件	606,912	604,423	613,622	596,093	597,575
家事事件	324,394	317,988	313,203	311,113	310,133

家事事件についての審理が開始されてから、その会計年度に、どれくらいの期間が経過したかをみると、表 3-7 のとおりである。

表 3-7 家事事件の審理経過期間

	2011 -2012	2012 -2013	2013 -2014	2014 -2015	2015 -2016
係属件数	324,394	317,988	313,203	311,113	310,133
1年以下	178,629	169,251	164,428	159,236	158,562
1年から2年	70,999	72,927	70,631	68,103	67,847
2年から3年	24,296	23,761	24,493	24,282	23,621
3年から4年	13,025	12,757	12,360	13,575	13,024
4年以上	37,146	38,988	41,007	45,625	46,776
不明	299	304	284	292	303

一般民事事件についての審理が開始されてから、その会計年度に、どれくらいの期間が経過したかをみると、表 3-8 のとおりである。

表 3-8 一般民事事件の審理経過期間

	2011 -2012	2012 -2013	2013 -2014	2014 -2015	2015 -2016
係属件数	589,508	593,786	601,773	589,185	579,977
3か月以下	313,721	311,765	312,496	307,669	312,967
3か月から6か月	103,080	103,247	105,157	103,541	100,669
6か月から12か月	90,578	89,944	91,471	85,581	75,256
12か月から24か月	46,100	48,519	49,726	47,568	47,724
24か月以上	34,961	39,647	42,392	44,296	42,863
不明	1,068	664	551	530	498

係属民事事件(active civil court cases)のうち、〔訴訟外または訴訟上の〕和解(settled by parties)、取下げ(withdrawn or abandoned)、棄却(dismissed or discontinued)、同意判決(consent judgment)、欠席判決(default judgment)、〔中間的命令、決定、費用決定などを含む〕決定・判決(judgment)などがされた処理状況は、表3-9のとおりである。

表3-9 係属民事事件の処理状況

	2011 -2012	2012 -2013	2013 -2014	2014 -2015	2015 -2016
和解	15,666	16,225	16,693	16,389	16,632
取下げ	43,353	41,396	45,329	44,944	43,084
棄却	88,012	96,376	94,145	81,927	57,802
同意判決	70,865	67,731	63,360	59,112	59,867
欠席判決	43,222	41,953	41,709	42,125	41,793
決定・判決	945,919	932,273	931,283	912,378	899,588

3. 法 曹

　カナダのコモンロー法域で法曹になるには、大学を卒業し、カナダの法律協会(a Canadian law society)が認証する大学のロー・スクールで法博士(Juris Doctor)または法律学士(Bachelor of Laws)を取得しなければならないのに対して、ケベック州では、CEGEPのディプロマを取得した後、ケベック州かオタワのロー・スクールのいずれかで、ケベック民法(Quebec Civil Law)についてバカロレアを取得しなければならない[51]。そしてその後、法的環境のもとで研修を積む(article; a form of apprenticeship)か、裁判所で事務官を務めなければならない(clerk at a court)。

　カナダの法曹(lawyer)とケベック州の公証人(notary)はすべて、法令により、法律協会(a law society)のメンバーとなって[52]、その規律に服すること

---

51) McCormack and Bueckert, *op. cit.,* at 163.
52) ケベック州では、*Barreau de Québec* and *Chambre des notaires du Québec* とよばれ

が求められている[53]。カナダの州および準州の 14 の法律協会には、117,000 人の法曹、ケベック州の 4,500 人の公証人、オンタリオ州の 8,000 人のパラリーガル（paralegals）が所属する。カナダ法律協会連合会（the Federation of Law Society of Canada）は、その全国的な調整団体（national coordinating body）である[54]。

なお、これとは別に、カナダ法曹協会（the Canadian Bar Association）があり、これには、カナダ全国にわたって、36,000 名ほどの法曹（lawyers）、裁判官（judges）、公証人（notaries）、法律学教授（law teachers）と法律学学生（law students）とが所属しているとのことである[55]。

多くの場合、当事者は自ら訴訟をすることができる。たとえば、ケベック州での少額訴訟裁判所など、若干の場合に法律専門家による代理が禁止されている場合もあるが、通常は、裁判所などの面前で弁護士が争点を論じる。

国家が弁護士費用を支払うことはない。しかし、当事者は、人権憲章（1982 年憲法法 10 条 (b)）により、逮捕・勾留された場合には、被弁護権〔遅滞なく弁護人を選任することができ、その権利を告知される〕が保障されている[56]。

さらに、法律扶助の制度が広くいきわたっていて、通常、必要に応じて政府が基金を拠出し、当事者が専門的な代理人を得られるよう援助している[57]。

　　　る。McCormack and Bueckert, *op. cit.,* at 163.
53)　カナダの弁護士が所属している法律協会（law society）は、弁護士資格や活動資格を定める権限や懲戒権限をもつ自治組織であり、検察官も弁護士として、その監督のもとにある。また、カナダでは、イギリスのような法廷弁護士（barrister）と訟務弁護士（solicitor）の資格の区別はなく、事実上、役割が分担されているにとどまる。松井・前掲注 1) 67-68 頁注 8 参照。
54)　これにつき、カナダ法律協会連合会 (the Federation of Law Society of Canada) のウェブサイト、http://flsc.ca/about-us/what-is-the-federation-of-law-societies-of-canada/ (last visited Mar. 28, 2017)　参照。
55)　これにつき、カナダ法曹協会（the Canadian Bar Association）のウェブサイト、http://www.cba.org/Who-We-Are/About-us（last visited Mar. 28, 2017）参照。
56)　森島＝リシック・前掲注 1) 51 頁。

4．民事陪審

　刑事事件については、1982年憲法法11条(f)で、犯罪を理由に起訴されたいかなる人に対しても、軍事法により軍事裁判所で裁判される場合を除き、その犯罪に対する最高刑が5年以上の拘禁である場合、陪審裁判を受ける権利を保障している。しかし、民事事件についての規定はみられない。カナダの民事陪審裁判は、同じ英国の植民地から独立した米国とは大きく異なっているようだとの指摘がある[58]。

　カナダでの陪審裁判の利用は減少してきており、民事事件での陪審裁判の利用可能性は、ほとんどの州で制限されている[59]。

　そして、連邦裁判所では、民事陪審裁判は廃止されており、州通常第一審裁判所でも、事実上行われていないか、ごく少数の事件に限定されているとされる[60]。

　すなわち、まず、カナダ連邦裁判所事実部（第一審管轄権をもつ）では、連邦裁判所規則（Federal Court Rules）49条により、陪審による審理ができないとされている。そこで、カナダ連邦裁判所事実部の専属管轄とされる事件、たとえば、特許無効訴訟（patent impeachment）などについては陪審審理は行われない（連邦裁判所法〔Federal Court Act〕20条1項）。ただし、特許侵害訴訟（infringement）は、連邦裁判所事実部と州通常第一審裁判所との競合管轄なので（連邦裁判所法20条2項）、州通常第一審裁判所に提訴された場合は、陪審審理が行われるけれども、実際上は、ほとんどすべての特許侵害訴訟は連邦裁判所事実部で審理され、陪審審理は行われていないとのことである。

　つぎに、州通常第一審裁判所については、ケベック州では、1976年に民事

---

57)　森島＝リシック・前掲注1）51-52頁。
58)　大渕真喜子「カナダにおける民事陪審裁判の現実　世界の司法〜その実像を見つめて26」判タ1050号（2001年）20頁。
59)　森島＝リシック・前掲注1）50-51頁。
60)　以下については、大渕・前掲注58）21-22頁。

陪審裁判を廃止し、それ以外の州では、存続しているものの、オンタリオ州とブリティッシュ・コロンビア州以外では、実情は、まったく行われていないか、ほとんど行われていないという。

オンタリオ州では、1792年に民事陪審裁判制度が導入され、その当時は必要的だったが、19世紀中頃から非効率的などと批判され、裁判官のみで審理されるようになったとされる。ただし、オンタリオ州の通常第一審裁判所である高等法院（High Court of Justice）では主として交通事故による損害賠償請求訴訟を中心に、陪審で審理されている。しかし、従来の批判に加え、民事陪審の利用を厳しく制限すべきとの提言もされたことがあるとのことである。

ブリティッシュ・コロンビア州では、州通常第一審裁判所である高位裁判所（Supreme Court）では、裁判官のみの審理が原則とされ（裁判所規則 Supreme Court Rules [SCR] 39 (24)）、エクイティに関する事件など陪審で審理できない一定の事件が明文で規定されている（SCR39 (25)）ほか、それ以外は、陪審による審理を求めることができる（SCR39 (26)）という仕組みになっている。ただし、相手方当事者は、争点が複雑であるなどの一定の事由を主張して、裁判官のみによる審理を求めることができ、この場合は、裁判所がその当否を判断する。正確な統計はないものの、交通事故による損害賠償請求事件や、名誉毀損による損害賠償請求事件などで、高位裁判所の裁判官の話では、全民事事件に占める民事陪審の割合は、せいぜい数パーセント程度のごく少数だとのことである。

5．司法情報へのアクセス

a．法廷の公開

カナダには、1982年憲法法11条(d)で、被告人に公開での裁判を受ける権利を保障している以外に、裁判の公開を義務づける規定は存在しない。しかし、カナダ最高裁は、裁判の非公開を表現の自由の侵害と捉えて、原則として、刑事裁判は公開されなければならないとの原則に基づいて、裁判の公開を保障してきた[61]。

たとえば、Ruby v. Canada (Solicitor General), [2002] 4 S.C.R.3 では、国家の安全にかかわる事件で、公衆を排除した審理を義務づけたプライバシー法の規定が争われ、最高裁は、非公開審理の義務づけは国家の安全の保護のために合理的関連性を有するものの、すべての手続を非公開とすることは均衡を欠くとし、情報が公開されると国家の安全が害される場合に、裁判官に非公開審理を行う裁量を付与したものだとの限定解釈を示した。

これに対して、Canadian Broadcasting Corp. v. New Brunswick (A.G.), [1996] 3 S.C.R.480 では、若い女性への性犯罪で有罪とされた被告人への刑の宣告のための公判で、刑法 486 条 1 項の規定にしたがい、裁判官の裁量で、犯罪の詳細にわたる繊細な証拠の審理のために 20 分間、法廷が非公開とされた事例で、最高裁は、表現の自由の侵害を認め、この規定は〔人権憲章〕1 条〔自由は、自由で民主的な社会で正当化されると証明される合理的な制限にのみ服する〕のもとで正当化されると判断したが、非公開とした判断に十分な根拠があったかを疑問とし、裁量濫用と結論した。

b．法廷における言語

裁判所における言語については、1867 年憲法法 133 条が、本法のもとで設立されるカナダの裁判所と、ケベック州の裁判所で、または、そこから発せられる訴答手続や令状においては、英語も仏語も使用できる旨、定めている[62]。

このことは、ケベック州のすべての裁判所でも同じであり、マニトバ法 23 条で、同じことがマニトバ州の裁判所で保障されている。

また、1982 年憲法法 19 条 1 項は、連邦議会の設置する裁判所で、裁判所の訴答手続や、裁判所から発せられる令状においては、英語か仏語を用いること

---

61) 以下、松井・前掲注 1) 216-217 頁参照。
62) 以下、松井・前掲注 1) 288-289 参照。カナダは、もともとイギリス系移民と、フランス系移民から構築された。現在では、英語圏やフランス語圏以外のヨーロッパ諸国や、アジアからの移民の増加にともない、カナダ市民の母語は多様化しているとのことである。松井・前掲注 1) 285 頁。

ができるとし、同2項は、ニュー・ブランズウィックの裁判所で、裁判所の訴答手続や、裁判所から発せられる令状においては、英語か仏語を用いることができるとする。他の7州の裁判所にはこの要求はない。

したがって、市民は、いずれの言語をも使用できるが、このことは、裁判所が必ず双方の言語を使用しなければならないことを意味しない。

たとえば、MacDonald v. City of Montreal, [1986] 1 S. C. R. 460 で、英語を使用するケベック州住民の被告人が、スピード違反の嫌疑の召喚状が仏語でしか書かれていなかったことを争ったが、最高裁は、二カ国語の使用は〔1867年憲法法〕133条の要求ではないとした。

また、Société des Acadiens v. Association of Parents, [1986] 1 S. C. R. 549 では、憲章〔1982年憲法法〕19条2項で、英仏いずれも認められているニュー・ブランズウィックの裁判所で、控訴裁判所の審理を担当した裁判官の一人は仏語を理解しなかったことが争われた事件で、当該裁判官が仏語を理解しなかったことの証明がなされていないとしてこの主張を退けつつ、憲章19条2項は、仏語を話す当事者に仏語を理解する裁判官による審理を受ける権利を保障したものでないとした。

6．裁判所での調停（Judicial Mediation）

裁判所以外での紛争処理手続は、ADRとして言及されるが、カナダの法制度は高度に裁判所中心的であることから、カナダの裁判所は、こうした手続に抵抗的であった。

しかし、現今の危機に当面して、司法アクセスに対する考えかたが高まるにつれ、カナダの裁判所は、民事訴訟手続の複雑さを解消し、迅速さを確保すべく、裁判外紛争処理のテクニックが裁判所を基盤とした伝統的な紛争処理手続に組み込まれうることを受け入れるようになった[63]。米国におけるADR運動は、1970年代半ば、民事司法改革において現れたが、カナダの裁判所にあっ

---

63) McCormack and Bueckert, *op. cit.*, at 136.

ても、調停(mediation)が成功すれば、時間がかかり、費用もかさむトライアルを避けることができることが認められるようになったのである。

　今日、裁判所にとっての主たる問題は、裁判所を基盤とした伝統的な紛争処理モデルに代わりうる手続を提供することに、裁判所がどこまで関与すべきであるのか、とりわけ裁判官がそうした手続にどこまで関与すべきか、である。多くの場合、ADRは、手続のプレ・トライアル段階に組み込まれているが、いくつかの州では、上級審の段階でも実施している。また、ADRのメカニズムは、とりわけ家族法の領域で有益であることが明らかにされている[64]。なお、刑法典が最近になって改正され、刑事法の領域で、ケース・マネジメント(case management)の機能が導入されたとのことである[65]。

　もっとも、実際上の困難はある。裁判所の建物には、そもそも調停を適切に実施するのに必要な物理的・技術的な設備が欠けている。しかも、裁判官が調停人(mediator)として行動するには、裁判官とはまた違ったスキルが求められ、そのためには追加的な訓練を受けることが要求されるが、だからといって、すべての裁判官が、調停人としての役割を心地よいものと感じているともかぎらないのである。

　それでも、こうした困難にもかかわらず、裁判所附置ADR(court-connected ADR)は、司法アクセスを可能なものにするために、裁判所の試みとして、その役割を果たしていくようにみえる[66]。いまや、カナダは、ADRのうち、裁判官による和解協議(Settlement Conference)を含め、裁判所での〔訴訟によらない〕紛争解決(Judicial Dispute Resolution)を積極的に推進している国の一つだといってよいであろうからである。

　たとえば、ケベック州では、促進的で統合的な問題解決を図るという手法のもとで、トライアル裁判所の裁判官が、和解協議を行う[67]。ここにいう和解協

---

64) McCormack and Bueckert, *op. cit.*, at 136.
65) *Fair and Efficient Criminal Trials Act*, S.C. 2011, c. 6, S.4, cited at McCormack and Bueckert, *op. cit.*, at 137 footnote 22.
66) McCormack and Bueckert, *op. cit.*, at 137.

議とは、裁判官が交渉によって訴訟当事者が合意に至るように支援する、というものである[68]。

ケベック州のほか、ノバ・スコシア州、アルバータ州では、裁判所による和解の手続を、伝統的なトライアルとは切り離している。すなわち、和解を試みるにあたって、裁判官は当事者間で和解のための議論がなされるよう促進するのだが、当事者が和解の合意に至らなかったときは、その裁判官は、その事件の審理をしたり、判決をしたりすることはできないものとしているのである[69]。こうした和解協議の手続について、これにかかる規定を含めるべく、ケベック州では、2003年の民事手続改革において民事訴訟法を改正し、また、アルバータ州、ブリティッシュ・コロンビア州、ノバ・スコシア州、そして、サスカチュワン州では、訴訟事件における和解に裁判所が関与するための正式な手続の規定をおくべく、それぞれに裁判所規則を改正している[70]。

7．IT技術と司法アクセス

a.「オープン・コート」原則とインターネット

「オープン・コート」原則の価値や重要性は疑いのないものであるが、明白になったのは、インターネットが、この原則にかかわる費用対効果のバランスを根本的に変えてしまったことだ[71]。以前は、裁判所記録や手続が裁判にかかわる個人的な情報を暴露したとしても、そうした裁判所記録などを入手することが困難で高価だったために、関係者は、一般に、当惑や嫌がらせ、濫用からは保護されていた。しかし、こうした状況は、劇的に、インターネットの到来

---

67) Roberge, *op. cit.*, at 323.
68) Roberge, *op. cit.*, at 330.
69) Roberge, *op. cit.*, at 330.
70) Roberge, *op. cit.*, at 330. アルバータ州では2010年に、ブリティッシュ・コロンビア州では2009年に、ノバ・スコシア州では2008年に、サスカチュワン州では2013年に、それぞれ裁判所規則が改正されている。これらにつき、Roberge, *op. cit.*, at 330 footnote 24.
71) McCormack and Bueckert, *op. cit.*, at 139.

第 3 章　カナダにおける司法アクセス　*175*

と広範な利用によって変わったのである。

b．裁判資料と IT 技術

ワープロの登場が裁判資料に与えた最大の変化は、電子的方法による提訴（e-filing）と、それへのアクセスにかかわる。

まず、電子的方法によって作成された裁判資料は、わずか数クリックで提出された裁判所から離れ、国を横断して存在することとなる。かつては、裁判所に提出する前に、印刷資料は、フォト・コピーしたうえで綴じられなければならなかった。裁判所は、いまや、コンピュータ・ネットワークを通じて、電子的方法によって複写した資料を提出することで、電子的方法による提訴が許されるようになっている[72]。

裁判資料が電子的方法で作成され、提出されるようになると、それにつれて、ますます裁判所記録（court records）への電子的方法によるアクセスの提供がますます容易になる。つまり、裁判所の判決要録（dockets）は、クリック一つで、訴答書面や他の資料とともに、オンラインによる無料検索が可能になるのである。たとえば、マニトバ州では、女王座部裁判所や控訴裁判所の判決要録（dockets）は、1980 年代半ばにまで遡る情報も含め、オンラインで自由に検索可能であるし[73]、また、カナダの最高裁判所の記録もまた、自由にオンラインで検索可能である[74]。ブリティッシュ・コロンビア州では、判決要録の情報は検索可能ではあるが、特定の手続についてより詳細な記録を閲覧するには、わずかだが手数料は必要であり[75]、このことは、ケベック州でも同様で

---

72)　カナダの最高裁判所は、電子的方法による提訴（e-filing）を許しており、また、ブリティッシュ・コロンビア州も、カナダにおける電子的方法による提訴の最前線であるとのことである。McCormack and Bueckert, *op. cit.,* at 140 footnote 43.

73)　http://www.jus.gov.mb.ca, cited at McCormack and Bueckert, *op. cit.,* at 141 footnote 45.

74)　http://www.scc-csc.gc.ca/case-dossier/cms-sgd/search-recherche-eng.aspx, cited at McCormack and Bueckert, *op. cit.,* at 140 footnote 45.

75)　https://www.eservice.ag.gov.bc.ca/cso/index.do, cited at McCormack and

ある[76]。

c．審理の公開

IT技術は、裁判所での審理手続にも影響を与える。

まず、IT技術は、テレ・コンフェレンスやビデオ・コンフェレンスの導入により、裁判所での審理手続の性質を変えることになった。テレ・コンフェレンス技術を利用することで、物理的に同一の場所に一堂に会することがなくなり、当事者だけでなく、裁判官も、プレ・トライアルや他の手続問題について、電話で済ませるようになっている。このような背景には、裁判所のビデオ・コンフェレンス技術への信頼が増したことがある。当事者が、ビデオ・コンフェレンスにおいて証拠提出を合意する事件が増えつつあるし、スカイプなど、インターネット・ベースのビデオ・サーヴィスを通じて証拠提出をするよう裁判所が命じる事件も増えている[77]。

また、ビデオの技術はまた、裁判所へのアクセスを広く提供することで、「オープン・コート」原則を促進するのにも利用されうる。たとえば、カナダの最高裁判所は、過去の審理手続をビデオ録画したものをウェブサイトに保存してあり、それを定期的にウェブ配信（webcast）することとして、無料で閲覧できるようにしている[78]。

法廷におけるソーシャル・メディアの利用については[79]、McLachlin最高裁

Bueckert, *op. cit.,* at 140 footnote 45.

76) http://soquij.qc.ca/fr/services-aux-professionnels/catalogue-des-produits-et-services-souij/azimute-databases, cited at McCormack and Bueckert, *op. cit.,* at 140 footnote 45.

77) McCormack and Bueckert, *op. cit.,* at 142.

78) http://www.scc-csc.gc.ca/case-dossier/cms-sgd/webcasts-webdiffusions-eng.aspx. において 2009 年 2 月 10 日から、ウェブ配信が利用可能となったとのことである。McCormack and Bueckert, *op. cit.,* at 143 footnote 54.

79) カナダ裁判所技術センター（the Canadian Centre for Court Technology）は、裁判所手続における電子的なコミュニケーション装置利用のためのガイドラインを用意した。これについては、https://www.modern-courts.ca/documentation/Use %

第 3 章 カナダにおける司法アクセス　177

長官が、「もし、テレビとの関係で、証人や陪審員の汚染が問題となるなら、携帯可能な機器を通じて自動的にアクセスしたり、受信できたりする、ユビキタスなソーシャル・メディアは、それの比ではない。」と述べている[80]。つまり、IT 技術は、報道の手段としてのソーシャル・メディアの利用や、陪審裁判における陪審員の隔離との関連で、新たな挑戦を生じさせている、ということだ。

　ジャーナリストは、一般に、裁判所での審理中にメモをとることは許されているけれども、コンピュータやスマートフォンなどの電子的機器の利用は認められていない。事務所に報告するのに、裁判所の外へ出て電話をかけることはできるが、ツイッターなどのソーシャル・メディアのプラットフォームを通じて、法廷での展開を即時に報告することは抑制されている[81]。

　裁判所が、現状においては、かかる技術の利用を制限している理由は、さまざまだ。ほぼ同時的ともいえる報告（near-instantaneous reporting）は、その正確性や完全性に関して問題を生じさせることにもなり、裁判官は、ツイートをする多くのジャーナリストによって裁判手続が混乱させられることを望んでいない。とりわけ、当事者の特定につながる情報の公表が禁止されている事件において、問題は生じる[82]。

　陪審裁判を受ける権利は、しばしば我々の法制度では根本的な構成要素の一つだとみられている。陪審裁判が効率的に機能するには、陪審裁判で提出された証拠のみに基づいて面前の事件を判断することを担保するため、陪審員が受け取る情報は厳格にコントロールされていなければならないと、一般に理解されてきた。しかしながら、インターネットと、スマートフォンを含めたポータブル・コンピュータの登場で、陪審員は面前に提出された証拠から道を外れな

　　　20of%20Electronic%20Communication%20Devices%20in%20Court%20Proceedings.pdf., cited at McCormack and Bueckert, *op. cit.,* at 143 footnote 55.
80)　McCormack and Bueckert, *op. cit.,* at 143 footnote 56.
81)　McCormack and Bueckert, *op. cit.,* at 143 footnote 58.
82)　McCormack and Bueckert, *op. cit.,* at 144 footnote 60.

いように担保されていなければならないし、法と、当事者と、争点について調査を行うよう、法制度への新たな圧力がみられる。

なお、実のところ、陪審員のソーシャル・メディア活動を理由にミストライアルとなった事件が、カナダではすでに少なくとも一件あることが報告されている[83]。カナダの裁判所は、審理中またはトライアル後のいずれでも、陪審員がソーシャル・メディアとインターネットの利用について適切に教示を受けること、そして、かかる教示を遵守しなかったときは適切に罰を受けることを確実なものとするべく、他の国での状況を注意深く見守っているように思える。

d．判決の公開

IT技術は、判決の公開についても大きな影響をもたらした。当事者は、裁判官が判決を読み上げるのを聞くのに、裁判所に呼び出される。かつては、重要だとみられる事件のみが印刷されて判例集となり、その判決が言い渡されてから数か月後に利用可能となったものだが[84]、今日では、最高裁判所で判決が言い渡されている、その時間のうちに、インターネットでの無料利用が可能となる[85]。

多くの裁判所は、オンラインでの判決の公開について前向きな立場をとってきた。いくつかの裁判所は、ツイッターを通じて[86]、新しい判決を助言したり、

---

83) R. v. Prosser 事件で、最初の審理期日において、被告人に対抗的なフェイス・ブックのグループのメンバーであった一人の陪審員が、これに関するコメントを投稿したことが明るみになり、裁判官は、陪審員はすでに他の陪審員を汚染したものだとして、ミストライアルを宣言したとのことである。McCormack and Bueckert, *op. cit.*, at 145 footnote 62.

84) McCormack and Bueckert, *op. cit.*, at 146.

85) 通常は、裁判所で判決の言渡しが始まってから、インターネットでの無料利用が可能となるまで15分ほどだとされる。McCormack and Bueckert, *op. cit.*, at 146 footnote 68.

86) 英国の最高裁判所や、ノバ・スコシア州の裁判所 (https://twitter.com/CourtsNS_NSCA) がそうだとのことである。McCormack and Bueckert, *op. cit.*, at 146 footnote 69.

第3章　カナダにおける司法アクセス　*179*

RSSや、そのウェブサイトでのメールがあるほか、多くの裁判所は、その判決をウェブサイトに無料投稿していたり、それとは別に、カナダ法律情報機関（Canada Law Information Institute ; CanLII）[87]のような、法情報機関に無料で提供したりしている[88]。

司法アクセスの一つとしてのオンラインによる判決への無料アクセスは、今後も、改善され続けていくことだろう[89]。

8．オンライン紛争解決制度（ODR: Online Dispute Resolution）

IT技術が裁判所での審理手続に与える影響で、おそらくもっとも根源的なのは、オンラインによる紛争解決の場を出現させたように、究極的には裁判所を時代遅れのものにするかもしれないということである[90]。

もっとも、そうした最大の変化、つまり、物理的に裁判所に訴えることなく、当事者双方がともに対面すべく裁判所に出頭することもなく、法律上の紛争の多くが、オンラインで解決されるようになる日は、まだ到来していないようである[91]。オンラインによる紛争解決制度（ODR: Online Dispute Resolution）は、ADRという潮流の発展型であり、私的に当事者の合意を得て行うか、公的な裁判所制度の一部として行われる。ODRは、全体としてコンピュータ・プログラムによる紛争解決であるが、あるいは、IT技術によって

---

87)　これは、カナダの法律家と公証人により創設され、カナダの法律情報への無料のアクセスを提供しており、全地球的な無料での法アクセス・ムーブメントの一環として、世界中にある多くのLIIの一つであるという。McCormack and Bueckert, *op. cit.*, at 146 footnote 72.

88)　このような裁判所に、連邦裁判所のほか、ブリティッシュ・コロンビア州、アルバータ州、オンタリオ州、ケベック州、ニュー・ブランズウィック州、ノバ・スコシア州、プリンス・エドワード・アイランド州、ユーコン準州、ノースウエスト・テリトリー（準州）の裁判所がある。McCormack and Bueckert, *op. cit.*, at 146 footnote 71.

89)　McCormack and Bueckert, *op. cit.*, at 147.

90)　McCormack and Bueckert, *op. cit.*, at 141.

91)　McCormack and Bueckert, *op. cit.*, at 145.

支援された中立な第三者による紛争解決であることもある。

たとえば、ブリティッシュ・コロンビア州では、最近、新たな少額請求手続を、ODR の枠組みをもって始めた[92]。ウェブベースの法的決定サポート・システムは、法律扶助が得られるのにふさわしい当事者かどうかを決定するのを支援するだけでなく、伝統的な裁判制度にかかわる前に、事件の本案を評価することで個人を支援することができるようにするためにも、開発されたものである。かくして、プレ・トライアルでも裁判段階のいずれの手続でも、IT 技術は、コンピュータにつき理解力ある当事者（computer-savvy litigants）にとって、司法アクセスを容易にする潜在的な可能性をもっているのである。

III 司法コスト（legal costs）の基本ルール

司法コスト（legal costs）は、主に経済的アクセス障害の要因となり得る。この問題に対しては、① 何を（射程範囲—費目）、② 誰が（負担者—主体）、③ どれだけ（金額—程度）負担するかの各点からアプローチすることができる。そこで、カナダの司法コストに関する基本ルールをそのような観点から整理する。

1．司法コストの射程範囲—費目

司法コストには、裁判所に納入する訴訟費用や弁護士に支払う報酬のほか、各種 ADR の手数料や相談機関の相談料などが含まれる。ここでは、カナダにおける訴訟費用（court costs）および弁護士報酬（fees）を中心に眺める。

カナダでは、訴訟費用および弁護士報酬を規律するのは主に民事訴訟法であり、これは各州の地方裁判所および上級裁判所において用いられる。民事訴訟法は州ごとに制定されるが、その形式は、コモンローの州では民事訴訟規則（Rules of Civil Procedure［以下、RCP と略す］）であるのに対して、ケベック

---

92) *Civil Resolution Tribunal Act,* S.B.C. 2012, c. 25, cited at McCormack and Bueckert, *op. cit.,* at 146 footnote 65.

州では民事訴訟法（Code of Civil Procedure［以下、CCPと略す］）である[93]。また、カナダにも連邦裁判所および連邦訴訟規則は存在するものの、アメリカほどは重視されていない。ちなみに、その他にアメリカと異なる点としては、民事陪審がほとんど見られないこと（ケベック州では廃止された）、成功報酬がそれほど積極的に利用されていないこと（後述Ⅳ2参照）、懲罰的損害賠償（punitive damages）が稀であること、そして、医療費は公的医療制度によって完全に賄われていることなどが挙げられる。

そうすると、訴訟費用と弁護士報酬に関する規律は、州ごとに異なることになる。概して、コモンローの各州には相当の類似性がみられるのに対し、ケベック州はそれらとは異質でありながらも、基本的なところでは共通性も認められる。

2．司法コストの負担者――主体

a．敗訴者負担の原則

(1) 訴訟費用

カナダでは、フランス法およびイギリス法の受容を通じて、訴訟費用については「敗訴者負担」ルール（'loser pays' rule）が採用されている[94]。その理由としては、伝統的に勝訴者は不当な攻撃防御に対して自らの権利を認めさせるのに費用を負担すべきではないと考えられていることのほか、自らの費用に加えて相手方の費用をも負担しなければならないというリスクの可能性により提訴抑止効果が生じることなどが指摘されている。

訴訟費用は、訴訟手続において訴訟費用（disbursements）として納入され、勝訴者またはその弁護士によって回収される。

---

[93] カナダ10州のうち、ケベック州のみが大陸法（civil law）を基本とするのに対し、その他の州（オンタリオ州など）はコモンロー（common law）の体系に属する。新潟大学法学部日加比較法研究会編・前掲注1）15頁〔ピーター・T・バーンス〈桑原昌宏ほか訳〉〕など参照。

[94] *See,* for example, Art. 477, CCP；Rule 57 (9).

(2) 弁護士報酬

カナダでは、訴訟費用のほかに、弁護士報酬も敗訴者負担ルールの対象となるが、金額等は別個に定められる。

弁護士報酬の金額は、ケベック州とコモンローの州との間では大きく異なる。ケベック州では、非常に低額に抑えられているために、弁護士報酬は各自が負担するというアメリカン・ルール（アメリカ連邦民事訴訟規則 54 条(d)(1)参照）に接近し、敗訴者は支払わずに放っておくのが通常である。そのため、弁護士報酬は「任意の費用」（'frais irrépétibles'）であると揶揄され、勝訴者の回収が不可能に近いというフランスの状況が再現されかねない。

コモンローの州では、勝訴者は、ケベック州よりは多額の弁護士報酬を回収することができるが、その金額は裁判所の定める費用基準によって異なる。費用基準は、訴額に占める認容額の割合によっても変動するうえ、さらに、勝訴における不当手続など、裁判所の判断に影響を与える要因によっても変わる。

(3) 上訴における訴訟費用

上訴における訴訟費用は、敗訴者負担原則に基づいて、上訴裁判所によって定められる。上訴裁判所は、当該審級での費用算定だけでなく、下級審の費用裁定の調整に至るまで幅広い裁量権を有する。

最高裁判所は、その裁量により、原判決の維持、変更、または、破棄にかかわらず、上訴審、第一審、そして、上訴の全部または一部についての費用を支払うよう命ずることができる[95]。本条項は、憲法上または連邦法上の問題のみならず、すべての法律問題の上訴裁判所であるカナダ最高裁判所（Supreme Court of Canada）に適用される。

(4) 証拠収集の費用、専門家証人の報酬

証拠収集の費用は、さしあたり当事者の各自負担であるが、最終的には費用裁定（costs award）に含まれ、勝訴者側による回収が可能である。

専門家証人は、伝統的にカナダの裁判所の管轄権が認められるすべての事件

---

95) Supreme Court Act, s. 47.

において、当事者によって選定され、その報酬も当面は当事者によって支払われる[96]。もっとも、専門家証人の報酬も訴訟費用として扱われ、裁判所の裁量に基づく費用裁定に含まれることから、勝訴者側による回収が可能である。専門家証人の報酬は、訴訟費用全体のなかで非常に重要な部分を占め、複雑訴訟においては優に数十万カナダドルを超えることもある。

(5) 和解申出の場合

カナダでは、トライアル費用を回避するために、和解によって解決される割合が極めて高い（約95％）。

当事者双方は、和解の一内容として訴訟費用および弁護士報酬に関する合意をすることができる。合意内容は、事件の状況や当事者間の交渉力に応じて異なる。訴訟費用および弁護士報酬を各自負担とすることが通常の和解モデルであるが、特段の事情があれば、当事者の一方が相手方の訴訟費用と弁護士報酬の双方またはその一方を負担することもある。

和解申出は、最終的な費用決定（costs orders）[97]と密接に関連する。通常、確定判決が和解申出よりも不利な場合、和解申出を拒絶した当事者は、訴訟費用を負担することになる。たとえば、原告が被告の申出を拒絶し、その申出額よりも少ない金額しか回収できなかった場合、被告の申出がなされた日を基準として、原告はそれまでの訴訟費用を賠償金として回収することができ、被告はそれ以降の訴訟費用を賠償金として回収することができる。被告が原告の申出を拒絶したために、申出額を超える責任を負うことになった場合、被告は、原告が申出をした日までの訴訟費用およびその後の実費を賠償金として支払う責任を負う[98]。

---

96) そのほか、裁判所の任命した専門家証人を認可する規定もあり、その報酬は当事者がこれを支払う責任があるものと裁判官が最初に決定することができる（Ontario RCP. 52.03 (4)）。
97) 費用決定は、手続のいかなる段階においても、さらには、手続終了後においても、手続の全部または一部についてすることができる。
98) こうした処理は、オンタリオ州では明文化されており（Ontario RCP 49）、ケベック州を含む他の州では判例法で認められている。

ｂ．敗訴者負担ルールの例外と修正
(1) 敗訴者負担ルールの例外

敗訴者負担ルールの例外を定める多くの制定法が存在するアメリカとは異なり、カナダでは、そうした制定法の必要はなく、訴訟費用や報酬を変更すべきでないとする特段の事情がある場合には、例外的に裁判所の裁量によって対処すればよい。たとえば、憲法上の問題または公的重要性のある事項を争点とする訴訟において原告が敗訴した場合に、裁判所の裁量によって訴訟費用および弁護士報酬の変更が拒絶されることがある。

(2) 調停費用

オンタリオ州では、ケースマネジメントされた事件（Ontario RCP 24.1）および不動産関連事件やトラスト事件（Ontario RCP 75.1）において、調停が義務化されつつある。そこでは、30分の準備と3時間の調停に対して600カナダドルを最高額として、各当事者は調停人に対する報酬を公平に分担する。これは、当事者が増加すれば、5人以上825カナダドルを上限として、段階的に増額される。

(3) 本人訴訟

カナダでは、本人訴訟が許容されているが、弁護士報酬を節約しようとして本人訴訟が選択されるケースが増えているという[99]。このことは、訴訟手続のアドヴァサリ的性格からすると懸念される面がないとはいえない。なお、カナダでは、身体障碍などを理由とした弁護士代理が認められている[100]。

ｃ．提訴の抑制と促進
(1) 訴訟費用の担保提供

訴訟費用および弁護士報酬の変更手続が提訴の抑止力として機能する場合が

---

99) H. Patrick Glenn, COSTS AND FEES IN COMMON LAW CANADA AND QUEBEC, at 3, : <http://www.personal.umich.edu/~purzel/national_reports/Canada.pdf>（last visited March, 6, 2017）.
100) CCP art. 61, Ontario RCP 7.

ある。とりわけコモンローの州では、かなりの損失を被る危険性、すなわち、ダウンサイドリスクが想定され、その懸念がそうした抑止機能を一層促進する。弁護士（counsel）が事件について依頼者と協議する際、倫理上、ダウンサイドリスクの説明が求められる。

　なかでも提訴に対する最大の抑止力は、州外の原告による訴訟について生じる。なぜなら、州外の者が提訴しようとする場合、すべての州において訴訟費用のために担保の提供をしなければならないからである。この担保提供決定の申立てがなされても、決定がなされるか否かは裁判所の裁量による。ちなみに、州外の原告が担保提供決定を回避することもできないわけではないが、それは、訴訟費用に関する決定に応じることのできる資産を州内に有すること、あるいは、無資力であること、を証明できた場合に限られる。

　訴訟費用の担保として支払いを命じられる金額は、100万カナダドル超である[101]。訴訟費用の担保に対しては、多くの州において憲法上の疑義が呈されたものの、いずれも合憲であるとされた。

(2)　暫定的または中間的な費用決定（provisional or interim costs orders）

　当事者は、訴訟への融資が得られるよう、暫定的または中間的な費用決定を申し立てることがある。これが認められるのは、たとえば、原告に提訴する金銭的余裕はないものの、その主張が有用なものと認められ、公的に重要な問題を提起しているといった例外的な場合である[102]。

(3)　着　手　金

　当事者は、自己の代理人弁護士に対して、しばしば1万カナダドル程度の着手金（retainer）を支払う。これは、提訴手数料（court filing costs）や専門家

---

101)　Ontario RCP 56、CCP art. 65.
102)　たとえば、ブリティッシュ・コロンビア州（森林大臣）対オカナガン・インディアン族（2003）43 C.P.C. (5th) 1 などがある。これに対して、ケベック州の上訴裁判所は、近時、未熟児問題において医師に対する訴訟が公益上の問題を提起しないとして、そのような費用決定の申立てを認めなかった（*St. Arnaud c. C.L.* [2009] R.J.Q. 239.）。

証人への支払いなどの各種支払いおよび弁護士報酬の前払いに充てられる。

着手金は継続的に補充され、訴訟が長引いた場合には月単位での請求がなされることもある。こうした事態は明らかに訴訟への抑止力があり、訴訟に関する法律事務所の融資（law-firm financing）や第三者による訴訟費用支援（third-party financing）に多大な影響を及ぼす。

3．司法コストの金額―程度

a．訴訟費用の算定――スライド制と定額制――

訴訟費用の算定は、訴訟の係属する裁判所に関連する制定法を具体化した規則に基づいて行われる。通常、少額請求における訴訟費用は低額であるが、その他の州裁判所では、たとえば、ケベック州の地方裁判所と上級裁判所のように、同じ州内であれば、審級が異なっても、訴訟費用は同額となるのが通常である。

訴訟費用の金額が請求金額によって増減するか否か、すなわち、スライド制か定額制かは州によって異なる。たとえば、ケベック州では、「民事司法費用および裁判所の手数料率（*Tarif des frais judiciaries en matière civile et des droits de greffe*）」によると、訴訟費用は六つの訴訟類型ごとに異なり、提訴手数料は訴額に応じて56カナダドルないし656カナダドルである。他方、オンタリオ州では、定額制が採用されており、提訴手数料（filing of an action costs）は一律181カナダドルである。

これらは、訴訟費用（disbursements）として勝訴者によって回収されることになる。

b．弁護士報酬と市場原理

弁護士報酬の金額は、市場原理に基づいて決まるのであり、それらをコントロールする法律や規則は存在しない。カナダでは、州により、地方か都市部かにより、さらには、法律事務所の規模の大小により、弁護士報酬の金額は異なる。近時の調査によると、経験10年の弁護士の平均時給は、オンタリオ州で

は382カナダドル、西部の州では467カナダドルであるという[103]。オンタリオ州の弁護士報酬は、1時間当たり900カナダドルに達する。ケベック州では最近の調査によると、高度専門職（profession）のうち、2％が時給500カナダドル以上であり、1％が時給400カナダドル以上500カナダドル未満であるという[104]。

　c．費用決定の手続と基準

　訴訟費用および弁護士報酬について、具体的にいくらの金額をいずれの当事者が負担するかは、裁判長（presiding judge）、査定官（assessment officer）、または、税務署員（taxing officer）が決定する。

　裁判長は、適切に費用決定をすることができるものとされている。税務署員は、当事者の言い分を聞いたうえで、許容項目と訴訟費用の相場を示す固定料金表に即して金額を決めるのが通常である。なお、近時は、トライアル裁判官がその裁量によって費用の裁定（awarding）および算定（fixing）の双方をすることもある。

　裁判長および査定官の費用決定に対しては、上訴することができる。

　費用決定の性質およびその金額に関する一般的な基準は、州によって大きな違いがあり、概して以下三つのモデルの存在を指摘することができる。

（1）ケベック・モデル

　ケベック州では、回収可能な訴訟費用と弁護士報酬は、確立した料金表が基準とされる。もっとも、回収可能な費用が極めて低額であり、この基準の存在感は希薄である。そのため、政府は料金表の改定をしないとの指摘もあるが、この点は司法アクセスの観点からも興味深い[105]。ちなみに、ケベック州弁護士会（Quebec Bar）により公式の改定要求がなされたことがあるが、その実現

---

103) The Canadian Lawyer, June, (2009), 33.
104) Le Journal du Barreau du Québec, Mai, 2009, p.32.
105) Glenn, *supra* note 99, at 5.

には至らなかった[106]。

　回収可能な報酬は極めて低額であることから、多くの例外が存在する。たとえば、料金表自体に基づく例外としては、重要な事件における特別謝礼金[107]のほか、10万カナダドル超の事件で、さらに10万カナダドルを超える部分の1％を謝礼金として回収可能とする場合がある。これによると、100万カナダドルが回収された事件では、さらに9,000カナダドルの報酬となる。

　料金表の基準では十分でないため、弁護士報酬を回収可能な損害賠償に含める動きがある。ただし、それがうまくいく場合は限られている。損害の単なる埋め合わせとしてではなく、手続の濫用に対する賠償が認められることもある[108]。

(2)　コモンロー・モデル

　オンタリオ州以外のいくつかの州では、ケベック州と同様に料金表を基準とするものの、それが市場価格とより密接な関係にある場合がある。この伝統的なモデルによると、裁判所による費用決定の後に、査定官、補助裁判官（Master）、または、税務署員の面前で詳細な費目ごとに課税や検査が行われることがある。

　このモデルの下では、当該料金表の改定頻度に応じて、回収可能な費用の重要性が高まることになる。さらに、裁判長が一方の当事者に対して、相手方の訴訟費用の支払いを命じる場合（'party and party' costs）のみならず、弁護士業務の実費などの弁護士費用の支払いをも命じる場合（'solicitor-client' costs）には、その重要性は一層高まるものとみられる。いずれの類型になるかは、訴訟行為に対する裁判長の評価によって決まる。

---

106)　ケベック州弁護士会の弁護士報酬の料金表（Tarif des honocaires judiciaires des avocats）によると、たとえば、トライアル期間にかかわらず、本案判決を得るために、もっとも高価な事件類型における相手方から回収可能な報酬の金額は1,000カナダドルとなる。

107)　特別謝礼金（special honorarium）の制度は、多くの判例法を生み出してきたが、回収可能な費用の低額水準を覆す一般的な手段となるようなケースは存在しない。

108)　Viel c. Entreprises immobilières du Terroir Ltée, [2002] R.J.Q. 1262 (C.A.).

(3) オンタリオ・モデル

オンタリオ州では、料金表による画一的な基準ではなく、当事者が事件の複雑さ、実際の投入時間、時給、その他を主張した後、裁判長が費用について判断するというモデルが採用されている。その査定は、「部分的補償金（partial indemnity）」、「実質的補償金（substantial indemnity）」、または、「完全補償金（full indemnity）」に基づいて行われる。このオンタリオ・モデルによると、裁判官が税務署員による詳細な査定を命じる可能性はあるものの、全体の総額は固定される。これはきわめて巨額であり、コモンロー上の費用ルールによる抑止的効果は十分である。

いずれのモデルにおいても、直接に弁護士に対して、その訴訟行為に関して費用の裁定がなされることがある[109]。これは完全補償ベースで、弁護士が個人的に支払うべき費用であることから、弁護士にとってはもっとも脅威的な費用決定となる。このことは、裁判所の懲戒権限を訴訟手続のなかで行使し得ることを意味する。費用決定は、大規模かつ複雑な事件では特別な審判対象とされることもあるが、通常は判決に不可欠の部分として組み込まれている。

上記の内容は、訴訟費用と弁護士報酬の当事者間における負担転換（shifting）と関係する。依頼者が弁護士に支払う報酬は通常の訴訟手続によって規律されるが、それ以外の影響を受ける場合もある。たとえば、コモンローの州では、「課税（taxation）」や弁護士報酬評価（assessment of counsel fees）の手続が存在し、これらを当事者や弁護士は訴訟手続内の単純な申立てなどによって利用することができる[110]。査定官や課税主任（taxation Master）は、評判および

---

109) これは、"Torquemada"costs と呼ばれている。一部の州、たとえば、ノバ・スコシア（Nova Scotia）州では、「過度の遅延、放置またはその他の不履行（undue delay, neglect or other default）」の場合に裁定されるという（N.S. RCP 63.15(2)）。
110) ケベック州では、裁判所職員による報酬への課税手続は存在しないが、フランスの弁護士会長（Batonnier in France）の伝統的な権限の流れを汲む、ケベック州弁護士会（Quebec Bar）による報酬紛争解決のための仲裁プログラムがある。なお、弁護士報酬の負担転換については、紙谷雅子「弁護士報酬の負担転換 Fee Shifting に関する一考察」学習院大学法学会誌38巻1号（2002年）25頁を参照。

専門の同じ弁護士の市場価格、事件への投入時間、事件の重要性、勝敗などを含むさまざまな基準に基づいて報酬の裁定を行う。

カナダにおける提訴率低下の主たる要因として、訴訟費用および弁護士報酬を中心とする司法コストの問題が指摘されており、ドイツの定額訴訟費用モデル（明示的な契約による変額のみ可）の採用も示唆されているところである[111]。

Ⅳ　経済的アクセス障害克服の工夫

司法コストによる経済的アクセス障害を克服しようとする工夫は、カナダにおいても盛んに行われている。そこで、以下では、法律扶助（legal aid）のほか、弁護士がより高額の報酬を請求することを依然として許容する成功報酬（contingent fees）、第三者による訴訟費用支援（third-party litigation funding）、クラスアクション基金（Class Action Fund）、訴訟費用保険（legal expense insurance［以下、LEIと略す］）を取り上げ、最後に、本人訴訟による弁護士報酬の負担除去および訴訟費用の低額化を同時に推進する少額裁判所（Small Claims Court）の試みを眺める。

1．法律扶助（legal aid）

a．カナダにおける法律扶助のすがた

カナダでは、公的資金による法律扶助は、1960年代および1970年代に著しく拡充したものの、その後は縮小に向かった。法律扶助の予算はかつて上昇の一途を辿っていたが、そのような状況は長くは続かなかった。たとえば、オンタリオ州では、1992年以降、法律扶助予算の削減・凍結に転じ、その後、「法律扶助制度の将来計画」に沿って、1998年に法律扶助サーヴィス法（Legal Aid Services Act）が制定され、これに基づく公的資金を受け、国民の説明責

---

111)　Glenn, *supra* note 99, at 11.

任を負った独立の非政府法人である「リーガルエイド・オンタリオ（Legal Aid Ontario［以下、LAO と略す］）」が設立され、法律扶助の運営主体として活動を開始した。LAO は、オンタリオ州の全域にわたって、費用効率の高い方法で低所得者に対する高品質の法律扶助サーヴィスを継続的に提供する権限を有する。緊縮財政下にあっても、LAO の予算は 2014 年度までは年々増額していたが[112]、その後は赤字の累積に耐えられず、大幅な削減計画が発表されるに至っている[113]。

　法律扶助の仕組みは州によって異なるが、概して、「市中の」法律扶助事務所（'store-front' legal aid offices）に所属するスタッフ弁護士（salaried lawyers）、および、法律扶助プランにしたがって支払いを受ける開業弁護士（private lawyers）によるジュディケア（契約弁護士）との混合形態を採用するのが通常である。資金提供のほとんどは開業弁護士に対してなされており、政府は弁護士報酬の増額には消極的である。オンタリオ州では、報酬額の低さを理由として、刑事弁護人の立場から法律扶助ボイコットが行われた。州籍相違事件での弁護士報酬は、首席弁護士（senior counsel）であっても、1 時間当たり 100 カナダドル未満で設定されることがしばしばである。

　b．法律扶助サーヴィスの内容

　法律扶助サーヴィスの提供手段はさまざまである。たとえば、LAO は、フリーダイヤルによる法情報提供および法的助言、裁判所内の法律扶助窓口

---

[112] 池永知樹「カナダ・オンタリオ州の法律扶助の現状と課題―効率性とイノベーションの同時追求―」総合法律支援論叢 6 号（2015 年）43-44 頁。

[113] LAO President & CEO である David Field 氏は、2,600 万カナダドルの赤字を抱えているとして、コスト削減計画を発表した。Legal Aid cuts will hit poor Ontarians hard：OPSEU：<http://www.newswire.ca/news-releases/legal-aid-cuts-will-hit-poor-ontarians-hard-opseu-611360715.html>（last visited Sep. 7, 2017）。なお、LAO の 2015 年度の営業赤字は、1380 万であった。See Legal Aid Ontario 2015/2016 Annual Report p.57：<http://www.legalaid.on.ca/en/publications/downloads/LAO-annual-report-2015-16-EN.pdf?t=1504766251064>（last visited Sep. 7, 2017）。

（LAO in the courthouse）の設置、スタッフ弁護士とジュディケアが裁判所オフィスに待機する当番弁護士（duty counsel）の派遣、弁護士、パラリーガル、法律扶助職員を擁するスタッフ事務所の運営、地域リーガルクリニック、代理援助（証明書プログラム［Certificate Program］）の申請、略式法律相談（法的助言）、公的な法教育、そして、調停（Mediation）など、多様なサーヴィスを提供する[114]。なお、代理援助については、給付制が原則とされている（受給資格については、下記 c. を参照）。

　LAO の「グループ申請およびテストケース委員会（Group Applications and Test Case Committee ［以下、GATCC という］）」は、費用効果が高く効率的な方法によって、低所得者やその他の恵まれない地域社会の正義を促進することができるよう、ケース訴訟のテストに貢献している。LAO は、GATCC 証明書に年間平均 36 万 7,000 カナダドルを費やす[115]。GATCC は、刑事、家族、移民・難民、精神保健、先住民、刑務所、貧民救済に関する法律および「権利と自由のカナダ憲章」下での憲法をめぐる訴訟などへの財政的支援について、その申請の検討および承認の勧告を行う。申請のなかで言及されている法的問題が低所得者や貧困地域の利益になるならば、GATCC は、他の法領域における申請を検討することになろう。GATCC は、限られた数の事件に財政支援を行う事件を絞り込むが、財政支援を受けた事件については、LAO の基本的なクライアントの多くに利益をもたらすことが期待される[116]。また、オンタリオ州

114）　LAO のサーヴィスについての詳細は、LAO のウェブサイトで見ることができる。Legal Aid Ontario, online：<http://www.legalaid.on.ca/en/>（last visited Sep. 7, 2017）. なお、地域リーガルクリニック（Community legal clinics）は、オンタリオ州内に 76 ヵ所に設置され、住宅、医療、雇用などの分野においてさまざまなリーガル・サーヴィスを提供する。Fact Sheets-Legal Aid Ontario：<http://www.legalaid.on.ca/en/about/factsheets.asp>（last visited Sep. 7, 2017）.

115）　GATCC Program Overview：Part One, Matters Considered by GATCC between April 2011 to July 2013：<http://www.legalaid.on.ca/en/about/factsheets.asp>（last visited Sep. 7, 2017）.

116）　Mr David McKillop, Professor John McCamus, NATIONAL REPORT—CANADA, International Association of Procedural Law Seoul Conference 2014, Session 3：

の法律扶助クリニックは、頻繁に貧困救済法のテストケースを引き受けており、その結果、低所得の恵まれない地域社会が多大の利益を享受するに至っている。クリニックのテストケースには、低所得者向けのサーヴィスを提供する地域密着型の組織との協働が必要とされるものもある[117]。

c．法律扶助サーヴィスの制限—範囲および受給資格

　法律扶助サーヴィスは、その対象となる事件領域および財政上の基準によって制限を受ける。前者の事件領域による制限は州による相違はあるが、概して刑事法、家族法、出入国管理及び難民認定法の分野、および、住居問題の利用に限られる。後者の財政上の基準に基づく受給資格の制限はより厳格であり、州によって異なるものの、受給資格を得るには、所得が一般に 17,000 カナダドル以下であることを要する。家族単位であっても、その上限がこれらの数字を大幅に上回るものではない。たとえば、ケベック州では、夫婦と子 1 人からなる世帯で 19,170 カナダドル以下である[118]。なお、申請者のために訴訟費用が増加した場合には、受給資格が若干引き上げられることもある。ちなみに、受給資格が確立したのは、法律扶助事務所によって実施される財政適格テストによってである。法律扶助事務所には裁量権が認められるものの、その予算は極めて限定的である。

　オンタリオ州における法律扶助サーヴィスの制限をめぐる変遷について眺めると、まず、1967 年に州政府の策定した「オンタリオ州法律扶助計画（Ontario Legal Aid Plan）」に基づく法律扶助プログラムが 30 年近く行われていた。しかし、1990 年代半ばになると、財政上の理由によって継続困難となり、法律扶助申請者の資力基準の 20％ 以上カットを含む大幅削減を余儀なくされるとともに、既存の民事訴訟のための法律扶助計画の大多数も切り捨てられた。そして、1998 年の法律扶助サーヴィスに基づく新たな法律扶助計画によって、

　　　Effective Access to Justice, 35.
117)　*Id.* at 36.
118)　Glenn, *supra* note 99, at 9.

LAO 体制の下で、民事訴訟の適用範囲を元に戻すなどの僅かな拡張が行われた。その後も多くの修正がなされ、2002 年までに支払金の変更はせずに、殆どの民事訴訟事件を適用範囲から除外する決定がなされ、さらに 2010 年 4 月に行われた改正により、GATCC による財政的支援のために奨励されるテストケースなどの場合を除いて、すべての民事訴訟事件のプログラムが廃止された[119]。この 2010 年改正は、成功報酬の有用性によるところが大きい。なぜなら、重要な民事上の請求権を有する低所得者にとって、成功報酬は、法律扶助の適用範囲に代わる実行可能な方法であるといえるからである。ちなみに、オンタリオ州では、2004 年以前には成功報酬は利用されていなかった。

　オンタリオ州の法律扶助プログラムの範囲は、法的問題の種類に応じた法律扶助の適用範囲の変更による影響のみならず、LAO の財政適格ガイドラインの破綻による影響も受けている。州政府の定めに基づいて設定された財政適格ガイドラインは、1990 年代半ばに、それまでの 10 年間の景気後退による縮小の一環として、州政府による削減がなされて以来、手つかずのままである。2012 年に LAO が行った調査研究によると、こうした削減にもかかわらず、オンタリオ州の低所得者層（所得がカナダ統計局の定めた低所得基準値を下回った人々）のほぼすべてが 1996 年における法律扶助の認証適格を有するとのことであった[120]。その年以来、LAO の財政適格ガイドラインは、インフレーションによって機能しなくなり、ついには、認証適格が認められるのは、オンタリオ州の低所得者層の約半数にまで落ち込んでいるという[121]。

---

119) 2010 年改正までは、僅かの民事訴訟事件が LAO によって取り上げられており、適用範囲は支出への財政的支援に限られていた。2010 年改正で廃止された民事訴訟事件としては、たとえば、不動産や住宅ローン関連の訴訟、医療過誤を含む人的損害の賠償請求訴訟、弁護過誤訴訟、法律扶助に対する訴訟などがある。NATIONAL REPORT — CANADA, supra note 116, at 37.
120) *Id.* at 37.
121) *Id.* at 37.

2. 成功報酬契約（contingent fees）

カナダにおける成功報酬の導入は、19世紀後半に一部の州ではじまり、20世紀を経て、今世紀初頭のオンタリオ州での採用をもって成就した[122]。

成功報酬に関する州独自のルールはあるものの、全州に共通の特定のスキームがある。カナダの成功報酬契約は、条件付き報酬という英国モデルとは異なり、勝訴しなければ無報酬（no win-no fee）という取り決めに基づいてデザインされている。オンタリオ州の弁護士法（Solicitors Act）によると、弁護士は、その提供するリーガル・サーヴィスの対価として、または、クライアントの利益のために受け取る報酬について、事件が成功裏に終結することの全部または一部を条件として支払われるものとする[123]。なお、成功報酬と損害が発生した場合において、成功報酬と通常の基準に基づく賠償の合意とを組み合わせることは濫用とされているが、実際には行われてきた。

一部の州では、成功報酬が制限されており、たとえば、ケベック州では、家事事件において成功報酬は許されない旨の裁判所の判断が示されており、オンタリオ州では、弁護士法が刑事手続および家事事件における成功報酬契約を禁止している。特定のタイプの成功報酬の利用については上限のあることもあるが[124]、上限がなくても、依頼者は報酬の一般課税の手続にしたがって課税され

---

122) 2004年10月1日、オンタリオ州政府は成功報酬契約の利用を許可する改正法を成立させ、同州における成功報酬契約の禁止令が廃止された。NATIONAL REPORT - CANADA, *supra* note 116, at 39. なお、ケベック州の民法典（Civil Code）には、現在でも弁護士の成功報酬契約（pacte in quota litis）を禁じる規定が存在するが（同1783条）、すでに失効しているとされる。

123) 成功報酬契約を締結しているオンタリオ州の弁護士は、アッパーカナダ（Upper Canada）の弁護士会の弁護士職務規則（The Rules of Professional Conduct）を必ず遵守する必要がある。アッパーカナダは、現在のオンタリオ州の母体として、1791年から1840年まで存在したイギリスの植民地であるが、オンタリオ州の弁護士と有資格パラリーガルについて、資格を授与し、規則を設け、その遵守を求める自治権を有している。

124) たとえば、ブリティッシュ・コロンビア州では、自動車事故のケースで最大（33

るので、成功報酬は事件の状況に応じた合理的な額にコントロールされる[125]。また、成功報酬契約の下では、いかなる契約条項があろうとも、原告側弁護士は、原告が受け取る損害賠償金または和解金よりも多額の報酬を得ることができない。そのため、裁判所は、成功報酬契約の下における支払可能額を減額すること、または、成功報酬契約の取消しを命ずることがある。

もっとも、カナダにおける成功報酬の利用は、アメリカよりも少ない。その理由としては、費用負担転換ルール（costs shifting rule）の存在が指摘されている[126]。弁護士とその依頼者である原告との間ですべての費用を無料とする旨の合意がなされた場合において、原告が敗訴し、この者に対する費用裁定がなされたときは、誰がそれを支払う義務を負うのであろうか。弁護士がその支払いをした場合、彼はそれを経費として控除することが認められている。そのため、成功報酬の利用を思い止まる弁護士があらわれてもおかしくはない。カナダでは、イギリスで散見される「事後」保険（'after the event' insurance）の普及も思わしくないようであるが、それは成功報酬ベースで提訴された事件において不利な費用裁定がなされる可能性が殆どないことによる。

2014年のオンタリオ州における導入以来、成功報酬契約はカナダ全土において利用されているものの、その普及率を示すデータからは、成功報酬契約に経済的アクセス障害を克服する効果を期待することは難しい。

3．第三者による訴訟費用支援（third-party litigation funding）

損害賠償金や和解金を分け合うのと引換えに第三者が訴訟支援するために融資を約束するという「第三者による訴訟費用支援」は、近時のカナダ、とりわ

+ 1/3）％であり、その他の人身傷害や死亡のケースで最大40％であるという。Glenn, *supra* note 99, at 7.

125）　ウォルカー対リチー事件において、カナダ最高裁判所は、原告側弁護士が成功報酬ベースで訴訟追行する場合に敗訴当事者によって「危険保険料（risk premium）」が支払われることはありえないとの判断を示した（*Walker v. Ritchie* [2006] 2 S.C.R. 428）。

126）　Glenn, *supra* note 99, at 7.

け、オンタリオ州では、クラスアクション費用の調達手段として活用されている[127]（クラスアクション基金については、後述Ｖ５参照）。

　そもそも、カナダでは、一般的な法律問題についてエクイティの寛容な姿勢が一般化したものの、コモンローの領域では、債権譲渡には消極的であり、訴訟上の請求権を譲渡する場合には、「訴訟援助」や「訴訟幇助」といった特別の制限がある[128]。もっとも、これらは不法行為を構成するなどとして禁止されていたが、その制限は次第に緩和されていった。たとえば、これらは成功報酬に基づいて訴訟活動を行う弁護士には適用されない。第三者には適用されるものの、譲渡に有効な事業目的がある場合、または、譲受人が債権執行について既存の経済的利害関係を有する場合には、訴訟幇助や訴訟援助は正当化される。

　たとえば、自動車販売業者は、その推奨する保証会社が販売車両の保証条項を履行しないときには、依頼者の損害賠償訴訟の幇助または支援をすることができる。しかし、そのような利害関係がない場合には、第三者が自身の利益のために提訴することは訴訟援助の罪になりかねず、勝訴被告に対する「弁護士―クライアント」費用を負担することになりかねない[129]。

---

[127]　1992年以降、オンタリオ州の原告は、クラスアクション費用調達のために、オンタリオ州法務財団の集団訴訟手続基金（Class Proceedings Fund）への申請が可能となったものの、集団訴訟手続基金は原告に不利な費用の裁定がなされるリスクを肩代わりすることを拒絶する傾向にあるため、「第三者による訴訟費用支援契約」が利用されるとの指摘がある。NATIONAL REPORT — CANADA, *supra* note 116, at 41-42.

[128]　「訴訟援助（champerty）」とは、勝訴時に係争物の一部を受けることを約束して、他人の訴訟を正当な理由なく肩代わりし、自らの費用で訴訟を追行することをいう。「訴訟幇助（maintenance）」とは、他人の訴訟に対し、何らの利害関係がないのに、正当な理由なく、金銭の供与その他の方法で援助を与えることをいう。「訴訟援助」は、「訴訟幇助」の重い形態である。イギリスおよびアメリカの殆どの州で、いずれも禁止されており（犯罪または不法行為を構成する）、その合意をした場合には公序良俗（public policy）違反として無効となる（田中英夫編集代表『英米法辞典』（東京大学出版会、1991年）参照）。

[129]　*Smith v. Canadian Tire Acceptance Ltd.* (1995), 36 C.P.C. (3d) 175.

「第三者による訴訟費用支援契約」に対する一般的な規制は特になく、裁判所が事件ごとにチェックして承認している。その際、裁判所は、こうした契約を頭から否定することなく、合理性の有無や濫用の懸念を慎重に審理するとともに、それが司法アクセスを促進し得ることを認めている。近時、オンタリオ州の裁判所は、「第三者による訴訟費用支援契約」はイギリスとオーストラリアで認められており、それはまた、「原告およびクラスの訴訟代理人が集団訴訟手続における実体的リスクを軽減することを認めるための適切な方法として、オンタリオ州において許可される」と判示した[130]。

カナダでは、訴訟を経済的に支援するサーヴィスを手掛ける業者が存在するものの[131]（Lexfund、BridgePoint 金融サーヴィス）、普及には至っていないようである。そうしたプラクティスには、訴訟幇助と訴訟援助が影を落としており、第三者による訴訟費用支援は依頼者に対する独自の法曹倫理上の義務（lawyer's ethical obligation）と整合しないという異論が唱えられてきた[132]。オンタリオ州における第三者による訴訟費用支援は、いまだ初期段階にあり、これを扱った判例が現れたのはここ10年ほどのことである。特定の条件と保護条項が整備されている契約について、裁判所はその有効性を認める意思を表明

---

130) Bayens v. Kinross Gold Corporation, 2013 ONSC 4974 (CanLII) (Ont. S.C.J.), at para. 34.
131) たとえば、レクスファンド（Lexfund）は、商業事件における100万カナダドル以上の損害賠償請求訴訟に対して、訴訟費用を支援するサーヴィスを行う。レクスファンドの新しいOCI保険は、請求が認容されなければ、被告の訴訟費用まで負担しなければならない原告の不安を和らげるために設計された商品である。また、ブリッジポイントの金融サーヴィス（BridgePoint Financial Services）は、原告が弁護士に法的要求の合理的解決を交渉するのに必要な時間を提供する一方、原告が財政的ストレスなしに生活を続けられるよう支援する「ブリッジローン」を提供する。See HULL & HULL LLP, Financial Services for Plaintiffs: <https://hullandhull.com/tag/bridgepoint/>（last visited Sep. 9, 2017）.
132) たとえば、P. Fuchs は、「第三者による訴訟費用支援は司法アクセスに資するものの、倫理的価値が高すぎないか？」と疑義を呈する。The National, Oct-Nov 2008 at 49.

しており、今後、その利用は増加すると考えるのが合理的であろう[133]。

　ケベック州では、フランス民法のオープンな態度を反映して、訴訟上の請求の譲渡（弁護士への譲渡を除く）に対する異議は見られない[134]。同州では、訴訟幇助や訴訟援助は不法行為ではない。しかしながら、訴訟上の請求の譲渡について、その対価、譲渡費用および利息の総額を支払うことで債務免除がなされるところ[135]、これは第三者による訴訟費用支援に対する歯止めとなっている。

4．訴訟費用保険（legal expense insurance［以下、LEIと略す］）

　訴訟費用を保険で賄うLEIは、カナダの全州において可能であるが、普及には至っていない。その理由としては、カナダでは公衆衛生および入院保険によって、多くの訴訟が不要となることが考えられる。たとえば、ケベック州では、無過失自賠責保険制度（no-fault automobile accident regime）のおかげで、自動車事故訴訟は提起されずに済む。大規模な労働組合のなかには、組合員にLEIを提供するものもある。ケベック州には、プラン提示型の民間保険会社がコモンローの州よりも多く存在しており、ケベック州のLEIはケベック州弁護士会（Quebec Bar）によって積極的に推奨されている。

　ドイツの保険会社DASは、2009年にLEIの業務をカナダに拡大することとし、その傘下の"DASカナダ"は、2010年7月にオンタリオ州のLEI政策を実行するために、同州の金融サーヴィス委員会から保険のライセンスを取得した。これにより、同州のLEI政策はDASカナダを通じてその恩恵を享受することが可能となり、個人や団体は、法律相談、契約トラブル、雇用問題、財産

133）　NATIONAL REPORT — CANADA, *supra* note 116, at 42.
134）　ケベック州では、フランス法の影響により、「係争中の権利の買戻し（*retrait litigieux*）」が存在する。これは、係争中の権利が譲渡された場合に、法律上、債務者に対する権能が譲受人に代わって譲渡人に認められることをいう（中村紘一ほか監訳『フランス法律用語辞典〔第3版〕』（三省堂、2012年）参照）。
135）　ケベック民法典（Quebec Civil Code）1748条（訴訟上の償還［litigious redemption］）。Glenn, *supra* note 99, at 8.

保護、税務対策などに関するさまざまな法的ニーズをカヴァーしている[136]。

2013年にカナダ法曹協会（Canadian Bar Association［以下、CBAという］）は、カナダにおけるLEIの認知度をさらに高めて一層普及させる必要があるとする報告書を公表した[137]。これによると、LEIが普及しているヨーロッパでは、人口の約40％が加入しているのに対し、カナダでは、ケベック州を除いて、LEIは普及しておらず、毎年全国で僅か1,100万カナダドルないし1,200万カナダドルのLEIが購入されているに過ぎず、そして、収入面で法律扶助の受給資格はないが、リーガル・サーヴィスを利用するほどの経済的余裕のない人々を対象とした広告キャンペーンが行われたケベック州でさえ、LEIの適用を受けることができるのは人口の約10％に過ぎないという[138]。

同報告書は、ケベック州を除くカナダにおけるLEIの認知度の低さは、おそらくLEIの価値に関する認識の欠如が主たる原因ではないかと推測している。医療費とは異なり、人々にとって訴訟費用を負担することは通常想定外であるし、LEIは高額であるとの先入観に囚われている人も少なくない、と分析する[139]。弁護士のなかにもLEIに関する認識の欠如やLEIに対する警戒心があるのかもしれない。そして、同報告書は、LEIの適用範囲の制限（たとえば、家族法に関する事項の欠如など）は、カナダにおけるLEIの認知度の低さに関係があると推測している[140]。そのため、CBAは、LEIをカナダ人の司法支援へのアクセスの一助となる重要なツールであることから、2030年までにカナダ人の中所得者層の75％がリーガル保険に加入することを目標に掲げる[141]。

---

136) The National, Oct-Nov 2008 at 38. なお、DASカナダのLEI政策は、法律相談ホットラインへの無制限アクセスをも含む。

137) Canadian Bar Association, Report of the CBA Access to Justice Committee, "Reaching equal justice : an invitation to envision and act" (November 2013),：<http://www.cba.org/CBA/equaljustice/secure_pdf/EqualJusticeFinalReport-eng.pdf> (last visited Sep. 10, 2017), (CBA Report). at 101-103.

138) Id. at 101.

139) Id. at 102.

140) Id.

CBAは、LEIの利用可能性が高まることにより、司法アクセスが向上し、その結果として、①LEIのメリットおよび比較的低いコストについての世間の意識を高めるための戦略を発展させること、②欧州モデルを基礎とした強制加入のリーガル保険の可能性を探るために政府と協働すること、そして、③家族法の分野を含むLEI政策をより向上させるべく保険会社と協働すること、が可能となるものとみている[142]。

5．少額裁判所（Small Claims Court）

訴訟費用と弁護士報酬は、裁判所の種類によって異なる。少額裁判所においては、訴訟費用は低額であるほか、弁護士代理は、ケベック州では禁止され、その他コモンローの州では、許容されてはいるが極めて稀である。そうすると、少額裁判所に提訴する原告にとっての経済的負担は相当軽減されることになる。そのため、司法アクセスの促進に寄与するとして、カナダの少額裁判所は幅広く利用されるに至っている。

少額裁判所における提訴手数料は、請求金額に応じて算定される[143]。少額裁判所の管轄外の請求であっても、10万カナダドル未満の事件については、略式訴訟手続規則（Simplified Procedure Rules）の運用を開始している州もある。この規則が適用されると、ディスカヴァリは認められず、あるいは、極めて限定的となり、弁護士報酬の低減が実現されるが、その程度は手続簡略化の状況により異なる[144]。このことから、請求金額よりもトライアルの期間こそが重要

---

141) *Id.* at 103.
142) *Id.*
143) たとえば、ケベック州の少額裁判所では、原告はその請求金額（0.1カナダドル〜7,000カナダドル）に応じて69カナダドル〜157カナダドルの提訴手数料を支払う。Glenn, *supra* note 99, at 10.
144) 弁護士の請求する報酬額は、近時の調査によると、オンタリオ州における当事者1名、2日間のトライアルにおける弁護士報酬として最低18,738カナダドル、最高90,404カナダドルで、平均45,477カナダドルであり、両当事者を合計すると、最低37,476カナダドル、最高180,808カナダドル、平均90,954カナダドルであるという。

であると理解されよう。

V　クラスアクション

1．カナダにおけるクラスアクションの位置づけ

a．沿革と理念

カナダでは、1978 年にアメリカ連邦民事訴訟規則 23 条をモデルとしたクラスアクション法（An Act Respecting the Class Action）を制定したケベック州を嚆矢として、1992 年にオンタリオ州[145]、1996 年にブリティッシュ・コロンビア州[146]などと各州が相次いでクラスアクション立法を実現するとともに[147]、連邦レヴェルでも 2002 年にクラスアクション制度を導入する連邦裁判所規則（Federal Court Rules）の改正が行われた。その結果、カナダにおいては、プリンス・エドワード・アイランド州および準州を除いて、クラスアクションが立法化されており[148]、それらの明文規定はモデルとされたアメリカ法よりも詳細で充実したものとなっている[149]。

カナダにおけるクラスアクション法制の理念は、オンタリオ州での導入を提案したオンタリオ州法改革委員会（ONTARIO LAW REFORM COMMISSION［以下、

See Kelly Harris, *The going rate,* 33 (6) CANADIAN LAWYER, (2009), 32, 37.

145)　Class Proceedings Act, 1992, S.O. 1992, c. 6. 同法の邦訳につき、大村雅彦「カナダ（オンタリオ州）におけるクラスアクション制度の概要（下）」NBL912 号（2009 年）82 頁以下参照。

146)　Class Proceedings Act, R.S.B.C. 1996, c. 50.

147)　2002 年にサスカチュワン州とニューファンドランド・ラブラドール州、2003 年にマニトバ州とアルバータ州、そして、2007 年にノバスコシア州がクラスアクションを立法化した。

148)　Janet Walker, Class Proceedings in Canada ; Report for the 18th Congress of the International Academy of Comparative Law, (2009), 1 : <http://digitalcommons.osgoode.yorku.ca/cgi/viewcontent.cgi?article=1040&context=all_papers> (last visited Sep. 15, 2017).

149)　大村雅彦『比較民事司法研究』（中央大学出版部、2013 年）109 頁。

OLRC〕）の報告書（1982年）の掲げる以下三つの基本的な政策目標にあらわれているといえよう[150]。

第1の目標は、司法アクセスの拡充である。カナダにおいても訴訟による経済的負担はあまりに重く、「個別行使の不可能な権利（individually non-viable claims）」はアメリカよりも際立っている[151]。その理由としては、① カナダでは人身傷害事件における慰謝料請求に上限があり、それはアメリカの裁定額に比べてきわめて低廉であること[152]、② カナダの裁判所では懲罰的損害賠償の裁定は稀であること[153]、③ カナダの民事訴訟におけるトライアルは、アメリカのように陪審員によるのではなく、裁判官だけで行われること、そして、④ 弁護士報酬を各自負担とするアメリカと異なり、カナダでは敗訴者が勝訴者の弁護士報酬を含む訴訟費用の大部分を支払わなければならないとする「費用負担転換ルール」が採用されており、これが訴訟の抑止力となっていること[154]、などがあげられる。

第2の目標は、訴訟経済ないし司法効率の向上である。同種の事件群に対するアプローチとしては、個別訴訟の反復によるよりも、クラスアクションによって束ねる方が、限りある司法資源をより効率的に活用することが可能となる。たとえば、輸血によるHIV感染事件では、クラスアクションが許可されなかったため、オンタリオ州だけで同種の訴訟が80以上も提起されたことがある[155]。そうした個別訴訟には、効率性のほかに、判断の一貫性を確保すること

---

150) OLRC, *Report on Class Actions, in* 3 SUMMARY OF RECOMMENDATIONS §56 (1982).

151) Garry D. Watson, *Class actions : the Canadian experience,* 11 *Duke J. Comp. & Int'l L.,* (2001), 269.

152) *See* Andrews v. Grand & Toy Alberta Ltd. [1978] 2 S.C.R. 229 (Can.).

153) *See* Joseph Y. Obagi & Elizabeth A. Quigley, *Making a Claim for Punitive Damages Against First Party Insurers,* 24 ADVOc. Q. 4 (2001).

154) *See* Garry D. Watson et al., The Civil Litigation Process : Cases and Materials, Toronto, ON : Emond Montgomery Publications, (1999) 363.

155) *See* Sutherland v. Canadian Red Cross Soc'y [1994] 112 D.L.R. (4th) 504 (Ont. Gen. Div.) (Can.) ; Garry D. Watson & Michael McGowan, *Annual Survey of Recent Developments in Civil Procedure, in* ONTARIO CIVIL PRACrICE ci (Garry D. Watson

が困難であるとの指摘もある。なお、司法の効率性は、個別提訴が可能な場合にのみ問題となる。

　第3の目標は、被告となる製造業者その他の企業の行動を修正することである。とりわけ、潜在的な被告としてクラスアクションのリスクに晒される企業に対しては、その違法行為を抑制する契機となり、社会全体におけるコンプライアンス意識の向上に資することが期待される。

　これらのうち、もっとも重要なのは、それまで不可能であった提訴を可能とすること、すなわち、新たに司法アクセス・ルートを開設するという第1の目標であるといえようが[156]、そのことはクラスアクションの代替手段の有無を考察することで明らかとなる。

　b．クラスアクションの代替手段

　カナダでは、クラスアクションによらずに人身傷害賠償請求事件が解決される場合として、① すべてのカナダ人に医療を提供する国営の医療制度[157]、② 事故被害者に利益を提供する無過失自動車保険のスキーム、そして、③ 労災補償の立法措置といった代替手段がある。ちなみに、労災補償が行われると、提訴が禁じられることになるが、このことはカナダでアスベスト訴訟が提起されなかった理由の一つであるといえよう。

　他方で、農場災害、洪水、国営血液センター・システムにおけるHIV感染[158]などの個々の事件のためのスキームに対して、大量被害を対象とする政

& Michael McGowan eds., 1995). *See* Pittman Estate v. Bayed [1994] 112 D.L.R. (4th) 482 (Ont. Gen. Div.) (Can.) ; *see* also Walker v. York-Finch Hospital [1997] 66 A.C.W.S. (3d) 81 (Can.).

156) 山本和彦「カナダ・オンタリオ州法からみたクラスアクションの検討――オンタリオ州法改正委員会『クラスアクションに関する報告書』の紹介」ジュリ842号（1985年）156頁、大村・前掲注149）111頁。

157) *See* DIANE LONGLEY, HEALTH CARE CONSTITUTIONS 21 (1996).

158) *See* Parsons v. Canadian Red Cross Soc'y [1999], 40 C.P.C. (4th) 151 (Ont. Sup. Ct.), 101 A.C.W.S. (3d) 694 (Can.).

府の一般的な補償制度は存在しない。もっとも、政府または政府機関が被告である場合には、クラスアクションによって政府財源の補償パッケージを設けることもある[159]。

多数当事者の併合を含む個別訴訟は、提訴を思いとどまらせるに十分なほどの経済的負担を伴うために、大量被害を一般的に救済するものではない。そのため、カナダでは、クラスアクションによる司法アクセスの拡充および人々の大量被害への補償の実効性が認められるに至り、クラスアクション以外の選択肢は存在しないとの認識が一般的となっている。

2．カナダにおけるクラスアクションの概要

a．基本的枠組み—クラス認可（certification）

前述のように、カナダのクラスアクション立法は、1978年のケベック州にさかのぼるが、クラスアクションのプレゼンスが格段に高まったのは、1992年のオンタリオ州および1996年のブリティッシュ・コロンビア州におけるクラス訴訟法（Class Proceedings Act）によるところが大きい。

これら3州のクラスアクション手続は、アメリカ連邦民事訴訟規則23条に定められている手続と構造的に類似してはいるものの、その規律はより緩和されており、そのことはカナダにおけるクラスアクションの利用をより促進する要因となっている旨の指摘がある[160]。

とりわけ、カナダにおけるクラスアクションの認可要件が緩やかであることは注目に値する。たとえば、オンタリオ州では、① 訴答書面に訴訟原因（cause of action）が示されていること、② 代表原告または代表被告によって代表され

---

159) たとえば、国営血液センター・システムを通じて C 型肝炎に感染した人々の主張や近時の大腸菌による水質汚染事件の結果、補償パッケージが新設された例がある。See WATSON, *supra* note 151, at 272.

160) See M. McGowan, *Certification of Class Actions in Ontario: A Comparison of Rule 23 of the U.S. Federal Rules of Civil Procedure*, in 16 Carswell's Practice Cases 172 (1993).

る複数人からなるクラスが識別可能であること、③クラス構成員の請求または防御方法が共通争点（common issues）を有すること、④共通争点のためにクラス訴訟が望ましい手続（preferable procedure）であること、⑤代表原告または代表被告が、（ⅰ）クラスの利益を公正かつ適切に代表し得ること、（ⅱ）クラスのために訴訟を遂行し、かつ、構成員に対して告知（notice）を行うための実効性のある方法を示す計画を提出すること、かつ、（ⅲ）、クラスの共通争点に関して、他のクラス構成員と対立する利益を有しないこと、の各要件をすべて満たすとき、裁判所はクラス認可をしなければならないとされている[161]。とりわけ、④に関しては、共通争点の優越性が要求されるアメリカ法よりも緩やかであることは特筆に値しよう[162]。

b．カナダのクラスアクション制度の主な特徴

クラスアクションとして認可された後の手続は、オプトアウト型および審理の二段階構造をはじめ、いくつかの特徴を有する。その主要なものを眺めてみよう。

(1) 除外申出（opt out）

クラスアクションの認可決定がなされると、クラス構成員は、裁判所の設定した時間内に除外申出のための積極的な措置を講じない限り、手続にとどまるものとみなされ、共通争点に関する裁判所の判決に拘束されることになる[163]。

---

161) Class Proceedings Act, S.O., ch. 6, §5 (1992). 認可要件については、ブリティッシュ・コロンビア州も同様の規律であるが、ケベック州は若干異なる。*See* Quebec Code of Civil Procedure, R.S.Q., c. C-25., §§ 1000 et seq.
162) ブリティッシュ・コロンビア州では、共通争点が個別争点よりも「支配的であるかどうかに拘わらない」と明記されている（Class Proceedings Act, R.S.B.C. 1996, c. 50. §4 (1) (c) (1996))。大村・前掲注149) 114頁。ちなみに、アメリカのクラスアクションのうち、個々の請求に固有の問題に比べて共通の法律問題や事実問題が支配的に重要である訴訟については、クラスアクションが他の司法判断の方法より優越していると認められる場合にのみ許可される（アメリカ連邦民事訴訟規則23条(b)(3)）。なお、大村雅彦「カナダ（オンタリオ州）におけるクラスアクション制度の概要（上）」NBL911号（2009年）38頁注7)も参照。

このオプトアウト型手続という特徴は、アメリカのクラスアクションと共通する[164]。

(2) 審理の二段階構造と和解（settlements）

カナダのクラスアクション手続は、クラス認可後に、まずは責任原因の有無などの共通争点についての審理がなされ、それを肯定する終局的判断がなされると、つぎにクラス構成員各自の因果関係や損害などの個別争点（individual issues）についての審理・判断が行われる。

第一段階の共通争点の審理・判断は、一括して行われなければならず、審理および裁判を分離することは許されない[165]。第二段階の個別争点の審理・判断は、① 共通争点の審理・判断をした裁判官またはその他の裁判官によって行われる場合のほか、② 裁判所規則に従って1名または複数の者を指名して事件を付託する場合、③ 両当事者の同意を得て、その他の何らかの方法で当該争点を解決するよう指示する場合がある[166]。個別争点は、事件によって立証の難易度が異なり、必ずしも裁判官による厳格な手続が相当であるとは限らないことから、独立の専門家（experts）や退職判事や弁護士などの法律家の主宰するADR的な処理も可能であるとして、裁判所の選択に委ねられた[167]。なお、

---

163) Class Proceedings Act, S.O., ch. 6, §9, §27(3), §17(3)(f) (1992)；Class Proceedings Act, R.S.B.C. 1996, c. 50. §16 (1), §26 (1) (1996).

164) もっとも、他州居住者についてはカナダ各州によって異なり、たとえば、ブリティッシュ・コロンビア州ではオプトイン方式が採られている（Class Proceedings Act, R.S.B.C. 1996, c. 50. §16 (2) (1996))。この点、大村・前掲注162) 38頁注8) を参照。

165) Class Proceedings Act, S.O., ch. 6, §11 (1) (a) (1992)；Class Proceedings Act, R.S.B.C. 1996, c. 50. §11 (1) (a) (1996).

166) Class Proceedings Act, S.O., ch. 6, §25 (1) (1992)；Class Proceedings Act, R.S.B.C. 1996, c. 50. §27 (1) (1996).

167) 強制調停（mandatory mediation）の制度を有するブリティッシュ・コロンビア州には、第一段階で和解が成立した場合に個別争点について強制調停が活用されているが、第一段階が判決で終了した場合にもその活用が望ましいとの指摘につき、大村・前掲注149) 118頁を参照。

裁判所は、当該争点を解決するのにもっとも迅速かつ経済的な方法を指定しなければならない[168]。

ところで、第一段階で原告の請求を認める判断がなされた場合には、被告は和解に応じ、個別争点の審理は殆ど行われないのが実際である。クラスアクションにおける和解の一般的規律としては、クラス認可の有無を問わず、和解手続に不在のクラス構成員の利益保護の観点から、裁判所の承認を得なければならず、承認を得たときは、すべてのクラス構成員を拘束するとされている[169]。こうした和解に対する裁判所の監督のあり方は、アメリカのクラスアクションと同様である（アメリカ連邦民事訴訟規則23条(e)）。なお、和解をめぐる問題については、後述する（本節4.b.）。

(3) 告知（notice）

クラス認可の決定をはじめてとして、和解の承認や共通争点に関するトライアルなどについては、クラス構成員に対する告知がなされる[170]。告知は義務ではないが、クラス構成員の手続保障の観点から行われるのが通常である（免除も可能である[171]）。告知の方法に制限はなく、裁判所が実行可能な告知（feasible notice）であるとして承認すれば、ウェブサイトを利用することもできる。

裁判所は、その他に免除の有無や告知に要する費用の負担者を決定することができる[172]。

---

168) 大村・前掲注162) 38頁。
169) Class Proceedings Act, S.O., ch. 6, §29 (2)(3) (1992); Class Proceedings Act, R.S.B.C. 1996, c. 50. §35 (1)(3)(4) (1996).
170) Class Proceedings Act, S.O., ch. 6, §§17 et seq. (1992); Class Proceedings Act, R.S.B.C. 1996, c. 50. §§19 et seq. (1996).
171) Class Proceedings Act, S.O., ch. 6, §17 (2) (1992); Class Proceedings Act, R.S.B.C. 1996, c. 50. §19 (2) (1996).
172) Class Proceedings Act, S.O., ch. 6, §22 (1) (1992); Class Proceedings Act, R.S.B.C. 1996, c. 50. §24 (1) (1996).

(4) ディスカヴァリ（discovery）

カナダのクラスアクションにおける当事者は、他の訴訟におけるのと同様に、裁判所規則に基づくディスカヴァリの権利を有する[173]。

クラス認可および第一段階の審理においては、ディスカヴァリが認められるのは任命された当事者に限定される。被告は、個々のクラス構成員ではなく、クラス代表者のみをディスカヴァリの対象として、尋問する権利が与えられる。クラス代表者が証言した後に、被告は、その他のクラス構成員のディスカヴァリのために退廷を求めることができる。これは、カナダにおけるディスカヴァリの一般的なアプローチである。

(5) 弁護士報酬の負担転換（fee shifting）

カナダでは、アメリカと異なり、敗訴当事者が勝訴当事者の弁護士報酬またはその一部を負担するのが通常であるが、クラスアクションにおいてこの「イングリッシュ・ルール」がどのように作用するかが問題となる。この点は、クラスが敗訴した場合、誰が被告の弁護士報酬およびその他の費用を負担するかという形で議論されてきた。各州のクラスアクション法には、クラス構成員のうち、代表原告のみがこれらを負担する旨の規定がみられるが、代表原告がいつ、どの程度の責任を負うかは州によって異なる。

ブリティッシュ・コロンビア州では、OLRCの勧告[174]が採用され、代表原告が責任を負うには、単なる敗訴では足りず、訴訟が「根拠薄弱または訴権濫用（frivolous or vexatious）」であることを要し、その場合の費用負担は事実上免除される。

ケベック州では、代表原告の費用負担が認められていたが、きわめて巨額の費用が裁定されたために法改正がなされ、少額裁判所程度の名目上の費用のみを負担するものとされた[175]。

---

173) Class Proceedings Act, S.O., ch. 6, §15 (1) (1992) ; Class Proceedings Act, R.S.B.C. 1996, c. 50. §17 (1) (1996).
174) See Report on Class Actions, supra note 150.
175) See L. Fox, Liability for Costs: A Comparison of Bill 28 and Bill 29 and the Quebec

オンタリオ州は、もっとも徹底しており、裁判所が「当該訴訟を新たな法律問題を提起する、または、公益上の争点を包摂するテストケースである」と判断する場合を除き、敗訴した代表原告に費用を負担させる裁定をすることができる旨の立法がなされている[176]。もっとも、実際に代表原告が費用負担を命じられることは殆どないうえに、大部分の事件で和解が成立しているという[177]。また、オンタリオ州では、被告の訴訟費用を負担させられる代表原告の責任を免除するために、クラスアクション基金が設立されている（本節5.b.）。

なお、クラス弁護士の報酬額については、主にタイムチャージ制と成功報酬制を組み合わせて、裁判所が決定し、それはクラスが回収した賠償金から支払われるのが通常である[178]。

(6) 全国的クラス（national classes）

オンタリオ州などでは、同州の住民だけでクラスを構成するのではなく、他州居住者も混在した、カナダ国民という枠で画される「全国的クラス」も認められるが、このことはクラスアクション立法を有しない地域にクラスアクションが普及するのに貢献した[179]。もっとも、その反面で後述のようなさまざまな問題が惹起されるが（本節4.c.）、連邦裁判所の管轄が限定的で[180]、かつ、州裁判所が中心的であるカナダにおいては、アメリカのように州裁判所から連邦

Legislation, in PROCEEDINGS OF THE FIRST YVES PRATTE CONFERENCE (1992).

176) Class Proceedings Act, S.O., ch. 6, §31 (1) (1992) (Can.).

177) トライアルに至ったのはごく僅かであり（Windisman v. Toronto College Park Ltd. [1996] 28 O.R. (3d) 29 (Gen. Div.) (Can.), and Peppiatt v. Nicol (1998) OJ. No.3370 (Ont. Gen. Div.) (online Quicklaw), 82 A.C.W.S. (3d) 243.）、いくつかの事件はサマリージャッジメントで解決されたが、その場合、被告に有利となるのが通常である。

178) *See* WATSON, *supra* note 151, at 277.

179) *See* Wilson v. Servier Canada Inc. and Biofarma S.A. [2000] 50 O.R. (3d) 219 (Ont. Sup. Ct.) (Can.).

180) カナダ連邦裁判所の事物管轄は、たとえば、連邦政府に対する訴訟、国籍法、海事法、知的財産権に関する訴訟などに限定されている。Peter W. Hogg, *Constitutional Law of Canada,* 5th ed., loose-leaf (Scarborough, Ont.: Thomason Canada Limitied, 2007) vol. 1 at 7-26, 7-27.

裁判所への移管を促進するといった対応をすることができず、問題はより先鋭化しかねない[181]。

3．カナダにおけるクラスアクションの実際

カナダでは、クラスアクションが提起される事件は多岐にわたる。たとえば、不法行為事件としては、① 製造物責任事件（欠陥心臓ペースメーカー事件[182]、豊胸手術事件[183]、C 型肝炎汚染血液事件[184]など）や ② 大量被害事件（地下鉄事故[185]、列車事故[186]、水質汚染事件[187]、先住民用全寮制学校における性的虐待事件[188]など）がある。

契約事件としては、③ 消費者事件（公益事業会社[189]やクレジットカード会社に対して金利その他の課徴金の違法性を訴える事件[190]、コンドミニアム敷金回収事件[191]、住宅団地の分譲における虚偽表示に対する損害賠償請求事件[192]、「ヴァニシング・プレミアム（vanishing premium）」生命保険政策をめぐる訴

---

181) Class Actions in the Federal Court, FEDERAL COURT PRACTICE — 2007, PAPER3.1.12. アメリカではクラスアクション公正法（Class Action Fairness Act of 2005, 28 U.S.C. §§1711-1715）によって対処した。

182) See Nantais v. Telectronics Proprietary (Canada) Ltd. [1995] 129 D.L.R. (4th) 110 (Ont. Gen. Div.) (Can.), *prob. juris. noted,* 127 D.L.R. (4th) 552 (Can.).

183) See Bendall v. McGhan Medical Corp. [1993] 106 D.L.R. (4th) 339 (Ont. Gen. Div.) (Can.).

184) See Parsons v. Canadian Red Cross Soc'y, *supra* note 158.

185) See Godi v. Toronto Transit Comm'n (Doc. 95 CU 89529) (Gen. Div.) (Can.).

186) See Brimner v. Via Rail Canada Inc. [2000] 47 O.R. (3d) 793 (Ont. Sup. Ct.) (Can.).

187) See Colin Perkel, *Walkerton Victims Want to Sue,* THE TORONTO STAR, Jan. 15, 2001, *available at* <http://www.thestar.com>.

188) See Lumley v. British Columbia [1999] B.CJ. No. 2633 (B.C.C.A.) (Can.) (online Quicklaw).

189) See Garland v. Consumers' Gas Co. [1998] 3 S.C.R. 112 (Can.).

190) See Smith v. Canadian Tire Acceptance Ltd., *supra* note 129.

191) See Windisman v. Toronto College Park Ltd., *supra* note 177.

192) See Peppiatt v. Nicol, *supra* note 177.

訟[193]など)や④労働事件(企業買収に伴う大量解雇に対する不当解雇訴訟[194]など)がある。

その他にも、企業間紛争[195]、価格協定事件[196]、フランチャイズ問題[197]、年金剰余問題[198]、先住民の請求[199]、著作権事件[200]などもある。

事件の規模もさまざまであり、大規模事件だけでなく、クラスアクションがないために多くの人々が提訴できずに回復もなしえないという不当な扱いを受けたというさまざまな事例の存在を示す比較的小規模な事件もある[201]。

---

193) *See Dabbs v. Sun Life Assurance Co. of Canada* [1998] 40 O.R. (3d) 776 (Gen. Div.) (Can.) ; *McKrow v. Manufacturers Life Ils. Co.* [1998] O.J. No. 4692 (Ont. Gen. Div.) (online Quicklaw)'.

194) *See* Halabi v. Becker Milk Co. [1998] 39 O.R. (3d) 153 (Gen. Div), Atkinson v. Ault Foods Ltd. [1997] O.J. No. 5222 (Ont. Gen. Div.) (Can.). (online Quicklaw, Webb v. K-Mart Canada Ltd. [1999] O.J. No. 2742 (Ont. Sup. Ct.) (Can.). (online Quicklaw), 91 A.C.W.S. (3d) 18.

195) *See* Maxwell v. MLG Ventures Ltd. [1996] 30 O.R. (3d) 304 (Gen. Div.) (Can.).

196) *See* Cha dha et al. v. Bayer Inc. [1999] 45 O.R. (3d) 29 at36 (Ont. Gen. Div) (Can.).

197) *See* Rosedale Motors Inc. v. PetroCanada Inc. [1998] 42 O.R. (3d) 776 (Gen. Div.) (Can.).

198) *See* Cooper Industries (Canada) Inc v. Babin, B173/95 (Can.) ; Cooper Industries (Can.) Inc. v. Adam, B172/95 (Can.) ; Rivett v. Hospitals of Ontario Pension Plan [1995] O.J. No. 3270 (Gen. Div.) (online Quicklaw), 58 A.C.W.S. (3d) 1180 (Can.).

199) *See* Chippewas of Sarnia Band v. Canada (Attorney General) [1996] 45 C.P.C. (3d) 216 (Ont. Gen. Div.) (Can.).

200) *See* Robertson v. The Thomson Corp. [1993] 43 O.R. (3d) 389 (Gen. Div.) (Can.).

201) たとえば、コンドミニアム開発において暖炉に欠陥がある場合のコンドミニアム敷金の利息をめぐる事件(Crawford v. London (City) [2000] O.J. No. 989 (Ont. Sup. Ct.) (online Quicklaw), 98 A.C.W.S. (3d) 527 (Can.).)、および、フリーランスのジャーナリストが著者の許可なく電子形式で印刷媒体の記事を再発行したと主張して大手出版社を訴えた著作権侵害事件(Robertson v. The Thomson Corp., *supra* note 200) などがある。

4．カナダにおけるクラスアクションの諸問題

クラスアクションをめぐる問題は、アメリカなどでも数多く指摘されているが、カナダでは以下の諸点が問題とされている[202]。

a．クラス認可に関する問題

カナダの裁判所は、クラス認可の要件とあまり関係のない理由に基づいて不認可とすることがある。これは、裁判所が「悪いクラスアクション（bad class action）」であると判断する場合であり、認可拒絶の理由としては不誠実または不透明のおそれが掲げられる。そのような例としては、不動産開発推進税事件[203]や共同住宅浴場カビ事件[204]などがある。

共通争点の存在はクラス認可の要件である。共通争点とは、クラス構成員の間で①同一もしくは共通性のある事実上の争点、または、②同一もしくは共通性のある事実関係から生じた、同一もしくは共通性のある法律上の争点をいう[205]。要するに、構成員各自の争点から共通項を括り出すことができなければ、クラスアクションとして認可されないということである。たとえば、口頭による虚偽表示事件は個別争点が多数存在するため、共通争点の不存在を理由としてクラス認可が容易に認められることはない[206]。構成員各自の利益侵害を共通争点に収斂しようとする努力が認められない限り、裁判所の認可は得られない

---

202) WATSON, *supra* note 151, at 279.
203) *See* Abdool v. Anaheim Management Ltd. [1995] 21 O.R. (3d) 453 (Div. Ct.) (Can.) (a class action by investors in a condominium scheme).
204) *See* Taub v. Manufacturers Life Ins. Co. [1998] 40 O.R. (3d) 379 (Ont. Gen. Div.) (Can.).
205) *See*, Class Proceedings Act, S.O., ch. 6, §1 (1992)：Class Proceedings Act, R.S.B.C. 1996, c. 50. §1 (1996).
206) *See, e.g.*, Rosedale Motors Inc. v. Petro-Canada Inc., *supra* note 197 ; Mouhteros v. DeVry Canada Inc. [1998] 41 O.R. (3d) 63 (Ont. Gen. Div.) (Can.) ; Controltech Eng'g Inc. v. Ontario Hydro [1998] OJ. No. 5350 (Gen. Div.) (online Quicklaw), 84 A.C.W.S. (3d) 836 (Can.).

のである[207]。

b．和解に関する問題

クラスアクションにおいては、法適用の結果として宣言される判決に比べて、交渉の結果として成立する和解には、クラス構成員との関係で、その内容の公正性に関する疑義が生じるおそれが常にある。なぜなら、原告クラスの代理人弁護士が、被告と通じているかどうかにかかわらず、満足のいく報酬を得ようとして、適正な価額よりも低額で和解するといったように、クラスを売り渡すリスクが付きまとうからである[208]。原告側弁護士が相場を上回る弁護士報酬を手にするのを目にして、カナダの人々は、クラスアクションには被告が自己に有利な和解を導き出すリスクが潜んでいることを学んだのである[209]。

カナダでは、クラス認可の有無にかかわらず、クラスアクションの和解には裁判所の承認を要することが明確に法定されている[210]。裁判所は、承認の有無を判断するに際して、利益相反の可能性や大規模不法行為事件の当事者が現在の請求者の利益のために将来の請求者を売り渡すおそれを十分に認識していないものの[211]、アメリカの裁判所よりも和解の承認という監督業務をより良く遂行していることは、和解の承認を拒絶したつぎの二つの重要な判決が証明している。一つは、C型肝炎訴訟において提案された15億カナダドルの和解案が変更されるまでその承認を拒絶した判決[212]であり、いま一つは、提案された

---

207)　*See, e.g.,* Dabbs v. Sun Life Assurance Co. of Canada, *supra* note 193.

208)　*See* Ortiz v. Fibreboard Corp., 119 S. Ct. 2295, 2318 (1999). *In re* Asbestos Litig., 134 F.3d 668 (5th Cir. 1998).

209)　*See, e.g.,* J.C. Coffee, Jr., *Class Wars : The Dilemma of the Mass Tort Class Action,* 95 COLUM. L. REV. 1343 (1995).

210)　*See* Class Proceedings Act, S.O., ch. 6, §29 (2) (1992) ; Class Proceedings Act, R.S.B.C. 1996, c. 50. §35 (3) (4) (1996).

211)　この点は、アメリカではよく認識されているという。*See* Ortiz v. Fibreboard Corp., *supra* note 208 ; *see also* J.C. Coffee, Jr., *Class Action Accountability : Reconciling Exit, Voice, and Loyalty in Representative Litigation,* 100 COLUM. L. REV. 370 (2000).

和解案を詳細に調査する法律上の義務の重要性を明確にして、合併取引を非難するクラスアクションの和解を承認することを拒絶したエプスタイン事件判決[213]である。

こうした事例において裁判所が和解を承認することは、「司法アクセス、司法経済、そして、行動修正」という「重要な政策目的」とは正反対の非生産的な行為となってしまうために、承認拒絶がなされたのである。

c．その他の諸問題

複雑訴訟に関してカナダの判例法上言及されてきたその他の問題としては、① 原告・被告双方の弁護士がクラス構成員といつ、どのようにして意思疎通を図るのか[214]、② 既判事項の原理（principles of res judicata）をいかにしてクラスアクションの判決に適用するのか[215]、そして、③ ADRプログラムによる被告の和解案をクラスアクション法の趣旨に沿う「望ましい手続（preferable procedure）」として扱うべきか否か、などがある。

しかしながら、クラスアクションに関する諸問題については、未だ裁判所による適切な解決はみられない。たとえば、裁判所に対してクラス認可の申請をする際に、いかなる証拠を提出すべきかについて明らかではなく、裁判所は、そうした申請に関する採用可能な証拠をめぐるさまざまな見解に対して十分な検討を加えてきたとは言い難い。また、和解に関する未解決の問題としては、いかなる状況下で原告に支払うべき損害賠償と費用、または、原告の弁護士に支払うべき報酬を当事者が同時に交渉する権限を有するべきであるのか、そして、和解の一環として原告の訴訟費用または弁護士報酬を支払うことを被告が

---

212) *See* Parsons v. Canadian Red Cross Soc'y, *supra* note 158.
213) *See* Epstein v. First Marathon Inc. [2000] OJ. No. 452 (Ont. Sup. Ct.) (online Quicklaw), 94 A.C.W.S. (3d) 1062 (Can.). 裁判所は「エプスタイン氏の訴訟は『いやがらせ訴訟（'strike suit）』の性質がある」と判断した。
214) *See* Mangan v. Inco Ltd. [1998] 38 O.R. (3d) 703 (Gen. Div.) (Can.).
215) *See* Allan v. CIBC Trust Corp. [1998] 39 O.R. (3d) 675 (Gen. Div) (Can.).

望んだ場合、その意思を原告の弁護士と裁判所はいかに扱うべきかなどがある。少なくとも、十分な資金提供を受け、かつ、適切に代表された異議申立人がいない場合には、裁判所は、和解案が公正か否かについて助言を得るために弁護士を任命すべきであろう[216]。

クラスの弁護士報酬に関しても、さまざまな未解決の問題がある。たとえば、① 事後の再検討を条件として訴訟の早い段階で報酬額を設定、承認すべきか、② 全体の和解金額よりもクラス構成員に実際に支払った金額を参考として報酬の裁定を行うべきか、そして、③ 裁判所による原告側弁護士の報酬の決定に際し、被告はいかなる役割を果たすべきかなどの問題がある[217]。

大量不法行為事件では、オンタリオ州で開始された「全国的クラスアクション」、および、ブリティッシュ・コロンビア州とケベック州で開始された州籍相違クラスアクション（separate provincial class actions）が一般的であるが[218]、被告の便宜に配慮してこれら三州の手続を一本化すべく、併合和解（joint settlement）の可能性が検討されている。さらに、このことから、クラスアクションにおける州間協働の必要性が議論されることになる。たとえば、いくつかの州で係属中の訴訟がある場合には、それらの州の裁判所による併合審理（joint hearings）が望ましい。なぜなら、併合審理なしに、たとえば、ケベック州で最初に和解が承認されると、たとえ留保付きの和解であっても、オンタリオ州の裁判所が当該和解を承認しないことは困難であるからである。そこから、さらにそうした併合審理を実現し得るかという問題も派生してこよう[219]。

---

216) WATSON, *supra* note 151, at 284.
217) *See* Parsons v. Canadian Red Cross Soc'y [2001] O.J. No. 214 (Ont. C.A.) (Can.) (online Quicklaw).
218) *See, e.g.,* Endean v. Canadian Red Cross, [2000] B.C.J. No. 1254 (B.C.S.C.) (online Quicklaw), 97 A.C.W.S. (3d) 550 (Can.); Parsons v. Canadian Red Cross Soc'y, *supra* note 158.
219) さらに関連して、アメリカで生じたように、二つ以上の州において競合する全国的なクラスが出現することで、和解のための「逆オークション（reverse auction）」

5．クラスアクション基金（Class Action Fund）

いまやカナダ全域において、クラスアクションを起こすことは可能であるが、訴訟費用や弁護士報酬は州によって相当の幅があり、また、州ごとに資金調達のための特別のルールが設けられている。そうした動きのうち、以下では、ケベック州、オンタリオ州、その他の州における「クラスアクション基金（Class Action Fund）」を順に眺めてみよう。なお、クラスアクションについて、経済的アクセス障害を除去するもっとも一般的な方法は、成功報酬契約であるという[220]。

a．ケベック州のクラスアクション基金

クラス代表者は敗訴すると、訴訟費用および費用裁定の負担を求められる。そのため、基金の必要性を認めたケベック州政府は、クラスアクション基金を設立し、毎年、資金提供をしてきた[221]。クラス代表者（実際は代表者のために訴訟追行する弁護士）は、訴訟費用、弁護士報酬、そして、専門家証人の報酬をカヴァーするためにクラスアクション基金に資金提供を申請することができ、その反面、当該基金は、クラス認可がされなかった場合の最終的な費用裁定に責任を負うことになる。

当該基金から多くのクラスアクションに資金提供がなされるとともに、収益

の機会を被告に付与してしまう事態をいかに防止するかという問題もある。*See* Coffee, *supra* note 211. ちなみに、逆オークションとは、売手が買手を選定する通常のオークションと異なり、買手が売手を選定するオークションをいい、政府による調達の際に行われる競争入札がこれに対応する。

220) もっとも、Janet Walker, *Class Proceedings in Canada* — Report for the 18th Congress of the International Academy of Comparative Law (October 19, 2009) at 24-25, *available at* <https://ssrn.com/abstract=1491167 or http://dx.doi.org/10.2139/ssrn.1491167>.

221) そのため、ケベック州は、クラスアクション基金の「パラダイス」と呼ばれているという。Glenn, *supra* note 99, at 8.

の一部が進行中の事件を支援するために当該基金に償還される。

なお、ケベック州のクラスアクション基金は政府機関であるから、資金提供をするか否かの判断は司法審査の対象となる。

b．オンタリオ州のクラスアクション基金

オンタリオ州では、「クラス訴訟基金（Class Proceedings Fund）」が設立されている[222]。当該基金に申請した代表原告への支援が認められると、当該基金は、裁定された訴訟費用を被告に対して支払う責任を負うとともに、代表原告は被告の訴訟費用を負担する責任を免れることになる[223]。なお、当該基金は、弁護士報酬や最終的な費用裁定をカヴァーしない。費用裁定は、これまでオンタリオ州で敗訴したクラス代表者に対してなされてきたのであり、その金額は、クラスアクションの敗訴被告に対する裁定額よりも低いのが通常である。

ところで、当該基金の財源は弁護士の信託勘定（trust accounts）[224]の利息から引き出されており、政府による融資はない。そのため、財源が十分であるとはいえず、実際に資金提供したクラスアクションは極めて少数であり、当該基金は軌道に乗っているとはいえない。当該基金は、50万カナダドル[225]の初期資本で始まり、資金提供した訴訟における和解または判決の額の10％を徴収することによって補充されてきた。基金の立案者は、すべての代表原告が基金への申請を行うことを期待したであろうが、実際の申請件数はきわめて少数にとどまっている。大規模訴訟の申請があるならば、基金の財源は潤うことにな

---

222) *See* Law Society Amendment Act (Class Proceedings Funding), S.O., ch. 7 (1992) (Can.).

223) *See* Law Society Amendment Act (Class Proceedings Funding), *supra* note 222, at § 59.1 (2) 2, §59.4.

224) 信託勘定（trust accounts）とは、信託銀行が信託財産の受益者のために信託財産の財産状況と収支状況を区分管理する勘定をいう。信託銀行は、銀行勘定（自己の損益・資産を管理する勘定）および信託勘定を区分して管理する。

225) *See* Law Society Amendment Act (Class Proceedings Funding), *supra* note 222, at § 59.1 (1).

ろう。なぜなら、オンタリオ州では、クラスアクションにおいて多くの充実した和解がなされてきたからである。和解金額は、たとえば、心臓ペースメーカー訴訟では2,310万カナダドル[226]、豊胸手術訴訟では2,900万カナダドル[227]、生命保険訴訟では約1億4,000万カナダドル[228]であった。これらの訴訟だけでクラス構成員の回収総額は、2億600万カナダドルであった。これらの回収額の10％を徴収するならば、基金はさらに2,060万カナダドルの収益を得るであろう[229]。

　基金がその目的を首尾よく達成するための、一つのアプローチは、基金の資金提供の有無にかかわらず、全てのクラスアクションにおいて回収額の徴収率を相当低くして（たとえば、1～2％）、訴訟に適用するという法改正を行うことである。もう一つのアプローチは、基金を単に終了させることである。その理由としては、オンタリオ州では、軌道に乗っている基金がなくても、クラスアクションはよく機能していることがあげられる。あるいは、クラス訴訟基金が費用転換（fee shifting）の問題を適切に処理できなかったことを踏まえて、オンタリオ州はその法律を改正し、クラスアクションにおける費用転換を事実上放棄するブリティッシュ・コロンビア州モデルによるべきであるとの主張もある[230]。

c．その他の州のクラスアクション基金

　その他の州では、クラスアクションに対する資金提供の方法は制度化されておらず、さらにクラスアクション費用の裁定を禁じてきた。もっとも、費用裁

---

226)　Nantais v. Telectronics Proprietary (Canada) Ltd., *supra* note 182.
227)　Serwaczek v. Medical Engineering Corp. [1996] 3 C.P.C. (4th) 386 (Gen. Div.) (Can.).
228)　*See* McKrow v. Manufacturers Life Ils. Co. [1998] O.J. No. 4692 (Ont. Gen. Div.) (online Quicklaw); .Dabbs v. Sun Life Assurance Co. of Canada, *supra* note 193.
229)　なお、これには、C型肝炎訴訟の和解金15億カナダドルがカウントされていない。*See* Parsons v. Canadian Red Cross Soc'y, *supra* note 158.
230)　WATSON, *supra* note 151, at 277.

定については、常に裁判所の裁量としたり（ブリティッシュ・コロンビア州）、単に通常の訴訟費用規則（裁判所規則）として有効なものとみなしたり（アルバータ州）してきた。後者の場合、とりわけ訴訟費用規則がクラスアクションを抑制する要因となり得る。

ヨーロッパ

第4章

イギリスにおける司法アクセス

萩 澤 達 彦

Ⅰ　理念・政策・立法動向 / Ⅱ　民事司法制度の特色 / Ⅲ　訴訟に関する費用 / Ⅳ　その他

＊イギリスの民事訴訟については、民事訴訟規則の適用対象である、イングランドとウェールズを念頭におく[1]。

Ⅰ　理念・政策・立法動向

1．司法アクセスに関する理念

　成文憲法は存在しないが、Rule of Law が憲法的内容として認められており、Rule of Law には Access to Justice を確保することも含まれていると解されている[2]。民事訴訟における、Access to Justice については、中産階級や中小企業が裁判制度にアクセスできる資金調達手段を確保することも含まれると考えられている[3]。

　民事訴訟規則第1部に「民事訴訟規則の最優先の目的 overriding objective」

---

1)　スコットランドは、ローマ法の影響も強く、イングランドと、民事実体法や民事訴訟法も異なる体系を持ち、裁判制度も独自のものである。北アイルランドも独自の裁判制度と訴訟法を有する。溜箭将之『英米民事訴訟法』（東京大学出版会、2016年）4頁。
2)　Catherin Elliott; Fraces Quinn, *English Legal System*, 18ed. (2017), p. 5.
3)　Sime, Stuart; French, Derek, *Blackstone's Guide to the Civil Justice Reforms 2013 (Blackstone's Guides)* p. 3.

として理念が示されている。

① 裁判は公正に行われなければならないが、同時に「均衡性 proportionality」が重視されなければならない。すなわち、事案の扱いは、訴額、事件の重要性、争点の複雑さ、各当事者の資力に応じて、均衡がとれていなければならない[4]。

② 裁判所が積極的にプリトライアル手続に介入し、早い段階から争点を確定し、和解を推進するとともに、和解にいたらない場合には迅速な判断を下すべきである[5]。

2．司法アクセスの保障のための制度改革と立法

ウルフ改革提案（Access to Justice - Final Report, 1996年）に基づく民事訴訟法規則が成立した[6]（1998年成立、1999年施行）[7]。この改革は裁判の遅延解消や複雑な訴訟への対処を効率化したものである。しかし、訴訟費用の高騰化の問題は残された[8]。そこで、ジャクソン報告書（2010年）[9]に基づく改革として、民事訴訟法規則が改正された（2012年成立、2013年施行）。

II　民事司法制度の特色

1．司法制度のインフラストラクチャ

第一審は高等法院（High Court）、第二審は控訴院（Court of Appeal）、上告

---

4)　CPR1.1 (2)(c).
5)　CPR1.4 (2).
6)　The Civil Procedure Rules 1998.
7)　この改革については、長谷部由起子『変革の中の民事裁判』（東京大学出版会、1998年）、我妻学『イギリスにおける民事司法の新たな展開』（都立大学出版会、2003年）の紹介がある。
8)　Rupert Jackson "The Reform of Civil Litigation (Sweet & Maxwell, 2016) p. 7.
9)　Rupert Jackson, REVIEW OF IVIL LITIGATION COSTS (https://www.judiciary.gov.uk/wp-content/uploads/JCO/Documents/Reports/jackson-final-report-140110.

審はイギリス最高裁判所（UK Supreme Court）。少額訴訟を扱うのが県裁判所（County Court）で、ここでイギリスの民事訴訟の96％を扱う。

伝統的に裁判官の数は少ない（最新の統計では3,134人で、そのうち701人が非常勤（part-time）裁判官（Deputy district judges）である[10]。少数の裁判官の仕事を多数の弁護士が支えるというのが、司法改革前のイギリスの伝統的図式だった[11]。

民事訴訟は、訴額に応じて3つのトラックごとに柔軟に行なわれる[12]。
① 少額訴訟トラック（訴額が1万ポンド以下の訴訟）
② 迅速トラック（訴額が1万ポンド超2万5000ポンド以下）
③ マルチトラック（訴額が2万5000ポンド超）

マルチトラックに配分される訴訟のうち5万ポンド以上の訴額の事件以外は県裁判所が担当する。

2．国民の司法参加および司法情報へのアクセス

イギリスの民事訴訟における陪審は、1854年以降徐々に利用が減少し、今日では陪審により審理される事件は1％未満であり、ほとんどの事件が単独の裁判官によって裁かれている[13]。Senior Court Act 1981は、犯意訴追（malicious prosecution）と不法監禁（false imprisonment）と詐欺（fraud）事件のみに民

---

　　pdf）。我妻学「イギリスにおける近時の民事法律扶助および訴訟費用の改正」都法54巻1号251頁がこの報告を紹介している。
10）　Judicial Diversity Statistics 2017.
11）　我が国で裁判官や書記官の行っている事務の相当部分が、法令上あるいは事実上、弁護士の行うべき事務に移されており、裁判所の公務の大幅な省力化と当事者による自主的訴訟運営が実現していた。しかしその反面、当事者の費用負担が重いことと、双方代理人のうちいずれかが裁判所の関与を求めるか、積極的に手続を進行させない限り、公的なコントロールが及びにくいという2つの大きな欠点を生じさせていた。菅野博之「英国の民事訴訟」法曹会編『ヨーロッパにおける民事訴訟の実情（上）』（法曹会、1998年）31-32頁。
12）　溜箭・前掲注1）7頁。
13）　溜箭・前掲注1）210頁。Elliott；Quinn、前掲注2）pp. 245-246.

事陪審を認めている[14]。

3．集合訴訟・団体訴訟制度 (Class Action, Collective Action)

a．民事訴訟規則上の集団訴訟

集団訴訟としては、(1)集団訴訟命令と(2)代表訴訟がある。いずれもわが国の共同訴訟と類似するものなので簡略に説明するにとどめる[15]。

(1) 集団訴訟命令 (Group Litigation Order (GLO))

集団訴訟命令とは、「共通または関係する事実問題または法律問題 (common or related issues of fact or law)」を提起する「複数の訴え a number of claims」があると認められるときに訴訟管理を行うために下される命令である[16]。

集団訴訟命令はオプトイン型であるため、集団登録簿に搭載されるためには各原告が自ら訴えを提起しなければならない。訴訟提起の手間や費用のため訴えを思い留まる者もいる。うまく機能しない場合もある。

(2) 代表訴訟 (representative action)

代表訴訟とは、複数の人が一つの請求について「同一の利益」を有する場合に「代表当事者(representative party)」がそうした利益を有する人に代わって訴えを提起したり提起された訴えに対し防御したりすることを認める制度である[17]。

イギリスの裁判所は、代表される者の範囲が厳密に定義できない場合には代表訴訟を認めるのに否定的である。

b．消費者権利法による集団手続 (collective proceedings)

消費者権利法[18](2015年3月に成立し、同10月に施行された)による私人

---

14) Elliott ; Quinn, 前掲注2) p. 246.
15) 詳細は以下の文献に譲る。溜箭・前掲注1) 123-131頁。Neil Andrews, *The Three Paths of Justice : Court Proceedings, Arbitration, and Mediation in England*, 2012, Captor 8 (ニール・アンドリュース [溜箭将之=山崎昇訳]『イギリス民事手続法制』(法律文化社、2012年) 207-228頁)．
16) CPR19.10, 19.11 (1).
17) CPR19.6 (1).

によるオプト・アウト型も可能となる損害賠償手続[19]がある[20]。同法は、競争法の分野で、競争法上訴裁判所（Competition Appeal Tribunal（CAT））の管轄権を拡充するとともに、その手続きで私人によるオプト・アウト型の損害賠償請求手続を認める規定を盛り込んでいる。この手続きは集団手続（collective proceedings）と呼ばれ、競争法違反で損害を被った者がクラスの代表者として訴えをCATに提起することができ、同一、類似または関係する事実または法律問題（the same, similar or related issues of fact or law）[21]を提起し、集団手続に適するとして、CATが集団手続命令（collective proceedings order）を下した場合に認められる。集団手続命令では、代表当事者に授権がなされ、代表手続に含まれるクラスが画定され、手続がオプト・イン型かオプト・アウト型かが明記される[22]。アメリカ型のクラス・アクションが頻発する事態を避けるため、懲罰的賠償は認められず、オプト・アウト型手続では成功報酬契約も許されない[23]。2017年6月現在この手続による提訴数は3件である。

4．裁判外紛争解決方法の状況・利用度（Utilization of ADR）

ウルフ改正以降、民訴規則はＡＤＲの利用を肯定的に積極的に奨励してい

---

18) Consumer Right Act 2015.
19) Consumer Right Act 2015, s80 and Schedule 8 (amending Competition Act 1998, ss 47A. 47B, and inserting ss 47C 47E).
20) 溜箭・前掲注1) 133頁、菅富美枝「イギリスにおける消費者被害救済・抑止法制―刑事法と民事法の連関」第252回内閣府消費者委員会本会議用資料　消費者行政における執行力の充実」について（2017.8.1）1頁注6。Frances Murphy, Omar Shah and Roderick Farningham, Class/collective actions in the UK (England and Wales)：overview, https://uk.practicallaw.thomsonreuters.com/6-618-0351?transitionType=Default&contextData=(sc.Default)&firstPage=true&bhcp=1.
21) CAT Rules, rule 79 (1)(b), and 73 (2).
22) Competition Act 1998, s 47B (4)-(8), as inserted by Consumer Rights Act 2015, Sch 8 s 5.
23) Competition Act 1998, s 47C(1). (8), as inserted by Consumer Rights Act 2015, Sch &, s 6.

る[24]。注目されているADRは以下のとおりである[25]。

(a) Conciliation in unfair dismissal cases

不当解雇事件は、雇用審判所（Employment Tribunal）に持ち込まれる前にACAS（Advisory, Conciliation and Arbitration Service）による調停がなされることが制定法により定められている。事件の3分の2がこの調停で終了している。

(b) Mediation in divorce cases

2011年に家族法により事件が調停にふさわしいか判断するmediation information and assessment meetingへの参加が義務づけられた（ただし、離婚に異論がない場合など簡単な事件の場合には参加の必要はない）。このmeetingは調停人が主催する。2014年には調停に至った事件のうち8割が合意に至った。

(c) Online dispute resolution

EUが消費者訴訟において、ITを利用したOnline dispute resolutionを設立している。Online businessはOnline dispute resolutionへのリンクとmailaddressを提供しなければならない。

(d) Trade association arbitration scheme

消費者と小売間の契約では、conciliation前置の条項が入っていることが多い。それらのうちで最も有名なのは、Association of British Travel Agentによるものである。なお、National Consumer Councilはこの手続は非常に遅く不公平な場合があると報告している。

(e) Commercial Arbitration

多くの商取引契約には仲裁条項が挿入されている。仲裁費用は高額であるが、訴訟より迅速に解決されるため、迅速性を重視して、企業はこの仲裁を活用している。年間約1万件がこの仲裁に持ち込まれている。

(f) Commercial Court ADR scheme

1993年以降、Commercial Courtは、事件がADRに向いている場合には、

---

24) Elliott ; Quinn, 前掲注2) p. 628.
25) Elliott ; Quinn, 前掲注2) pp. 629-635.

ADRを利用するよう命令を出している。ただし、ADR命令が発せられた場合でも、実際にADRが実施されるのは半数を少し上回る程度である。

(g) The Court of Appeal mediation scheme

1996年より、Court of Appealは任意の調停を勧めるようになった。1999年より、調停を拒む当事者はその拒絶理由を問われることになった。調停を開始した事件のうちの約半数が和解されているという。

(h) Small claim mediation service

2005年に司法省はsmall claim mediation serviceを開始した。調停人は弁護士ではなく、調停についての基本的な訓練を受けた司法省職員である。この調停では聴聞を電話により行うことが多い（電話会議システムは使われない）。この電話による手続に対して、対面という調停の利点を失っているという指摘がある。しかし、政府はこの調停をより発展させる計画をしている。

5．民事手続のコンピュータ化と司法アクセスの改善
（Computerization of Civil Procedure to improve Access to Justice）

2011年4月に設立されたHer Majesty's Courts & Tribunals Service（HMCTS）[26]が、コンピュータ化とITについて研究してきていた。その結果、職業的法律家は、法廷に遠隔から参加し、ビデオリンクによる証拠の提出ができるようになっていた。他方、当事者本人はトライアルのために法廷に出廷しなければならなかった[27]。

また、HMCTSは、債務に関する訴訟をインターネットにより提起できるMoney Claim Online[28]や、所有権に関する訴訟をインターネットにより提起できるPossession Claim Online[29]を運営している。しかし、訴訟の開始と進行にe-communicationsを利用することに大きな進展がみられないことに不満が募

---

26) https://www.gov.uk/government/organisations/hm-courts-and-tribunals-service.
27) Martin Partington, *Introduction to the English Legal System 2017–2018*, 2017, p. 79.
28) https://www.gov.uk/make-money-claim-online.
29) https://www.possessionclaim.gov.uk/pcol/.

っていた[30]。

2015年12月にBriggs Review 暫定版[31]が主席裁判官（Lord Chief Justice）と記録長官（Master of the Rolls）に提出された（2016年1月に公刊、さらに2016年7月に暫定版についての反応をふまえたBriggs Review 最終版が公刊されている[32]）。Briggs Review 暫定版は、Online Court の設置を提案した[33]ことで注目を浴びた。政府は2016年9月にTransforming Our Justice System[34]を公表し、online process の導入を提唱した。2017年7月には、Online Court を実現するための催し「Online Court Hackathon[35]」がthe Society for Computers and Law, Legal Geek, the Judiciary of England and Wales, and HM Courts & Tribunals Service の共催で開催されている。

6. 訴訟代理に関する原則および本人訴訟の評価

本人訴訟も可能である。本人訴訟は、十分な手続保障が与えられないため、なるべく避けるべきことと考えられている[36]。そのため、非法律家であるMcKenzie Friend による支援が認められている[37]。なお、Legal Aid, Sentencing and Punishment of Offenders Act 2012（2013年4月1日施行）が、法律扶助を受けられる範囲を限定したことにより、本人訴訟が増加している[38]。

---

30) Partington, 前掲注27) p. 79.
31) Michael Briggs, *Civil Courts Structure Review : Interim Report*, https://www.judiciary.gov.uk/wp-content/uploads/2016/01/ccsr-interim-report-dec-15-final1.pdf.
32) Michael Briggs, *Civil Courts Structure Review : Final Report*, https://www.judiciary.gov.uk/wp-content/uploads/2016/07/civil-courts-structure-review-final-report-jul-16-final-1.pdf.
33) Briggs, 前掲注32) pp. 75-87.
34) the Lord Chancellor, the Lord Chief Justice and the Senior President of Tribunals, Transforming Our Justice System, 2016.
35) https://www.onlinecourtshackathon.com/.
36) Edward Bailey ほか, *A Handbook for Litigants in Person*, 2013, pp. 1-2.
37) Elliott ; Quinn, 前掲注2) pp. 231-232, 598-599.
38) Gabrielle Garton Grimwood, Litigants in person : the rise of the self-represented

III 訴訟に関する費用

1．弁護士報酬のあり方、特に、成功報酬制度

a．イングリッシュ・ルール

イギリスの裁判では原則として敗者が勝者の訴訟費用を負担する[39]。ここでいう訴訟費用は裁判手数料だけでなく弁護士報酬、鑑定人の費用、証人の手当ても含む。勝訴した当事者が一般に回収することができる訴訟費用は、標準的訴訟費用負担と呼ばれ、合理的に支出されかつ請求と均衡のある額とされ、実際には現実に支払った費用が全額回収できるわけではない[40]。しかし、一方当事者が全く根拠のない主張を貫き無駄な費用が発生した場合のように、敗訴当事者に何らかの制裁を科する必要がある場合には勝訴当事者が実際に支出した訴訟費用全額の負担が命じられる。これを支出填補的訴訟費用負担という[41]。裁判官は訴訟費用負担額の算定に大きな裁量を有しており訴訟費用の支払いは当事者の手続規則や命令の遵守を確保する手段として用いられている[42]。

b．訴訟費用と均衡性

イングリッシュ・ルールの根底には、訴訟で勝った者は完全に損害を償われるようにするとともに、勝ち目のない主張や抗弁のために無駄な訴訟費用が浪費されるのを抑止する政策目的がある。同時に、訴訟費用が高騰するのを防ぐためには勝訴当事者についても勝つために手段を選ばぬ訴訟追行は抑制しなければならず、このため訴訟の価額と費用との均衡が強調されることになる。

均衡性の考え方は過剰な訴訟費用を抑制するうえで鍵となる概念である。し

---

  litigant in civil and family cases, 2016, p. 4.
39) Jackson, 前掲注 8) p. 149.
40) CPR44.4 (2) (standard basis).
41) CPR44.4 (3) (indemnity basis).
42) CPR44.3.

かし均衡性という漠然とした指針を具体的事件に当てはめることは難しい。こうした問題に対処するため、ジャクソン訴訟費用改革により民事訴訟規則が改正された。これによると均衡性は ① 訴額、② 訴えに関わる非金銭的な価値、③ 訴訟の複雑さ、④ 訴訟費用を支払う側の行為により追加でかかった訴訟費用、⑤ 名誉や公に関わる重要性など訴訟に関わる幅広い考慮に照らして判断される[43]。訴訟費用が全体として均衡性を失している場合には仮に支出が必要かつ合理的であっても相手方からの回収は許されない[44]。

c．成功報酬契約

1995年以前は成功報酬契約は認められていなかった。この禁止の理由は、弁護士が結果に個人的な利害関係を持っていれば、客観性を損なう恐れがあったためである。しかし、成功報酬契約が認められると、それまで訴えを提起することができなかった人々のための新しい資金調達手段を開くことになる。そこでは、弁護士は、敗訴した場合は報酬を全く受け取らないが、勝訴した場合に上乗せした報酬支払いを受け取ることにより損失を補うというポートフォリオを採用することができる。成功報酬契約によらなければ訴えを提起することができない顧客は、その導入によって司法へのアクセスを得ることができることになる。この得失につき激しい討論がなされた後、政策立案者は、成功報酬契約による弊害よりも「司法へのアクセス」が優先されるべきだと決した[45]。

そこで条件付成功報酬契約（conditional fee agreement (CFA)）（以下、「CFA」という）が認められることとなった。これは依頼人が弁護士と契約し、勝訴した場合に限り弁護士報酬を支払うものとする契約である。1995年に施行されたCourts and Legal Services Act 1990 の58条は、人身傷害、破産訴訟およびECHR（欧州人権条約）請求という3種類の事件でCFAを認めた。CFAでは、(a)弁護士が敗訴した場合には報酬を請求できず、(b)勝訴した場合に通常の報

---

43) CPR44.3 (5).
44) CPR44.3 (2).
45) Jackson, 前掲注8) p. 41.

酬（「基本費用」）に成功報酬を加算して請求できる[46]。この契約による原告の利益は明らかであった。しかし、CFA には、原告が勝訴した場合、得られた賠償額の一部も成功報酬として自分側の弁護士に支払わなければならないという欠点があった。原告は、その部分の報酬を相手方から回収することは認められなかった[47]。

2000 年 4 月より司法へのアクセス法[48]の 27 条により、あらゆる種類の民事訴訟において CFA の使用が認められることとなった。その結果、CFA の多数の変種が利用されるに至った。CFA は、敗訴した場合、「無償」の代わりに「安い報酬」にすることができた。事務弁護士と法廷弁護士の両方が CFA で働いている事件もあった。事務弁護士は CFA を利用していたが、法廷弁護士はいかなる場合でも支払われる通常ベースで働いている事件もあった。また原告を支援するために CFA が設計されていたにもかかわらず、被告が CFA を利用することもあった。被告の場合、「成功」とは、請求を棄却したり、あるレベル以下に請求金額を減らしたりすることとして定義されている。

2000 年 4 月に、法律扶助制度を大幅な後退させる改正があった。この結果、人身損害賠償請求（医療過誤賠償請求を除く）は法律扶助の対象外となった。この改正と同時に、人身損害賠償請求の申立人および法律扶助の恩恵を受けられなくなった人々を支援するために、CFA の恩恵を受けている当事者は、相手側から（CFA ベースの自分の弁護士のために）加算分の成功報酬を回収する権利が与えられた。この結果、被告の費用負担が大幅に増加したため、損害保険会社は、技術的な違反を理由として、原告は費用を回収する権利がまったくないと主張して、CFA に対する異議申立てをし始めた。原告の弁護士側は、加算分の成功報酬を回収するために争った。その結果は判例集の多くのページを占めるほどで、この争いは、"コスト戦争（the costs war）" と呼ばれるよう

---

46) Courts and Legal Services Act 1990, S 58：Conditional Fee Agreement Order (SI 1998, No 1860)：Access to Justice Act 1999. S 27.
47) Jackson, 前掲注 8) p. 41.
48) Access to Justice Act 1999.

になった。この状況は、法的職業または民事司法制度に対する不信をもたらした[49]。

　CFA契約は弁護士が高額の報酬を請求しても支払うのは敗訴した相手方なので、依頼人は訴訟費用を抑制しようとしないため訴訟費用が高騰する要因となっていた。また、CFA契約を結んだ弁護士は、敗訴したリスクをカバーするため事後的訴訟費用保険（after-the-event (ATE) legal expenses insurance）の契約をすることが多かった[50]。この事後的訴訟費用保険（「ATE」）は1990年代に開発された。その結果、被保険者は、敗訴するリスクに対して保険をかけることができるようになった。保険の対象となる、訴え提起がされている事故や事件がすでに発生しているため、保険は「after-the-event」と呼ばれている。被保険者は、通常原告側であるが、被告側でもありうる。被保険者が敗訴した場合、保険会社は、(a)相手側の費用と、(b)専門家の報酬などの保険でカバーされている出費を支払う。ATE保険契約の特筆すべき特色は、保険料自体も保険でカバーされていることである。その結果、保険会社は、勝訴した場合には増額された保険料がそのまま利益となるが、敗訴した場合には、保険料額さえも回収できないことになる[51]。

　1990年代に、原告側が、ATEと組み合わせてCFAを利用することが始まった。この契約の利点は、原告が敗訴した場合に、原告は自分の弁護士にも相手方のいずれかにも一切の費用について支払う必要がないということである。他方、原告が勝訴した場合には、原告は、賠償された損害賠償額から、弁護士に成功報酬を、保険会社にATE保険料を支払わなければならなかった。事務弁護士協会はこの支払いは賠償された賠償額の25％を上限とすべきことを推奨した。事務弁護士協会モデルCFA契約にはその趣旨の条項が含まれている[52]。1999年、政府は、人身傷害請求原告と法律扶助の恩恵を受けられなくなった

---

49) Jackson, 前掲注8) p. 42.
50) 保険料を払う代わりに敗訴した場合には訴訟費用の補填を受ける契約である。
51) Jackson, 前掲注8) pp. 42.
52) Jackson, 前掲注8) pp. 42-43.

者を支援するために、ATE についての規則を変更することを決めた。ATE の恩恵を受ける当事者は、勝訴した場合に回収可能な費用の一部として相手側から ATE 保険料を回収する権利が与えられた。この改正は、1999 年の司法へのアクセス法第 29 条およびその条文に基づいて制定された規則により実現され、2000 年 4 月に施行された。この 2000 年 4 月の改革は、失敗であった。弁護士も保険会社も敗訴の場合の費用を勝訴の報酬に上乗せするようになり、これが訴訟費用の高騰をもたらした。また、この改正の適用は、法律扶助の恩恵を受けられなくなった者に限定されていなかったため、大きな混乱をもたらした[53]。このような事情を反映して、ジャクソン報告書[54]では、条件付成功報酬契約については成功加算金と事後的訴訟費用保険料が自己負担となり敗訴者からの回収が許されるべきではないことが提案された[55]。

ジャクソン報告書を受け、条件付成功報酬契約については成功加算金と事後的訴訟費用保険料が自己負担となり敗訴者からの回収が許されないこととなった[56]。ただし、これは原告の負担を高めることとなるため身体的・精神的苦痛など非金銭的損害の賠償額を 10％増額するものとされた[57]。また人身損害の場合には、原告事務弁護士は、回収された損害の 25％を超える成功報酬を請求することはできなくなった[58]。

人身損害の損害賠償を求める訴訟については、原告が勝訴すれば訴訟費用を相手方に請求できるが、被告が勝訴しても訴訟費用を請求できないとする一方

---

53) Jackson, 前掲注 8) pp. 43-45.
54) 前掲注 9) 参照。
55) Jackson, 前掲注 8) p. 45.
56) Legal Aid, Sentencing and Punishment of Offenders Act 2012 (2013 年 4 月 1 日より施行。以下「LASPO」と略), S 44 and S 46.
57) これはジャクソンレポートで提言されたが、賠償額を定めるのは裁判所であるべきなので、賠償額増額は立法ではなく判例に委ねられた (Jackson, *Final Report*, Recommendation 10)。この提言は、Simmons v Castle [2012] EWCA Civ 1039；Simmons v Castle (No 2) [2012] EWCA Civ 1288 により受けいれられた (Jackson 前掲注 8) pp. 46-47.)。この背景につき、溜箭・前掲注 1) 221-222 頁参照。

的訴訟費用移転（qualified one-way cost-shifting）が導入された[59]。

####　d．全面的成功報酬契約の解禁

ジャクソン報告書の中でアメリカ流の全面的成功報酬契約の解禁が提言され[60]、2013年4月から原告が勝訴した場合に勝訴額の一定割合を弁護士報酬として支払う損害賠償額に基づく報酬契約（damage-based agreement (DBA)）がすべての民事訴訟で認められることとなった[61]。この契約では敗訴した被告は従来通りの算定方法で勝訴原告の訴訟費用を負担し[62]、これが原告と弁護士で合意した成功報酬額よりも低い場合はその差額を原告が勝訴額から支払うことになる。ただし成功報酬額には人身損害訴訟で勝訴額の25％、労働関係訴訟では35％、それ以外の訴訟では50％といった上限が定められている。しかし現状では通常の弁護士報酬契約と組み合わせることが許されないなどの制約から損害賠償額に基づく報酬契約はほとんど利用されていないという[63]。

####　e．固定訴訟費用（Fixed costs）

2013年4月1日の改正[64]により、同年7月31日より、人身損害訴訟では、迅速トラックに帰属するものにおいては、固定訴訟費用（Fixed costs）が導入された[65]。これはドイツやニュージーランドの制度を参考にしたものである[66]。これにより、当事者が訴訟費用につき予測することを可能とし、訴訟費

---

58) LASPO s.44 (2), a the Conditional Fee Agreements Order 2013 rt.5 (1)(a) of.
59) CPR44. 13 to 44.17. Jackson 前掲注 8) pp. 152-156.
60) Jackson, 前掲注 9) Chapter 12.
61) LASPO, s45.
62) CPR r.44.18
63) Civil Justice Council, 'The Damage-based Agreements Reform Project : Drafting and Policy Issues' (August 2015) ; Rachael Mulheron 'The Damages-Based Agreements Regulations 2013 : some conundrums in the "Brave New World" of funding' (2013) 32 CJQ 211. 溜箭・前掲注 1) 10 頁。
64) CPR Pt 45.
65) Jackson, 前掲注 8) p. 138.

用の適切化をもたらした[67]。

2．法律扶助（Legal Aid）

第二次世界大戦以降のイギリスで、裁判へのアクセスを保障する手段は民事訴訟についての充実した法律扶助であった。しかし、法律扶助が国家財政を圧迫する中イギリス政府もこれを維持できず、1990年代から法律扶助予算は大幅に削減されている。そして、Legal Aid, Sentencing and Punishment of Offenders Act 2012（2013年4月1日施行）により、民事法律扶助が大幅にカットされることになった。従来の Legal Services Commission は廃止され、司法省内の Legal Aid Agency が法律扶助を担当することとなった[68]。

なお、2000年4月より、法律扶助は、人身損害事件のために利用可能ではなくなっている。医療過誤事件については、2013年4月までは、法律扶助を受けることができた。法律扶助を受けられなくなった後は、これらの事件では、CFA と ATE が利用されている[69]。

3．法律費用保険（Legal Expenses Insurance）

これについては1．c．参照。

4．第三者による訴訟費用支援

コモン・ローの伝統では、訴訟当事者でない者が、他人の訴訟結果次第で儲けたり損したりするような利害関係を持つことは、他の人々の紛争において「訴訟を扇動する」とか「おせっかいに干渉する」ことを引き起こすと考えら

---

66) Jackson, *FIXED COSTS – THE TIME HAS COME* (https://www.judiciary.gov.uk/wp-content/uploads/2016/01/fixedcostslecture-1.pdf) pp. 6-11.
67) Jackson, 前注 p. 3.
68) Partington, 前掲注27) pp. 272-278, Gray Slapper; David Kelly, *The English Legal System*, 18ed., 2017, pp. 714-715.
69) Jackson, 前掲注8) p. 150.

れてきた。このような不適切な事態を根絶するために、訴訟幇助と利益分配特約付き訴訟援助についての法 (law of maintenance and champerty) が発達していた。その法の下では、このような行為は、不法行為ないし犯罪 (訴訟肩代わり champerty 訴訟幇助 maintenance) とされてきた[70]。しかし、判例は第三者による訴訟費用支援は違法ではないことを認めるようになってきており[71]、近年は、当事者に第三者からの資金調達を認めることの裁判へのアクセスを促進するという側面に注目が高まっていた[72]。ジャクソン報告書は、こうした中で裁判へのアクセスを促進するものとしてこれを積極的に評価をした[73]。第三者による訴訟費用支援は、litigation funding agreement (LFA) によりなされる[74]。訴訟資金提供者は、当事者に代わって訴訟資金を出捐し、当事者が勝訴した場合には対価として相手方から訴訟費用の支払いを受けるとともに勝訴額から一定割合を受け取る。当事者が敗訴した場合には、訟資金提供者は出捐した訴訟費用に加え相手方に支払うべき訴訟費用も負担しなければならない[75]。敗訴時の費用負担は高額に上りうるためその負担能力がきちんと確保されるのか、また逆に資金提供者はどこまで訴訟当事者による訴訟追行をコントロールできるのかなど倫理的な問題が指摘されてきた。そこで、The Association of Litigation Funders of England and Wales が設立され、そこで自主規制が行われており、支払能力の確保や資金提供者側が訴訟から離脱する際の要件などを定めた行動規範 (Code of Conduct for Litigation Funders) が公開されている[76]。ただし、The Association of Litigation Funders of England and Wales に帰属せず、自主規制に服さない訴訟資金提供者をどのように規律するかの問題があ

---

70) 溜箭・前掲注1) 10頁。Jackson, 前掲注8) p. 62.
71) Arkin v Borchard Lines Ltd (Nos 2 and 3), [2005] EWCA Civ 655, [2005] 1 WLR 3055.
72) Derek, 前掲注3) p. 51.
73) Jackson, 前掲注8) pp. 62-63, Stuart ; Derek, 前掲注3) p. 51.
74) Stuart ; Derek, 前掲注3) p. 50.
75) Stuart ; Derek, 前掲注3) p. 50.
76) http://associationoflitigationfunders.com/documents/ からダウンロードできる。

り、法規制がなされるべきとの指摘もある[77]。

Ⅳ　そ　の　他

1．弁　護　士

弁護士はバリスターとソリシターに分化している。

(1) ソリシター

2016年の統計によれば、実務資格（PC）を有するソリシターは、175,160人で、そのうち136,176人が登録されている。91,166人が法律実務につき、26,494人がインハウスである[78]。

大部分のソリシターにとっては、不動産取引代理と遺言や契約の作成を含む書類作成が業務の中心である。これらの業務は、1985年まではソリシターが独占権を有していた。しかし、現在ではこれらの業務は銀行や住宅金融組合（building society）や保険会社などもできる[79]。

ソリシターは、伝統的に、Magistrates' court と County Court のみで弁論でき、それらより上級の裁判所では弁論できなかった。しかし、この状況は Courts and Legal Services Act 1990 と Access to Justice Act 1999 により変更された。これらの制定法は、バリスターとソリシターに平等な弁論権を与えている。2008年から、ソリシターはバリスターと同様に、法廷でカツラをかぶることができるようになり、このことは両者が対等であることを強固にしている。弁論をするためのトレーニングを受けたソリシターは、バリスターに依存せず、自分で弁論することが増えている[80]。

---

77) Jackson, 前掲注8) p. 64,
78) Trends in the solicitors' profession Annual Statistics Report 2016 (http://www.lawsociety.org.uk/support-services/research-trends/documents/annual-statistics-report-2016-executive-summary/), p. 3.
79) Elliott ; Quinn, 前掲注2) pp. 189-191.
80) Elliott ; Quinn, 前掲注2) pp. 191.

(2) バリスター

2016年の統計によれば、バリスターは、16,045人が実務についていて独立自営しているのが12,775人で、2,920人が雇用されている[81]。

Courts and Legal Services Act 1990 による改革前は、バリスターは、Supreme Court, Court of Appeal, High Court, the Crown Court, Employment Appeal Tribunal での弁論権を独占していたが、現在では、ソリシターと競合関係にある。2004年までは、バリスターには、ソリシターを介してしか依頼できなかったが、現在では直接依頼することができるようになっている。バリスターは、Chamberと呼ばれる事務所で、clerkと呼ばれる訴訟実務マネージャーを共有している[82]。Chamberは全国で404あり、その大部分はロンドンにある[83]。約70％のバリスターがロンドンのChamberに帰属しているので、バリスターは地方に出張をして仕事をしている[84]。

2．オンブズマン

オンブズマン（Legal Ombudsman）は、Legal Services Act 2007 により設置され、法律専門職に対する不服を無料で審理する。2010年10月より業務を開始している[85]。

> ［追記］ 本稿は 2017年12月24日に脱稿した研究会報告である。校正の際にその後の情報を加えてアップデートする準備をしていたが、校正中に妻が急死し、情報のアップデートを断念せざるを得なくなった。注27)の文献の新版である Martin Partington, *Introduction to English Legal System 2018-2019* と各注で引用しているWebサイトの更新情報で脱稿後の情報を参照いただければ幸いである。

---

81) Bar Standards Board, *Practising barrister statistics*, https://www.barstandardsboard.org.uk/media-centre/research-and-statistics/statistics/practising-barrister-statistics/.
82) Elliott ; Quinn, 前掲注2) pp. 197-198.
83) Penny Darbyshire, English Legal System, 10th ed., 2016, p. 117.
84) Elliott ; Quinn, 前掲注2) p. 198.
85) Gray ; Kelly, 前掲注68) p. 683-684.

第5章

ドイツにおける司法アクセス

豊 田 博 昭
清 水 宏
秦 公 正
田 中 誠 人

I 理念・政策・立法動向 / II 民事司法制度の特色 / III その他

I 理念・政策・立法動向

1. 司法アクセスに関する理念—憲法的保障など—

ドイツ憲法（ドイツ連邦共和国基本法）は、正義へのアクセスの権利を包括的に保障するような特別の定めを置いてはいない。もっとも司法行為請求権と呼ばれる裁判所にアクセスする権利が、一般的な憲法原理から生ずるものと広く認識されている[1]。連邦憲法裁判所の最近の判例[2]は、基本法20条2項および3項に定める法治国家原理および個別紛争解決に関わる当事者の基本権の双方によりこの権利を根拠づけている。

この権利には、まず、紛争が独立した裁判所によって審理されることが含まれる。また、基本法3条1項では、少額請求についても実効的な法的保護を受ける権利を認めているものとされている。

---

1) Felix Maultzsch, 'The Right to Access to Justice and Public Responsibilities National Report : Germany', p. 1.
2) BVerfGE 85, 337 ; 88, 118 ; 93, 99 ; 107, 395.

正義へのアクセスの権利を憲法上の権利としてとらえた場合、以下のような特徴を観念することができよう。まず、管轄裁判所および利用可能な手続方式に関する法規の内容が十分にわかりやすいものでなければならない[3]。特に、基本法101条1項および2項では、裁判所に管轄権があることを前提とし、抽象的な基準にしたがって予め裁判官が決定されることを求める「法律の定める裁判官」による裁判を受ける権利を保障しなければならない旨が定められている。このことを前提として、管轄権ある裁判所は、当事者の事実上および法律上の主張について審理しなければならない。また、各当事者には、法的審尋請求権が認められており（基本法103条1項）、裁判所は、その判断と関連する事実上および法律上の問題を予め明らかにすることが求められる。そのため、当事者による証人に対する尋問手続においてさえ、裁判官の釈明義務を強化する傾向があるとの指摘もある[4]。こうした義務は、法的手続における実体的平等原則（基本法3条1項）および社会的国家原理（基本法20条1項）という憲法上の原理から生ずる[5]。つぎに、手続には一般的なレベルでの公正さが必要とされる。わけても、当事者間での武器平等原則は貫徹されなければならず[6]、裁判官も中立性を求められることから、個別の事件につき利害関係があってはならない（基本法97条1項）[7]。第三に、紛争は正当に期待されるプロセスを通じて処理されなければならない。この点につき、2011年に裁判所構成法が改正され、裁判手続の不相当な遅延に対して、不利益当事者の異議、さらにはラントまたは連邦に対する損害賠償の定めがおかれている（裁判所構成法198条〜202条）。

なお、ドイツにおける憲法上の権利としての正義へのアクセスの権利は、上訴に対する一般的な権利を当然に伴うものではないとされている[8]。したがっ

---

3) BVerfGE 49, 148 ; 57, 9 ; 87, 48 ; 107, 395.
4) Felix, *supra* note1, at 2.
5) *Ibid.* at 2.
6) BverfGE 35, 263 ; 52, 131.
7) BVerfGE 14, 56 ; 37, 57.

て、原則として、民事事件において上訴制度をどのような構造にするかについて制約はないものとされる[9]。たとえば、控訴は600ユーロを超える不服が存する場合または第一審裁判所によって許可された場合にのみ許されることになっている（民事訴訟法511条2項）。また、連邦裁判所への上訴については、事件が原則的意義を有する場合または法の形成若しくは判例の統一のために上告審裁判所の裁判が必要である場合に限られる（民事訴訟法543条、566条）[10]。ただし、法的審尋請求権に違反した裁判に対する異議が認められてもいる（民事訴訟法321条 a）[11]。

2．司法アクセスの保障のための制度改革と立法

正義へのアクセスに関する実務レベルでの直近のもっとも包括的な改革は、2002年に行われた民事訴訟法改正である。この改革の主たる目的は、民事訴訟を「より市民に親しみやすく」、効率的でわかりやすいものにすることにあった。

この目的を達成するため、各審級の審判権限が再構成された。まずは控訴審が覆審的な構造に改正された（民事訴訟法529条）。かつては、控訴審に重点がおかれるあまり、時として第一審が単なる「通過するだけの審級」とみなされるきらいがあり、そのことで、民事訴訟をより費用、そして時間と手間のかかるものにしているとの指摘がなされていた[12]。したがって、この改革は、控訴を、第一審における判断の過誤を修正する機能に集中させようとするものであった。

また、同時に第一審については、法の発見をより平等かつ市民に親しみやす

---

8) BVerfGE 83, 24 ; 87, 48 ; 89, 381 ; 107, 395.
9) Felix, *supra* note1, at 2.
10) 春日偉知郎「民事訴訟法概説」法務大臣官房司法法制部『ドイツ民事訴訟法典（2011年12月22日現在）』法務資料462号5頁参照。
11) BVerfGE 107, 395.
12) Felix, *supra* note1. at 3. この点については、vgl. U. Burgermeister, Das Urteil des Berufungsgerichts nach der Zivilprozeßreform, ZZP Bd. 116, S. 165ff.

いものとなるようにする改革がなされた。とりわけ、訴訟運営に対する裁判所の責務が増加された。たとえば民事訴訟法139条によれば、裁判所は、当事者による適時の主張および申し立てを引き出すため、当事者が明らかに見落としている、または、重要とみなしていない観点について助言を与えるため、事件における事実上および法律上の争点について当事者と協議しなければならないものとされた（法的観点指摘義務）[13]。このようなわかりやすく公正な手続に対する裁判所の責務の増加は、正義へのアクセスの憲法的保障の具体化として解釈することもできよう[14]。

さらに、上述のように、上告審へのアクセスも、制限的に改正された（民事訴訟法529条）。

加えて、2013年にドイツ訴訟費用援助法および助言援助法が改正され、その1つとして、利用者の所得を基準として機械的に分割金額を決定していた民事訴訟法115条2項付表（タベレシステム）が廃止され、当事者の資力に応じてより厳密に分割金額が定められるようになった[15]。この点は司法補助官への権限委譲により可能となっている。

この改革では後に詳述するADRの機能を強化することも目的とされた。たとえばすでに1999年の「裁判外紛争処理の促進に関する法律」の制定により、裁判外の調停所における合意の勧試制度が導入されており、各州は、民事訴訟法施行法15条aの形式で特定の事件について訴えを提起する前提条件として、

---

13) これについては、山本克己「民事訴訟における、いわゆる"Rechtsgespräch"について(1)～(4)」論叢119巻1号1頁以下、3号1頁以下、5号1頁以下、120巻1号32頁以下参照。

14) *Ibid.* at 3. Vgl. K. Reisehl, Der Umfang der richterlichen Instruktionstätigkeit — ein Beitung zu §139 Abs. 1 ZPO —, ZZP Bd. 116, S. 81ff.

15) 訴訟費用援助法改正の詳細については、山田明美「民事訴訟費用援助制度の新たな動き―ドイツ訴訟費用援助制限法―連邦参議院法案」修道35巻2号169頁以下、豊田博昭「ドイツ訴訟費用援助法の改正―2013年改正法の立法資料から」修道39巻2号425頁以下、豊田博昭＝山田明美「2015年度後期・公開講座『市民と弁護士(3)』―ドイツ弁護士職の動向を眺めつつ、若干のまとめ（2015年12月5日）―」修道法学39巻1号193頁以下。

調停所における合意の勧試を求めることができることになっている[16]。この制度の対象となる事件は、係争金額 750 ユーロ以下の所有権に関する紛争、私人間の隣人紛争、私人の名誉棄損事件、および、反差別法の下での民事事件である。そして今日、ドイツ全 16 州の内、バーデン・ヴュルテンブルク州、バイエルン州、ブランデンブルク州、ヘッセン州、メックレンブルク・フォアポンメルン州、ノルトライン・ヴェストファーレン州、ラインラント・プファルツ州、ザールラント州、ザクセン・アンハルト州およびシュレスヴィヒ・ホルシュタイン州の 10 州が包括的にあるいは部分的に調停所における合意の勧試制度を導入している[17]。

また、民事第一審事件における ADR の利用を促進するため、主として労働紛争処理において用いられてきた、訴訟の和解的解決を目的とする和解弁論（現行民事訴訟法 278 条 2 項参照）が、民事訴訟法 2002 年改正により民事訴訟事件に一般的に拡大された。すなわち、民事訴訟法 278 条 2 項によれば、原則として口頭弁論に先立って、事件の円満な解決を目的とする和解的弁論を行うことが求められている。そして、裁判所は、事実および紛争状態についてあらゆる事情を自由に評価して当事者とともに討論することになる。さらに、和解的弁論が過重な負担とならないように、この段階での正式の証拠提出は不要であるとされる[18]。なお、和解的弁論は、裁判外の調停所において合意の勧試がすでになされていた場合、又は、和解弁論が奏功する見込みが明らかに存在しない場合には、実施しなくてもよいものとされる。

もっとも、こうした制度改革の試みにもかかわらず、その効果は限定的なものにとどまっていると指摘される[19]。たとえば、控訴審を単なる過誤修正機能

---

16) 春日前掲注 10) 4 頁。なお、ディーター・ライポルド著（出口雅久訳）「調停、メディエーション、民事訴訟」立命 353 号 324 頁以下参照。

17) たとえば、バイエルン調停法 1 条参照。なお、多くの州で 750 ユーロまでの訴えについてはこうした取扱いを廃止している。たとえば、バイエルン調停法では 2006 年 1 月 1 日以来廃止している。春日前掲注 10) 4 頁。

18) Felix, *supra* note1, at 4.

19) *Ibid.* at 4.

に限定し、その反面、効率的かつ市民に親しみやすい最終的な紛争解決方法として第一審手続を強化しようとする目的は、上訴審での新たな攻撃防御方法の提出に関する定め（民事訴訟法529条、531条）が実務上広く解釈されているため、その効果は相対的なものにとどまっているとみられる。

　また、ADRの利用を促進するという改革のアプローチも効果は乏しいとされる[20]。実際、民事訴訟法施行法15条aの方式による少額訴訟事件に関する強制調停手続は実務上あまり成功していない。また、上述のようにいくつかの州では調停所における合意の勧試が州法において定められたものの、後に廃止され、又は、その適用が大幅に制限されている。そうした結果、訴訟前の調停所における合意の勧試制度を経て提起された訴訟件数は減少しており、また、合意の勧試が成功した割合はわずかに20％未満にすぎないとの指摘もある[21]。加えて、口頭弁論の前に和解弁論手続を行うよう強制し、かつ、十分に事案解明が進んでいない状況にあっても裁判官が和解を勧試するという傾向があるため、当事者は、和解を紛争解決のための適切な手段ではなく、裁判所に係属する事件を減らすための誘いではないかと感じているとの指摘もある。したがって、ADRを促進するという構想はドイツでは完全に成功したとはいえない状況にある。

　その後、近時、相次いで出された2つのEU指令によって、ADRに関する新たな内国法の制定が進められた。第1は、EU域内におけるメディエーションの質確保を目指す2008年5月21日の民事および商事事件におけるメディエーションの特定面に関するEU指令であり（RICHTLINIE 2008/52/EG DES EUROPÄISCHEN PARLAMENTS UND DES RATES vom 21. Mai 2008)、第2は、消費者紛争の解決へ向けたアクセス拡充を目指す2013年5月21日の消費者事件における裁判外紛争解決に関するEU指令（RICHTLINIE 2013/11/EU DES EUROPÄISCHEN PARLAMENTS UND DES RATES vom 21. Mai 2013 über die alternative Beilegung verbraucherrechtlicher Streitigkeiten）である。

---

20)　*Ibid.* at 4.
21)　*Ibid.* at 4.

まず、第1の指令を受け、ドイツの立法者は、2012年にメディエーション法を制定した。EU指令は、国境をまたぐ紛争を対象としたメディエーションの整備を要求していたが、メディエーション法は内国事件にも通用するものとされた。この法により、メディエーションの定義、メディエータの中立性、守秘義務などが定められた。同法は、メディエータに法曹資格を要求していないが、一定の研修等を受けた者が修了メディエータ（zertifizierter Mediator）という名称を用いることを認めている（5条2項、6条1文・2文）。他方、2000年初頭から、一部の裁判所では、裁判官メディエータの名の下、裁判官によるメディエーションが試験的に行われていた。これが有効であるとの評価を受け、立法者は、メディエーション法の制定と同時に民事訴訟法278条5項を改正してメディエーションを含むあらゆる紛争解決権限を有する（ただし、事件を裁判する権限を除く）和解裁判官（Güterichter）制度を新たに導入した。これにより、裁判官がメディエーションを行うことに明確な法的根拠が与えられた。

和解裁判官制度の利用状況は、しかし現在、非常に低調である。一部の州の公開データによると[22]、もっとも利用率が高いのは、テュービンゲン地方裁判所（2014）で、既済事件に占める割合が5.17％であり、次が、シュレスヴィヒ・ホルスタイン地方裁判所（2014）の4.51％である。しかし、データ上は、多くの裁判所において既済事件に占める割合は0％台にとどまっている。

次に、第2の指令を受け、立法者は、2016年、消費者紛争解決法（Verbraucherstreitbeilegungsgesetz-VSBG）を制定した。これによりドイツ国内にあまねく民間または官公庁による消費者紛争解決所（2条）が設けられる。連邦司法省の承認を受けた紛争解決所のみが"消費者紛争解決所"の名称を使用することができ、そこで、手続を主宰する者として調停人（Streitmittler）の概念が新たに導入された（6条）。調停人は、法曹資格を有している者か、修了メディエータとされている（6条2項2文）。また、調停人は、解決案を提示す

---

[22] Reinhard Greger, 5 Jahre MediationG Justiz und Mediation – eine immer noch schwierige Beziehung, ZKM 1/2017 S. 7.

ることも許される（19条）。

　その他、司法アクセスを向上させる改革として、2002年改正不作為訴訟法において、消費者団体訴訟制度が定められている。また、2005年投資家間紛争モデル訴訟手続法では、投資紛争解決の領域ですべての関係者に拘束力を持つモデル訴訟手続を導入する基盤を設けている。

II　民事司法制度の特色

1．司法制度のインフラストラクチャー

a．裁判所制度

　ドイツでは、裁判権は、基本法に規定されている連邦憲法裁判所、連邦裁判所、および、州（ラント）裁判所によって行使される（基本法92条）。

　連邦憲法裁判所は、国家のすべての行為について、基本法の規定に適合するか否かを審査する（基本法93条）。連邦の法令の憲法適合性を審査するのは、連邦憲法裁判所のみである。

　基本法に規定されている連邦裁判所としては、民事事件、家事事件、非訟事件、および、刑事事件を管轄する連邦通常裁判所に加えて、連邦労働裁判所、連邦社会裁判所、連邦行政裁判所、連邦財政裁判所の5つが存在する（基本法95条1項）。例外的に、一定の法律問題について解釈の統一を図ることを目的とした特別の機関である合同部が設置されることもある（基本法95条3項）。これら5つの裁判権の系列は相互に同等であるが、憲法裁判所については特別に優位な地位が与えられている。なお、知的財産事件を専門に取り扱う連邦特許裁判所も存在する。

　通常裁判権に属する裁判所として、区裁判所（全国に661か所）、地方裁判所（全国に116か所）、上級地方裁判所（全国に24か所）、および連邦通常裁判所がある。

b．裁判官の数

　民事事件および刑事事件を管轄する通常裁判所の系統に焦点を当てれば、裁判官数は 1995 年の 15,480 人から 2014 年の 14,908 人へと、この約 20 年の間でわずかながら減少している。もっとも、司法補助官や裁判所調査官のような法曹資格のない法律職は 1995 年から 2012 年の間、約 12,000 人で安定している。これに対して速記官のような事務職は 1995 年の 37,395 人から 2012 年の 30,388 人へと減少している。加えて、大学卒業後の法的訓練を受ける中で、主として第一審裁判所で裁判官の執務の補助もする司法修習生も考慮に入れるべきである。しかしながら、司法修習生数は 2002 年の 22,742 人から 2013 年の 14,796 人に減少している。この変化は、法律職資格取得者となるための訓練を希望する学生の数が幾分減少しているためである。

表 5-1　裁判官数（2014 年 12 月 31 日）　　　　　　　単位（人）

	連邦			州			全体		
	男性	女性	計	男性	女性	計	男性	女性	計
連邦憲法裁判所	11	5	16	0	0	0	11	5	16
連邦通常裁判所	95	34	129	8,441	6,388	14,829	8,536	6,422	14,908
連邦行政裁判所	41	14	55	1,118	654	1,772	1,159	668	1,827
連邦財政裁判所	44	13	57	356	169	525	400	182	582
連邦労働裁判所	22	14	36	568	360	928	590	374	964
連邦社会裁判所	31	11	42	975	863	1,838	1,006	874	1,880
連邦特許裁判所	81	28	109	0	0	0	81	28	109
合計	285	109	394	11,458	8,434	19,892	11,743	8,543	20,286

See, Bundesamt für Justiz Refeat III 3, Richterstatistik 2016, https://www.bundesjustizamt.de/DE/Themen/Bruegerdienste/justizstatistik/Personal/Personal_node.html（2018 年 8 月 11 日現在）.

c．弁護士の数

　ドイツにおける実務弁護士の数は、若干横ばいの部分もあるが、近年継続的に増加している。2000 年に 10 万人を超え、同年から 2016 年にかけては 157％の増加率である。このことは、500 人当たり 1 人の弁護士がいることを意味す

表 5-2　1970 年以降の弁護士数の推移　　　単位（人）

	全弁護士数	男性弁護士数	女性弁護士数
1970 年	22,882	21,847	1,035
1971 年	23,599	22,500	1,099
1972 年	24,322	23,165	1,157
1973 年	25,008	23,790	1,218
1974 年	25,829	24,530	1,299
1975 年	26,854	25,454	1,400
1976 年	28,708	27,064	1,644
1977 年	31,196	29,239	1,957
1978 年	33,517	31,219	2,298
1979 年	35,108	32,562	2,546
1980 年	36,077	33,321	2,756
1981 年	37,314	34,316	2,998
1982 年	39,036	35,578	3,458
1983 年	41,489	37,536	3,953
1984 年	44,526	39,732	4,794
1985 年	46,933	41,282	5,651
1986 年	48,658	42,525	6,133
1987 年	50,247	43,595	6,652
1988 年	51,952	44,743	7,209
1989 年	54,108	46,148	7,960
1990 年	56,638	48,101	8,537
1991 年	59,455	49,893	9,562
1993 年	67,120	55,370	11,750
1994 年	70,438	57,705	12,733
1995 年	74,291	59,959	14,332
1996 年	78,810	63,016	15,794
1997 年	85,105	67,050	18,055
1998 年	91,516	71,019	20,497
1999 年	97,791	74,652	23,139
2000 年	104,067	78,474	25,589
2001 年	110,367	82,443	27,924
2002 年	116,305	85,877	30,428

2003 年	121,420	88,825	32,595
2004 年	126,793	91,599	35,194
2005 年	132,569	94,616	37,953
2006 年	138,104	97,664	40,440
2007 年	142,830	100,183	42,647
2008 年	146,910	102,207	44,703
2009 年	150,377	103,641	46,736
2010 年	153,251	104,858	48,393
2011 年	155,679	105,807	49,872
2012 年	158,426	106,841	51,585
2013 年	160,880	107,705	53,175
2014 年	162,695	108,556	54,139
2015 年	163,513	108,601	54,912
2016 年	163,772	108,298	55,474

See, BUNDESRECHTSANWALTSKAMMER, 'Anteil der Rechtsanwältinnen seit 1970 (jeweilis zum 01.01. des Jahres).

ることになる。女性弁護士の占める割合は、2000 年の約 25％から 2016 年には約 33％に増加し、2016 年には 55,474 人となっている。また、ドイツにおける弁護士は多様化しており、高度に専門化した弁護士には大きな需要がある一方で、通常の実務に就く弁護士はあまり利用されない。かなり多くの司法試験合格者が、実際には弁護士として活動せず、他の職業に就いている。

　d．訴訟事件数

　家事事件を除く民事事件において、年ごとの新受件数は、後掲のように区裁判所でも地方裁判所でも減少している。そのため、裁判官 1 人当たりの年間取扱件数も減少する傾向にある[23]。もっとも、事件に含まれる法律問題は、近時

---

23) 訴訟事件数の減少の動向については、その文脈では、上述の弁護士数の増加は訴訟事件数の増加につながるものではないとみることができる。豊田＝山田前掲注15）50 頁以下。

表 5-3　第一審民事事件の新受件数　　　　単位（件）

	区裁判所	地方裁判所	合計
2002 年	1,443,584	412,924	1,856,508
2003 年	1,500,905	426,829	1,927,734
2004 年	1,498,767	439,947	1,938,714
2005 年	1,400,724	424,525	1,825,249
2006 年	1,314,738	381,014	1,695,752
2007 年	1,263,012	373,331	1,636,343
2008 年	1,272,658	366,267	1,638,925
2009 年	1,243,951	368,692	1,612,643
2010 年	1,213,093	372,150	1,585,243
2011 年	1,199,758	372,605	1,572,363
2012 年	1,150,663	335,623	1,486,286
2013 年	1,138,419	358,792	1,497,211
2014 年	1,110,728	332,044	1,442,772
2015 年	1,093,454	330,035	1,423,489

Statistisches Bundesamt, Fachserie 10, Reihe 2. 1. 2005, S. 12-13, 42-43.

より複雑なものとなりつつあり、そのため、単なる数字の比較では裁判官の職務負担について誤解を招くおそれがあろう。

　なお、平均審理期間は区裁判所で4か月、地方裁判所で6か月から8か月と日本と比べても比較的短い期間に維持されている。

　家事事件において、状況は少しばかり変化がある。新受件数は1995年と2011年との間でかなり増加している。家事事件を担当する裁判官数も増加しているが、完全に比例的というわけではない。したがって、裁判官1人当たりの年間取扱件数は増加している。このため、通常の民事事件よりも新受事件と既済事件との割合も大きく変動している。しかしながら、平均審理期間は、近時、1995年の10か月から2011年の7か月へと減少している。

e．司法予算

　連邦の司法制度に対する公的支出は、予算の面からみて、2012 年には約 5 億ユーロであったが、その後次第に増加し、2018 年には 7 億 5,500 万ユーロとなっている[24]。もっとも、この緊縮財政が求められる時代にあって、予算が削減され、それが司法に関する人員の削減につながる可能性があり、実際にいくつかの州ではそうなっている[25]。したがって、司法制度のコストを削減すると同時にその質を低下させないという両立の難しいアプローチを探さなければならない。ドイツの司法制度をより柔軟かつ効率的なものとするための選択肢について長らく議論されてきた。それには、たとえば、5 つの連法裁判所を連邦通常裁判所と連邦行政裁判所の 2 つに統合するなどというものがあった[26]。しかし、それが直ちに実施されるような機会はなかった。その他、ADR や団体訴訟の利用促進[27]だけでなく、訴訟手続のコンピューター化[28]という選択肢もあり、これらについては試みられている。

2．国民の司法参加

　ドイツでは、市民を名誉職裁判官又は素人裁判官として、合議体に加える参審制度が導入されている[29]。民事事件では、地方裁判所の商事部において、こ

---

24) *See*, Bundesministerium für Finanzen, Bundesministerium der Justiz und für Verbraucherschutz, https://www.bundeshaushalt.de/#/2018/soll/ausgaben/einzelplan/07.html（2018 年 8 月 11 日現在）
25) Felix, *supra* note1 at 6.
26) *Ibid*. at 6.
27) たとえば、二羽和彦・芳賀雅顯訳「ドイツにおける集合的権利保護—投資者ムスタ訴訟にとどまるのか、さらに拡大するのか—」ペーター・ゴットバルト著（二羽和彦編訳）『ドイツ・ヨーロッパ民事手続法の現在』（中央大学出版部、2015 年）46-49 頁参照。
28) 出口雅久訳「ドイツにおける弁護士の現在」ペーター・ゴットバルト著（二羽和彦編訳）『ドイツ・ヨーロッパ民事手続法の現在』（中央大学出版部、2015 年）68 頁参照。
29) 主として刑事訴訟における参審制度に関する文献として、斎藤哲「ドイツ刑事参

の制度が利用されている。すなわち、地方裁判所の総務部会議において、商事部に配属される。名誉職裁判官の加わる合議体では、1人の職業裁判官と2人の名誉職裁判官によって構成される。

名誉職裁判官となる要件としては、① 就任時点において25歳以上のドイツ人であること、② 刑罰等により公職就任資格をはく奪されていないこと、③ 基本法およびそこに定める法治国家原則に忠実であること、④ 訴訟能力があること、⑤ 破産者でないこと、などがある。名誉職裁判官となるために、一定の必要な専門的教育を受けることは要求されていないが、商工会議所の鑑定により名誉職裁判官としての適性を認められなければ、指名を受けることができない。

名誉職裁判官の任期は4年であり、再任も可能である[30]。

3．民事手続のコンピューター化と司法アクセスの改善[31]

ドイツにおいて法廷での手続をコンピューター化する重要な第一歩は1980年代の督促手続における機械処理の導入であった。この督促手続は実質的に争いのない請求について、本案の審理をすることなく債務名義を獲得する手段として機能しており、機械的処理になじむものであった。そして、2004年の第一次私法現代化法および2006年の第二次私法現代化法によりこの取扱いは拡大している。その背景には、督促手続が年間800万件に及んでいるとの現状がある[32]。ドイツの各州はこの手続を行うために、各地域に中心となって督促手続を取り扱う裁判所を設置している。そうした裁判所への申立ては、現在のと

審制度の機能と問題点」月刊司法改革16号29頁以下参照。
30) 訴訟事件と名誉職裁判官との関係について、豊田＝山田前掲注15) 159頁。
31) ドイツにおける電子的手続の導入に関しては、Nicola Preuß, Der elektronische Zivilprozess — Nutzen oder Schaden, ZZP Bd. 129, S. 421ff., Holger Radke, Zwischen Wagemut und Angststarre — Elektronischer Rechtsverkehr und elektronische Aktenführung in den Justiz, ZRP 2012, S. 113ff., Ingo Socha, Elektronischer Rechtsverkehr — Wann diskutieren wir die eigentlichen Fragen?, ZRP 2015, S. 91ff.
32) 春日前掲注10) 7頁。

ころ、コンピューターを用いて処理するための暗号化されたバーコードの付いた様式書類、電子署名付きのインターネット用ファイルなどいくつかの方法で行われている。なお、公認会計士および小規模企業公認会計士は 2007 年以来その業務形態は完全に電子化されている[33]。

通常裁判所の手続においても、近年、いわゆる e-justice を利用する段階に入ってきているが、複雑なインフラが必要とされるため、また、データ保護および電子文書に対する信頼性に関する問題のため、その進展は期待されたほどではない[34]。

もっとも、当事者による電子文書の裁判所への提出は、裁判所記録や手続それ自体の電子化と異なる問題である。現在、当事者および訴訟代理人は、原則として、準備書面およびその添付書類、当事者の申立ておよび陳述、並びに情報、証言、鑑定および第三者の陳述について、電子文書により提出することができる（民事訴訟法 130 条 a）。特に、2005 年の司法通信法によって、すべての裁判所において電子的記録処理を導入するための法律上の基盤がつくられている[35]。しかしながら、現実に電子文書を利用するには、電子署名および電子通信に関する特別の認証に関する複雑な技術を利用することが必要となる（民事訴訟法 130 条 a 第 1 項）ため、連邦政府および州政府は、電子的方式による文書の提出を個々の裁判所または手続に限定することができるものとしている（同 2 項）。実際に、連邦通常裁判所およびヘッセン州などいくつかの州の裁判所においては、一般的に採用する形で実施されているものの、多くの州は電子的方式による書面の提出を実証実験のために選ばれた裁判所のみに限定している[36]。

e-justice の考え方を進展させるために、立法者は、すべての裁判所で利用可能な電子的方式による書面の提出を定めており、2018 年にあるいは遅くとも

---

33) 商法典 8 条以下。
34) Felix, *supra* note1 at 12.
35) 春日前掲注 10) 7 頁。
36) Felix, *supra* note1 at 12.

2020年にも実現する見込みであるとされている[37]。そこで、電子文書を提出するための手続はもっと簡素化されたものとなるであろう。e-justice の採用は任意のやり方では十分に行われないと考えられるため、2022年以降は、弁護士並びに連邦政府および州政府は、紙媒体に代えて電子文書を提出するように義務付けられるであろう[38]。

　訴訟記録に関して、個々の裁判所の事務課は依然として紙媒体を利用するか、電子文書を利用するかの選択肢を残している。訴訟記録の電子文書化は現行法の下でも認められており（民事訴訟法298条、298条a）、裁判所は特別の電子署名を用いた電子文書によって裁判をすることができる（民事訴訟法130条b）。しかしながら、こうした方法は実証実験を行っている裁判所以外では未だ利用されていない[39]。弁護士に対して電子文書の方式による書面の提出が強制されることになれば、紙媒体と電子文書の併用に終わりを告げ、最終的には電子文書を全面的に採用することにつながるであろう。なお、裁判所手続への電子文書の導入を促進するため、走査された文書の成立の真正が権限ある機関によって認証される場合には、証拠としての公文書の走査が利用できる（民事訴訟法371条b）。

　これらに対して、事案を解明するため当事者の個々の主張をコンピューターを使って整理するようなデータ処理は、制度としては利用に至っていない。当事者の事実上の主張を整理することは裁判官にとって多くの時間を要するものであるため、コンピューター化を進めることがこの分野における効率性の向上を大いに促進することになろう[40]。

　これまでの最大の進歩はドイツの判例のデジタル化および多くの法律文献のデータベース化であり、これらは主として商業ベースで行われている。これに

37) Gesetz zur Förderung des elektronischen Rechtsverkehrs mit den Gerichten v. 10. 10. 2013, BGBl. 13786.
38) Felix, *supra* note1 at 12.
39) *Ibid*. at 13.
40) *Ibid*. at 13.

より、弁護士および裁判官が法的根拠を調査することが容易になっている。しかし他面で法的紛争に過大な資料探索の負担をもたらす結果を生じさせており、長期間にわたり裁判所の手続の効率性を損なうことになっている。

4．訴訟代理の原則および本人訴訟の評価

ドイツ法では弁護士強制主義が原則であり、当事者は地方裁判所および上級地方裁判所で訴訟を追行するためには、弁護士による代理が求められる（民事訴訟法78条）。弁護士による代理が必要であるにもかかわらず、当事者が自ら弁護士を見つけることができない場合には、裁判所が決定によって弁護士を任命する〔民事訴訟法78条ｂ（緊急弁護士）〕。

連邦裁判所においては、当事者は、連邦裁判所の認可を受けた弁護士によって代理されなければならない（民事訴訟法78条1項）。これに対して、家庭裁判所、地方裁判所および上級地方裁判所では、2007年改正法的助言の領域での濫用防止に関する法律（RBerG）により、各裁判所で認可された弁護士によって代理されることになっている（同法11条1項）。

さらに、同改正法により、民事訴訟法79条が改正され、弁護士による代理を必要としない限り、当事者は自ら訴訟を追行することができるとして、当事者本人訴訟が認められる範囲が広がっている。また、79条の対象となる訴訟としては、公法人の役員、消費者団体、取立てサービスを行う者など弁護士でない者による訴訟代理などが認められている。

5．リーガル・エイド

民事訴訟の費用は、裁判所費用法、家庭事件における裁判所費用法、司法報酬・補償法、および、司法補助官費用法に基づいて定められている。また、弁護士報酬については、弁護士報酬法によって定められている。これらの民事裁判手続の費用に関する法制度は、① 弁護士報酬のみならず裁判所の費用は、目的物の価額および手続の性質に基づいて定まること、② すべての費用を敗訴者が負担すること、という2つの基本原則に基づいている[41]。そして、明確

な法規制は当事者が費用を見積もることを可能にする点で、司法へのアクセスを促進することになる[42]。

もっとも、裁判所の費用および／または弁護士報酬を賄うことのできない当事者に対しては、リーガル・エイドに関する諸制度が定められている。家事事件の手続に対しては、手続費用援助が別におかれている（家庭非訟事件手続法76条）。

国家による法律扶助としては、助言援助法（BerHG）に基づいて弁護士による助言若しくは裁判外の代理に対して与えられる助言援助、および、民事訴訟法114条以下に基づいて裁判所の手続に要する費用を援助する訴訟費用援助がある。

ADRに対する助言援助は、当該ADRに執行力が付与されることになっており、強制執行手続を利用することが可能な場合に、当該ADRの費用について認められる[43]。

これらのうち訴訟費用援助は、個人的または経済的状況により裁判に関する費用を支払えない者に認められる（民事訴訟法114条1項1号）。この者には、訴訟当事者となり得る団体（法人、職務上の当事者など）も含まれる[44]。また、

---

41) Michael Bonsau, Country Report - Germany – in Jean Albert Team Leader, "Study on the Transparency of Costs of Civil Judicial Proceedings in the European Union" (2007), at 7. なお、全面成功報酬制度は従来弁護士法によって禁止されてきたが、近時、一定の範囲では認められるようになっている。この点については、半田吉信「ドイツにおける弁護士の成功報酬合意に関する近時の議論」千葉22巻1号27頁以下、同「ドイツにおける弁護士の成功報酬制度の解禁」千葉27巻2号1頁以下、A.C. Müller, Das anwaltliche Erfolgshonorar, Vergütungsansprüche des Rechtsanwalts unter der aussiebenden Bedingung des Erfolgs der anwaltlichen Bemühungen, 2015, S. 1ff.

42) *Ibid.* at 13-14. なお、2013年のドイツ訴訟費用援助法の改正では、ラントの財政負担を軽減する目的で、利用者に対する公平な取扱いという名目の下、濫用的な申立てを排除し、付与決定後の当事者に対する管理手続を厳しくするなど、利用者の司法アクセス向上に逆行しようとしているのではないかとの指摘もある。特に、豊田前掲注15) 428頁以下のM.キリアン弁護士の評価意見など参照。

43) *Ibid.* at 42.

援助の対象となる費用は、弁護士報酬、裁判所の費用、および土地管理を必要とする事件の手続中の土地管理人の報酬である。なお、権利保護保険が利用できる場合、訴訟費用援助は認められない（民事訴訟法122条）。

6．権利保護保険

　ドイツは権利保護保険が最も普及している国の1つである。ドイツにおける権利保護保険制度は、1928年に自動車事故に基づく損害賠償請求権の行使および自動車利用による刑事事件に対する防御のため、保険が提供されるようになったことに始まる。権利保護保険の普及率は、1990年代半ばに48％に達して以来、下降傾向にあるが、2009年の調査では、なお、41.9％の世帯が権利保護保険に加入している。

　2008年における権利保護保険の保険料収入は約32億ユーロにのぼり、ドイツの損害保険市場の5.8％、EUの権利保護保険市場の約45％を占めている[45]。また、2007年に、過去5年間の弁護士委任について行われたアンケート調査によれば、権利保護保険によって弁護士報酬を調達した者は、35％を占めている[46]。

　保険契約の内容に関しては、ドイツ保険協会によって、モデル約款である権利保護保険普通約款が制定されている。そして、各権利保護保険事業者が、これを基本として、保険証券を提供している。

　主な保険商品のタイプとしては、① 自動車等の所有者が運転者または搭乗者として遭遇する法的紛争に関する交通権利保護、② 自営業者本人およびその家族が私生活上遭遇する法的紛争に関する自営業者のための私生活権利保護、③ 個人事業者や会社が事業上遭遇する紛争に関して、本人およびその被

---

44)　*Ibid.* at 42.
45)　應本昌樹「ドイツにおける権利保護保険制度の概要」日弁連リーガル・アクセス・センター『権利保護保険にかかるドイツ・イギリス現地調査報告書』（2010年）17頁。
46)　應本前掲注45）17頁。

用者を対象とする自営業者のための権利保護、そして、会社および社団のための権利保護、④ 給与生活者本人およびその家族が職業上および若しくは私生活上遭遇する法的紛争に関する秘事営業車のための私生活および職業権利保護、⑤ 不動産の利用関係において生ずる法的紛争に関し、不動産所有者や賃借人を対象とする住居および土地の所有者および使用賃借人のための権利保護などがある[47]。

また、給付の対象となる法分野の種類としては、① 不法行為に基づく損害賠償請求権の行使、② 労働関係および公法上の職務関係であって個別労働関係に基づく法的利益、③ 土地および建物を対象とする使用賃貸借等の利用関係および物権に基づく法的利益、④ 司法上の債権関係および物権に基づく法的利益、⑤ 財政裁判所および行政裁判所における租税法および歳出法上の事件に関する法的利益、⑥ 社会裁判所における法的利益、⑦ 行政官庁および行政裁判所における道路交通法上の事件における法的利益、⑧ 懲戒法および分限法手続における防御、⑨ 道路交通法違反等の軽罪の過失犯の追及に対する防御、⑩ 主として交通反則金等の秩序違反の追及に対する防御、⑪ 家族法、生活パートナー法および相続法における法律相談などがある[48]。

給付の範囲は、法定の弁護士報酬から証人・鑑定人に対する補償、敗訴した場合に相手に対して償還義務を負う訴訟費用のほか、翻訳費用など広範囲にわたっている[49]。

なお、保険者は、十分な勝訴の見込みのない場合または支出される費用が目標とする結果に対して著しく不均衡である場合（濫訴とみなされる場合）には、保険給付を拒絶することができる。そのことから生ずる紛争を処理するために、保険者は仲裁鑑定または裁定（Stichentscheid）のいずれかの手続を置くべきことがモデル約款で定められている。後者は保険契約者が保険者の費用で弁護士の意見書を求めるものであり、当事者は原則としてその内容に拘束さ

---

47) 應本前掲注45）18-19頁。
48) 應本前掲注45）19-20頁。
49) 應本前掲注45）22頁。

れる。実際には、後者がおかれる場合が多いようである[50]。その他、保険契約者が填補賠償請求訴訟を提起できることはもちろん、保険オンブズマンや連邦金融監督庁に対して苦情を申し立てることもできる[51]。

Ⅲ　そ　の　他

1．法廷における言語

外国語を母国語とする訴訟当事者、そして、聴覚障碍者、言語障碍者、および視覚障碍者である当事者に対する手続の透明性は、法廷通訳人や手話をする者など一般的な手段で保障されている。こうした手段を利用する費用は、訴訟費用とされ、敗訴者によって負担される。ソルビア語（南東ドイツの田舎地域で利用されているスラブ系言語）を母語とする人々は、南東ドイツにおけるその住所地を管轄する裁判所ではソルビア語を話す権利が認められている（裁判所構成法184条2文）。

近時、地方裁判所において、国際的ビジネスに関する事件に関し、英語を話す者に対する特別法廷を導入する立法案が検討されているが、これは少しばかり異なる目的によるものである。すなわち、これは、一般的に外国語を母語とする者に対する司法へのアクセスを改善するためのものではなく、むしろ、国際ビジネス紛争に関してドイツの裁判所の魅力を高め、もってドイツ法の魅力をも高めるためのものである[52]。立法提案が施行されれば、当該裁判所では、書面の提出、口頭弁論、そして判決を含むすべての手続が英語で行われることになろう。こうした発議はグローバル化する世界の中でドイツの裁判所を現代化するための方策として強い支持を受けているものの、厳しい批判にもさらされている。この批判は、一方では、たとえば英語による手続においてなされた判断に対して上訴をする場合のように、英語による手続をドイツ語による司法

---

50)　應本前掲注45）24-25頁。
51)　應本前掲注45）25-26頁。
52)　Felix, *supra* note1 at 11.

制度に連結するという問題に焦点を当てたものである。また、他方では、母国語の法制度に対する文化的重要性が強調されている。したがって、この発議が成功するかどうかは不確かであるとされる[53]。

なお、ケルン、ボン、アーヘンの地方裁判所のみならずケルンの上級地方裁判所では、ドイツ法を準拠法とする場合に当事者間の合意があれば口頭弁論の運営を英語で行うことができるような制度を導入している。

2. リーガル・プロフェッション

a. 種 類

ドイツのリーガル・プロフェッションとしては、弁護士のほか、公証人、税理士、公認会計士および小規模企業公認会計士、簿記監査士などがある。また、約750人の外国法事務弁護士も許可登録を受けている[54]。

弁護士に関しては、最大で3つの法領域において専門弁護士の肩書を名乗ることができる（ドイツ連邦弁護士法43条c）[55]。

専門弁護士の肩書は古くから租税法の分野で認められていたが、1997年に中核的な領域のすべてにおいて専門弁護士が設けられた。

専門弁護士の対象となる法領域は、租税法、行政法、刑事法、家族法、労働法、社会法、倒産法、保険法、医事法、賃貸借および住居法、交通法、建設および建築法、相続法、運輸法および運送法、工業所有権法、商法および会社法、著作権およびメディア法、情報技術法、銀行法および資本市場法、農業法、国際経済法である。これらの内、比較的多くの専門弁護士がいる領域は、労働法、家族法、および租税法である。もっとも、近時は知的財産権法専門弁

---

53) *Ibid.* at 11.
54) ハンス・プリュッティング（森勇訳）『ドイツ専門弁護士制度の枠組み』森勇編著『リーガルマーケットの展開と弁護士の職業像』（中央大学出版部、2015年）45頁。
55) スザンネ・オファーマン・ブリュッハルト（應本昌樹訳）「ドイツにおける専門弁護士制度」森勇編著『リーガルマーケットの展開と弁護士の職業像』（中央大学出版部、2015年）15頁、豊田＝山田前掲注15）183頁。

表5-4 2016年1月1日現在の専門弁護士数　　単位（人）

	弁護士		専門弁護士		2つの専門弁護士資格取得者	
	男性	女性	男性	女性	男性	女性
連邦通常裁判所	46	38	6	0	4	0
バンベルク	1,848	845	617	270	147	47
ベルリン	9,190	4,754	1,986	935	276	108
ブランデンブルク	1,457	902	401	243	107	50
ブラウンシュバイク	1,141	536	401	161	98	28
ブレーメン	1,301	623	335	132	95	27
ツェレェ	3,965	1,967	1,324	534	353	95
デュッセルドルフ	8,127	4,143	1,936	759	394	95
フランクフルト	11,870	6,567	2,392	1,151	435	158
フライブルク	2,351	1,147	782	320	87	48
ハンブルク	6,783	3,448	1,404	578	188	46
ハム	9,490	4,282	3,243	1,268	914	226
カールスルーエ	3,075	1,546	928	400	188	60
カッセル	1,195	551	403	168	114	26
コブレンツ	2,241	1,070	780	307	230	60
ケルン	8,736	4,379	2,546	972	792	230
メックレンブルク・フォアポンメルン	1,041	511	367	139	111	24
ミュンヘン	13,400	7,524	3,126	1,582	545	202
ニュルンベルク	2,984	1,704	971	470	242	92
オルデンブルク	1,907	805	766	303	243	74
ザールブリュッケン	946	486	279	139	78	23
ザクセン	2,985	1,742	974	528	229	87
ザクセン・アンハルト	1,147	641	370	182	229	87
シュレスヴィヒ	2,677	1,221	1,162	331	244	58
シュトゥットガルト	5,002	2,321	1,390	592	297	99
テューリンゲン	1,306	709	438	190	99	43
テュービンゲン	1,457	591	523	195	146	38
ツヴァイブリュッケン	994	451	355	162	101	35
連邦全域	108,298	55,474	29,905	12,991	6,947	2,117

See, BUNDESRECHTSANWALTSKAMMER, 'Verteilung der Fachanwälte zum 01. 01. 2016.

護士に大幅な増加がみられる[56]。

　専門弁護士の肩書を獲得するための要件としては、① 弁護士として3年間登録され、活動していること、② 専門分野における特別の理論的見識を有することを筆記試験によって証明すること、③ 場合により、一定期間の継続研修を受けること、④ 専門分野における特別の実務経験の証明、⑤ 場合により、専門口述試験の実施、である[57]。特に、実務経験については数10件から100件以上の事件処理経験が求められ、さらに、たとえば、労働法専門弁護士の場合は、企業側の代理人としての実務経験と労働者側の代理人としての実務経験の双方が必須とされる[58]。

　なお、ドイツに特有のものとして、シンディクス弁護士制度がある。シンディクス弁護士とは、弁護士として認可された完全法律家であって、同時に雇用契約に基づいて一定の報酬と引き換えに、企業あるいは団体において常時法律専門家として活動している者をいう[59]。すなわち、主たる職業としては、恒常的ないしこれに類する就業関係にある依頼者のための法律相談に当たり、同時に副業として事務所を構える弁護士である[60]。ドイツの弁護士の15％から20％がシンディクス弁護士として活動しているとされる[61]。

　シンディクス弁護士は、企業やNPO団体で活動しており、大都市の弁護士会所管地域に多くみられる[62]。シンディクス弁護士が利用される理由としては、法的助言を迅速に受けることができること、外部の弁護士を利用するよりコストの面で有利であること、および企業などの内部の事情に通じていることが挙

---

56) ゴットバルト前掲注27) 57-58頁。
57) オファーマン前掲注55) 15-16頁。
58) オファーマン前掲注55) 19-20頁。
59) プリュッティング前掲注54) 55頁。
60) プリュッティング前掲注54) 56頁。
61) ハンス・プリュッティング（森勇監訳・春日川路子訳）「ドイツにおける企業内弁護士の地位」森勇編著『リーガルマーケットの展開と弁護士の職業像』（中央大学出版部、2015年) 117頁。
62) プリュッティング前掲注61) 117-118頁。

げられている[63]。

なお、シンディクス弁護士は、雇用者に関しては訴訟代理をすることができない（連邦弁護士法46条1項）[64]。

b．弁護士の養成

弁護士となる前提として法曹資格を取得するためには、まず大学法学部において法学教育を修了し、次に、第一国家試験に合格することが必要である[65]。法学教育の標準的な期間は、かつては3年半であったが、2002年裁判官法改正により、4年とされている[66]。もっとも、実質的には5年であるとの指摘もある[67]。そして、第一次国家試験の合格をもって、大学の教育課程が修了するものとされている。この試験は選抜試験ではなく、一定の成績を修めれば合格できる資格試験として位置づけられている[68]。なお、第一次国家試験の30％に相当する重点試験が大学在学中に実施され、その得点が第一次国家試験の得点に反映される。第一次国家試験は2回までしか受験することができないが、これが法曹養成期間の長期化につながっているとの批判があり、入学から8ゼメスターまでの受験を算入しないとする不算入受験制度も導入されている[69]。

次いで、実務修習を受けて、さらに第二次国家試験に合格することが必要である。実務修習は、民事裁判所、刑事裁判所、行政官庁、弁護士事務所が必修の修習地であるが、州法により、公証役場、企業・団体、その他法律相談に関する訓練を受けるのに相当な場所で行うこともできる。実務修習期間にある修

---

63) プリュッティング前掲注61) 119頁。
64) プリュッティング前掲注54) 56頁、プリュッティング前掲注61) 117頁。
65) 小野秀誠「ドイツの法曹養成制度と大学教育」司法改革4号53頁、ゴットバルト前掲注27) 55頁。
66) 小野秀誠「法曹養成の新たな動向(1)―ドイツの二〇〇二年改正法―」一橋論叢129巻1号2頁。
67) 同上。
68) 小野前掲注65) 54頁。
69) 同上。

習生（司法官試補）は各州の公務員として採用され、給与が支給される。これらの段階は連邦法および州法によって詳細に規律されており、国家の監督に服している。近時は弁護士修習の期間と密度が強化されており、すべての修習生について9か月の弁護士修習が義務付けられている[70]。

修習期間の18か月目から21か月目までの間に、第二次国家試験が行われる。この試験は各修習地で行われる。なお、第二次国家試験は2回までしか受験することができない。

第二次国家試験の最終合格者が法律職資格取得者となる。この資格は本来裁判官資格であるが、同時に、検察官、行政官、弁護士、企業の法律顧問などすべての法律職に通用する。

弁護士になることを希望する者は、州の司法省に登録申請をして、許可を受けることができる。弁護士登録に関しては、需給バランスの調整という観点からの規制や年齢制限はない。

なお、登録後、弁護士は事務所を開設して維持しなければならず、また、保険金額25万ユーロを超える職業責任保険に加入しなければならない[71]。

c．弁護士業の組織形態

弁護士は個人で、また、1人または複数の他の弁護士と共同で事務所において活動している。共同事務所は民法上の組合の形をとる。もっとも、弁護士有限会社、弁護士株式会社、弁護士パートナーシャフト組合などの弁護士法人形態のものもある[72]。

---

70) 小野前掲注66）5-6頁。
71) ゴットバルト前掲注27）56頁。
72) ゴットバルト前掲注27）60-61頁。伝統的には個人事務所形態が多くを占めるが、近時、共同形態の事務所が増加しているとの指摘がある。豊田＝山田前掲注15）147頁。ハンス・プリュッティング（出口雅久＝本間学訳）「ドイツ弁護士法における最近の展開動向」立命342号472頁以下など。

3. 少数者、移民、外国人に対する正義へのアクセスを改善する法改正

　ドイツにおいて、特別な少数者グループ、移民、又は外国人の民事訴訟へのアクセスを改善するための包括的な法改正は行われていない。

　この分野で国が主導的な立場を採ることは一般的ではない。すなわち、民族的又は人種的少数者に対する正義へのアクセスの事実上の強化は、公権力ではなく、主として市民社会の責務であるとみなされている。したがって、そうした集団の出身である弁護士、NPO、教会が正義へのアクセスの促進に寄与することであろう[73]。

---

73) Felix, *supra* note1 at 11.

第6章

フランスにおける司法アクセス

町 村 泰 貴

Ⅰ　はじめに／Ⅱ　司法制度面での裁判へのアクセス／Ⅲ　民事訴訟手続における司法アクセス

1　はじめに

1．裁判へのアクセスの発展と理念的位置付け

フランスにおいて、裁判へのアクセス accès à la justice は、旧体制下においても萌芽が見られる[1]など長い伝統を有している。

近代の民事訴訟制度の下では、裁判補助 assistance judiciaire に関する1851年1月22日法律による裁判補助が、その嚆矢とされる。もっともこれは、基本的に貧困者に対する恩恵的な位置づけで、内容的にも十分なものではなく、その対象となった当事者は、全当事者のうち6％にすぎなかったとされている[2]。

そこで、裁判扶助 aide judiciaire に関する1972年1月3日法律72-11号により、裁判へのアクセスを権利として認め、訴訟費用の負担軽減を拡充した。

---

1) 旧体制下では王の慈善として貧困者にも裁判の保護が認められるべきものと考えられ、アンリ4世の1610年3月6日の勅令による貧民向け扶助が行われたことなどがあった。André Rials, L'accès à la justice, PUF, 1993, pp. 18 et s.
2) Cécile Chainais, Frédérique Ferrand et Serge Guinchard, Procédure civile, 33e éd., Dalloz, p. 217.

裁判へのアクセスが権利として認められたということは、扶助に必要な資金の国庫による負担が認められたということを意味する。

もっとも、それでも不十分との批判により、法律扶助 aide juridique に関する 1991 年 7 月 10 日法律 91-647 号が制定された。これは、一方では裁判扶助の対象範囲を拡充するとともに、法律相談や裁判外の紛争解決への法律扶助を定めたものであり、数々の改正を経ながらも現行法となっている。

このような歴史的発展の背景には、フランス共和国の三色旗に象徴される自由・平等・博愛との関係も存在する。裁判へのアクセスを保障し、特に経済的状況からアクセスに困難がある人々への扶助を用意することは、一方では法の下の平等を保障することにほかならない。また、博愛 fraternité の同義語とされる連帯 solidarité の思想との関係でも、法律扶助は連帯の発現の一つとされ、市民の憲法上の権利と理解されることになる[3]。

さらに、近年の民事手続法の各分野では、ヨーロッパ人権条約 6 条 1 項に定められた公正な裁判を受ける権利[4]が、当事者の手続的な権利に様々な影響を及ぼしている。裁判へのアクセスも、ヨーロッパ人権裁判所の判決[5]により同条項の権利の一環として承認されるに至っている[6]。

こうした歴史的発展および憲法理論の下で、今日、フランスでは裁判へのアクセス権の保障が重要な法原則と考えられている。

2．概　　観

本稿では、フランスの民事手続を中心として、裁判へのアクセスの状況を紹

---

3) *ibid.*, pp. 216 et s.
4) ヨーロッパ人権条約 6 条 1 項第 1 文は、「すべての者は、その民事上の権利義務または刑事上の訴追に関する裁判のため、法律で設置された、独立かつ中立の裁判所により、合理的な期間内の公正で公開の審理を受ける権利を有する」と定めている。
5) CEDH, 21 févr. 1975, série A, n° 38, § 36. Golder 判決とよばれている。
6) v. L. Milano, Le droit à un tribunal au sens de la Convention européenne des droits de l'homme, Dalloz, 2006.

介するが、裁判へのアクセスの具体的な内容は多岐にわたっている。

　司法制度一般に関しては、裁判所の配置が市民の裁判へのアクセスに直接影響を与えている。また、法曹人口、特に弁護士数とその地域的バランスが裁判へのアクセスを左右する。

　次に、民事訴訟手続は、それ自体、当事者の権利の実現や法的救済のための制度であり、訴え提起から審理手続などのあらゆる面が裁判へのアクセスを保障する具体的な内容とさえいうことができる。

　その中で、裁判へのアクセスに直接関わるものとしては、訴訟制度利用に必要な費用の問題が挙げられる。当事者の経済的状況により、訴訟費用や弁護士費用が訴訟制度利用の障壁となりうることが考えられ、これに対する救済方法としての裁判扶助がある。費用以外でも、法的トラブルに直面した一般市民が、その解決のために法的制度的情報を取得する制度が必要となる。フランスではこれを法へのアクセス accès au droit と総称している。

　加えて、いわゆる訴権 action も、訴え提起の可能性に関わる。具体的には多数人の利益に関わる訴訟の集団化のための制度がこれに該当する。フランスでは、ごく最近、フランス版クラスアクションとも呼ばれるグループ訴権 action de groupe を、当初は消費法典に創設し、その後、消費者法以外の分野に拡大していった。

　さらに、通常の訴訟手続ではコスト的に見合わない少額紛争に関する特則が関係する。もっともフランスにはアメリカのような少額裁判所があるわけではないが、事物管轄として少額事件を管轄する裁判所は存在するし、いわゆる近隣裁判官（所）による手続が創設された経緯もある。そして EU レベルでの少額裁判手続が設けられ、フランス国内法にもその手続が定められている。

　最後に、裁判 justice という言葉を広く捉えて紛争解決という意味にとるならば、裁判外紛争解決手続（ADR）もまた裁判へのアクセスの一つと位置づけられる。ヨーロッパレベルでも ADR の整備・利用促進に力を入れている[7]

7）　民事および商事の調停のいくつかの側面に関する 2008 年 5 月 21 日欧州議会および理事会指令 2008/52/CE。

ところであり、フランスでも同様である[8]。フランスでは伝統的な和解仲介 conciliation と調停 médiation について民事訴訟法典第 5 巻にまとまった規定を設けるとともに、新たに参加型手続 procédure participative を創設した[9]。この参加型手続とは、民法典 2062 条から 2068 条までに新設されたもの[10]で、弁護士の補佐を得た合意のための手続と、裁判所の下で和解に認可を求め、和解に至らなかった部分について判決を求める手続との二段階手続となっている[11]。

以下では、民事司法制度と民事訴訟手続における裁判へのアクセスを中心として紹介する。第一の民事司法制度は、裁判所と法曹制度とに分けて紹介するが、裁判所についてはその適正配置という名の下でリストラが行われ、裁判へのアクセスとのコンフリクトが生じた。また弁護士を中心とする法曹制度についても、継続して改革が行われている。第二の民事訴訟手続については、訴訟にかかる費用とその負担、法律扶助、そして近時創設されたグループ訴権を紹介する。

II　司法制度面での裁判へのアクセス

1．民事司法制度と裁判所の適正配置

a．フランスの民事司法制度

フランスの裁判所制度は、日本法から見ると、かなり複雑である[12]。

---

8) EU に関して山本和彦＝山田文『ADR 仲裁法（第 2 版）』（日本評論社、2015 年）38 頁以下。フランスに関して垣内秀介「フランスの ADR 法制」法時 1058 号（2013）50 頁、德田和幸＝町村泰貴『注釈フランス民事訴訟法典――仲裁・特別訴訟編』（信山社、2016）特に 297 頁以下。

9) 前注 7) に引用した EU 指令に基づき制定された 2011 年 11 月 16 日オルドナンス 2011-1540 号が法律事項の改正を行い、その適用デクレとして紛争の和解的解決に関する 2012 年 1 月 20 日デクレ 2012-66 号により民事訴訟法典第 5 巻が創設された。このデクレは、労働法典にも「調停」の規定を設けている。

10) 裁判の執行、一定の規制職の行使条件および裁判上の鑑定人に関する 2010 年 12 月 22 日法律 2010-1609 号により新設された規定である。

11) 詳しくは德田＝町村・前掲書注 8)。

基本的に、コンセイユ・デタ Conseil d'Etat を頂点とする行政裁判所系列と、破毀院 Cour de cassation を頂点とする司法裁判所系列とに分かれ、両者の管轄帰属問題を扱う特別裁判所として権限裁判所 Tribunal de conflit があるほか、違憲立法審査権を有する憲法院 Conseil constitutionnel が別に存在する。さらに EU 法との関係では、欧州司法裁判所 Cour européenne de justice および欧州人権裁判所 Cour européenne de droit de l'homme が具体的事件について審理判断をすることがあり得る。

　司法裁判所系列では、原則的な裁判所として我が国の簡易裁判所に相当する小審裁判所 Tribunal d'instance、地方裁判所に相当する大審裁判所 Tribunal de grande instance、高等裁判所に相当する控訴院 Cour d'appel、そして最高裁判所に相当する破毀院がある。これに加えて、例外裁判所として商事裁判所 Tribunal de commerce、労働審判所 Conseil prud'homme、農事賃貸借同数裁判所 Tribunal paritaire de baux ruraux がある。なお、刑事裁判所は、小審裁判所に違警罪裁判所 Tribunal de police が置かれ、大審裁判所に軽罪裁判所 Tribunal correctionnel、控訴院に重罪院 Cour d'assis がそれぞれ付置され、さらに重罪控訴院 Cour d'appel d'assis がいくつかの控訴院に付置されており、終審は破毀院の刑事部となっている。

　従って、民事第一審事件は、一般的管轄権を有する大審裁判所と、少額な事件を扱う小審裁判所（と近隣裁判所）、そして事件の種類により特別な管轄権を有する商事裁判所、労働審判所、農事賃貸借同数裁判所が存在し、そのいずれかの第一審判決に対する控訴審はすべて控訴院が管轄することとされている。

---

12)　フランスの裁判所制度に関しては、多くの紹介があるが、特に有用なものとして、中村義孝『概説フランスの裁判制度』（同眸社、2013 年）、山本和彦『フランスの司法』（有斐閣、1995 年）、山口俊夫『概説フランス法　上』（有斐閣、1978 年）が挙げられる。またフランス民事訴訟法典の邦語訳は、法務大臣官房司法法制調査部編『注釈フランス新民事訴訟法典』（法曹会、1988 年）および德田＝町村・前掲書注 8）を参考にしている。

b．裁判所の配置

　小審裁判所、大審裁判所、控訴院は、それぞれ我が国の簡裁、地裁、高裁に相当するが、その数は我が国と大きく異なる。

　控訴院は、36箇所あり、そのうち6箇所は海外領土にある[13]ので、フランス本土には30の控訴院がある。また大審裁判所は165箇所[14]あり、一つの県départementに複数の大審裁判所が置かれていることがある。そして小審裁判所は304箇所[15]ある。フランスの人口は我が国の約半分強の約6,700万人[16]であるのに対して、我が国の地方裁判所に相当する裁判所が約3倍、高等裁判所に相当する裁判所が5倍近く置かれており、我が国に対してフランスは裁判所が身近に存在する国ということができよう[17]。

　もっとも、この数は、2008年に実施された裁判所の大幅削減[18]により減少した後のものである。そこでは、司法予算の増大を抑えるためという理由で裁判所の大規模な削減と再配置が行われ、特に小審裁判所は約3分の2に大幅に削減された。

---

13) このほか、海外領土のサンピエール・エ・ミクロン共同体には控訴高等裁判所 tribunal supérieur d'appel が、マイヨット県には控訴部 chambre d'appel が控訴裁判所として存在している。
14) 海外領土のニューカレドニア、ワリス・エ・フテュナ、仏領ポリネシア、サンピエール・エ・ミクロン共同体にそれぞれ置かれている始審裁判所 tribunal de première instance 4箇所を含む。
15) 刑事事件に管轄を持たない小審裁判所22箇所を含む。
16) 国立統計経済研究所（INSEE）の2016年末時点での推計による。<https://www.insee.fr/fr/statistiques/1892086?sommaire=1912926> 参照。
17) 国土面積は我が国の約1.4倍ではあるが、これを加味してもなお高裁レベルの裁判所の数の多さは際立っている。
18) Décret n° 2008-146 du 15 février 2008 modifiant le siège et le ressort des tribunaux de commerce および Décret n° 2008-145 du 15 février 2008 modifiant le siège et le ressort des tribunaux d'instance, des juridictions de proximité et des tribunaux de grande instance. なお、労働審判所の削減も Décret n° 2008-514 du 29 mai 2008 modifiant le siège et le ressort des conseils de prud'hommes により行われている。

2. 法曹制度

a. 法曹制度の変遷

フランスでは公証人 notaire、代訴士 avoué、弁護士 avocat が三大法律職であったが、これに執行士 huissieur de justice、競売士 commissaire de priseur、そして倒産実務家（裁判上の管理人、清算人）、法律顧問 conseil juridique など、多様な法律職が存在した[19]。

もっとも、まず企業法務の専門家であった法律顧問は弁護士職に統合され、また、もともと当事者の訴訟代理人となっていた代訴士も、1970年代に大審裁判所レベルの代訴士を廃止して弁護士職に統合し、2000年代になって最終的に全代訴士を弁護士職に統合した。

b. 法曹養成

フランスでは裁判官と検察官の上位概念が司法官 magistrat であり、我が国と異なり、司法官の養成と弁護士の養成とは全く別である[20]。

司法官は、国立司法官学校 Ecole nationale de la magistrature：ENM の入学選抜試験に合格した者が、所定の課程を修めて卒業し、司法系列の裁判官または検察官として採用される。国立司法官学校の入学定員は年に 200 人から 300 人程度、研修中は報酬が給付される[21]。

これに対して弁護士は、大学のマスター 1（修士 1 年に相当）以上の学位を取得した者が、各地の弁護士会の地域連合が設置運営する弁護士職養成地域センター Centre régional de formation professionnelle d'avocat：CRFPA[22] の入学

---

19) これら法律職については山本・前掲書注 12) が詳しい。
20) フランスの司法官および弁護士の養成について詳細に紹介したものとして、司法研修所編『イギリス、ドイツ及びフランスにおける司法制度の現状』（法曹会、2000 年）303 頁以下がある。
21) L'Etudiant <http://www.letudiant.fr/> によれば、月に 1350 ユーロ（約 16 万 2 千円）である。
22) 一般に弁護士学校 Ecole d'avocat：EDA とも呼ばれる。

選抜試験を受けて、合格者が所定の課程を修めて卒業することで弁護士資格を取得する。現在は海外領土も含めて 15 の CRFPA が存在する。

なお、行政系列の裁判所の裁判官は、行政官養成のグランゼコールである国立行政学校 Ecole nationale d'administration : ENA の卒業生から採用されてきたが、近時は司法裁判官や弁護士からの登用も制度化されている。

弁護士学校の定員は、各地の弁護士会や大学の協議により定められるので、国全体でその定員をコントロールすることは不可能とされている。

c．法曹人口と地域的偏在[23]

弁護士の数は 2016 年 1 月 1 日段階で 63,923 人であり、10 年前に対して約 40％増加している。日本の弁護士数は 2016 年 3 月 31 日段階で 37,680 人である[24]から、単純に比較して 1.7 倍である。

そのうち 26,792 人、すなわち 42％がパリに集中している。164 の弁護士会が存在するうち、パリ弁護士会の弁護士数は突出しているが、パリ以外にリヨン、オー・ド・セーヌ、マルセイユ、ボルドー、トゥールーズ、リール、モンペリエ、ニースの各弁護士会が 1000 人以上の弁護士で構成されており、これら 9 弁護士会に所属する弁護士が全体の 62.4％を占めている。他方で、所属弁護士数が 100 人未満の弁護士会が 88 会と過半数を占めており、パリへの一極集中とともに、大都市に弁護士が偏在している状況は明らかである。

この状況は、人口 10 万人あたりの弁護士数の統計でも明らかであり、フランス全体の平均は 10 万人あたり 94.4 人の弁護士がいるが、パリは 1,188.5 人であり、パリを含めて 13 の弁護士会で人口 10 万人あたり 100 人以上の弁護士がいる。対して人口 10 万人あたりの弁護士数が 25 人未満の弁護士会が 48 会ある。

なお、参考までに、フランスの女性弁護士比率についても紹介しておく。既

---

23) Ministère de la Justice, Statistique sur la profession d'avocat, Situation au 1er janvier 2016. <http://www.justice.gouv.fr/art_pix/1_pejc_com_stat_ prof_avocat_2016.pdf> p. 3
24) 2016 年弁護士白書 30 頁。

に 2000 年段階でも女性弁護士比率が 45％ に達していた[25]が、2016 年 1 月 1 日にはそれが 55％ に達しており[26]、137 会（84％）の弁護士会で女性弁護士が過半数を占めている。この女性弁護士比率は、弁護士会の規模とは関係がない。また、他の法律関係職では、例えば公証人の女性比率は 34.6％、執行士は 32.2％ であり、弁護士の女性比率の高さは際立っている[27]。

3．小　　括

司法制度のインフラから見た裁判へのアクセスは、裁判所の数からいっても、弁護士の数からいっても、我が国よりは格段に司法が身近な存在ということができる。

もっとも、裁判所の数は予算的な理由から減少しており、このことは市民の裁判へのアクセス向上に逆行するものという懸念がある。また弁護士数も、我が国より多いとはいえ、40％を超える弁護士がパリに集中しているなど、いわゆる弁護士偏在と地方における司法過疎の問題があることは否定できない。

Ⅲ　民事訴訟手続における司法アクセス

1．訴訟にかかる費用

フランスにおいて訴訟は無償 gratuité が原則とされている。これは、旧体制時代に裁判官が当事者から直接謝礼を得ていたことに対するフランス革命による改革[28]の成果であり、裁判官が公務員へ変容したのと同時である。

もっとも、訴訟にかかる費用は存在する。当事者が裁判官に謝礼を支払う必

---

25)　垣内秀介＝町村泰貴＝松村祐土＝山本和彦「フランス弁護士職の業務と収入に関する現状」法と実務 2 号（2002）52 頁以下。
26)　男性が 28,711 人に対して女性は 35,212 人である。
27)　日本の女性弁護士数は 6,896 人であり、ここ 26 年間で 9 倍に増えたとはいえ、依然として比率は約 18％ に過ぎない。2016 年版弁護士白書 31 頁。
28)　中村・前掲書注 12）40 頁以下。

要がなくなっただけで、原則として敗訴者負担とされる訴訟費用 dépens と、それ以外のものも含む上位概念としての費用 frais とがある[29]。

その後、民事裁判所および行政裁判所の下での裁判行為の無償性を確立する 1977 年 12 月 30 日法律 77-1468 号により、判決・裁判の正本や執行文を付与された正本、司法官の移動の費用などが無償化された。現在のフランス民事訴訟法典 695 条は、裁判所または税務官庁へ納付される手数料等、翻訳料、証人の日当、技術者の報酬などについて訴訟費用と法定[30]し、同法典 696 条[31]はこれを原則として敗訴者負担としている。

訴訟代理人については、弁護料 droit de plaidoirie と不動産執行手続などの法定された料金については同法典 695 条 7 号により訴訟費用とされている。しかし、それ以外の弁護士費用は訴訟費用とされない報酬 honoraire とされている[32]。

2．法律扶助制度

a．法律扶助の種類

訴訟費用や弁護士費用が支弁できない者にも裁判を受ける権利が保障されなければならず、従って法律扶助は必要不可欠なものである。

フランスでは、冒頭に述べたように、1851 年 1 月 22 日法律が裁判補佐という概念を導入し、また 1972 年 1 月 3 日法律は 1851 年法を改めて裁判援助を定めていた。その後、1991 年 7 月 10 日法律 91-647 号および同年 12 月 19 日デクレ 91-1266 号[33]が、法律扶助 aide juridique という総合的な名称に改めると

---

29) フランス民事訴訟法典 695 条以下参照。
30) 民事訴訟の現代化と簡素化に関する諸措置をもたらす 2017 年 5 月 6 日デクレ 2017-892 号により改正された後の規定である。
31) 裁判扶助および弁護士関与扶助に関する諸規定をもたらす 2011 年 5 月 15 日デクレ 2011-272 号による改正後の規定である。
32) C. Chainais et al., *op. cit.*, note 2, p. 203.
33) Décret n° 91-1266 du 19 décembre 1991 portant application de la loi n° 91-647 du 10 juillet 1991 relative à l'aide juridique.

ともに、その内容も全面改正して今日に至っている[34]。

1991年法が現在対象としている法律扶助 aide juridique には、裁判扶助 aide juridictionnelle（同法第1部）、法アクセス扶助 aide à l'accès au droit（同法第2部）、裁判以外の手続における弁護士関与への扶助 aide à l'intervention de l'avocat dans les procédures non juridictionnelles（同法第3部）、調停扶助 aide à la médiation（同法第4部）が含まれている。

b．裁 判 扶 助
(1) 裁判扶助の対象

裁判扶助は、フランス国籍を持った自然人、EU構成国民および合法的にフランスに居住する外国人、その他民法典515-9条に基づくドメスティック・バイオレンスの保護命令を得た者などに対して付与される（1991年法3条）[35]。

扶助を受ける要件には、収入要件と勝訴見込み要件とがある。収入は全部扶助を受ける場合1000ユーロ未満の年収、一部扶助を受ける場合は1500ユーロ未満の年収をそれぞれ基本として、扶養家族の人数等により調整が行われる（同法4条）。勝訴見込み要件は、訴えが、明白に不受理または本案の理由がないことが明らかな場合でないことであり、これは原告にのみ課される要件である（同法7条）。

裁判扶助の対象となる手続は、非訟事件と争訟事件のいずれでもよく、司法裁判所であれ行政裁判所であれ、あらゆる裁判所の下での手続に適用され、審理の全部または一部について、あるいは訴え提起前の交渉、和解、参加型手

---

34) フランスの法律扶助制度を紹介する邦語文献としては、中村・前掲書注12) 40頁以下のほか、山本和彦「フランスにおける法律扶助制度」法務大臣官房司法法制調査部編『各国の法律扶助制度』（法曹会、1996年）157頁以下が詳しい。本稿ではこれらの文献のほか、C. Chainais et al., *op. cit.* note 2, pp. 214 et s., Serge Guinchard dir., Droit et pratique de la procédure civile, 9e éd., Dalloz, 2017-2018, pp. 686 et s. を参照した。

35) 非営利法人や不動産共有者組合などに対しても例外的に付与される余地がある。同法2条2項以下参照。

続[36)]にも適用される（同法10条）。2016年に創設された裁判外の離婚手続[37)]にも適用がある（同条3項）。さらに、それらの裁判の執行過程にも適用される（同法11条）。

(2) 裁判扶助の機関

裁判扶助の承認は、裁判扶助事務所 Bureau d'aide juridictionnelle が行う（同法12条）。

この裁判扶助事務所とは、原則として各大審裁判所内に置かれ、扶助申請人が提出した申請書類を審査する（同法13条）。また破毀院、コンセイユ・デタ、亡命権全国院 Cour nationale du droit d'asile にも裁判扶助事務所が置かれ、それぞれの管轄する手続における申請を受け付ける（同法14条）[38)]。

(3) 裁判扶助の効果

裁判扶助の付与を受けると、当事者は、自己負担となるべき費用を国庫の負担とされる（同法24条）とともに、すべての手続で弁護士その他の司法補助職 auxiliaires de justice の補佐を受けることができ、場合により弁護士会長などが指名することもある（同法25条）。

c．その他の扶助

前述したとおり、現在の1991年法には裁判扶助の他に、法アクセス扶助、裁判以外の手続における弁護士関与への扶助、そして調停扶助が定められている。

このうち法アクセス扶助とは、権利義務に関する専門家や権利実現のための機関の紹介、権利の実現や義務の履行の過程を支援すること、裁判外手続の追

---

36) 徳田＝町村編・前掲書注8) 305頁以下参照。
37) 弁護士が共同署名した私署証書を公証人役場に寄託して成立する相互の合意に基づく離婚であり、21世紀司法現代化に関する2016年11月18日法律2016-1547号によって民法典229-1条以下に定められたものである。
38) なお、コンセイユ・デタの事務所は権限裁判所および仲裁高等法院における申請も取り扱う。同法14条末項。

行の補佐、法律相談、契約の作成と締結に関する支援が含まれる。これらの扶助事務は、法アクセス県評議会 conseil départemental de l'accès au droit : CDAD が事務局となり、法律専門家や法的機関との協定により委嘱をする。

3．グループ訴権

フランスでは、非営利社団の集団的利益保護のための訴権が認められるかどうか、議論があった[39]。団体の目的との関係で違法行為の差止めや団体自身の利益侵害を理由とする賠償請求については、判例や立法により徐々に認められてきたが、例えば多数の消費者の受けた損害について、個々の消費者に代わって損害賠償を求める地位は、非営利社団には認められてこなかった。

ところが、消費に関する 2014 年 3 月 17 日法律 2014-344 号（アモン法 Loi Hamon）は、多数の消費者の事業者に対する共通の金銭請求権を認証消費者団体が訴訟を通じて請求することを認めたグループ訴権を創設した。これは消費法典 L.423-1 条から L.423-26 条までの規定であり、その後、2016 年に消費法典の構成を変えたため、L.623-1 条から L.623-32 条までとなった[40]。

このアモン法の創設したグループ訴権は、消費者被害の集団的回復のための制度であり、適用対象も比較的限定されていた。しかし、その後、グループ訴権は他の分野にも広がった。そして 21 世紀司法現代化に関する 2016 年 11 月 18 日法律 2016-1547 号 60 条以下により、差別対策、労働事件、環境問題、公衆衛生、コンピュータと自由に関する法律事件について、グループ訴権が適用

---

39) この議論については杉原丈史「フランスにおける集団的利益擁護のための団体訴訟」早稲田法学 72 巻 2 号（1997 年）93 頁以下、荻原慎一郎「フランスにおける団体訴訟と訴訟要件」法学協会雑誌 121 巻 6 号（2004 年）781 頁以下。

40) このグループ訴権に関しては、山本和彦「フランスにおける消費者グループ訴訟」一橋法学 13 巻 3 号（2014 年）123 頁以下、同『解説消費者裁判手続特例法〔第二版〕』（弘文堂、2016 年）61 頁以下、都筑満雄「集団的消費者被害の回復と不法行為法─近時におけるフランス法の展開を参考に」名古屋大学法政論集 254 号（2014 年）795 頁以下、町村泰貴「フランス・グループ訴権の実例：日本での運用の参考のために」名古屋大学法政論集 270 号（2017 年）313 頁以下など参照。

されることが明確化された。その具体的手続については民事訴訟法典826-2条以下に規定されている[41]。

　本稿執筆時点では、認証消費者団体の提起した集団的消費者被害回復のためのグループ訴訟が9件あり、そのうち1件は和解により終結しているが、それ以外はなお係属中である。消費法典以外の規定に基づくグループ訴訟は、まだ実例がなく、その評価は時期尚早であるが、特に少額多数の被害を受けた市民にとって、裁判へのアクセスを実質的に保障する装置であるだけに、実効的な制度となりうるかどうか、興味深いものである。

---

41) Décret n° 2017-888 du 6 mai 2017 relatif à l'action de groupe et à l'action en reconnaissance de droits prévues aux titres V et VI de la loi n° 2016-1547 du 18 novembre 2016 de modernisation de la justice du XXIe siècle.

第 7 章

イタリアにおける司法アクセス

櫻 本 正 樹
ジョルジョ・ファビオ・コロンボ

Ⅰ 司法アクセス（accesso alla giustizia）/ Ⅱ 司法制度（sistema giudiziario）/ Ⅲ ピント法（Legge Pinto）/ Ⅳ ADR（risoluzione alternativa delle controversie）/ Ⅴ 訴訟費用（spese di giustizia）/ Ⅵ 訴訟手続の電子化（servizio del sistema elettronico per la causa）

Ⅰ 司法アクセス（accesso alla giustizia）

1．序

 司法アクセスは、イタリア語では accesso alla giustizia という。しかし、giustizia にはもう一つ「正義」という意味がある。言い換えれば、司法にアクセスすることは正義へアクセスすることであり、正義を実現することにほかならない。イタリア民事訴訟法の大家の一人であり、フィレンツェ大学教授であった Mauro Cappelletti 教授はその著書のなかで、「権利を実効的なものとする手段」[1]としてのアクセスが欠かせず、実効的に裁判へアクセスするということは、「すべての者のために法律上の権利を…現実に保障しようとする、現代の平等を基調とする法律制度の最も基本的な…「人権」である」[2]と述べている。

---

1) M. カペレッティ＝B. ガース著（小島武司訳）『正義へのアクセス—権利実行化のための法政策と司法改革—』（有斐閣、1981年）3頁。
2) 前掲注。

司法アクセスというテーマはイタリアでは論争の種であり、現実に民事裁判については長年にわたって非常事態が続いている。

　世界銀行（Banca Mondiale）が出している"Doing Business"[3]という裁判に関するランキングがある。これによれば、裁判の質に関しては、18点満点中、イタリアは13点獲得している（日本は7.5点）。しかし、第一審裁判所における商事紛争解決に係る費用と時間等を指標にした"Enforcing Contracts"に関しては、イタリアの民事裁判はその効果に関しては、190か国中108番（日本は48番）で、ガンビアの後、ソマリアの前という結果となっている。さらにまた、イタリアの第一審手続では訴えの提起から判決の執行まで1120日（日本は360日）も必要とされている。すなわち、イタリアにおける民事司法の問題はその裁判の質ではなく、その遅さにある[4]。従って、イタリアは裁判に必要な日数が長期にわたるため繰り返しヨーロッパ人権裁判所（Corte Europea dei Diritti dell'Uomo）からヨーロッパ人権条約（Convenzione Europea dei Diritti dell'Uomo）6条違反であるとの判決を受けている[5]。

　このような状況に対してイタリアはさまざまな改革を行ってきた。なかでも重要なものとして、たとえば裁判所における訴訟遅延を解決するためにPinto法の整備をし（詳しくは、本稿Ⅲピント法参照）、また、訴訟自体を裁判所から遠ざけるためにADR法制の整備を行った（詳しくは、本稿Ⅳ ADR参照）。その結果、たとえば第一審の新受件数は2011年418万1,710件から2014年の370万7,799件に減少し、年末における係属件数は2011年494万4,964件から2014年の427万1,689件に減少した（表7-1）[6]。

---

3) http://www.doingbusiness.org/data/exploreeconomies/italy#enforcing-contracts
4) 民事訴訟の遅延問題は今に始まったことではなく、以前から司法改革の議論の対象となっている。たとえば、団藤重光「イタリアの司法制度改革事業―司法職高等会議編「社会の現実と司法の運用」―」法学協会雑誌89巻2号（1972年）212頁。
5) ヨーロッパ人権裁判所　http://www.echr.coe.int/Documents/CP_Italy_ENG.pdf
6) イタリアの司法統計一般に関して詳しくは、小谷眞男「イタリアの司法統計」小谷眞男ほか『ヨーロッパの司法統計Ⅱ―ドイツ・イタリア・日本―』（東京大学社会科学研究所、2010年）69頁以下。

第7章 イタリアにおける司法アクセス　285

表 7-1　2011 年から 2014 年の第一審・第二審の民事訴訟件数

審級	裁判所	2011 新受件数	2011 年末における係属件数	2012 新受件数	2012 年末における係属件数	2013 新受件数	2013 年末における係属件数	2014 新受件数	2014 年末における係属件数
第一審	治安裁判官裁判所	1,508,587	1,554,445	1,379,032	1,367,630	1,372,421	1,296,075	1,133,162	1,207,275
	地方裁判所	2,638,242	3,324,939	2,628,038	3,222,763	2,813,069	3,157,893	2,560,102	3,027,714
	控訴裁判所	34,881	65,580	34,849	65,202	14,379	47,053	14,535	36,700
	合計	4,181,710	4,944,964	4,041,919	4,655,595	4,434,856	4,501,021	3,707,799	4,271,689
第二審	地方裁判所	40,306	127,523	43,357	149,320	48,792	107,983	28,092	102,540
	控訴裁判所	122,368	383,230	117,451	374,646	108,862	350,483	97,350	321,014
	破毀院	30,028	94,606	29,128	99,792	29,091	98,690	30,303	100,778
	合計	192,702	605,359	189,936	623,758	186,745	557,156	155,745	524,332

国立統計機構（Istituto nazionale di statistica (Istat)）http://dati.istat.it/Index.aspx?DataSetCode=DCAR_NUM_PROC_CIV

表 7-2　2011 年から 2016 年における破毀院の民事新受件数（分野別）

カッコ内の％は各年に占める割合

年	税務	労働	契約	社会保障	ピント法に基づく補償	その他	合計（件数）
2011	10,313	5,694	2,995	2,749	1,691	7,447	30,889
	(33.4%)	(18.4%)	(9.7%)	(8.9%)	(5.5%)	(24.1%)	(100%)
2012	10,083	4,526	3,604	1,764	1,677	7,474	29,128
	(34.6%)	(15.5%)	(12.4%)	(6.1%)	(5.8%)	(25.7%)	(100%)
2013	10,681	5,170	1,761	1,839	1,550	8,093	29,094
	(36.7%)	(17.8%)	(6.1%)	(6.3%)	(5.3%)	(27.8%)	(100%)
2014	10,767	5,221	1,583	1,858	1,392	9,482	30,303
	(35.5%)	(17.2%)	(5.2%)	(6.1%)	(4.6%)	(31.3%)	(100%)
2015	11,514	4,360	1,720	1,736	795	9,841	29,966
	(38.4%)	(14.5%)	(5.7%)	(5.8%)	(2.7%)	(32.8%)	(100%)
2016	11,554	3,824	1,629	1,700	572	10,414	29,693
	(38.9%)	(12.9%)	(5.5%)	(5.7%)	(1.9%)	(35.1%)	(100%)

2015 年および 2016 年の破毀院の民事統計を基に作成。http://www.cortedicassazione.it/cassazione-resources/resources/cms/documents/LaCassazioneCivile_AnnuarioStatistico2016.pdf,　http://www.cortedicassazione.it/cassazione-resources/resources/cms/documents/2015_c_mgg00129.pdf

2. 司法アクセスの理念

近代におけるイタリアの司法運営への国民参加は1848年3月26日の王令695号により陪審員として陪審に参加するという形で始まった。また、その僅か20日ほど前の3月4日にサルデーニャの国王カルロ・アルベルトが旧憲法である、いわゆるアルベルティーノ憲法（Statuto Albertino）[7]を欽定し、その72条において「民事裁判の口頭弁論および刑事裁判の公判は法律の定めるところにより公開する」と、71条において「何人も裁判官の裁判を受ける権利を奪われない」と、それぞれ規定し、当時すでに裁判の公開と裁判を受ける権利が保障されていた。この憲法は、1861年にイタリアが統一されてからはイタリア全土で効力を有し、イタリア共和国憲法が制定されるまで施行された。

イタリア共和国憲法は、「司法」を第4章（101条から113条）において規定し、「憲法裁判所」を第6章第1節（134条から137条）において規定している。

これらは、司法の根幹として[8]、まず、裁判は国民の名において行われる（憲法101条1項）と定められている。この101条1項は、国家のあらゆる作用を正当化する源は国民にあるということを目的としていると一般的に解されている[9]。次に、裁判官に関しては、その独立性（同2項）と身分保障（107条）を

---

7) 正式名は「1848年3月4日のサボイア王国の基本法（Statuto fondamentale della Monarchia di Savoia del 4 marzo 1848）」（下院 http://storia.camera.it/img-repo/statuto_albertino.pdf）といい、実質的には憲法であるが形式的には勅令である、S. ボルゲーゼ著（阿部史郎訳）『イタリア憲法入門』（有斐閣、1969年）3頁。なお、これをアルベルティーノ憲章と訳すものとして、たとえば、永田秀樹「イタリアの憲法裁判」阿部照哉＝高田敏（編）『現代違憲審査論（覚道豊治先生古希記念論文集）』（法律文化社、1996年）215頁。

8) 憲法、EU法およびヨーロッパ人権条約との関連につき、東史彦『イタリア憲法の基本権保障に対するEU法の影響』（国際書院、2016年）107、213-214頁、またEU指令の国内法化の一例として、谷本圭子「イタリアにおける濫用条項の規制」立命館法学298号（2004年）215頁。

9) S. Bartole e R. Bin (a cura di), *Commentario breve alla costituzione* 2^a *ed.*, Padova,

認め、さらに、裁判を利用する国民の側からは、裁判は法に従って適正手続で行われること（111条1項）、すべての訴訟が対等な条件の下で公平な裁判官の面前で行われ、かつ裁判が合理的期間内に終結することを保障している（同2項）。そして、憲法裁判所において合憲性の裁判により憲法に適合した法律による権利保護を受けることが保障されている（136条）。

　すなわち、民主主義を前提とし、法の支配に基づいて、公平、適正、かつ合理的期間内に裁判を受けられることの保障がその理念とされている。この理念は狭義の司法としての裁判のみならず、いわゆるADR等も含めた広義の司法にも当てはまる。

II　司法制度（sistema giudiziario）

1．イタリアの司法制度の特徴

　イタリアの司法制度に関して、まず、裁判制度の特徴としては、憲法裁判所の存在を挙げることができる。また、民事事件、刑事事件に関しては通常の裁判所の管轄に属するが、行政事件、会計に関する事件、軍事に関する事件は憲法により特別裁判所が管轄するということもその特徴として挙げることができる。もっとも、これらの特別裁判所が管轄するすべての事件は破毀院が最終審となる。

　次に、法曹の特徴として、イタリアで法曹三者といった場合は、司法官（裁判官・検察官）、弁護士、公証人を指す。司法官としての裁判官と検察官は同等であり、定員が定められた同じ試験で採用される。弁護士は定員の定めのない別の試験で資格を取得する。また司法官の人事、昇進等は行政である司法省から独立した司法の自律的組織である「最高司法会議」で決定される。

　2008, p. 915.

2．裁判制度（ordinamento guidiziario）

a．憲法裁判所（Corte Costituzionale）

憲法裁判所（ローマ、クィリナーレ広場）
（出所）　http://www.agenpress.it/notizie/2016/12/06/italicum-la-sentenza-della-corte-costituzionale-arrivera-24-gennaio-salvini-data-annunciata-folle/

　憲法裁判所は、オーストリアに次いで世界で2番目に構想された憲法裁判所であり[10]、現行憲法によって新たに創設された制度で、ローマにおかれている。1948年より憲法は施行されているが、裁判官の選任方法や具体的な人選に関して政治的対立により遅れ、憲法裁判所は1956年1月1日より漸くその活動が開始された[11]。

　憲法裁判所の違憲審査方式として、具体的事件とは関係なく国または州によって直接提起された訴えの違憲審査（オーストリア・ドイツ型）と通常の裁判所が具体的事件に付随して違憲の判断を行う（アメリカ・日本型）の両性質を有する型の憲法裁判所である[12]。

---

10)　田近肇「イタリア憲法裁判所」曽我部真＝田近肇編『憲法裁判所の比較研究――フランス　イタリア　スペイン　ベルギーの憲法裁判――』（信山社、2016年）23頁。
11)　前掲注25頁。

憲法裁判所の権限は、① 裁判所に事件が係属しているときに合憲性の問題が当事者により提起され、あるいは職権による移送を受けて審査する場合、② 国または州によって、それらに関する州の法律等に関して合憲性の問題を直接憲法裁判所に提起する場合、③ 国と国の、国と州の、州と州の機関の権限争議、④ 国民投票の請求の適法性の審査、⑤ 大統領の弾劾裁判権に分かれている[13]。なかでも ① に関する違憲審査は、憲法裁判所に対して判断が求められたケースの約 80％ を占めている[14]。合憲性の審査の対象となるのは法律および法律的効力を有する行為である（憲法 134 条 1 項）。イタリア憲法裁判所は法律を合憲的に統制することに積極的に活動しており、平均して 1 年で約 328 件の判決・決定等を言い渡している[15]。また、さらにこれまで 3,274 件（1 年約 50 数件）の違憲判決が下されている[16]。憲法制定後、政府および国会は憲法実現に消極的であったが（憲法の凍結）、憲法裁判所はその違憲判決を通じて覚醒させたと評価されている[17]。

憲法裁判は 15 人の判事により構成されている。そのうち 5 人は大統領によって、5 人は国会両院の合同会議によって、残りの 5 人は、通常、行政の最高司法府によって任命される（憲法 135 条 1 項）。なお、国会が任命する場合は特別多数を必要とするため任命が遅れる原因となっており 2015 年 12 月 16 日に 3 人の判事を選任するのに 32 回目の投票でようやく決着がついた[18]。判事の

---

12) 初宿正典＝辻村みよ子『新解説世界憲法集第 2 版』（三省堂 2010 年）123 頁〔井口文男〕。

13) 前掲注 10) 31 頁。

14) 前掲注。

15) 前掲注 10) 23 頁の注 3)。

16) 憲法裁判所が設置された 1956 年から 2012 年までの違憲判決の数は、芦田淳「合憲性統制の日伊比較試論」A. Ortolani (a cura di), *Diritto e giustizia in Italia e in Giappone : Problemi attuali e riforme*, Libreria Editrice Cafoscarina, 2015, p. 13., 2013 年から 2016 年までは Corte Costituzionale, *Giurisprudenza Costituzionale dell'anno 2016 - Dati quantitativi e di analisi*, p. 17., http://www.cortecostituzionale.it/documenti/interventi_presidente/Dati2016.pdf

17) 参議院憲法調査会事務局編〔井口文男〕『イタリア共和国憲法』（2001 年）14 頁。

任期は宣誓時から 9 年で再任は認められていない (同条 3 項)。任命資格は、(退職者も含めて) 最高通常裁判機関の司法官、もしくは最高行政裁判機関の司法官であること、大学の法律学の正教授であること、または 20 年以上の職歴を有する弁護士であることである (同条 2 項)。法律学の正教授に関しては、民刑事法等の実体法学者やローマ法あるいはイタリア法制史の基礎法学の教授も選任されており、特に憲法学者に限られているわけではない[19]。裁判官はその定年年齢については特に定めはなく、また任命においても年齢の定めはない[20]。

裁判官は身分保障が与えられており、さらにまた刑事上の免責特権も有している[21]。裁判は、わが国のように小法廷は存在せず 15 人全員で審理を行うのが原則であり、11 人以上の裁判官の出席を必要とし、審理に出席した裁判の評議で議決し、法定数の過半数である絶対多数の投票で決する[22]。投票が同数の場合は長官の決するところによる (憲法裁判所の構成及び運営に関する諸規範 16 条)[23]。なお、特色としては票決結果が非公開とされており、少数意見の裁判官はわが国のように意見表明の機会は有していない[24]。裁判所が法律あるいは法律的効力を有する行為の規定を違憲であると判断した場合はその規定は、判決の公布の次の日からその効力を失う (憲法 136 条 1 項)。違憲判決の効力は遡及効を有するが、既に確定した事件との関係では基本的に遡及効は有しない[25]。

---

18) 2015 年 12 月 16 日 La Repubblica (新聞) http://www.repubblica.it/politica/2015/12/16/news/consulta_boldrini_ottimista-129591496/
19) 前掲注 10) 26 頁。
20) 前掲注。
21) 前掲注。
22) 永田・前掲注 7) 223 頁。
23) 前掲注 10) 238 頁。
24) 芦田淳「イタリア憲法裁判所の特質と近年における変化」比較法研究 75 号 (2013 年) 311 頁。
25) 前掲注 10) 44 頁。

b．最高破毀院（Corte Suprema di Cassazione）

破毀院（ローマ、カブール広場）
（出所）　http://www.tribunalesuperioreacque.it/tsap/it/il_palazzo_di_giustizia.page

　最高破毀院は、通常、単に破毀院（Corte di Cassazione）と称されることが多いが民事事件、刑事事件を管轄する最上級裁判所であり、かつ、最終審である。わが国の最高裁判所に相当し、事実審理は行わず、法律審のみであり、ローマにある。破毀院の役割として特に、正確な法律の順守、法律解釈の統一、国内法の統一、異なる裁判権の尊重を挙げることができる[26]。

　破毀院の組織としては、破毀院長官、副長官および民事部と刑事部に大きく分けることができる。民事部[27]は、合同部（sezioni unite）と通常部（sezione semplice）に分かれている。通常部は第6部まであり、最初の第3部までは1923年に、続いて1973年に労働事件を扱う第4部、1999年に租税事件、すなわち租税訴訟の第2審である租税委員会の判断に対する不服申立を扱う第5部がそれぞれ設置された。そして2009年には第6部が設置された。この部は別

---

26)　最高破毀院 http://www.cortedicassazione.it/corte-di-cassazione/it/funzioni_della_corte.page

27)　最高破毀院 http://www.cortedicassazione.it/corte-di-cassazione/it/area_civile.page

名フィルター部（sezione filtro）とよばれている。なぜならば、破毀院への上告があまりにも多くなったため、この部でそれを認めるか否かを判断するからである。認める場合は他の部に回し、認めない場合は却下判決を下す役割を有している。合同部と通常部は同列に置かれ上下関係にあるわけではない。合同部は、各部内では収集がつかなくなった問題および特に重要な問題の解決をはかる役割を有している。なお、各部は5人の裁判官で構成され、合同部は9人の裁判官で構成される。

刑事部[28]も、合同部（sezioni unite）と通常部（sezione semplice）に分かれている。通常部は第7部まであり、最初の第2部までは1888年に、第3部は1923年に、第4部は1958年に、第5部と第6部は1966年にそれぞれ設置され、第7部は2001年に設置された。なお刑事部においても任務や各部の裁判官の構成人数等は民事部と同じである。

c．控訴院（Corte d'Appello）、重罪控訴院（Corte di Assise di Appello）

控訴院は、わが国の高等裁判所に相当する裁判所で、通常の民事、刑事事件に関して第一審が地方裁判所から開始された場合における第二審裁判所である。法廷は3人の裁判官で構成される合議制（giudice collegiale）がとられている。また、ここには未成年裁判所から開始された第二審を管轄する未成年部（sezione per i minorenni）も設置されている（詳しくは、f．その他の裁判所参照）。

控訴院は、現在アンコーナ、カリアリ（サッサリ支部）、フィレンツェ、ジェーノバ、レッチェ（ターラント支部）、ミラノ、ナポリ、パレルモ、ペルージャ、ローマ、サレルノ、トリノ、トレント（ボルツァーノ支部）、トリエステ、ベネチア等に全部で26か所と3支部がおかれている[29]。

---

28) 最高破毀院 http://www.cortedicassazione.it/corte-di-cassazione/it/area_penale.page

29) 本稿において記載した裁判所の数、所在地に関しては、「2．裁判制度 f．その他の裁判所」を除き司法省 https://www.giustizia.it/giustizia/it/mg_form_view.wp?uid=

さらに控訴院とは別に、重罪控訴院がある。これは刑事事件を管轄する裁判所で、控訴院と同様にわが国の高等裁判所に相当する。審理する事件（詳しくは、d. 地方裁判所、重罪院参照）は、殺人罪等の「血の犯罪」といわれる犯罪および国家の存立を危うくする犯罪等の刑事事件に関して第一審が重罪院から開始された事件である。法廷は8人で構成され、2人が職業裁判官（うち1人が裁判長）で6人がイタリア国民から選ばれた参審員[30]で、参審制度（partecipazione popolare alla giustiza）に基づくものである。

　重罪控訴院も26か所と3支部があり、設置されている所在地も控訴院と同じである。

d．地方裁判所（Tribunale）、重罪院（Corte di Assise）

　わが国の地方裁判所に相当する裁判所で、通常の民事、刑事事件に関する第一審裁判所である。しかし、第一審が治安裁判官裁判所から開始された場合における第二審裁判所としての役割も有している。民事事件に関しては、治安裁判官裁判所が管轄する訴訟以外のすべての訴訟、および公租公課に関する訴訟、人の身分・能力・名誉に関する訴訟、証書の真否に関する訴訟、強制執行に関する訴訟、訴額を一般的に算定することが困難な訴訟を審理する（民事訴訟法9条）。刑事事件に関しては、重罪院と治安裁判官裁判所の対象とならない犯罪を地方裁判所が審理する（刑事訴訟法6条）。法廷は1人の裁判官で構

　　G_MAP。
30）　参審員の要件は、重罪院と重罪控訴院とでは、前者が中学校卒業を要件とするのに対して、後者は高等学校卒業を要件とする点が異なるのみで、その他はすべて共通である。すなわち、a イタリア国籍を有し、市民的、政治的権利を享受する、b 善良で道徳的である、c 30歳以上から65歳以下までの、d 中学校卒業（高等学校卒業）資格を有する国民である（重罪院・重罪控訴院における裁判の再構成法（1951年4月10日法律287号）9、10条）。参審制度に関して詳しくは、松田岳士『イタリアにおける刑事手続改革と参審制度』（大阪大学出版会、2015年）331頁以下、最高裁判所事務総局〔杉田宗久〕『陪審・参審制度　イタリア編』（司法協会、2004年）。

成される単独制 (giudice monocratico) と3人の裁判官で構成される合議制 (giudice collegiale) とに分かれている。

地方裁判所は、現在140か所にあり、さらに5支部がおかれている。

地方裁判所とは別に、重罪院がある。重罪院とは、刑事訴訟法5条に定める重罪犯罪を審理する第一審裁判所のことで、わが国の地方裁判所に相当する。

刑事訴訟法5条はa、b、c、d、dの2、に分かれて規定されており、そこで定められている犯罪は、a終身刑あるいは24年以上の懲役に該当する犯罪（たとえば、殺人罪）、b刑法579条同意殺人罪等、c1人以上が死亡した故意犯罪、d「ジェノサイド防止・抑制法」に関する罪、イタリア共和国に武器を執った国民への罪等、dの2テロを目的とする犯罪等である。すなわち、殺人罪等の「血の犯罪」といわれる犯罪および国家の存立を危うくする犯罪等の刑事事件である。法廷は重罪控訴院と同様に8人で構成され、2人が職業裁判官（うち1人が裁判長）で6人がイタリア国民から選ばれた参審員である。

重罪院は29か所に存在する（重罪控訴院の設置されている26か所および3つの支部がおかれている都市と同じである）。

e. 治安裁判官裁判所 (Giudice di Pace)[31]

治安裁判官裁判所は、わが国の簡易裁判所に相当するものである。最下級の裁判所として司法組織に属し、民事、刑事事件を審理し、民事における調停を行う（1991年法律374号1条)[32]。職業裁判官が司法官試験に合格する必要があるのに対して、治安裁判官はその必要はなく、心身ともに健全な27歳以上60歳以下の前科のない市民的、政治的権利をもつイタリア国籍を有するもの

---

31) "giudice di pace"は治安裁判官（たとえば、法務大臣官房司法法制調査部編『イタリア民事訴訟法―1995年12月20日現在―』（法曹会、1996年）307頁)、あるいは治安判事（たとえば、飯塚重男「イタリアにおける民事司法の改正（一）」上智法学論集38巻1号（1994年）16頁）と訳されることが多いが、ここでは司法組織としての裁判所という意味で治安裁判官裁判所と訳した。

32) 正式名は1991年11月21日法律374号「治安裁判官裁判所制度」。

で、大学で法律学を修めたもの（その年数は4年を下ることはできない）という要件のもとに最高司法会議の推薦に基づき司法大臣によって任命される（2017年7月13日委任立法命令116号7条、以下法116号）[33]。裁判官としては名誉職裁判官である（法116号4条）。任期は4年で再任は一回だけ認められている（法116号18条）。

裁判所の管轄に関しては、民事は、価額による制限がある訴訟と、価額に関係なく審理する訴訟に分かれる。前者は、特段の定めがない限り、5,000ユーロ以下の価額の動産に関する訴訟（民事訴訟法7条1項）、車両、船舶の交通により生じた訴額が2万ユーロ以下の損害賠償請求訴訟であり（同2項）、後者は、境界を定める訴訟、法律や慣習に従った樹木や生垣の植栽の距離の順守に関する訴訟（同4項1号）、共有家屋の使用範囲、使用方法に関する訴訟（同2号）、通常の受忍限度を超える煙、熱、臭気、騒音、振動およびこれに類するものの居住用の不動産の所有者あるいは占有者間の訴訟（同3号）、社会保障あるいは社会福祉の給付遅延による利息等に関する訴訟（同3号の2）である。

なお、2025年10月31日から、民事訴訟法7条1項の5,000ユーロ以下の価額の動産に関する訴額が3万ユーロに、同2項の2万ユーロ以下の損害賠償請求訴訟の訴額が5万ユーロに引上げられるほか、7条3項以下の価額に関係なく審理する訴訟の内容が大幅に改正された規定が施行される予定である（法116号27条、32条5項）。

刑事は、殴打罪（刑法581条）、過失傷害罪（同590条）、脅迫罪（同612条）、告訴を待って論ずべき窃盗（同626条）、他人の動物の殺害・損傷（同638条）、外国人の不法入国、不法滞在の罪等々の犯罪を審理する（2000年8月28日委任立法命令274号4条）[34]。

---

33) 正式名は2017年7月13日委任立法命令116号「名誉職司法官の組織改正、治安裁判所に関する規定および2016年4月28日法律57号による現行の名誉職司法官に関する暫定規定」。

34) 正式名は2000年8月28日委任立法命令274号「1999年11月24日法律468号

法廷は1人の裁判官で構成される単独制で、399か所に存在する。

　f．その他の裁判所

これまで述べた裁判所とは別に、憲法に定める裁判所として行政裁判所、会計検査院、軍事裁判所および、司法省管轄ではあるが特殊な裁判所として、未成年者裁判所、矯正処分監督裁判所、公共水裁判所がある。

(1)　行政裁判所（Consiglio di Stato e gli altri organi di Giustizia Amministrativa）[35]

憲法103条1項の定めるところにより、行政事件を管轄する裁判所は国務院（Consiglio di Stato）、その他行政裁判機関と定められている。すなわち、第一審の裁判所は、州行政裁判所（Tribunale Amministrativo Regionale、通常にTARと略される）で29か所におかれ、第二審は国務院でローマに1か所設置されている。最終審は破毀院が管轄する。

(2)　会計検査院（Corte dei Conti）[36]

憲法103条2項の定めるところにより、会計事件を管轄する裁判所は会計検査院と定められている。第一審の裁判所は、会計検査院州裁判所（Corte dei Conti - Sezioni giurisdizionali regionali）で21か所におかれ、第二審は会計検査院中央控訴裁判所（Corte dei Conti - Sezioni giurisdizionali centrali di Appello）でローマに1か所設置されている（第3部まである）。最終審は破毀院が管轄する。

(3)　軍事裁判所（Tribunale Militare）[37]

憲法103条3項の定めるところにより、軍事事件を管轄する裁判所は軍事裁判所と定められている。第一審の裁判所は、軍事裁判所でヴェローナ、ロー

　　14条による治安裁判官の刑事管轄に関する規定」。
35)　　州行政裁判所、国務院 https://www.giustizia-amministrativa.it/cdsintra/cdsintra/index.html
36)　　会計検査院 http://www.corteconti.it/
37)　　国防省 https://www.difesa.it/Pagine/default.aspx

マ、ナポリの 3 か所におかれ、第二審は軍事控訴裁判所（Corte Militare di Appello）でローマに 1 か所設置されている。最終審は破毀院が管轄する。

　(4)　未成年者地方裁判所（Tribunale per i Minorenni）[38]

　18 歳までの未成年者に関する事件を取扱う裁判所で、刑事、民事、行政事件を審理する。法廷は 4 人の裁判官で構成され、2 人は職業裁判官（うち 1 人は控訴院の裁判官）で残りの 2 人は国民から指名された名誉職裁判官で、男性 1 人、女性 1 人で精神科医、犯罪人類学、教育学、心理学等の専門家のなかから選任される[39]。刑事事件に関しては、犯罪の内容にかかわらず未成年であればこの裁判所が専属管轄となる。民事事件に関しては、未成年者の婚姻を認める場合（民法 84 条）、両親が未成年者に対する義務を果たさない場合に等未成年者の保護をする場合等である。ただし離婚等に関しては地方裁判所の裁判官が関与する可能性があり刑事と異なり専属管轄ではない。未成年者地方裁判所は 29 か所あり、所在地は控訴院およびその支部の所在地と同じ都市にある。

　(5)　矯正処分監督裁判所（Tribunale di Sorveglianza）[40]

　この裁判所は、二つある執行監督司法部局（magistratura di sorveglianza）の一つである（単独性の監督司法部（magistrato di sorveglianza）が別にある）。執行監督司法部局は裁判機関であり、刑の執行の監督を任務とし、仮釈放の許可（liberazione condizionale）、試験的社会奉仕に付すること（affidamento in prova ai servizi sociali）、自宅拘禁の承認（detenzione domiciliare）、事前釈放の取消（liberazione anticipata）、拘禁に代わる措置の適用に関する処置、代替刑の執行ならびに保全処分の執行（misure di sicurezza）等を行う。矯正処分

---

38)　司法省 https://www.giustizia.it/giustizia/it/mg_14_3_1.page?contentId=GLO52985&previsiousPage=mg_14_3, なおイタリアの少年司法制度に関して詳しくは、浜井浩一「イタリアの少年司法制度」（季刊刑事弁護 87 号 2016 年）172 頁以下。

39)　フィレンツェ未成年者地方裁判所 http://www.giustizia.toscana.it/tribunaleminorennifirenze/cosaTribunaleMinorenni.jsp

40)　司法省 https://www.giustizia.it/giustizia/it/mg_14_3_1.page?contentId=GLO52979&previsiousPage=mg_14_3, M Di Pirro, *Compendio di ordinamento giudiziario*, Napoli 2017, p. 170.

監督裁判所は29か所あり、所在地は控訴院およびその支部の所在地と同じ都市にある。矯正処分監督裁判所の裁判官は控訴院管轄区あるいはその支部管轄区における裁判官および心理学、社会保護調査、教育学、精神医学、犯罪者の治療の専門家で構成される。

(6) 公共水裁判所 (Tribunale delle Acque Pubbliche)[41]

1933年勅令1775号[42]により、公共水に関する事件を管轄する裁判所は一般のそれとは別に定められている。公共水に関する事件とは、水路の境界、公共水の利用に関する権利、行政による事業から生じた損害賠償等に関する紛争のことである。第一審の裁判所は、州公共水裁判所 (Tribunale Regionale delle Acque Pubbliche) でトリノ、ミラノ、ベネチア、フィレンツェ、ローマ、ナポリ、パレルモ、カリアリの8か所にあり、第二審は上級公共水裁判所 (Tribunale Superiore delle Acque Pubbliche) でローマに1か所ある。最終審は破毀院が管轄する。

3. 法曹 (professione legale)

a. 最高司法会議 (Consiglio Superiore della Magistratura)

イタリアの司法制度に関する特徴の一つとして最高司法会議の存在があげられる[43]。

イタリア憲法は101条2項で「裁判官は法律のみに従う」として裁判官の独立について定めているが、104条1項において「司法府は自律的組織であり、かつ他のいかなる権力からも独立している」と定め外部的にも司法府自体の自

---

41) 上級公共水裁判所 http://www.tribunalesuperioreacque.it/tsap/it/competenze.page
42) 正式名は1933年12月11日勅令1775号「水利に関する法律および電気開設に関する法律規定の統合の承認」。
43) 吉田省三「イタリア司法の特質(1)―通常司法の自治の機関としての最高司法会議―」経営と経済88巻3号 (2008年) 207-208頁は、ヨーロッパ大陸ではドイツ以外はこのような司法行政を行政から独立した機関に委ねるとし、例としてフランス、スペイン、ポルトガル、ギリシャを挙げる。

治と独立が憲法上保障されている。

　これはイタリア統一後、そしてファシズム体制下においても、政府すなわち司法大臣が裁判官の昇進、罷免等に干渉したため、裁判官が政治の意向を汲まざるを得ない状況にあったことの反省から行政府から実質的に司法府の独立を保障するために最高司法会議が憲法上規定された[44]。さらに憲法105条は、「司法組織に関する規定に従って、司法官の任用、補職、移動、服務規程に関する権限は最高司法会議に帰属する」と規定した。すなわち、憲法は裁判官の採用、移動、昇進、懲戒等に関する司法行政の中核となる権限を最高司法会議に付与した[45]。

　最高司法会議の構成員に関しては、大統領がこの会議を主宰し、破毀院院長および検事総長は憲法上その委員になる（憲法104条2、3項）。また、その活動について行政からの影響を排除するために司法大臣は委員とはなっていない。最高司法会議のその他の委員は、その2/3は司法官のなかから選挙により、1/3は大学の法律学の正教授および15年以上の職歴を有する弁護士のなかから国会両院の合同会議により、選出される（同4項）。委員の1/3が司法官以外から選出されることに関しては、「体制上孤立した組織とすることなく、政治権力との関係を保持した組織とするため」[46]とか「司法官に固有の利益の擁護を主たる目的とした司法官の「同業組合組織」に陥ることのないように」[47]と説明されている。委員の任期は4年で続いての再選は認められておらず、また国会議員、州議会議員等との兼職が禁止されている（同6、7項）。

---

44)　馬場康夫＝岡沢憲芙編『イタリアの政治―普通でない民主主義国の終わり？―』（早稲田大学出版部、1999年）61-62頁〔森征一〕。
45)　高橋利安「ベルルスコーニ時代の司法制度」修道法学35巻2号（2013年）232頁。
46)　前掲注43) 210頁。
47)　前掲注45) 233頁。

b．司法官（magistrato）

　司法官とは、裁判官（giudice あるいは magistrato giudicante）と検察官（pubblico ministero あるいは magistrato requirente）の両者を意味し、憲法107条3項によって「司法官はただ職務の相違のみによって区別される」と規定され、裁判を担当するか、訴追を担当するかという相違による区別がなされるのみで、裁判官と検察官は同一の組織に属して、また身分保障も同様にされている（憲法107条1項）。両者とも司法官になるための同一の試験を受ける必要があり、合格者の定員は毎年定められている（2017年は360人、2016年は350人、2015年340人、2014年365人）[48]。

　司法官の職務は、通常の民事、刑事事件における裁判、訴追等であり、検察官は憲法112条で起訴法定主義が採用されている関係で刑事訴追を行う義務を有している。

　なお、1988年の法律「裁判上の職務執行において生じた損害賠償および裁判官の民事責任」で、司法官の故意または重大な過失による裁判上の行為、措置等によって不法な損害を受けた者は国に対して損害賠償の請求ができ（2条1項）、それが明白な法律違反を理由とした場合等のときに首相は、2年以内に司法官に求償の訴えを提起しなければならない（7条1項）[49]。さらにまた、2001年のいわゆる Pinto 法によって原則として破毀院判決まで6年という合理的期間内に裁判が終了しなければ、当事者は、それによって生じた損害賠償につき、司法大臣を被告として訴えを提起することが可能であり、これが認められた場合は法に定める一定額の金銭補償が国庫より行われることになる（詳しくは、本稿Ⅲピント法参照）。

---

48) 司法省 https://www.giustizia.it/giustizia/it/mg_14_7.page?numEle=0&search=Concorso++posti+di+magistrato+ordinario&item=2&pageCode=mg_14_7&numPage=2&nodo

49) 1988年4月13日法律117号。本法に関する解説、翻訳として福島徳良夫「裁判上の職務の執行に当たって生じさせた損害の賠償及び裁判官の民事責任に関する法律」外国の立法28巻6号（1989年）263頁以下。

司法官の数[50]は、総数9,335人でうち男性4,454人、女性4,881人となっており、男女比は男性約47.7％、女性約52.3％で女性が男性を上回っている。もっとも女性が司法官の試験を受験できるようになったのは1965年からで、僅か約50年前のことである。下院、司法省等他の組織に出向等している司法官の数を除いた、裁判官の総数は6,329人でうち男性2,875人、女性3,454人となっており、男女比は男性約45％、女性約55％で、女性が男性を上回っている。しかし、検察官の総数は2,129人でうち男性1,210人、女性919人となっており、男女比は男性約57％、女性約43％となっている。

　司法官になるためには、憲法106条1項に「司法官の任命は競争試験により行う」と定めるように国家試験に合格しなければならない。

　司法官になるための受験資格や国家試験の内容は、2017年の試験を例にとれば、まず受験資格として、一般的要件は、イタリア国民であること、市民的権利を有していること（言い換えれば、成年被後見人等ではないこと）、有罪判決を受けたことがないこと、3回以上受験に失敗していないこと等であり、かつ個別的要件は、たとえば行政裁判所あるいは会計検査院裁判官であること等多く規定されているが、学歴を基にした受験のための個別要件としては、法学部を卒業[51]して（diploma di laurea in giurisprudenza）、かつ法律職専門大学

---

50)　最高司法会議 http://astra.csm.it/organicoOrdinari/orgord.php、ただし、該当年の記載がないためおそらく2015年前後の人数と考えられる。

51)　イタリアの大学制度は、法学部を例にとれば、1999年まで旧制度として4年間の法学士（laurea in giurisprudenza）制度であったが、その後大学制度の改革がなされ3年間の法律学学士（laurea in scienze giuridiche）、さらにそれに続く2年間の法学専門課程（laurea specialistica in giurisprudenza）の合計5年間の制度に変更された（3年だけで終了することも可能、その場合も大学卒業になる）。この制度は2005年まで続くが、再度改革がなされ、3年で終了する法務学士（laurea in scienze dei servizi giuridici）か、あるいは5年間一貫の法学修士課程（laurea magistrale a ciclo unico in giurisprudenza）の制度になり現在（2017年）に至っている。現在でも3年で大学を卒業でき、学士の称号を用いることはできるが、司法官、弁護士、公証人になるための国家試験の受験要件としての法学部卒業者というためには5年（旧制度は4年）の課程を修了している必要がある。

院 (Scuola di Specializzazione per le Professioni Legali) を修了していること、あるいは法学部を卒業して博士課程に進学し、博士号を取得すること等である[52]。

次に、国家試験の内容として筆記および口述試験がある。筆記試験は、民法、刑法、行政法の論述試験 (redazione di un parere motivato) で、試験時間は各科目8時間で各科目20点満点のうち12点以上獲得した者が口述試験を受験することができる。口述試験は民法、ローマ法の基礎、民事訴訟法、刑法、刑事訴訟法、行政法、憲法、租税法、商法・破産法、労働法・社会保障法、EU法、国際公法・私法、法情報の基礎、司法組織法、そして英語、スペイン語、フランス語、ドイツ語から一か国語の口述試験である。語学を除く各科目10点満点中6点以上でなければならず、筆記、口述両試験の合計は108点以上でなければならない。また語学は及第点 (sufficienza) であればよい[53]。既述のように受験は3回までであるが年齢制限はない。

国家試験に合格後は、裁判官補 (magistrato ordinari in tirocinio) の資格が与えられ、理論と実務を深めるため主に裁判所や司法官上級学校 (Scuola Superiore della Magistratura) において全体で18か月間の研修が行われる。研修後は、研修先の担当裁判官、司法官上級学校の指導官の報告を基に最高司法会議によって司法官としての適性が評価される。肯定的な評価の場合は司法官としてのポストが与えられるが、否定的な評価の場合は再び1年間の研修が行われる。その後、再度否定的な評価の場合は雇用関係は継続されないことになる。

c．弁護士 (avvocato)

イタリアは、ヨーロッパでリヒテンシュタイン、スペインに次いで三番目に弁護士が集中している国であり、人口1000人あたり4人の弁護士が存在する

---

52) 司法省 https://www.giustizia.it/giustizia/it/mg_3_4_21.page
53) https://www.laleggepertutti.it/139711_concorso-magistratura-2017-pubblicato-il-band

（イタリア国内ではカラブリア州が最も多く 6.8 人）[54]。弁護士数だけでいえば、スペインの 25 万 3,190 人に次いで 24 万 6,786 人でヨーロッパ二番目である（なお、2016 年 12 月 31 日現在における弁護士数は 31 万 2,663 人で、人口 1,000 人あたりの弁護士数は依然カラブリア州が最も多く 9.7 人となっているとの報告もある）[55]。

1985 年には弁護士名簿には 4 万 8,327 人の登録しかなかったが、2015 年には 23 万 7,132 人の登録がなされた[56]。この間人口は約 5,650 万人から、約 6,050 万人と約 7 ％しか増加してないにもかかわらず、弁護士はこの 30 年間で約 500 ％増加している。また男女比に関しては、1985 年は男性約 90.8 ％（4 万 3,881 人）、女性約 9.2 ％（4,446 人）であったが 2015 年には男性 52.8 ％（12 万 5,122 人）、女性 47.2 ％（11 万 2,010 人）となり、女性が弁護士に占める割合は、少数派からほぼ男女同数に変化した（表 7-3）。

さらに、弁護士の平均年齢（2015 年 12 月 31 日現在）は、現役の弁護士は 44.1 歳で、内訳は男性が 46.1 歳、女性が 42.1 歳となっている。引退した弁護士も含めると弁護士全体で男性が 48.8 歳、女性が 42.4 歳で平均が 45.8 歳である。現役弁護士数を年齢別にみると 40-44 歳が全体の約 23 ％、35-39 歳が約 20 ％、45-49 歳が 18 ％となっており 35-49 歳までが全体の約 60 ％を占めている。

弁護士の年収（税込み）[57]は、2006 年は年間の平均は 4 万 9,039 ユーロであったが、2008 年には 5 万 351 ユーロになった。しかし、リーマンショック後の 2009 年より毎年減少して、2014 年には 2008 年に比べてマイナス約 25 ％の 3 万 7,505 ユーロに落ち込んだ。2015 年の年間平均は前年よりやや上昇し、3

---

54) 2016 年 4 月 20 日 TPI ニュース http://www.tpi.it/mondo/europa/italia/numero-di-avvocati-italia-europa-infografiche/#r

55) Digilex https://www.digilex.it/numero_di_avvocati_in_italia.html

56) 本段落および次段落の記述は、https://www.laleggepertutti.it/112272_quanti-avvocati-ci-sono-in-italia-e-quanto-guadagnano および https://www.laleggepertutti.it/wp-content/uploads/2016/02/PP_PROF_bilancioCF_rosa_s.pdf による。

57) http://newsletter.cassaforense.it/images/2017/Febbraio2017/Tab1%20Evoluzione%20reddito%20doc.pdf

表 7-3　登録弁護士数の推移（登録人数）

年	合計	男性	女性	女性比（％）
1985	48,327	43,881	4,446	9.2％
1986	…	…	…	…
1987	…	…	…	…
1988	52,600	…	…	…
1989	53,027	47,459	5,568	10.5％
1990	57,685	…	…	…
1991	62,342	…	…	…
1992	67,000	…	…	…
1993	69,764	54,363	15,401	22.1％
1994	74,438	56,796	17,642	23.7％
1995	83,090	62,068	21,022	25.3％
1996	86,939	63,641	23,298	26.8％
1997	94,289	68,265	26,024	27.6％
1998	99,792	70,453	29,339	29.4％
1999	109,818	75,335	34,483	31.4％
2000	119,338	79,244	40,094	33.6％
2001	129,071	84,283	44,788	34.7％
2002	138,971	…	…	…
2003	148,872	…	…	…
2004	158,772	97,804	60,968	38.4％
2005	168,453	100,881	67,572	40.1％
2006	178,134	104,914	73,220	41.1％
2007	186,000	107,287	78,713	42.3％
2008	198,041	112,269	85,772	43.3％
2009	208,000	115,705	92,295	44.4％
2010	216,728	119,200	97,528	45.0％
2011	221,689	123,319	98,369	45.5％
2012	226,734	124,704	102,030	45.7％
2013	230,435	122,182	108,253	47.0％
2014	234,287	123,704	110,583	47.2％
2015	237,132	125,122	112,010	47.2％

（出所）　https://www.laleggepertutti.it/wp-content/uploads/2016/02/PP_PROF_bilancioCF_rosa_s.pdf

万 8,385 ユーロとなっている。

　弁護士は弁護士名簿に登録後、その活動が可能であるが、破毀院に上告するなど破毀院において弁護活動をするためには、さらに別の試験に合格しなければならない[58]。破毀院で活動できる弁護士を破毀院弁護士（avvocato cassazionista）という。

　このための資格要件は2013年に改正され、それまでは弁護士名簿に12年以上（特例で12年のカウントは2017年2月2日まで行われた）の登録があることで申請が可能であったが、現在は2つの方法がある。最初の方法は、5年以上の弁護士登録および司法省の行う国家試験に合格することであるが、これに先立って破毀院弁護士の事務所で5年以上の実務経験の必要がある。次の方法は、8年以上の弁護士登録および全国法曹評議会（Consiglio Nazionale Forense）が設立した弁護士会上級学校（Scuola Superiore dell'Avvocatura）に通い最終確認試験に合格することである。

　弁護士になるためには、法学部を卒業し、18か月弁護士事務所でインターンシップを行い、国家試験に合格し、宣誓をした後に弁護士会の名簿に記載される必要がある。受験資格として、年齢制限はなく、また受験回数も制限はない。さらにまた2012年12月31日法律247号17条によって受験資格としての国籍は撤廃され、イタリア国民以外の受験も認められることとなった[59]。一般的には、イタリアの大学の法学部を卒業し、5年以上の実務経験のある弁護士のところで18か月のインターンシップを行うことが必要である（そのうち12か月までは国事弁護院（Avvocatura dello Stato）等で行うことも可能）。また、法律職専門大学院を卒業することで18か月のインターンシップを最大12か月代替することができ、さらに2016年の改正で一定の条件の下でEU諸国の他の国で6か月間インターンシップをすること、18か月のうち6か月は大学卒

58）　本段落および次段落の記述は、https://www.laleggepertutti.it/106904_come-si-diventa-avvocati-cassazionisti、および https://www.laleggepertutti.it/157335_cosa-significa-avvocato-cassazionista による。

59）　正式名は2012年12月31日法律247号「法曹専門家制度に関する新規定」。

業前にインターンシップをすることが可能となった[60]。

　国家試験の内容として、筆記試験および口述試験がある[61]。まず筆記試験は、民法、刑法の論述試験、および私法、刑法、行政法の中から一つ選択した科目の裁判所提出文書の起案（redazione di un atto giudiziario）であり、各科目とも制限時間は6時間である[62]。また1科目50点満点で合計90点を下回ることはできず、かつ3科目のうち2科目は30点以下であってはならない[63]。なお、判例付注釈六法の使用は2017年まで認められるが、2018年からは委員会によって承認された条文のみの六法の使用が認められる[64]。

　筆記試験合格者は口述試験として、憲法、民法、商法、労働法、刑法、行政法、租税法、民事訴訟法、刑事訴訟法、国際私法、教会法、EU法（diritto comunitario）のなかから5科目を選択する（そのうち1科目は民事訴訟法あるいは刑事訴訟法でなければならない）。これらの試験は質疑応答である。また、質疑応答とは別形式の口述試験として、法曹制度・弁護士の権利義務（ordinamento forense e dei diritti e doveri dell'avvocato）について説明をしなければならない。6科目の合計点が180点を下回ってはならず、かつそのうち5科目は30点以下であってはならない[65]。口述試験は公開で行われその時間は45分から60分の間とされている。また受験者に対する質問はこれまでのように委員が自由に行うのではなく、司法省のデータベースのなかにある問題から行われる[66]。なお、合格後は裁判所において宣誓をして、弁護士会の名簿に登

---

60) https://giuricivile.it/come-diventare-avvocato/
61) 司法省 https://giustizia.it/giustizia/it/mg_1_8_1.page?contentId=SDC42202&previsiousPage=mg_14_7
62) http://www.studiocataldi.it/articoli/24562-esame-avvocato-2017.asp
63) http://www.studiocataldi.it/articoli/27269-bando-esame-avvocato-2017-domande-entro-il-13-novembre.asp
64) http://it.blastingnews.com/lavoro/2017/08/esame-di-avvocato-2017-bando-date-e-come-iscriversi-001964195.html
65) 前掲注62）。
66) 前掲注61）。

録されることになる。

　弁護士は、公証人、自己の名あるいは他人の名前で商人、プロのジャーナリスト、銀行の取締役等を兼職することは禁じられている[67]。

d．公　証　人（notaio）

　公証人に関しては1913年2月16日法律89号に規定されている[68]。公証人の数は国内における公のサービスを保障する必要性との関連で司法省によって定められる。各地域において公証実務を行う場所（sede di esercizio dei notai）を設置するところについては住民数、取引の内容や数等をもとにした表（tabella）で決められるが、これは3年毎に更新される。

　イタリアにおける公証人は、全国で4,819人存在する（2016年10月現在）[69]。司法省が定めている数は6,204人なので、1,385人足りないことになる。性別に関しては4,819人のうち男性3,202人、女性1,617人で、割合は男性約65％、女性約35％である。年齢構成は、まず65歳を超えるものが793人で約16％、30歳以下が37人で約0.7％、31歳以上40歳以下が810人で約17％、41歳以上55歳以下が2,003人で約42％、56歳以上65歳以下が793人で約24％となっており、どの年齢層も男性が女性を上回っている。しかし、40歳以下ではそれほど男女比は顕著ではない。実務経験年数では、男性が20年を超える経験を有しているものが約36％で最も高いのに対して女性は5年以下が約41％を占め最も高くなっている。

　公証人の平均年収（税込）[70]は、2015年は21万7,800ユーロである。また

67）　https://www.laleggepertutti.it/115414_come-diventare-avvocato-dopo-la-riforma#La_partita_IVA

68）　正式名は1913年2月16日法律89号「公証職制度および公証人記録保管制度について」。

69）　全国公証人評議会 http://www.notariato.it/it/statistiche-di-categoria 以下、公証人に関する本文の人数はこれによる。

70）　2017年5月10日 Il Sole 24 Ore（新聞）http://www.ilsole24ore.com/art/notizie/2017-05-10/redditi-professionisti-notai-vetta-217mila-euro-072613.shtml?uuid=

独立した事業所別に平均年収をみると、公証人事務所が他の事業所より一桁多いトップとなっている。2014 年は、公証人事務所は 20 万 1,260 ユーロで、5 番目である弁護士事務所の 3 万 6,940 ユーロの約 5.4 倍である（ちなみに、2 番目は医療オフィス 6 万 3,710 ユーロ、3 番目は歯科オフィス 4 万 9,080 ユーロ、4 番目は会計・労働コンサルタント事務所 4 万 7,310 ユーロ）[71]。

公証人になるためには国家試験に合格することが必要である。受験資格として 55 歳未満で、かつ、一般的には、イタリアの法学部を卒業し、公証人のところで 18 か月インターンシップを行うことが必要である。さらにまた受験資格としての国籍は、ヨーロッパ共同体内の国民であればイタリア国民以外の受験も認められている。インターンシップに関しては 1 年以上の実務経験のある弁護士等は 8 か月に短縮される。なお、受験は 3 回までである。

試験内容[72]は筆記試験および口述試験である。筆記試験に合格しないと口述試験は受けられない。筆記は理論および実務に関するもので、1 遺言、2 民法、3 商法の 3 科目であり、口述試験は a 民法、商法、非訟事件、b 公証人組織法、記録保管規定、c 取引税となっている。

なお公証人は公務員であり定年は 75 歳である。

III　ピント法（Legge Pinto）

1．2014-2015 年の司法改革[73]

2014 年 6 月 30 日イタリア政府は司法改革 12 要綱を発表し、パブリックオピニオンに付した。その後、政府は同年 8 月に改革を司法省に指示した。その内訳は民事、制度（ordinamento）、刑事、組織（organizzazione）に分かれ、

AELcdZJB

71)　2016 年 6 月 3 日 Il Sole 24 Ore（新聞）http://www.infodata.ilsole24ore.com/2016/06/03/professionisti-importi-medi-giu-dell12-rispetto-al-2013/

72)　司法省 https://www.giustizia.it/giustizia/it/mg_3_4_20.page

73)　詳しくは司法省 https://www.giustizia.it/giustizia/it/mg_2_7.page

さらに民事は、訴訟期間の減少、継続している訴訟数の半減等に、制度は、ヨーロッパモデルに基づく司法官の民事責任、行政、会計等の特別裁判官の規定改正等に、刑事は、経済犯罪に対する規定、刑事手続の迅速化に、組織は、傍受（情報に対する権利、プライバシーの保護）、総合的なデータ通信の活用および裁判組織の刷新等に分けられている。改革への歩みはまだ終了してはいないが、これらの改革は 2015 年の 6 月にはほぼその目的を達している。

　この司法改革の最初の項目として、民事訴訟における第一審の訴訟期間の減少があげられ、「第一審は 1 年で」とされている。そのための対策として弁護士のアシストによる調停、遠隔地にいる証人に対する訊問を裁判官がウェブカメラを用いたテレビ会議システムで行うこと、訴訟手続の簡素化等の提案がなされ、その後それらは実現されている[74]。

2．Pinto 法

a．序

　ここでは、上記司法改革の直接の対象とされているわけではないが、民事訴訟期間の減少に関して、その解決策として最も重要な役割を果たしてきていると言えるピント法について述べる。

　合理的期間内に公正な裁判を受ける権利は、既に 1953 年発効のヨーロッパ人権条約 6 条で「何人も法律で設置された独立かつ公平な裁判所によって合理的な期間内に…裁判を受ける権利を有する」[75]と定められている。またイタリア憲法 111 条 2 項は「訴訟の合理的期間は法律でこれを定める」[76]と規定している。これらを受けて合理的期間内に裁判を受ける権利を有するという原則に

---

74)　司法省 https://www.giustizia.it/giustizia/it/mg_2_7_2.wp
75)　「人権及び基本的自由の保護のための条約（Convenzione per la salvaguardia dei Diritti dell'Uomo e delle Libertà fondamentali）」が正式名である。
76)　憲法 111 条は、1999 年 11 月 23 日の「憲法第 111 条に公正な裁判の原則の挿入」とする憲法的法律（legge costituzionale）2 号で全面的に改正され、2000 年 1 月 7 日より効力が生じている。

違反していないかどうかを判断するための法律として、2001年3月24日法律89号「訴訟の合理的期間違反における適正な補償の導入ならびに民事訴訟法375条改正法」が制定された。この法律は提案者である Michele Pinto 氏の名前にちなんで一般に「Pinto 法」[77]と称される。言い換えれば、この法律は、イタリア裁判制度が抱える訴訟の長期化に関連する問題に対し、ヨーロッパ人権裁判所がイタリアに対して繰り返し下してきた判決に対する解決策を試みるものとして制定された[78]。

Pinto 法によって、不当に長期にわたる裁判、言い換えれば合理的期間内に終了しなかった訴訟に対して、当事者の請求に基づいて、彼らが被った財産的および非財産的な損害に対して一定額の金銭を国は、補償しなければならないことが定められた[79]。

補償の対象となる訴訟の種類は、民事のみならず刑事、行政の性質を有する訴訟および財政、軍事等に関する裁判もその対象となる。これらの場合に被告とされるのは、通常の訴訟（民事・刑事）の場合は司法大臣（Ministro della Giustizia）、軍事に関する訴訟の場合は国防大臣（Ministro della Difesa）、その他の場合は、経済財政大臣（Ministro dell'Economia e delle Finanze）となっている（Pinto 法3条2項、以下、本項目においては条文のみ）。

---

77) 提案者については http://www.senato.it/leg/13/BGT/Schede/Attsen/00001884.htm。
78) A.S. Gaudenzi (a cura di), *Il ricorso per l'eccessiva durata del processo -danno procedura indennizzo ai sensi della "Legge Pinto"-*, Santarcangelo di Romagna, 2016, p. 29.
79) ピント法の条文は、http://www.normattiva.it/atto/caricaDettaglioAtto?atto.dataPubblicazioneGazzetta=2001-04-03&atto.codiceRedazionale=001G0147&queryString=%3FmeseProvvedimento%3D%26formType%3Dricerca_semplice%26numeroArticolo%3D%26numeroProvvedimento%3D89%26testo%3D%26annoProvvedimento%3D2001%26giornoProvvedimento%3D&currentPage=1。

b．合理的期間（termine ragionevole）および補償（indennizzo）

(1) 合理的期間

この法律が定める、訴訟の合理的期間は、通常の訴訟手続では第一審が 3 年、第二審が 2 年、破毀院が 1 年とされている。また、強制執行（esecuzione forzata）においては 3 年が、倒産手続（procedure concorsuali）においては 6 年が合理的期間とされている（2 条 2 項の 2）[80]。従って、合理的期間は訴訟が第一審のみで終了（確定）した場合は 3 年が、第二審で確定した場合は 5 年が、破毀院まで行った場合は 6 年が、それぞれ合理的期間とされる。この 5 年、あるいは 6 年は審理期間の合計で判断すればよく、各審級ごとに、判断する必要はない。たとえば、第一審に 4 年を必要としても第二審が 1 年で終了すれば 5 年の合理的期間内に終了したことになる。

合理的期間に関する起算点は訴訟が確定した時からであり、またその時より 6 か月以内に適正な補償を求める訴え（以下、補償の訴え）は提起しなければならない（4 条）。従って、訴訟が 20 年継続していても確定前は補償の訴えは提起できないことになる[81]。

合理的期間であるか否かを確定するためには、裁判官は、裁判の全体および各審級の期間、訴訟の複雑さ、紛争の対象、訴訟における当事者、裁判官の行為等を評価しなければならない（2 条）。この訴訟の複雑さとは、たとえば、事実認定が難しいため困難な調査を行う場合、当事者の人数が多い場合、複雑な鑑定や新たに法を適用する訴訟などである[82]。場合によっては憲法問題を解決するために要した時間等の特殊な事情も考慮する必要がある（破毀院 2014 年 2 月 13 日 3316 号）[83]。

---

80) この合理的期間は、2012 年 6 月 22 日委任立法命令 83 号（2012 年 8 月 7 日法律 134 号に変更）により定められた。
81) Memento pratico procedura civile 2017, Milano, 2017, p. 1244.
82) 前掲注 1250 頁。
83) 前掲注 81) 1249 頁。

図7-1　2013年から2016年の各年末に継続している
補償対象期間を徒過した民事訴訟件数の推移

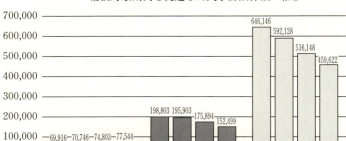

左が破毀院の合理的期間である1年、中央が控訴院の合理的期間である2年、右が地方裁判所の合理的期間である3年をそれぞれ徒過している件数である。このグラフの本来のタイトルは「"ピント法適用の危険がある（a rischio Pinto）"件数の推移："病的停滞（giacenza patologica）"」となっている。
司法省 https://www.giustizia.it/giustizia/it/mg_1_14_1.page?contentId=SST1287132&previsiousPage=mg_1_14

(2) 補　　　償

　合理的期間に違反した訴訟に対して、違反（遅延）1年につき最低400ユーロから最高800ユーロの間で控訴院裁判所において補償の金額が決定され、国庫から支払われる[84]。訴訟が1年に満たない年の途中で確定した場合、6か月以上経過しているときはこれを1年として計算する（2条の2第1項）。

　裁判官は、補償総額について合理的期間に違反した後3年目からは20％、7年目からは40％までそれぞれ増額が可能である（2条の2第1項の2）。反対に当事者の人数が10人以上の場合は20％、50人以上の場合は40％まで減額が可能である（2条の2第1項の3）。合理的期間が問題となっている訴訟の原告の本来の請求が全部棄却されている場合は、補償を3分の1まで減額することが可能である（2条の2第1項の3）。そして、補償総額は、合理的期

---

84)　この補償額は2015年12月28日法律208号（いわゆる"安定法（Legge di Stabilità）"）により、2016年1月1日以降引下げられた額で、それ以前は500ユーロから1500ユーロの間で定められていた。

間が問題となっている訴訟の額、あるいは裁判官による判決でそれより少なく定められた額を超えることはできないとされている（2条の2第3項）。

申立人が複数の場合は、補償額は一律である必要はなく、各人に対し異なる補償額を定めることも可能である（2015年3月24日破毀院第5916号）[85]。

裁判官は補償額を算定する場合に合理的期間が問題となっている裁判の結果、裁判官および当事者の行為、訴訟の重要性等を考慮しなければならない。

c．改正および手続
(1) 改　　正

2016年1月1日より補償の訴えをするために、a 訴訟の遅延を避けるために当事者に予防手段（rimedio preventivo）として一定の行為を義務付ける要件が加えられ、さらに、これとは別に、b 補償の訴え自体が制限・排除される場合が定められた。

a の例として、単独性の裁判所において簡易判決手続（rito sommario）が認められている訴訟ではそれを申立てたこと、あるいは合理的期間を経過する少なくとも6か月以上前に通常訴訟から簡易訴訟に移行するよう求めたこと等の予防行為をすることが必要とされる要件が加えられた（1条の3）[86]。

b の場合は、まず、制限される例として、当事者が訴訟に欠席する場合、あるいは放棄・不熱心のため訴訟が消滅した場合等である（2条2項の6）。ただし、これらの場合は損害がないものと推定されるため、それに対する反証が認められている。次に、排除される例として、訴訟を濫用した場合や請求に根拠がないことを知ったうえで訴訟をした場合（この場合は補償そのものが認められない）等である（2条2項の5）[87]。

Pinto法改正の理由としては、財政的問題と補償の訴えの多さにある。財政的問題に関しては、この10年で5億ユーロの補償を支払った上、経済財政省

---

[85]　前掲注81) 1252頁。
[86]　前掲注81) 1245頁。
[87]　前掲注81) 1246頁。

によれば将来的に、毎年5億ユーロの支出が見込まれている。さらに現在の未払い額が4億ユーロに上ることが、司法大臣によって明らかにされている[88]。補償の訴えの多さに関しては、補償を求める訴訟が年間約1万2,000件も（その内訳として、遅延3年までに関する訴訟が25％、3年から7年までが55％、7年以上が20％）提起されている[89]。

(2) 当 事 者 等

改正で定められた予防行為をしたにもかかわらず、訴訟が合理的期間を徒過してしまったために損害を被った当事者は適正な補償を求める権利を有する（1条の2第2項）。当事者は、合理的期間に違反したことにより損害が生じていれば合理的期間が問題となっている裁判の原告であったのか被告であったのか、その裁判の結果が好ましいものであったか否か（2011年2月3日破毀院第2634号）、裁判の経済的内容（consistenza）や重要性（2012年1月9日破毀院第35号、2009年5月26日破毀院第12242号）とは関係なく補償の訴えを提起できる[90]。また、法人等も当事者になり得る。

訴えは、合理的期間が問題となっている第一審の訴訟を担当した裁判所を管轄する控訴裁判所所長に司法大臣を被告として提起しなければならない（3条1項）。

既述のように補償の訴えは、合理的期間が問題となっている裁判が確定してから6か月以内でなければ訴えが提起できなくなるが（4条）、もっともこの失効期間の経過は、調停が合理的期間徒過前6か月以内に開始された場合等は停止する[91]。

---

88) 2015年1月15日 La Stampa（新聞）http://www.lastampa.it/
89) 2015年12月2日 Il Fatto Quotidiano（新聞）http://www.ilfattoquotidiano.it
90) 前掲注81) 1247頁。
91) 前掲注81) 1248頁。

(3) 裁　　　判

　控訴院院長あるいは指名された裁判官は、当事者を対審させることなく訴えを審理し、裁判を理由を付した命令で言い渡す。裁判官は訴えが提起されてから30日以内に申立当事者に対して補償を認めるか、否かを判断しなければならない。

　裁判官は、命令を発するための前提要件が一つでも欠けている場合、原告が証拠補充の指示に従わない場合等においては理由を付した命令（decreto）で申立を棄却（rigetto del ricorso）する[92]。

　さらに、訴え自体に全く根拠がないというような理由の命令が発せられる場合は、裁判官は原告に対して1,000ユーロから1万ユーロまでの間の過料（ammenda）を支払わせることができる（5条の4）。たとえば、申立期間の6か月を既に徒過しているという理由で補償を求める訴えが認められないとして過料を支払わせる場合である（破毀院2014年10月31日決定23302号）[93]。反対に訴えを認める場合は、裁判官は担当行政機関に遅滞なくかかる補償を支払うことを命ずる（3条5項）。

(4) 異　議　申　立

　補償の訴えに対する認容、棄却命令に対しては、不服のある当事者は異議申立が可能である。この異議申立は命令の執行を停止させる効力は有していない。異議申立は当事者が裁判の通知（comunicazione）あるいは送達（notificazione）を受けたときから30日の不変期間内にしなければならない（5条の3第1項）。この異議を受けた控訴院は4か月以内に異議につき命令で決定しなければならず、またこの命令は直ちに執行が可能である（5条の3第5項）。そして、この異議について決定が下された命令に対しては異議申立に関する一般規定に従って破毀院に対して不服申立が認められ、破毀院に対する申立は送達の場合は60日以内にしなければならない[94]。さらに、この破毀院

---

[92]　前掲注81）1251頁。
[93]　前掲注。
[94]　前掲注81）1254頁。

の判決 (sentenza) に対して、ヨーロッパ人権裁判所に合理的期間の原則違反を理由として不服申立が認められ、これは破毀院の判決後6か月以内になされなければならない[95]。

IV ADR (risoluzione alternativa delle controversie)

イタリアでは民事、商事の分野における ADR の主要な手続は調停 (mediazione)、和解 (conciliazione)、支援交渉 (negoziazione assistita) である。しかし、仲裁 (arbitrato) に関しては、注意が必要である。なぜならばヨーロッパ議会で採択されたアプローチに従う研究者によれば仲裁は ADR の範疇とは考えられていないが、他方で別の研究者は、裁判所の手続に対する代替手続であるという理由で ADR に含まれると考えている。このように仲裁を ADR に含めるべきでないという見解もあるが、いくつかの重要な立法的改正はこれに関するものでもあるので、ここでは ADR に仲裁手続も加えることにする。なお、その他にも ADR の特別な手続が存するが、あまりにも特殊なためここでは割愛する[96]。

1. 調停 (mediazione)

量的観点から最も重要な手続は調停である。これは2010年3月4日委任立法命令 (decreto legislativo) 28号 (以下、2010年法) により導入された[97]。これはイタリア法において体系化された初めての調停手続の導入であり、この手

---

95) 前掲注。
96) たとえば、インターネットのドメインの再割当 (riassegnazione dei domain name di Internet)、「エネルギー網および環境のための管理機構 (Autorità di Regolazione per Energia Reti e Ambiente)」での電気・ガス・水道等の和解、仲裁手続、銀行サービス等の分野における銀行オンブズマン (Ombudsman bancario) あるいは銀行金融仲裁機構 (Arbitro Bancario Finanziario) に対する手続等である。
97) 正式名は2010年3月4日委任立法命令28号「民事、商事紛争の合意を目的とした調停の2009年6月18日法律69号60条の実施」。

続は現在のイタリア法において最も重要な手続となっている。

　調停規定のなかで重要なものとしては、多くのタイプの紛争に対して調停を義務付ける規定がある。もし当事者が調停を試みない場合は、裁判所において訴訟手続を開始することができず、最初の口頭弁論において被告が異議を申立てるか、あるいは裁判官が調停の試みがなされていないということを職権で明らかにすることで、裁判官は当事者を調停に付すことができる。

　このような義務調停に付されなければならない事件は多岐にわたっている。たとえば、マンション等の共有権（condominio）、物権、共有物等の分割（divisione）、相続、家庭内協定（patti di famiglia）[98]、賃貸借、使用貸借、営業賃貸借（affitto di aziende）[99]、医療過誤における損害賠償、出版物に起因する名誉棄損の損害賠償（risarcimento del danno derivante da diffamazione a mezzo stampa）、保険契約、銀行契約、出資契約である（2010年法5条1項の2）。

　もちろん、調停手続はこれらに限らず義務調停の範囲外においても任意にそれを行うことができる。裁判所において訴訟を開始することが可能となるために調停を試みた、というためには、調停のための顔合わせ（incontro）の機会は、一度あれば十分であるとされる。最初の顔合わせにおいては、当事者が出席しなければならず、もしそこで合意に至らなければ調停を続けることは困難であると判断され、裁判所に訴えることが可能となる。調停は、義務であれ、任意であれ、どちらにしてもその手続は司法省で管理されている特別な名簿に登録されている調停機関により行われ（2010年法16条）、司法省はそれらの機関が法に定める誠実性（serietà）と有効性（efficenza）の要件を満たしているかを確認する。また、調停機関においては、特別な研修を受けた調停員でな

---

[98]　家庭内協定は2006年に創設された制度で、民法768条の2から同条の8までその規定がおかれている。この契約で事業者等が一人以上相続人に事前に自己の事業等の全部あるいは一部を移転させるものであり、これによってその後の事業の継続を保障するものである。

[99]　営業賃貸借とは、特殊な契約で大雑把に言えば事務所、生産設備等すべてを有する所有者が、他の者が営業するためにこれらをすべて賃貸するという契約である。

ければ担当することができない。

　他方、弁護士会の名簿に登録されている弁護士は調停員の資格を有するが、相応の知識を習得しなければならず、かつ最新の知識をつねに保持できるように準備する必要がある（2010 年法 16 条 4 項の 2）。

　調停の申立てがなされた後、調停機関の責任者は調停員を指名し、申立てから 30 日を超えない日に調停のための期日（incontro di mediazione）を指定しなければならず、さらにまた、調停においては、その手続すべてにおいて当事者は弁護士の立ち合いによることを必要とすると規定されている。しかし、この規定は、ADR 手続は「可能な限り早くそして安く（più agili e meno costose possibile）」というヨーロッパ議会の精神に反するとして多くの批判を受けている。

　調停員は手続が行われている間において積極的な役割を有しており、当事者が合意に達するように努力しなければならないが、手続期間は最大でも 3 か月と定められている。

　また、もし事件が義務調停を必要とするもので、一方当事者が調停に参加せず、裁判所に訴えを提起した場合は、裁判官はその当事者にその裁判の手数料と同額の支払を命ずる。

　当事者が合意に達したら調停員は調書（verbale）を作成し、そして当事者はそれに署名し（2010 年法 11 条）、その当事者の合意は債務名義となる（2010 年法 12 条）。

　反対に、当事者が合意に至らなかった場合は、その調停員は合意のための提案を作成することができ、かかる場合にその提案を受入れないで、訴訟を開始したとしても、その訴訟の結論はその調停員の提案と同じであるということ、およびその場合は勝訴者は手続費用の支払を受ける権利を有せず、さらに敗訴者の分の費用も支払わなければならないということを調停員は当事者に警告しなければならない（2010 年法 13 条）。

　また、調停をより魅力的なものにするために立法者は、当事者に対して税的優遇措置のための規定もおいている。調停を利用する者は実際、合意に至った

場合には最高500ユーロまでの、また合意に至らなかった場合でも最高250ユーロまでの調停機関によって請求される分担金と同額の税金への債権を取得する権利を得る。さらに調停の合意はその調停の対象となった額が5万ユーロまでは無償で登録が認められる。

2．和解（conciliazione）

　和解は調停に大きく取って代わられた。調停に関する2010年法が施行される以前は、立法者は異なる形式の和解を規定していた。特にそれは消費者事件において規定されていた。もちろん、それらの規定のいくつかは現在も効力を有しており、たとえば下請業者（subfornitura）との争いにおける和解がそうである（1998年法律192号10条）。

　和解の最も重要な手続は、事件件数の数からいえば「電話に関係する（携帯およびインターネット含む）紛争」に関する和解手続である。1990年から2000年代のインターネットの一般への普及にともなって、莫大な数の電話料金に関する問題や接続に関する問題等が発生した。これらの問題はかなり多数の紛争を生じさせたが、大多数はたいして金額が高いものではなかった。これらの紛争は裁判所で、特に大多数は治安裁判官裁判所で審理しなければならないものであり、これらの問題は裁判所に対する加重な負担を強いる問題でもあった。

　このような状況において、2002年に、通信保障機構（Autorità per le Garanzie nelle Comunicazioni、以下AGCOM）は決議182号[100]を採択した。これによって通信電話会社と利用者の間の紛争に関しては義務和解が試みられるように規定された。この和解手続は、紛争件数の観点からは後にも先にもイ

100）　2002年6月19日通信保障機構決議182号、https://www.agcom.it/documentazione/documento?p_p_auth=fLw7zRht&p_p_id=101_INSTANCE_kidx9GUnIodu&p_p_lifecycle=0&p_p_col_id=column-1&p_p_col_count=1&_101_INSTANCE_kidx9GUnIodu_struts_action=%2Fasset_publisher%2Fview_content&_101_INSTANCE_kidx9GUnIodu_assetEntryId=798117&_101_INSTANCE_kidx9GUnIodu_type=document

タリアにおいて和解に関する最も重要な経験であったとされている。現在ではかかる紛争に関してはAGCOM決議173号[101]によって規定されており、それによって現状にスムーズに対応できるように規定は修正されている。

予防のために和議を試みる手続は現在では強制とされており、それは各州ごとにあるAGCOM機関によって主に行われている。その名称は「通信のための州委員会（Comitati regionali per le comunicazioni）」である。なお、この手続は、たとえば、商工会議所（Camera di Commercio）に設置された和解機関等の認定和解施設においても行うことが可能である。

3．支援交渉（negoziazione assistita）

過度の訴訟負担を裁判所から減らすために行った立法者の様々な試みのなかの一つとして、2014年9月12日の暫定措置令（decreto legge）132号（2014年11月10日法律162号に転換 以下、2014年法）[102]はその第二節の2～11条において弁護士による支援交渉制度を定めている。

これに基づいて、紛争当事者は弁護士の支援により示談で紛争解決を図るために誠実かつ公正に協力するかどうかを決定することが可能となった。この決定は文書による承諾で行われなければならないもので、それは「支援交渉協定（convenzione di negoziazione assistita）」と称されている。そして、いかなるケースにおいてもこの手続を利用できる可能性があるということを当事者に伝えることは弁護士の職務上の義務（dovere deontologico dell'avvocato）となっている。

101）　2007年4月19日通信保障機構決議173号 https://www.agcom.it/documentazione/documento?p_p_auth=fLw7zRht&p_p_id=101_INSTANCE_kidx9GUnIodu&p_p_lifecycle=0&p_p_col_id=column-1&p_p_col_count=1&_101_INSTANCE_kidx9GUnIodu_struts_action=%2Fasset_publisher%2Fview_content&_101_INSTANCE_kidx9GUnIodu_assetEntryId=729294&_101_INSTANCE_kidx9GUnIodu_type=document

102）　正式名は2014年9月12日の暫定措置令132号（2014年11月10日法律162号に転換）「民事訴訟の遅延解決のための脱裁判およびその他の対策に関する緊急措置」。

交通事故に関する訴訟あるいは 2010 年法 5 条 1 項の 2 に定める以外の 5 万ユーロ以下の訴額の場合は弁護士は相手方当事者に支援交渉を提案する義務を有する（2014 年法 3 条）[103]。これは裁判を行うための条件となっている。もし当事者がこの支援交渉をすることに同意した場合は各弁護士の支援の下に少なくとも 30 日は交渉に専念することになる。そして当事者が合意に達した場合は当事者および弁護士は署名し、それは債務名義になる。反対に、交渉を拒否するとそのことは裁判官に否定的に評価され、民事訴訟法 96 条および 642 条の 1 項に基づき訴訟費用に関して不利益をもたらすことになる。

4．仲裁移転手続 (trasferimento in arbitrato)

2014 年法は訴訟件数を削減する試みのために、もう一つ別の解決手段を定め、その第 1 条において地方裁判所においても、控訴審においても (al tribunale o in grado d'appello)、そこに継続している民事訴訟については、当事者はかかる訴訟を仲裁に付すことを請求することができると定めている。もちろんその場合においては、事件の内容が仲裁に親しむものであることは当然である。

この仲裁は、その土地を管轄 (competente per territorio) する弁護士会 (Ordine degli Avvocati) によって行われる。仲裁人は当事者によってか、あるいは弁護士会会長によって、少なくとも 5 年以上弁護会の名簿に登録されている弁護士のなかから選任された弁護士に割り当てられる。もし仲裁手続が仲裁廷の指名を受けた後 120 日以内に終了しなかった場合は、その紛争は再び訴訟として裁判所に継続することになる。

5．ADR 統計

「イタリアにおける選択的司法の普及に関する報告書 (Rapporto sulla diffusione della giustizia alternativa in Italia)」というタイトルの出版物が「仲

---

103) この手続きは夫婦の離婚訴訟においても重要であるが（2014 法 6 条）、ここでは割愛する。

裁および国際商事法の研究・普及のための機関 (Istituto per lo Studio e la Diffusione dell'Arbitrato e del Diritto Commerciale Internazionale (ISDACI))」によって毎年発行されており、2016 年に 9 冊目の報告書が出された[104]。この研究所の報告書がイタリアにおける ADR に関して最も完璧で信頼しうるものであり 2013 年から 2015 年の統計を引用すれば、以下のようになる[105]。

表 7-4　2013 年から 2015 年の ADR 件数

	2013	2014	2015
調停機関による調停件数	41,604	179,587	196,247
通信のための州委員会による和解件数	71,755	86,670	101,672
仲裁機関による仲裁件数	777	713	784

V　訴訟費用 (spese di giustizia)

民事訴訟の費用に関しては、イタリアでは様々なカテゴリーに分かれている。それらは弁護士費用、狭義の裁判費用（手数料と収入印紙費用）[106]、文書送達のための費用、あるいは、場合によっては、専門家、たとえば職権で任命した、もしくは、当事者によって任命された鑑定人の費用、判決登録料 (tassa di registro sulla sentenza) などがこれに該当する。そして、訴訟費用に関しては弁護士、裁判所（強制執行含む）にかかる費用は紛争の対象となっている額の 23.1% にも達している[107]。

---

104) http://www.isdaci.it/wp-content/uploads/2017/04/eBook_nono-rapporto_ISDACI_Def.pdf
105) 2013 年の調停件数が 2014 年に比べて極端に少ないが、これに関しては、2012 年 10 月 24 日、12 月 6 日に憲法裁判所は、義務としての調停の試みは憲法違反であると判示したため 2013 年統計においては、任意調停の件数を主に表示したため、このような件数になった。しかし、その後義務調停は再び導入されている。
106) イタリアでは日本でいう手数料に加えて、別に印紙代も負担する必要がある。
107) http://www.doingbusiness.org/data/exploreeconomies/japan#enforcing-contracts なお、日本は同じ項目において訴訟にかかる費用は 23.4% である。

弁護士費用（compensi degli avvocati）、すなわち弁護士報酬に関しては、数年前までは最低額と最高額の料金を定めた料金表が存在していたが、近時、最低額の基準が撤廃された。

報酬に関しては、法律の範囲内で弁護士とクライアントは自由に総額を取り決めることが認められており、弁護士は詳細な見積もりを文書でクライアントに提示しなければならない。そして現在、報酬の基準は2014年省令（decreto ministeriale）55号によって定められているが、この省令には訴訟手続の種類や活動の内容に従って25種類にも及ぶ価格表がある。ここでは、若干の例を挙げてみる。

まず、通常裁判所における第一審の民事訴訟について、訴額が2万6,001ユーロから5万2,000ユーロの範囲では、弁護士は最低額として3,972ユーロ、最高額として1万3,402ユーロの範囲で報酬を請求する権利を有している。もっとも、この総額は原告、被告の人数やその訴訟の複雑さによって変更しうる（2014年省令4条）。

次に、控訴裁判所における手続については、訴額が2万6,001ユーロから5万2,000ユーロの範囲では、弁護士は最低額として5,538ユーロ、最高額として1万7,707ユーロの範囲で報酬を請求する権利を有している。

最後に、破毀院においては、その報酬額は反対に減少する。この理由としては破毀院においては、その裁判は、ただ合憲性についてのみ判断するからであると説明されている。すなわち、弁護士は破毀院での活動に関して第一審、第二審において既になされている証拠を収集しあるいは事案につき法的、事実的分析を行う必要がないからである。破毀院における手続については、訴額が2万6,001ユーロから5万2,000ユーロの範囲では、弁護士は最低額として2,626ユーロ、最高額として9,450ユーロの範囲で報酬を請求する権利を有している。また、出張の場合においては、弁護士は日当および交通費の請求ができる。

次に、たとえば、会計検査（revisione dei bilanci）、機械設備の破損（guasti ai macchinari）、芸術作品の評価（valutazione di opere artistiche）等の複雑な事案において裁判官の職権によって選任された鑑定人の費用は2002年省令30

号に定められているが、非常に複雑で詳細に定められている。しかし、簡単に説明すれば訴額に比例した費用を鑑定人に支払う必要がある。また、証人を尋問する必要がある場合においては、証人がその裁判所の管轄区域内に居住している場合は、交通費だけが請求の対象になるのに対して、管轄区域外に居住している場合は出張費用（交通費および日当）が請求の対象となる。

さらに、裁判を始めるにあたっては国に支払う義務がある費用として訴額や審級に応じた金銭を払う必要がある、すなわち手数料（contributo unificato）とよばれるものである。そして各審級において手数料に加えて 27 ユーロの収入印紙を訴状に貼る必要がある[108]。

たとえば、第一審に訴額 10 万ユーロの民事訴訟を提起する場合は、手数料は 759 ユーロであり、これと同じ訴額の訴訟を控訴院に上訴する場合は、1,138.5 ユーロとなる。

この金額は破毀院では 1,518 ユーロになる。それらに加えて 27 ユーロの収入印紙も必要となる。文書を郵送する場合はかく文書ごとに 11 ユーロの支払を必要とするが、電子郵便による場合は無料で送ることができる。

イタリア民事訴訟法は 91 条によって手続費用敗訴者負担の原則をとっている。しかし、費用清算の決定において裁判官は費用の一部の支払を決定することも可能であり、たとえば、当事者の一方が訴訟が複雑であるため弁護士に最高額の報酬を支払うことに同意していたとしても、裁判官がこれとは異なる判断をして、支払を減ずることも認められる。

VI　訴訟手続の電子化（servizio del sistema elettronico per la causa）

ここ数年、イタリアは民事裁判のデジタル化に大変な努力をしてきた。この努力の結果は評価しうるものであり、現に既述の世界銀行のランキングではイ

---

[108]　日本でいうところの裁判所への手数料は収入印紙によるものではなく、郵便局か銀行を通して収めるもので、イタリアではこれとは別に収入印紙を必要とする。

タリアは訴訟の電子化に対して 4 点中 3 点を獲得している（なお、日本は 4 点中 1 点である）[109]。

いわゆる民事訴訟の電子化手続は 2001 年 2 月 13 日の共和国大統領令 123 号（Decreto del Presidente della Repubblica del 13 febbraio 2001, n. 123）を嚆矢として、訴訟手続において情報通信機器の利用が開始された。続いて、これらの利用手続が暫時強化され、2012 年法律 228 号および 2014 年暫定措置令 90 号によって、2014 年 6 月 30 日以降は電子通信手続（processo telematico）による訴訟が義務付けられている。

規定はかなり複雑であるため、簡単に説明すれば 2014 年 6 月 30 日以降すべての民事訴訟において連絡（comunicazioni）と文書提出（depositi dei documenti）は、原告の訴えの提起と被告の答弁書の提出という手続開始時における文書のやり取りを例外として認める以外は、すべて電子通信手段によって行なうことが義務化されている。

従って、原告の訴え提起および被告の答弁書の提出以降、その後行われるすべての書面のやり取りに関しては電子機器を通じて行われる。さらに裁判所からの弁護士に対する連絡に関しても電子機器によって行われる。当然のことながら裁判所、弁護士は訴訟の電子手続に不可欠な機器の設置が必要である。

現在はすべての訴訟に関係する主体[110]は公認の機器を設置することが必要であり、さらに電子署名のために承認電子郵便（posta elettronica certificata (PEC)）を利用することが不可欠である。

この承認電子郵便を利用すれば電子郵便の投函と受取の証明が可能となり、実質的には書留郵便と同様の法的価値を有することになる。従って、承認電子郵便によって、裁判所側からの、あるいは弁護士側からの手続書類の通知および公式な連絡を行うことが可能となっている。

109）　点数の内訳は、1 点＝悪い（insufficiente）、2 点＝まあまあ（accettabile）、3 点＝良い（buono）、4 点＝最高（ottimo）、となっている。
110）　たとえば、裁判所、弁護士、鑑定人等のことであり、原告と被告は弁護士を通して連絡を受けるため、ここには含まれない。

加えて、特別のソフトを用いることによって「電子封筒（busta telematica）」の作成をすることができ、裁判所書記官は作成された文書がどの手続に関するものなのかを確かめることが可能となり、それらを電子ファイルに保管することができることになる。

アジア

第 8 章

中華人民共和国における司法アクセス

陳　　　　剛
韓　　　寧[1]

Ⅰ　はじめに／Ⅱ　理念・政策・立法動向／Ⅲ　民事司法制度の特色／
Ⅳ　訴訟に関する費用／Ⅴ　その他／Ⅵ　おわりに

Ⅰ　は じ め に

　中国において、司法アクセスの理念は学界に普遍的に受け入れられているものの、司法アクセスという用語は法令・政策の中で未だ正式に使用されていない。1999 年に最初の「人民法院五ヵ年改革綱要」が頒布されて以来、中国の司法改革は既に第四段階に入り、新たな挑戦に直面している。今回の司法改革は、司法職権の配置を最適化し、人権保障を強化し、司法能力を高め、国民のための司法を実現することに重点を置き、司法民主化の拡大、司法公開化の推進、司法公正化の保障を目標としている[2]。中国の司法改革では司法アクセスについて明言していないものの、実際には司法アクセスに関わる措置が少なくない。また、中国の民事司法システムの中には、司法アクセスに関わる制度も

---

1)　本稿の「Ⅱ　理念・政策・立法動向」と「Ⅲ　民事司法制度の特色」は陳剛が執筆、韓寧が翻訳。本稿の「Ⅰ　はじめに」、「Ⅳ　訴訟に関する費用」、「Ⅴ　その他」及び「Ⅵ　おわりに」は、韓寧が執筆。
2)　中華人民共和国国務院新聞办公室『中国的司法改革』（外文出版社、2012 年）参照。

多く設置されている。

　本稿は、中国の司法システム、民事法律制度、司法改革の中における司法アクセスに関する部分を抽出し、中国の司法アクセスの現状と課題について考察するものである。

II　理念・政策・立法動向

　中国では、司法の範疇が、広義の司法、狭義の司法及び最狭義の司法に分けられている。広義の司法は「大司法」と呼ばれ、捜査制度、検査制度、審判制度、監獄制度、仲裁制度、司法行政管理制度、人民調停制度、弁護士制度、公証制度、国家賠償制度、法律援助制度を含んでいる。これに対して、狭義の司法は、国家司法機関、すなわち人民法院及び人民検察院が訴訟事件を処理する過程において法律を執行する活動を指し、最狭義の司法は、人民法院の組織制度及び裁判制度を指している。

　共産党の指導の下に設立された中国の司法制度は、人民司法制度と呼ばれている。人民司法制度の目標は、人民の合法的な権益を保護し、人民のために司法サービスを提供することである。人民司法制度は、いわゆる人民の訴訟活動に便宜を与えるとともに、人民法院の審理裁判活動にも便宜を与える「両便」原則を採っている。

　2016年2月23日に、習近平国家主席は中国共産党中央政治局の会議において、人民大衆に司法案件の処理から公平と正義を感じさせることを司法工作の目標とすると強調した。ゆえにこの目標は今の中国における司法アクセスの最高理念であると思われる。

　中国の法システムの中で、憲法は最高権威を持つ母法として位置づけられる。憲法では、「国は、人権を尊重し、保障する」こと（中国憲法第33条）、「人民法院は国家の裁判機関である」こと（中国憲法第123条）、「人民法院における事件の審理は、法律の定める特別の場合を除いて、全て公開で行う。被告人は、弁護を受ける権利を有する」こと（中国憲法第125条）等の国民の基

本的な司法アクセス権が定められている。

さらに、国民の司法アクセスを実現するために、民事訴訟法は、憲法の趣旨に基づき、次の原則を定めている。

1　審理裁判権が人民法院により統一的に行使される原則（中国民事訴訟法第6条）

民事訴訟法第6条1項は、「民事事件の裁判権は、人民法院が行使する」と定めている。

2　人民法院は民事事件について独立して裁判を行う原則（中国民事訴訟法第6条）

民事訴訟法第6条2項は、「人民法院は、法律の規定により、民事事件について独立して裁判を行い、行政機関、社会団体及び個人の干渉を受けない」と定めている。

3　事実を根拠とし、法律を準則とする原則（中国民事訴訟法第7条）

民事訴訟法第7条は、「人民法院は、民事事件を審理する場合には、事実を根拠とし、法律を準則としなければならない」と定めている。

4　当事者の訴訟上の権利平等の原則（中国民事訴訟法第8条）

民事訴訟法第8条は、「民事訴訟の当事者は、平等な訴訟上の権利を有する。人民法院は、民事事件を審理する場合には、当事者による訴訟上の権利の行使を保障し、及びこれに便宜を与え、且つ、当事者に対し法律の適用において、一律に平等でなければならない」と定めている。

5　当事者の訴訟上の権利の行使を保障し、これに便宜を与える原則（中国民事訴訟法第8条）

6　訴訟の当事者が法律の適用において一律に平等である原則（中国民事訴訟法第8条）

7　二審終審原則（中国民事訴訟法第10条）

民事訴訟法第10条は、「人民法院は、事件を審理する場合には、法律の規定により合議、忌避、公開裁判及び二審終審制度を実行する」と定めている。

8　合議制原則（中国民事訴訟法第10条）

9　忌避原則（中国民事訴訟法第10条）

10　公開裁判原則（中国民事訴訟法第10条）

11　弁論原則（中国民事訴訟法第12条）

　民事訴訟法第12条は、「人民法院が民事事件を審理する場合には、当事者は弁論をする権利を有する」と定めている。

12　誠実信用原則（中国民事訴訟法第13条）

　民事訴訟法第13条1項は、「民事訴訟では、誠実信用の原則を遵守しなければならない」と定めている。

13　処分権原則（中国民事訴訟法第13条）

　民事訴訟法第13条2項は、「当事者は、法律に定める範囲内において、自己の民事上の権利及び訴訟上の権利を処分する権利を有する」と定めている。

14　起訴支持原則（中国民事訴訟法第15条）

　民事訴訟法第15条は、「機関、社会団体及び企業・事業組織は、国、集団又は個人の民事上の権益を損なう行為について、損害を受けた組織及び個人が、人民法院に対し訴えを提起するのを支持することができる」と定めている。

15　法院調停原則（中国民事訴訟法第9条）

　民事訴訟法第9条は、「人民法院は、民事事件を審理する場合には、自由意思により、及び適法であるという原則に基づき調停を行わなければならない。調停が成立しなかった場合には、遅滞なく判決しなければならない」と定めている。

16　法律監督原則（中国民事訴訟法第14条）

　民事訴訟法第14条は、「人民検察院は、民事訴訟に対して法律監督を行う権限を有する」と定めている。

17　民族言語文字で民事訴訟を行う原則（中国民事訴訟法第11条）

　民事訴訟法第11条1項は、「各民族の公民は、いずれも当該民族の言語及び文字を用いて民事訴訟を行う権利を有する」と定めている。

18　民族自治地方が変更又は補充規定を制定する原則（中国民事訴訟法第16条）

民事訴訟法第16条は、「民族自治地方の人民代表大会は、憲法及びこの法律の原則に基づき、当該地方の民族の具体的状況を考慮し、変更又は補充の規定を制定することができる」と定めている。

なお、2014年10月23日に中国共産党第18回中央委員会第4次全体会議では、「法により国を治めることの全面推進に関する若干の重大な問題に関する決定〔关于全面推进依法治国若干重大问题的决定〕」（以下では、「決定」と略称する）を採択した。当該「決定」は、「司法の公正さを保ち、司法の公信力を高める」こと（「決定」の第4の部分）を強調し、そのために① 法により裁判権と検察権を独立して公正に行使する制度の健全化、② 司法職権配置の最適化、③ 厳格司法の推進、④ 人民大衆の司法参加の確保、⑤ 人権の司法保障の強化、⑥ 司法活動に対する監督の強化等の措置が打ち出された。これは中国の司法アクセスに関わる最新の政策であると思われる。

Ⅲ 民事司法制度の特色

1．司法制度の基本状況

a．裁判官、裁判所職員

最高人民法院は1992年から「中国法律年鑑」に全国人民法院職員の統計数字を載せないようにした。そのため、全国人民法院の法官人数について、我々は最高人民法院の工作報告、最高人民法院院長のスピーチ及びその他の資料により推測せざるを得ない。最高人民法院政治部主任徐家新のスピーチによれば、現在、中国裁判官の人数は19.6万人であり、全国人民法院職員配置の58％を占めている[3]。

中国では、2002年に統一司法試験が導入される前は、裁判官の法律専門化が要求されなかったため、退役軍人、学校教員及び行政機関職員が人民法院に転職し、また法律専門でない大学卒業生も人民法院に就職することが可能であ

---

3) 2016年7月25日に北京で開かれた「全国法院队伍建设工作会议」における徐家新の発言による。

った。長い間にわたって、人民法院の人事管理には次の問題が顕在している。① 全体的に見て裁判官の専門的知識のレベルが高くない。② 一部の幹部は裁判官を務めているものの、事件の審理に全く関与していない。③ 人民法院に審判委員会が設置されているため、一部の事件については直接審理を行った裁判官ではなく、審判委員会が最終的な判断を下している。

　以上の問題点を解消するために、中国は裁判官定員制〔法官員額制〕を導入した。裁判官定員制は、人民法院の職種を裁判官職、審判補助職、司法行政職に分けて、裁判官職の人数を全体の39％以内に抑えるという制度である。最高人民法院が公表した情報によれば、2017年1月までに、全国86.7％の人民法院で裁判官定員制の改革が終わり、105,433名の法官が選出された。裁判官定員制の実行により、61％の現役裁判官は裁判官資格を失うと言われている。

　　b．弁護士の人数
　中国弁護士の人数は毎年平均9.5％の成長率で増加しており、すでに30万人を超えている。また、法律事務所の数も平均7.5％の成長率を保ち、現在2.5万箇所に達している。統計によれば、全国の弁護士は毎年平均で取り扱った訴訟事件が330万件余り、取り扱った非訴訟法律業務が100万件、取り扱った法律扶助事件が50万件余り、提供した公益法律サービスが230万件余りある。さらに、全国の弁護士は50万余りの企業に企業法務サービスを提供している。一方、弁護士の収入はこの8年間、年平均12.8％の増加率を保っている。なお、弁護士の業務範囲は伝統的な訴訟業務を中心にするパターンから訴訟業務と非訴訟業務を同等に重んずるパターンへ、国内業務を中心にするパターンから国内業務と海外業務を同等に重んずるパターンへと転換している。

　　c．審級制度と審理期限
　(1)　審級と級別管轄
　中国は二審終審制を採用している。すなわち、当事者は第一審の人民法院の判決に対して不服があれば、上級の人民法院に上訴を提起することができる。

第二審人民法院の下した判決は確定された終審判決となる。また、中国の民事訴訟では、事実審と法律審について区別しない。

中国の人民法院は、最高人民法院、高級人民法院、中級人民法院と基層人民法院の4級に分けられる。民事訴訟法の級別管轄に関する規定によれば、各級人民法院の第一審民事事件に対する管轄は次の通りである。

基層人民法院は、第一審の民事事件を管轄する。ただしこの法律に別段の定めがあるものを除く。（中国民事訴訟法第17条）

中級人民法院は、次に掲げる第一審の民事事件を管轄する。（中国民事訴訟法第18条）

① 重大な渉外事件。
② 当該管轄区内において重大な影響を及ぼす事件。
③ 最高人民法院が中級人民法院の管轄によるものと確定した事件。

高級人民法院は、当該管轄区内において重大な影響を及ぼす第一審の民事事件を管轄する。（中国民事訴訟法第19条）

最高人民法院は、次の各号に掲げる第一審の民事事件を管轄する。（中国民事訴訟法第20条）

① 全国的に重大な影響を及ぼす事件。
② 最高人民法院が自ら審理すべきと認定した事件。

最高人民法院が第一審として審理した民事事件、及び法律の規定により一審終審となる民事事件については、当事者は上訴を提起してはならない。憲法は上級人民法院と下級人民法院との関係が審判監督関係であると定めているため、上級人民法院は下級人民法院の裁判に対して監督を行わなければならない。

(2) 審理期限制度

司法の効率を高め、審理の迅速化を図り、当事者の訴訟負担を軽減するため、中国の民事訴訟法では審理期限制度が設けられている。審理期限とは、事件を立件した翌日から判決を言い渡す日、または和解調書を送達する日までの期間を指す。人民法院は民事事件を審理する際に、審理期限を守らなければな

らない。ただし、渉外民事事件、ホンコン、マカオ、台湾に係わる民事事件を審理するとき、審理期限の規定を適用しない（中国民事訴訟法第270条）。

1　第一審の審理期限は原則的に6か月である。人民法院が普通手続を適用して審理する事件は、立件した日から6か月以内に審理を終結しなければならない。特段の事由により延長する必要がある場合には、当該法院の院長が承認して、6か月延長することができる。さらに延長する必要がある場合には、上級の人民法院に報告して承認を求める（中国民事訴訟法第149条）。

人民法院は、簡易手続を適用して事件を審理する場合には、立件した日から3か月以内に審理を終結しなければならない（中国民事訴訟法第161条）。

人民法院が特別手続を適用して審理する事件は、立件の日から30日以内に、又は公告期間満了後30日以内に審理を終結しなければならない。特段の事由により延長する必要がある場合には、当該法院の院長が承認する。但し、選挙人資格事件を審理する場合を除く（中国民事訴訟法第180条）。

2　上訴審の審理期限は原則的に3か月である。人民法院は、判決に対する上訴事件を審理する場合には、第二審の事件を立件した日から3か月以内に審理を終結しなければならない。特段の事由により延長する必要がある場合には、当該法院の院長が承認する。人民法院は、民事裁定に対する上訴事件を審理する場合には、第二審の事件を立件した日から30日以内に終審の裁定をしなければならない（中国民事訴訟法第176条）。

3　審理期限に適用しない場合。

「審理期限規定」第9条によれば、公告期間、鑑定期間、管轄問題を処理する期間は、審理期限に含まれない。

d．訴訟取扱件数

2017年「最高人民法院工作報告」によれば、2016年に最高人民法院の立件した事件は22,742件、終結した事件数は20,151件であった。地方各級人民法院の立件した事件数は2,303万件、終結した事件数は1,977.2万件で、終結した事件の目的物の金額は4.98万億元であった。また、2016年に各級人民法院

で終結した一審商事事件は 402.1 万件で、終結した一審民事事件は 673.8 万件であった。

e．司法予算

人民法院は「分級管理、分級負担」の財政管理体系に基づき経費の問題を解決する。各級人民法院の経費は、同級の人民政府により支出される。例えば、高級人民法院の経費は省レベルの人民政府、中級人民法院の経費は市レベルの人民政府、基層人民法院の経費は県レベルの人民政府により支出される。人民法院は同級人民政府に対する依存度が極めて高いため、司法が地方政府に頼りすぎる「司法地方化」の問題があると言われている。また、人民法院所在地の経済発展の度合いによって、各地人民法院の職員福祉、設備建設、仕事環境の面における格差も少なくない。

中国共産党第 18 回代表大会第 3 次会議では、「全面的に改革を深化する若干の重大問題に関する決定〔全面深化改革若干問題的決定〕」が発布された。当該決定によれば、省及び省レベル以下の人民法院の人事、経費において、今後は省レベルの人民政府の財政から統一管理を行うこととなった。この改革によって、各地人民法院の格差がある程度解消できるであろうと思われる。

司法予算に関する全国の統計はない。本稿では 2017 年最高人民法院と上海市の人民法院の司法予算を例として挙げる。2017 年最高人民法院の司法予算は 139,465.01 万元である。同年上海市人民法院（上海市高級人民法院、上海市第一中級人民法院、上海市第二中級人民法院、上海市第三中級人民法院、上海海事法院、上海鉄道運輸法院を含む）の司法予算は 116,443 万元である。

2．人民法廷と最高人民法院巡回法廷

a．人民法廷と巡回裁判

人民法院組織法の規定によれば、基層人民法院は管轄区域の面積、人口及び事件の状況によって若干の人民法廷を設立することができる。人民法廷は基層人民法院の派出機構として基層人民法院の名義で裁判の文書を作成することが

できる。人民法廷の職能は民事事件と刑事自訴事件を審理することを除き、人民調停委員会に対して指導を行うこともできる。

また、中国には巡回裁判の方式もある。すなわち、人民法院以外のある特定の場所で民事事件の立件と審理を行うことである。例えば、船や工場で開廷し民事事件を審理することができる。

b．最高人民法院巡回法廷

地方人民法院の裁判能力を高めるために、最高人民法院は必要に応じて地方で巡回法廷を設置することができる。例えば、最高人民法院は2014年に広東省の深圳市、遼寧省の瀋陽市に、2016年に南京市、鄭州市、重慶市と西安市にそれぞれ巡回法廷を設置した。

3．国民の司法参加

a．人民陪審員制度

人民陪審員制度は、社会主義国家の司法民主化を反映しているものである。民事訴訟法39条によれば、人民法院の裁判官が第一審民事事件を審理するとき、陪審員と共に合議体を組織し事件を審理することができる。人民陪審員が審理を行うとき、裁判官と同等の権利及び義務を有する。人民陪審員制度は1951年に創設され、現在多くの問題点が存在すると言われているため、国は制度の見直しを進めているところである。

最高人民法院の人民陪審員制度に関する改革案によれば、人民陪審員制度の内容は下記の通りである。

① 満28歳で、学歴が高校卒以上の市民は人民陪審員の候補者となることができる。ただし、人民代表大会常務委員会の委員、人民法院、人民検察院、公安機関、国家安全機関、司法行政機関に勤める職員及び弁護士が人民陪審員になってはならない。

② 人民陪審員の候補者はランダム方式によって条件を満たした市民から選出され、人民陪審員は人民代表大会常務委員会によって任命される。

③　人民陪審員の人数は、当該地域の人民法院裁判官の人数の 3 〜 5 倍とされる。
④　集団訴訟、社会に影響が大きい訴訟は原則的に人民陪審員制度を採用する。重大な事件の場合は、3 名以上の人民陪審員が審理に参加することができる。
⑤　重大な事件を審理するとき、人民陪審員は事実の認定について自分の見解を主張することはできるが、法律の適用については意見を提示することができない。また、事実の認定について、裁判官と人民陪審員の意見が異なる場合、多数派の意見に従う。

2016 年、全国人民陪審員の人数は 22 万人を超えた。人民陪審員が参加した事件は 306.3 万件で、第一審通常手続事件の 77.2％を占めている。

b．特約監督員

国民をより広い範囲で司法に参加させるため、人民法院は憲法上の国民が国家機関及びその職員の公務活動について監督する権利があるとの規定に基づき、人民監督員制度を設けた。2009 年、最高人民法院は「最高人民法院特約監督員工作条例（試行）」を公布し、特約監督員を設置した。特約監督員は、全国人民代表大会代表、全国政治協商会議委員、各民主党派、工商連合会、無党派層、専門家、学者及び基層の人民大衆から最高人民法院によって選出される。特約監督員は、最高人民法院の審判活動、執行活動及び人事管理等について監督を行い、意見を提示することができる。各地の人民法院も、最高人民法院のやり方を参考にして特約監督員制度を設立している。

特約監督員の監督方式は下記の通りである。
①　人民法院の招請を受け、人民法院の関係工作会議に参加すること。
②　人民法院が開催した特約監督員会議に参加すること。
③　公開事件の法廷審理を傍聴すること。
④　裁判、執行等に対する検査活動に参加すること。
⑤　大衆の人民法院及び人民法院職員に対する批評、意見、助言及び苦情を

人民法院に伝えること。
⑥ 人民大衆の批評、意見、助言及び苦情に関する処理状況について人民法院に照会すること。

4．代表者訴訟、集団訴訟と公益訴訟

a．代表者訴訟

一方当事者の人数が多く（7人以上）、且つその人数が確定でき、並びに各当事者の主張した訴訟の目的である権利または義務が共通である共同訴訟において、当事者たちは代表者を選任して訴訟を追行することができる。このような訴訟は中国で代表者訴訟と呼ばれる。代表者訴訟において、代表者の訴訟行為は、その者が代表する当事者に対し効力が生じる。但し、代表者は、訴訟上の請求を変更、若しくは放棄し、又は相手方当事者の訴訟上の請求を認諾し、和解をする場合には、代表される当事者の同意を得なければならない。（中国民事訴訟法第53条）

b．集団訴訟

中国では、訴訟の目的である権利または義務が共通であり、且つ当事者の一方の人数が多く、訴えを提起するときに人数がなお確定されていない共同訴訟は、集団訴訟と呼ばれる。集団訴訟の場合、人民法院は、公告を発し、事件の状況及び訴訟上の請求を説明し、権利者に対して一定の期間内に人民法院に登記するよう通知することができる。

人民法院に登記する権利者は、代表者を選任して訴訟を提起することができる。代表者を選任することができない場合には、人民法院は、登記に参加した権利者と協議して代表者を決定することができる。

代表者の訴訟行為は、その者が代表する当事者に対し効力が生じる。但し、代表者は、訴訟上の請求を変更、若しくは放棄する場合、又は相手方当事者の訴訟上の請求を認諾し、和解をする場合には、代表される当事者の同意を得なければならない。

人民法院が下す判決又は裁定は、登記に参加した権利者全員に対し効力が生じる。登記に参加していない権利者が訴訟時効期間内に訴えを提起した場合には、当該判決又は裁定を適用する（中国民事訴訟法第54条）。

c．民事公益訴訟

中国民事訴訟法第55条によれば、環境汚染、多数の消費者の適法な権益の侵害等、社会公共の利益を損なう行為に対しては、法律が規定する機関及び関係組織は人民法院に訴訟を提起することができる。

民事公益訴訟制度は新設された制度であるため、実務においては多くの問題点が存在している。2017年6月27日、第12回全国人民代表大会常務委員会第28次会議では民事訴訟法55条の改正案を採択し、第55条第2項を追加した。同項によれば、人民検察院は職務を履行するとき、生態環境を破壊する行為、又は資源保護及び食品・薬品安全の領域における多数の消費者の適法な権益を侵害した行為が発覚した際、民事公益訴訟を提起できる適格な原告が他にいない場合、人民法院に公益訴訟を提起することができる。なお、人民検察院は、民事公益訴訟を提起できる適格な当事者をサポートするものとする。

5．裁判外紛争解決方法の基本状況

a．人民調停委員会

人民調停委員会は法に基づいて設立された基層人民政府と基層人民法院の指導の下で民間紛争を調停する大衆的な組織である。2017年8月22日に最高人民法院と司法部が共催した「全国人民調停工作会議」の統計によれば、2017年現在、全国には人民調停委員会が78.4万か所あり、人民調停員が385.2万人いるとされている。また、人民調停委員会の調停によって解決された紛争は年間約900万件に達し、調停成功率は96％を超えた。

最近、人民調停委員会は専門化する方向へと進んでいる。例えば、現在、中国では医療紛争を取り扱う人民調停委員会は3917か所あり、医療紛争を調停する人民調停委員の人数は2.5万人に達している。2015年時点で、調停で解決した

医療紛争が7万件を超えた。医者と患者双方の合法的な権益は保護されている。

人民調停委員会による調停を経て、当事者双方が合意に達した場合、調停協議書を作成することができる。調停協議書は民事契約の効力を有する。当事者間で調停協議の履行及び調停協議の内容について争議が生じた場合、当事者の一方が人民法院に提訴することができる（中国人民調停法第32条）。

b．調停協議の司法確認手続

当事者は、人民調停委員会等の調停組織が仲介した調停協議について、人民法院に対して司法確認を申し立てることができる。人民法院の司法確認を経て、その有効性を認められた調停協議は強制執行の根拠になる。

当事者双方は、調停協議について司法確認を申し立てる場合、人民調停法等の法律によって、調停協議の効力が生じた日から30日以内に、共同で調停組織所在地の基層人民法院に提出する（中国民事訴訟法第194条）。

民事訴訟法195条の規定によれば、人民法院は、申し立てを受理した後、調停協議について審査を行う。調停協議が法律の規定に符合する場合には、人民法院は調停協議が有効である旨の裁定を下す。当事者の一方が調停協議の履行を拒絶又は調停協議の一部を履行しない場合、相手方は司法確認をした調停協議をもって人民法院に強制執行を申し立てることができる。一方、調停協議が法律の規定に符合していない場合には、人民法院は裁定で司法確認の申し立てを却下する。申し立てが却下された後、当事者は調停の方法によって、調停協議の内容を変更、又は新たな調停協議を実施することができ、且つ人民法院に訴えを提起することもできる。

c．オンライン調停プラットフォーム

オンライン調停プラットフォームは、人民法院がIT技術とネットワークを利用し、訴訟前の紛争について調停で解決する仕組みである。当事者は紛争が生じたとき、管轄エリアの範囲を超え、人民法院のオンライン調停プラットフォームシステムを通じて、調停を申し込むことができる。

申し込みは、オンラインでしなければならない。当事者はまず人民法院のオンライン調停プラットフォームシステムに氏名、住所、電話番号等の基本情報を入力し、次に紛争の類型を選択する。続いて、システムの指示に従い、申し込みの理由及び関連証拠を入力し、ネット申込書を完成させて人民法院に送信する。人民法院はネット調停申込を受けてから、調停員を手配し、調停期日を指定し、当事者の携帯電話にショットメールの方式で通知を送る。当事者は、調停期日に出頭できる場合は、システムの指示に従い、「調停を受ける」と記されたアイコンをクリックせねばならない。指定された期日に、調停員はシステムを通じて当事者双方をテレビ電話で呼び出し、オンライン調停を行う。なお、オンライン調停は費用を納めなくてもよい。

このオンライン調停プラットフォームは新しい紛争処理システムとして、多くの人民法院に導入されている。現在、オンライン調停プラットフォームシステムを開設した人民法院は全国で419か所がある。

6．民事訴訟手続の電子化傾向

a．知恵法院の建設

近年、中国はIT技術とインターネットを活用することで、訴訟の時間とコストを削減し、国民の司法アクセス状況の改善を図っている。2017年4月20日、最高人民法院は「最高人民法院の知恵法院の建設を早めることに関する意見〔最高人民法院关于加快建设智慧法院的意见〕」を発布した。当該「意見」では、電子化と情報化を通じ、審理裁判体系及び審理裁判能力の現代化を促し、より高いレベルで社会の公平と正義を実現するように努めることを強調している。近年、最高人民法院が設置した電子化の情報公開メカニズムは下記の通りである。

(1) 中国裁判文書ネット〔中国裁判文书网〕[4]

2014年1月1日から、各級人民法院の確定された裁判文書は中国裁判文書

---

4) http://wenshu.court.gov.cn/ 参照。

ネットを通じて公開しなければならないようになった。国民は中国裁判文書ネットを通じて、各事件の事実状況、判決理由、判決の結果をネットで検索することができる。裁判文書の公開によって、国民は類似事件について事前予測を行い、訴訟を選べるか否かについて判断することができるようになった。また、裁判文書の公開は裁判文書本体の質や裁判官の責任感を高め、さらには裁判官の資質の向上を促すことにも繋がる。2017年2月までに、中国裁判文書ネットで公開した裁判文書は2,680万通を超え、閲覧された回数は62億を超えている。210か国及び地域から、中国裁判文書ネットにアクセスすることができる。

(2) ネット上不服申立及び苦情処理プラットフォーム〔网上申诉信访平台〕[5]

2014年2月28日に、最高人民法院はネット上不服申立及び苦情処理プラットフォームを開設した。これにより、当事者はネットから不服申立及び苦情処理の手続をすることができるようになった。すなわち、当事者はシステムが表示する画面に不服申立及び苦情の内容を入力し、人民法院に送信することができる。また、当事者はネットで随時に人民法院の当該不服申立と苦情に対する処理の進行状況を調べることもできる。ネット上不服申立及び苦情処理プラットフォームを開設した目的は、当事者の権益を十分に保護し、人民法院が不服申立と苦情を迅速に処理することにある。

(3) 中国裁判過程の情報公開ネット〔中国审判流程信息公开网〕[6]

2014年11月、最高人民法院は中国裁判過程情報公開ネットを開設した。当事者はこのサイトを通じて、人民法院の立件から裁判に至る全ての審理の内容や過程を見ることができる。また、当事者及び訴訟代理人の問い合わせに対して、人民法院は、携帯電話のショートメール、音声メッセージ、ツイッター、WeChat、APP等の方式で当事者及び訴訟代理人に事件審理の進行状況を知らせる。2016年7月1日からは、最高人民法院の公開法廷で審理される全ての事件はネットで生放送するようになっている。2017年5月までに、各級人民

---

5) http://splcgk.court.gov.cn/zgsplcxxgkw 参照。

6) http://tingshen.court.gov.cn/ 参照。

法院がネットで生放送した法廷審理の回数が62.5万回に及び、視聴者はすでに延べ20.7億人に達した。

(4) 最高人民法院訴訟業務サービスネット〔最高人民法院訴訟服務网〕[7)]

2014年末、最高人民法院は訴訟業務サービスネットを開設した。このサイトはIT技術を駆使して、人民法院のネット調停、ネット送達、法廷審理のネット放送、ネット執行等の職能をサポートする。人民法院の機能の一部をネット上に移設することによって、当事者の訴訟コストを軽減し、人民法院の業務効率を高めることができる。

(5) 弁護士サービスプラットフォーム〔律師服務平台〕[8)]

2015年12月、最高人民法院は弁護士サービスプラットフォームを開設した。弁護士サービスプラットフォームのサイトには、全国の弁護士事務所と弁護士の情報が掲載されている。このサイトは、弁護士業務の展開に有利なだけではなく、当事者が弁護士を適切に選択することに役立てることもできる。また、弁護士はこのサイトを通じて、ネットで立件手続きを行い、訴訟文書を閲覧し、事件を照会し、裁判官と予約を取ることもできる。このシステムは、弁護士活動の利便性を高め、弁護士の業務効率を上げ、事件処理の迅速化にも寄与する。

(6) 中国執行情報公開ネット〔中国执行信息公开网〕[9)]

社会信用システムの構築を促し、信用喪失被執行人に対する信用懲戒を行い、信用喪失執行人に自ら確定判決の内容を履行させるために、最高人民法院は「信用喪失執行人の名簿情報を公開することに関する若干規定〔关于公布失信被执行人名单信息的若干规定〕」を制定した。また、2013年10月24日には、「全国法院信用喪失被執行人名簿情報の公告と照会プラットフォーム」を開設した。現在、国民はこのサイトを通じて軍事法院以外の人民法院の信用喪失執行人の情報を調べることができる。2017年5月までに中国執行情報公開ネッ

---

7) http://ssfw.court.gov.cn/ssfww 参照。
8) http://lsfw.court.gov.cn/lsfwpt/login/gz.htm?type=ls 参照。
9) http://shixin.court.gov.cn 参照。

トに載せられた信用喪失被執行人に関する情報は 4,711 件であった。

(7) 執行事件の金員受取ネット公告と照会〔执行案件领取公告查询〕10)

近年、人民法院は強制執行で多くの金員の徴収を執行したものの、連絡先の変更、行方不明などの理由により一部の当事者と連絡が取れていない。そのため、徴収した金員を当事者に渡すことができなくなっている。2016 年 11 月 21 日に、最高人民法院は、サイト内に執行事件の金員受取ネット公告と照会欄を開設した。

(8) 全国法院のネット司法競売情報の公開と照会〔全国法院网络司法拍卖信息公开与查询〕11)

人民法院は、没収した財産等について、ネットオークションで処理することができる。2016 年 8 月、最高人民法院が「人民法院のネット司法競売の若干問題に関する規定〔关于人民法院网络司法拍卖若干问题的规定〕」を頒布し、「全国法院のネット司法競売情報の公開と照会プラットフォーム」を開設した。2017 年上半期に、全国各級の人民法院が行ったネットオークションは 43 万回を超え、出来高は 2,700 億元を超えた。

b．インターネット法院の創設

2017 年 6 月 26 日に、中国で初めてのインターネット法院が杭州に設立された。杭州インターネット法院は、IT 技術とインターネットを利用してネットに係わる紛争及び電子商取引に係わる紛争についての裁判を行う専門法院である。このインターネット法院では、立件、送達、証拠の提出、審理、訴訟上の和解及び判決に係わるすべての手続をネットで行うことができる。現在の中国では、時間、空間、地域の制限を克服し、「ネット上の紛争をネット上で解決する」ことが既に実現している。

---

10) http://zxakgg.chinacourt.org/zxakggcx/index.shtml 参照。

11) http://shixin.court.gov.cn/sfpm 参照。

Ⅳ 訴訟に関する費用

1．訴訟費用：訴訟救助と無料化

　中国では、2006年に訴訟費用について改革が行われ、訴訟のコストが全面的に軽減されるようになった。また、資力のない当事者に平等に司法アクセスの機会を与えるために、司法救助制度も新設されている。

　中国司法救助の方式に訴訟費用猶予、訴訟費用減額、訴訟費用免除の3種類がある。「訴訟費用納付方法［訴訟費用交納办法］（以下、「納付方法」と略称する）」の規定によれば、自然人の当事者は訴訟費用の納付が著しく困難である場合、人民法院に訴訟費用の猶予、減額又は免除の司法救助を申し立てることができる（納付方法第44条）。

　具体的には、当事者は次に掲げる場合、訴訟費用猶予の司法救助を申し立てることができる（「納付方法」第47条）。

① 社会保険金、経済補償金を請求する事件の場合。
② 海上事故、交通事故、医療事故、労災事故、製造物責任事故又はその他の人身傷害事故に遭い、損害賠償を求める被害者側である場合。
③ 関係部門の法律援助を受けている場合。
④ 確かに猶予が必要と認められるその他の場合。

　また、次に掲げる場合、当事者は、訴訟費用減額の司法救助を申し立てることができる。

① 自然災害等不可抗力で生活が困難になり、社会的救済を受けている場合、又は自然災害等不可抗力で家計を支える生産及び経営が困難な状況に陥り、家計を維持し難い場合。
② 傷痍軍人、戦没者遺族等国家の規則によって特別援護や待遇を受けている場合。
③ 当事者が社会福利機構又は救助管理組織である場合。
④ 確かに免除が必要と認められるその他の場合（「納付方法」第46条）。

人民法院は具体的な状況に基づき、その減額率を決めることができる。ただし、減額の割合は30％より低くしてはならない。

　さらに、極めて貧困な者などに対しては、訴訟費用を無料にすることができる。「納付方法」第45条によれば、次に掲げる場合、当事者は訴訟費用免除の司法救助を申し立てることができる。

① 障害者である、又は安定した収入がない場合。
② 扶養費、養育費、弔慰補償金を請求する場合。
③ 最低生活保障の対象者、農村の定期貧困救済の対象者、農村の政府扶養救済の対象者、及び失業保険金で生活している場合。
④ 他人を危難な状況から救出し、又は社会公共利益を保護するために、自己の合法的な権益に損害をもたらし、かつ本人又はその近い親族が損害賠償又は補償を請求する場合。
⑤ 確かに免除が必要と認められるその他の場合。

　当事者は訴えを提起するとき又は上訴をするとき、書面の方式で司法救助の申立をしなければならない。そして、経済困難を証明できる資料及びその他の関連資料を一緒に添付しなければならない。人民法院は当事者の司法救助申立について審査を行い、救助を認めるか否かの判断を下す。司法救助を認めないとき、書面で理由を説明しなければならない（「納付方法」第48条）。

　なお、人民法院が当事者の一方に司法救助を提供する事件では、敗訴者負担部分の訴訟費用について、相手方が敗訴した場合は、相手方が訴訟費用を負担する。逆に、相手方が勝訴した場合は、人民法院は司法救助を受けた当事者の経済状況に応じて、訴訟費用の減額又は免除を決める（「納付方法」第50条）。貧困者の平等な司法アクセスの権利を保護するために、国は更に司法救助を拡大していく方針を採っている。司法救助の予算が逐年増加しており、2017年、各級人民法院が司法救助のために免除及び減額した訴訟費用は19.9億人民元（日本円で約323.9億円に相当する）を超えた[12]。

---

12) 2018年「最高人民法院工作報告」による。

2．弁護士費用のあり方

中国では、弁護士費用の透明化及び合理化を図るために、2006年に国家発展改革委員会と司法部は「価額法」と「弁護士法」等関係法律に従い、「弁護士費用徴収管理方法 [律師服務収費管理辦法]（以下、「管理方法」と略称する）」を制定した。

弁護士費用は、政府指導価額と市場調整価額によって決まる。管理方法第5条によれば、弁護士事務所は、次に掲げる場合、政府指導価額によって弁護士費用を定める。

① 民事訴訟事件を代理する場合。
② 行政訴訟事件を代理する場合。
③ 国家賠償事件を代理する場合。
④ 刑事事件では、被疑者に法律相談を提供する、不服申立〔申訴〕及び被害届〔控告〕を代理する、保釈を申し立てる、被告人の弁護人を担当する、被害者の代理人を担当する場合。
⑤ 再審申立事件を代理する場合。

その他の法的サービス[13]を提供するとき、弁護士事務所は市場調整価額によって自由に弁護士費用を設定することができる。

政府指導価額の基準と変動の値幅は、各省、自治区、直轄市人民政府の価額主管部門と司法行政部門によって共に制定される（「管理方法」第6条）。全国各地の経済レベル、社会文化、国民意識には格差があるので、各地弁護士報酬の相場も大きく異なっている。また、弁護士事務所は本省、自治区、直轄市の弁護士費用徴収基準に従い、その範囲内で各自の報酬額を定めることができる。

弁護士費用の計算基準は、① 事件ごとに計算、② 経済的利益の額による計算、③ タイムチャージ制の3種類がある（「管理方法」第10条）。財産関係に

---

13) 中国では、司法書士という業種がないので、弁護士の法的サービスには司法書士の仕事も含まれる。

関わらない事件では、弁護士費用を事件ごとに計算する。財産関係に関わる事件では、目的物の金額に応じて弁護士費用を計算する。なお、タイムチャージ制は全ての法的サービスに適用される。

また、一部の財産関係に関わる民事事件を代理するとき、弁護士と依頼者の間で事案処理が終了した場合、その結果に応じて報酬金を定めるというリスク代理制[14]を約定することもできる（「管理方法」第11条）。ただし、弁護士は依頼者とリスク代理制を約定する前に、依頼者に通常の政府指導価額を告知しなければならない。

民事事件の中で、① 婚姻、相続に関する事件、② 社会保険金又は最低生活保障金を請求する事件、③ 扶養費、養育費、弔慰補償金、救済金、労災賠償金の給付を求める事件、④ 労働報酬の支払請求事件等は、リスク代理制を適用できない（「管理方法」第11条）。また、刑事訴訟事件、行政訴訟事件、国家賠償事件、及び群体性訴訟事件でもリスク代理制の適用が禁止されている（「管理方法」第12条）。

依頼人がリスク代理制の採用を決める場合、弁護士は依頼人とリスク代理費用支払契約を締結し、双方の負うべきリスク責任、費用支払方式、費用の金額と比率を約定する。リスク代理費用（報酬金）の金額は目的物金額の30％を超えてはならない（「管理方法」第13条）。

なお、中国では、弁護士費用は敗訴者負担の原則から除外される。また、法律費用保険制度も導入されていない。経済困難な当事者の代理権を保護するために、法律援助制度が設けられている。法律援助の事件について、弁護士は国家の指定を受けなければならない。また、法律援助を受けた当事者に如何なる費用も徴収してはならない。さらに、法律援助の条件を満たさない経済困難な当事者に対しても、弁護士事務所が実情に応じて法的サービスの費用を減額又は免除する措置を採ることができる（「管理方法」第23条）。

---

14) リスク代理制は日本の成功報酬制に相当する。

3．法律援助（Legal Aid）

中国では、Legal Aid は法律援助と呼ばれる。これは、資力のない当事者の合法的な権益を保障するために、法律援助センターによって無償の法的サービスを提供する制度である。

この制度は、1994 年に導入され、その後、1996 年の「中華人民共和国刑事訴訟法」、「中華人民共和国弁護士法」及び「高齢者権益保護法」では、当事者に法律援助を提供することが定められている。

1997 年、司法部法律援助センターが設立され、その後、全国各地で多くの法律援助センターが相次いで設立された。また、各地の法律援助センターの中では、司法局が設立した法律援助センターが最も多い。ほかに、事業組織又は社会団体が設立した法律援助センター[15]や、大学の設立した法律援助センター[16]もある。なお、各地の法律援助センターは司法部法律援助センターによって一括管理されている。

法律援助は刑事法律援助、民事法律援助、行政訴訟法律援助に分かれている。2003 年「法律援助条例」第 10 条によれば、国家賠償事件、社会保険金又は最低生活保障金請求事件、弔慰補償金又は救済金請求事件にあたって、当事者は代理人を委任する資力がない場合、法律援助機構に行政訴訟法律援助を申し立てることができる。また、扶養費及び養育費支払請求事件、労働報酬支払請求事件、又は他人を危難な状況から救出したことに伴う民事権益を請求する事件にあたって、当事者は代理人を委任する資力がない場合、法律援助機構に民事法律援助を申し立てることができる（法律援助条例第 10 条）。なお、各省、自治区、直轄市の人民政府は各地方の法律援助条例の中で行政訴訟法律援助と民事法律援助の事項について、補充規定を設け、援助の範囲を拡張することができる。例えば、北京市では、「法律援助条例」第 10 条に定めた事項以

---

15) 例えば、婦女連合会が設立した婦女児童権益保護法律援助センター、労働組合が設立した法律援助センターがある。
16) 例えば、湘潭大学法律援助センターがある。

外、①家庭暴力、虐待、遺棄によって合法的な権益が侵害され、司法保護を請求する事件、②交通事故、労動災害事故、医療事故、製品欠陥事故及びその他の人身傷害事故によって人身傷害の損害を被って、賠償を請求する事件も、法律援助を申し立てることができる（北京市法律援助条例第9条）。

　刑事訴訟の中で、次の場合は法律援助機構に法律援助を申し立てることができる。①刑事被疑者は、捜査機関による一回目の取り調べの後、又は強制措置を採られた日から、経済上の困難で弁護士を依頼していない場合、②公訴事件の被害者又はその代理人或いはその近い親族は、事件が検察機関の起訴審査に移された日から、経済上の困難で弁護士を依頼していない場合、③自訴事件の自訴人及びその法定代理人は、事件が人民法院に受理された日から、経済上の困難で弁護士を依頼していない場合である（法律援助条例第11条）。

　また、公訴人が公判に出廷する事件では、被告人が経済上の困難又はその他の原因で弁護人を依頼していない場合、人民法院が被告人に弁護人を指定するとき、法律援助機構は法律援助を提供しなければならない（法律援助条例第12条第1項）。なお、被告人が盲、聾、啞或いは未成年者であり、弁護人を依頼していない場合、又は被告人が死刑に処される可能性があり、弁護人を依頼していない場合、人民法院が被告人に弁護人を指定するとき、法律援助機構は法律援助を提供しなければならない。この場合は、被告人の経済状況について審査を行わない（法律援助条例第12条第2項）。

　無資力の認定基準は各地で異なっている。法律援助機構は当事者の申立を受けてから、その資力について審査をしたうえで、当該当事者に法律援助を与えるか否かを決める。法律援助を与えると決めた場合、法律援助機構は弁護士事務所に弁護士を指定させ、又は直接当該法律援助機構の弁護士若しくは法律援助工作者を指定し、当事者に無償で法的サービスを提供する（法律援助条例第21条）。

　中国では、3分の2以上の法律援助事件は民事法律援助に属すると言われている[17]。また、民事法律援助の内容は、民事訴訟の代理に限らず、法律相談、法律文書の作成、公証事項及び非訟事務に関わる法的サービスも含んでいる。

しかも、法律援助サービスの提供は、弁護士以外に、公証人及び末端の法律活動関係者もできる。なお、法律援助を提供する弁護士は2種類に分けられる。1つは、普通の法律事務所に勤めており、本務の法律事務所の指定によってある事件の法律援助を受ける当事者に訴訟代理等の無料の法的サービスを提供する弁護士であり、いま1つは、法律援助センター又はその他の政府機構に勤め法律職業資格証書又は弁護士執業資格証書を有し、法律援助活動に従事する者である。後者は公職弁護士又は援助専職弁護士と呼ばれ、公務員又は事業組織の職員に属し、かつ国からの給料をもらう。

中国法律援助の大きな特徴は、無資力の当事者に無料で法的サービスを提供することにある。その資金は主に国家の財政から支出されている。例えば、2010年～2014年の5年間における国家法律援助費用総額は70.4億人民元（1146億円）であり、政府財政から支出された金額は68億人民元（1107億円）に達している[18]。また、中国法律援助基金会、北京法律援助基金会等財団法人は、募金の形式で法律援助事業に資金的支援を与えている。そのほか、一部の法律事務所及び一部の大学の法学部は、ボランティアの形で法律援助サービスを提供している。

4．第三者による訴訟費用支援

中国では、第三者による訴訟費用支援が各種法律援助基金会による支援と訴訟融資基金による支援の2種類に大別されている。

a．法律援助基金会による訴訟費用支援

法律援助基金会は、法律援助事業の発展を図るために設立された公募基金である。その中で、1997年に設立された中国法律援助基金会は規模の最も大きな全国性法律援助基金会である。そのほか、各地では北京市法律援助基金会、

17）　李松、黄洁「我国刑事法律援助远低于民事」（法制日報 2012年6月14日）参照。
18）　「五年全国法律援助经费总额达到70.4亿元」（法制网　2015年9月17日）http://www.legaldaily.com.cn/index/content/2015-09/17/content_6272881.htm?node=20908

重慶市法律援助基金会、湖北省法律援助基金会、青海法律援助基金会、武漢市法律援助基金会、蘇州市法律援助基金会など区域性法律援助基金会も多く存在する。一般的には、財政の支援金、基金会の公募資金、個人及び法人からの寄付金、基金会自らの投資収益が、各法律援助基金会の財源とされる。

中国法律援助基金会は「法律援助条例」の規定に従い、各地域の法律援助センターと連携して国民に法律援助を提供することができると共に、直接国民に法律援助を提供することもできる。直接法律援助を提供するとき、被援助者と契約を締結し、援助方式、援助金額、資金用途及び資金の使用方式を約定するものとする（中国法律援助基金会約款第33条、第39条）。

b．訴訟融資基金による訴訟費用支援

ホンコンではイギリスの影響を受け、消費者訴訟基金など訴訟融資基金が存在するが、中国では、訴訟融資基金はまだ普及していない。2016年9月に、中国国内で初めての訴訟融資資金である多盟訴訟融資基金が設立された。この基金会は、京師弁護士事務所と連携して、企業のために「投資＋法律」サービスを提供している。業務内容は主に中小企業に対して、企業の債権回収をサポートするものである。すなわち、企業が債権回収をするために原告として訴えを提起するとき、当該基金は企業の訴訟費用、弁護士費用、公証費用、鑑定費用等を立て替えることができる。企業側が勝訴した場合、企業は立替金を支払うほか、回収した債権金額に基づき、基金会にある程度の成功報酬を収めなければならない[19]。

訴訟融資基金はまだ新しい仕組みであるため、利用頻度、社会評価等の問題は、実務を通して更に検証する必要がある。

19）「国内首支诉讼基金项目落地 规模预计3亿元」（21世纪经济报道 2016年9月）。
网易财经 http://money.163.com/16/0919/16/C1BCD9N800253B0H.html

V　そ　の　他

1．法廷における言語

　中国は59の民族によって構成されている多民族の国なので、法廷で使う言語は漢民族の言語である中国語（漢語）以外に、各少数民族の言語も許されている。中国憲法134条は、「いずれの民族の公民も、全て自民族の言語・文字を用いて訴訟を行う権利を有する。」と定めている。人民法院及び人民検察院は、現地で通用する言語・文字に通じない訴訟参加人に対し、翻訳及び通訳を提供しなければならない（中国憲法第134条第1項）。

　各地の人民法院は、その地域の状況に合わせて、法廷における言語を決定する。実際には、漢民族が全体人口の92％を占めているため、ほとんどの人民法院では中国語が法廷における言語とされている。一方、少数民族が集まって居住し、又はいくつかの民族が共同で居住する地区では、現地で通用する言語を用いて審理を行い、また、起訴状、判決書、布告その他の文書は、実際の必要に基づき、現地で通用する1種又は数種の文字を使用しなければならないとされている（中国憲法第134条第2項）。

2．リーガル・プロフェッション（種類、業務内容、養成）

　中国のリーガル・プロフェッションとしては、裁判官（法官）、検察官のほか、弁護士、基層法的サービス工作者、公証人などがある。

a．裁判官と検察官

　裁判官は司法権を行使して裁判を行う官職にある者であり、検察官は捜査権、公訴権、法律監督権などの検察権を行使する者である。

　中国では、裁判官や検察官になるために、下記の要件を満たさなければならない（中国法官法第9条、第12条、中国検察官法第10条、第13条）。

　①　国家統一司法試験に合格すること。

② 中華人民共和国国籍を有すること。
③ 満23歳以上であること。
④ 中華人民共和国憲法を擁護すること。
⑤ 良好な政治、職業素質及び良好な品行を持つこと。
⑥ 体が健康であること。
⑦ 法律専門の大学卒業者、又は法律専門知識を具備する非法律専門の大学卒業者は、法律業務に従事して満2年以上であること。また、法律専門の修士、博士学位を取得した者、又は法律専門知識を具備する非法律専門の修士、博士学位を取得した者は、法律業務に従事して満1年以上であること。（最高人民法院、最高人民検察院及び省、自治区、直轄市の高級人民法院、人民検察院の法官を務める場合は、法律専門の大学卒業者、又は法律専門知識を具備する非法律専門の大学卒業者は、法律業務に従事して満3年以上、法律専門の修士、博士学位を取得した者、又は法律専門知識を具備する非法律専門の修士、博士学位を取得した者は、法律業務に従事して満2年以上であることが必要である。）

また、当事者の公平・公正な司法アクセスを保障するために、「法官法」第17条、「検察官法」第20条は、裁判官又は検察官が離任してから、以前勤めた人民法院又は人民検察院の係属事件の訴訟代理人又は弁護人を担当してはならず、また、2年間は弁護士の身分で訴訟代理人又は弁護人を担当してはならないと定めている。

国家法官学院は裁判官の研究及び修養並びに裁判官の修習を司っており、国家検察官学院は検察官の研究及び修養並びに検察官の修習を司っている。また、各地方においても裁判官及び検察官の研修機構が設置されている。

b．弁　護　士

中国では、司法書士、行政書士という業種がないため、弁護士の業務内容が極めて広範にわたっている。弁護士法第28条の定めによれば、中国の弁護士は次の業務に携わることができる。

① 自然人、法人又はその他の組織の委託を受け、法律顧問として法律上の助言を与え、法律業務を処理すること。
② 民事事件、行政事件当事者の委託を受け、当事者の訴訟代理人として法的手続などを行うこと。
③ 刑事事件被疑者、被告人の委託を受け、又は法律援助機構の法による指定に従い、弁護人として、主張や弁護などの活動を行うこと。
④ 刑事自訴事件の自訴人、公訴事件の被害者及びその近い親族の委託を受け、訴訟代理人として、関係する訴訟活動を行うこと。
⑤ 各種訴訟事件の再審申立、再審訴訟活動を代理すること。
⑥ 委託を受け、調停、仲裁活動に参加すること。
⑦ 委託を受け、訴訟以外の各種業務手続に法的サービスを提供すること。
⑧ 法律相談を受けること。
⑨ 訴訟関係書類及びその他の法律書類を代書すること。

弁護士になりたい者は、まず国家統一試験を受けなければならない。1986年から2001年まで、この試験は弁護士資格試験と呼ばれ、試験の合格者は弁護士資格証書を取得することができた。2002年に、弁護士試験と検察官試験、裁判官試験は国家司法試験に統合された。司法試験の合格者は、法律職業資格証書を取得し、弁護士、裁判官又は検察官の仕事に従事する資格を有するようになった。ただし、国家統一試験に合格しても弁護士従業資格を取得したに過ぎず、実際に弁護士業務に従事するためには、弁護士資格証書又は法律職業資格証書の所持者が法律事務所で1年間の実習を受け、弁護士執業登録をしなければならない。

国家司法試験は年1回行われ、その内容は、理論法学、応用法学、現行法律規定、法律実務及び法律職業道徳の5つの分野を含んでいる。また、試験は総合知識、刑事と行政法律制度、民事・商事法律制度及び案件分析の4つの科目に分けられ、1つの科目は150点満点である。司法試験は600点満点で、通常の合格点が360点である。国は試験問題の難易度によって、毎年の合格率を調整することができる。例えば、弁護士人数を増やすために、2007年から2009

年まで、国は意図的に問題の難易度を下げることで、合格率を22％〜25％に引き上げたと言われている[20]。

2018年から、国家司法試験は国家統一法律職業資格試験に改名されると言われている。将来的に、裁判官、検察官、弁護士だけでなく、公証人、法律顧問、仲裁人（法律類）及び政府部門の行政処罰決定・審査、行政不服申立、行政裁決に従事する公務員になるためには、国家統一法律職業資格試験に合格し、国家統一法律職業資格を取得しなければならなくなるとされる。

また、現在、大学法学部卒業生だけでなく卒業見込み者、又は法的知識を持つ大学他学部卒業者及び卒業見込み者も司法試験を受けることができるが、2018年からは、国家統一法律職業資格試験の受験資格が厳しくなると言われている。大学法学部を卒業した者は、依然として国家統一法律職業資格試験を受けられる。他学部を卒業した者は、さらに法学の学位を取得した場合、或いは法律関係職業に3年間従事した場合に、法律職業資格試験を受けることができる。大学を卒業していない者は、試験を受ける資格がない[21]。

　c．基層法的サービス工作者

基層法的サービス業務は、80年代中期から徐々に展開してきた法的サービス所を通じて、一般国民に便利かつ低コストの法的サービスを提供する業務である。この法的サービス業務に従事する者は、基層法的サービス工作者である。2000年、司法部は「基層法律サービス工作者管理弁法〔基層法律工作者管理弁法〕」を制定し、全国統一の基層法律サービス工作者資格試験を開始した。「基層法律サービス工作者管理弁法」第6条と第8条によれば、高校を卒業した一般国民が、基層法的サービス工作者資格試験に合格すれば、基層法律サービス工作者の資格を取得することができる[22]。また、大学法学部を卒業し

---

20) 韓寧「司法アクセスの視点から見た中国の民事訴訟」（『日中民事訴訟法比較研究』九州大学出版社、2017年）参照。
21) 中共中央办公厅、国务院办公厅「关于完善国家统一法律职业资格制度的意见」参照。

た者、あるいは短期大学を卒業し5年以上の審判業務、検察業務、司法行政業務並びに人民代表大会と政府の法制業務のいずれかに従事した経験を有する者は、基層法的サービス業務に専念できれば、本人の申立及び司法行政機関の審査を経て、基層法的サービス工作者の資格を取得することができる。

基層法的サービス工作者は、刑事事件の弁護・代理以外、弁護士の携わるほとんどの業務活動を行うことができる。したがって、基層法的サービス工作者の存在は、弁護士人数不足の問題、及び弁護士地域偏在化の問題等の解消に対して、重要な役割を果たしているのである。

3．少数民族のための司法アクセスの改善

中国では、「民族自治地方の人民法院及び人民検察院は現地で通用する言語を用いて事件について審理と検察を行い、また、通用する少数民族言語・文字に通じる人員を合理的に配置しなければならない」（中国民族区域自治法第47条第1項）とされている。したがって、少数民族自治区域の人民法院では、訴訟当事者の一方が少数民族であれば、裁判の合議体の中に、必ず少数民族の裁判官を配置しなければならない。

少数民族の国民は自民族の言語・文字を用いて訴訟を行う権利を有するので、民族自治地方以外の人民法院では、訴訟当事者が自民族の言語で訴訟手続を追行するとき、その民族の言語に通じる裁判官、人民陪審員がいれば、必ずその裁判官、人民陪審員を審理に参加させる。その民族の言語に通じる裁判官、人民陪審員がいなければ、通訳をつけることで手続の透明性を保障する。さらに、その費用は一般的に人民法院が負担する。

また、民族自治地方で行われる司法試験は少数民族の言語・文字で受けることができる。さらに、貧困地域、辺鄙地域における法律人材不足の問題を緩和するために、国は経済レベルの低い地域及び弁護士過疎地域を特別地域[23]に

---

22) 基層法的サービス工作者資格試験は司法試験と比べて、比較的容易である。
23) 内モンゴル自治区、広西壮族自治区、甘粛省、四川省、雲南省、新疆ウイグル自治区、寧夏回族自治区、貴州省、青海省、チベット自治区の全域は、優遇政策を与

指定し、その地域の受験生は申立によって司法試験の受験資格と合格点を一段引き下げる優遇を受けることができる。中国では五つの少数民族自治区は全て特別地域に指定されている。

具体的には、一般地域では、司法試験を受けるために、大学卒以上の学歴が必要である。これに対して、特別地域の出身者は法律専門の短期大学卒であれば、司法試験を受験することができる。また、通常360点の司法試験合格点に対して、特別地域の受験者は315点を取れば合格になる。ただし、このような優遇を受けた司法試験の合格者は、特別地域でしか法律職業に従事することができない。これらの施策の実行によって、少数民族地域における弁護士不足などの問題をある程度、解決できると思われる。

VI おわりに

『中国の司法改革』白書の中では、「国民のための司法（司法为民）」が中国司法業務の出発点であるとともに究極の狙いであることが強調されている。また、「国民のための司法」を実現するために、国は基層司法機構の建設を強化し、裁判所の事件取扱手続を簡易化し、多元的な紛争解決メカニズムを設立し、当事者の訴訟コストを低減し、法律援助を発展させ、司法機関と国民のコミュニケーションルートをスムーズにする等の措置を取ることも力説されている。

一連の司法改革の中で、「国民のための司法」という観点から生み出した方策は、中国の司法アクセス状況の改善、国民の法意識の向上、国民権益の保護の面において大きな成果を上げたと言えよう。しかしながら、地域の格差、国民の経済及び教育レベルの格差によって、全国各地及び社会各階層の司法アクセス状況には大きな差異が存在している。しかも、司法の公正及び司法の公信

える特別地域である。北京、上海、天津、江蘇省、福建省、山東者、河北省の全域は優遇政策を与えない一般地域である。それ以外の省、自治区及び直轄市は一部の地域が特別地域に属しており、一部の地域が一般地域に属している。

力の面においても依然として足らざるところが残っている[24]。司法アクセス障害の解消及び司法体系の健全化にはなかなか遠い道のりであろうかと思われる。

---

24) 李浩「中国司法面临的主要問題」(法制日報 2015 年 04 月 15 日)。

第 9 章

大韓民国における司法アクセス

田　炳　西

I　司法アクセスに関する理念―憲法的保障 / II　司法アクセスの保障のための制度改革 / III　司法制度のインフラストラクチャ / IV　国民の司法参加および司法情報へのアクセス / V　集合訴訟・団体訴訟制度 / VI　裁判外紛争解決方法の状況 / VII　民事手続のコンピュータ化 / VIII　訴訟代理に関する原則及び本人訴訟 / IX　訴訟（裁判）費用・訴訟救助 / X　弁護士報酬のあり方 / XI　法律費用保険 / XII　その他

I　司法アクセスに関する理念 ― 憲法的保障

　大韓民国憲法（1987年10月29日全部改正され、1988年2月25日から施行されている現行憲法）第27条第1項は、「すべて国民は、憲法及び法律の定める裁判官（法官）によって法律による裁判を受ける権利を有する。」と規定している。この規定は、司法アクセス権を保障する規定であるといえる。
　このような「裁判を受ける権利」は、権力分立の構造上、司法権につき専属的権限を有する一般裁判所による一般裁判を受ける権利と、一般裁判所とは独立した関係の憲法守護機関である憲法裁判所（1988年にアジア初の憲法裁判所を創設）による憲法裁判を受ける権利に大別される。
　「裁判を受ける権利」は、単に裁判という手続きを整備するのみでは足らず、司法手続の実質が権利保護に十分に効果的でなければならないため、権利救済手続に対する容易なアクセスが保障されること、権利救済手続が公正かつ迅速

であり、原則的に公開的でなければならない等の最小限の保障内容を備えていなければならない。

この「裁判を受ける権利」を軸に、憲法第10条の人間としての尊厳及び価値の保障、同法第11条の平等の原則、同法第109条の公開裁判の原則を加えて、司法アクセス権の憲法的保障が構成される。また、憲法第101条第2項は、「裁判所は、最終審裁判所たる最高裁判所（大法院）及び各級裁判所で組織される」と規定しており、憲法第111条第1項は、憲法裁判所が憲法訴願に関する審判等を管掌する旨規定し、憲法裁判を通じて国民の基本権を保障してきた。

II 司法アクセスの保障のための制度改革

1993年11月10日、最高裁判所（大法院）傘下に設置された司法制度発展委員会で司法改革に関する論議が開始され、1994年2月16日、24項目の司法改革建議案が採択されたが、建議案には、人権保護改善案（拘束令状実質審査制度及び起訴前保釈制度の導入等）、国民便益増進のための制度導入案（市郡裁判所（法院）及び高等裁判所（法院）支部創設等）、司法の公正性確保のための改善案（ソウル民・刑事地方裁判所（法院）の統合、特許法院及び行政法院等専門法院の設置、予備判事制度及び裁判官勤務評定制度の導入等）、司法の独立性強化方案（大法院の立法意見提出権の導入、裁判官人事委員会及び判事会議の設置等）等が含まれていた。

その後、1999年司法制度の改革推進のための大統領直属の諮問組織として、司法改革推進委員会が設置された。司法改革推進委員会は、公正かつ迅速な権利救済、法律サービスの質的向上、法曹の一元化及び現代化、法曹養成制度の改善、法曹の不正根絶、グローバル化に対する対応方案等を含む報告書を提出したが、具体的推進まで繋がらなかった。

2003年に再び司法制度改革の必要性が議論され始めた。これに伴い、2003年8月に大統領及び最高裁判所長官（大法院長）が司法改革を共同推進するこ

ととした合意に従い、最高裁判所規則（大法院規則）である「司法改革委員会規則」が制定され、2003年10月、大法院傘下に司法改革委員会が設置された。司法改革委員会は、司法制度改革の基本理念を、法治主義を確立し定着させられる司法制度、司法の民主的正当性及び国民の信頼を増進させられる司法制度、国民が簡単に利用できる迅速かつ公正な司法制度、国民の人権保障を強化する司法制度、専門的法律知識、国際的競争力及び職業倫理を備えた優秀な法曹人材を養成することのできる司法制度と宣言した。司法改革委員会において論議された6個の案件は、大法院の機能及び構成、法曹一元化及び裁判官任用方式改善、法曹養成及び選抜、国民の司法参加（陪審制・参審制等）、司法サービス及び刑事司法制度、民事裁判改善方案であった。司法改革委員会は、2004年末まで活動し、案件別改善案を策定して大法院長に建議形式で提出し、大法院長は、右改善案を更に大統領に提出し、司法改革案が確定した（司法改革委員会・司法改革のための建議文（2004年12月31日）参照）。

　以降、右司法改革委員会の建議した司法改革を政府レベルで総合的かつ体系的に推進するため、2005年1月18日大統領諮問組織として2年限りの司法制度改革推進委員会（http://pcjr.pa.go.kr）が発足した（2006年12月に廃止）。司法制度改革推進委員会は、改革関連法案26個を作成、国会に提出したが、当時、犯罪被害者保護法など、6法案のみが処理された（司法制度改革推進委員会・司法先進化のための改革：司法制度改革推進委員会白書（上・下）（2006年）参照）。

Ⅲ　司法制度のインフラストラクチャ

　司法アクセス拡充という側面から見れば、法曹の人的基盤を充実強化することが、その前提となる。

1．裁　判　官

　憲法第101条第3項は、「裁判官（法官）の資格は、法律で定める」と規定

表 9-1 法官の現在員

(基準:2016 年 8 月 19 日)

法院	職位	現在員
大法院	最高裁判所長官(大法院長)	1 人
	最高裁判所判事(大法官)	13 人
	主席・先任裁判研究官	2 人
	裁判研究官	103 人
高等法院	裁判所長(法院長)	6 人
	部長判事	114 人
	高等裁判所判事	112 人
	判事	97 人
地方法院	裁判所長(法院長)	25 人
	高等裁判所部長判事	9 人
	部長判事	658 人
	判事	1,731 人
法院行政処	裁判所行政処次長	1 人
司法研修院	司法研修院長	1 人
	司法研修院教授	29 人
合　計		2,902 人

(出所) http://www.scourt.go.kr/judiciary/member/judge/index.html

している。これに従い法院組織法は、法官を大法院長、大法官、判事に区分している。大法院長及び大法官の任期は 6 年、判事の任期は 10 年である。大法院長は重任することができないが、大法官及び判事は連任することができる。大法院長、大法官の定年は 70 歳、判事の定年は 65 歳である。法官は、任期内であっても定年に達すれば退職する。

　社会の多様な価値観が裁判に反映されることを望み、葛藤の治癒と社会統合を希望する国民的期待に応えるため、新規法官は、2013 年から 2017 年までは法曹経歴 3 年、その翌年から 2021 年までは 5 年、その翌年から 2025 年までは 7 年と、順次引き上げられて 2026 年からは法曹経歴 10 年以上の法曹資格者の中から任用されることとなった。

2016年8月19日基準で大法院長及び大法官を含む全法官の現在員は、2,902人である。弁護士など法曹人口が増加しているが、法官の大幅な増員には結びついていない。

2．裁判研究員

2012年より弁護士の資格を有する者の中から裁判研究員（いわゆるロー・クラーク）を選抜して事件の審理及び裁判に関する調査・研究等の経験を積ませる制度が施行されている。裁判研究員は、各級裁判所に配置され、所属法院長の命を受けて業務を遂行する。

3．裁判所職員

裁判所には、法官以外に国家公務員として司法行政事務等を担当する裁判所公務員を設けており、その数は、大法院規則で定められている（法院組織法第53条）。これに関する「裁判所（法院）公務員定員に関する規則」によれば、2015年12月31日基準の裁判所公務員の定員は、15,252人である。

4．司法補佐官

実質的争訟に該当しない非訟的事件のうち、訴訟費用額確定、督促、公示催告、競売等に関する業務を担当する。高度の専門性を備えており、国民に迅速で効率的なサービスを提供している。裁判所事務官（法院事務官）以上の職級で5年以上勤務した者、主事補以上の職級で10年以上勤務した者が司法補佐官として選抜されることができる。

5．専門審理委員

裁判所が医事、建築、知的所有権等の紛争解決のため、専門的な知識及び経験を必要とする事件を審理する際、知識及び経験が豊富な裁判所外部の関連分野専門家を専門審理委員として訴訟手続に参加させて、説明又は意見を記載した書面を提出させたり、期日に出席して説明又は意見を陳述させたりすること

表9-2　弁護士の人数の推移

	2008年	2009年	2010年	2011年	2012年	2013年	2014年	2015年	2016年
登録	10,187	11,016	11,802	12,607	14,534	16,547	18,708	20,531	22,318
開業	8,895	9,612	10,263	10,976	12,532	14,242	15,954	17,424	18,849

(出所)　法務部法務年鑑（2017年）。

により、充実した迅速な審理をするにあたっての手助けを得ることができる。そして、専門審理委員分野のうち、活用度の高い医事及び建築の分野で常任専門審理委員を選抜してソウル高等法院に4人、釜山高等法院に2人を配置し、今後段階的に拡大する予定である。

6. 弁　護　士

2009年に3年制の専門修士学位課程である法学専門大学院（いわゆるロースクール）が開設し（総入学定員は2,000名）、法曹養成制度に変化があった。法学専門大学院の1期生が卒業した2012年からは、（2017年の最後の司法試験までは司法試験と並行して）弁護士試験制度が法曹選抜を担当している。

登録された弁護士の数は、2015年に2万人を超えている。2008年に登録された弁護士の数が1万人を超えた後、7年ぶりに2倍となった。そして、2015年12月31日現在全国の法務法人の数は、893個に及ぶ。

2013年7月から韓国の法律市場は段階的に開放され、2016年7月1日のヨーロッパ連合（EU）に続き、2017年3月15日には、米国に対しても韓国国内の法律市場が開放された。当該国の法律事務所及び国内の法律事務所は、合作事業体を設立し、国内外の弁護士を雇用し、国内法事務まで行なえることとなる。

7. 審　級　制　度

裁判所の種類は、大法院、高等法院、特許法院、地方法院、家庭法院、行政法院としており（法院組織法第3条第1項．2017年3月1日から倒産専門法院

図 9-1 上 訴 手 続

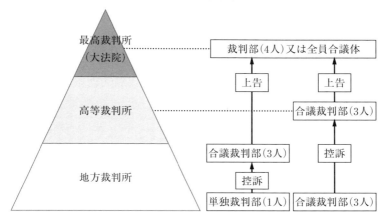

(出所) http://www.scourt.go.kr/supreme/sup_deci/process/process01/index.html

である回生法院が新設)、そのうち、一般裁判所である大法院、高等法院、地方法院が基本的な 3 審構造を成している。専門裁判所のうち、特許法院は高等法院と、家庭法院及び行政法院は地方法院と同級の裁判所である。地方法院又は家庭法院事務の一部を処理するため、管轄区域内に支部(支院)及び家庭支部(支院)、市・郡法院)を置くことができる。地方法院及び家庭法院の支院は、二個を合わせて一の支院とすることができる。

審級制度は、3 審制を原則としている。第 1 審判決に不服のある当事者は、控訴をすることができる。控訴審は、高等法院において審理を行うことが原則的であるが、単独判事が審理する第 1 審事件は、地方法院に設置された控訴部において審理を行う(但し、行政単独事件に関する控訴審は、高等法院で審理する)。控訴審判決に対して不服のある当事者は、最終審たる大法院に上告することができる。

2015 年の民事本案事件の第 1 審における控訴率は、合議事件が 44.3％、単独事件が 13.8％、少額事件が 3.5％であり、控訴審における上告率は、高等法院判決事件の場合には 41.0％で、地方法院判決事件のうち、第 1 審が単独事件

の場合には37.2%で、第1審が少額事件の場合には24.8%である（大法院法院行政処司法年鑑（2016年）参照）。

　上告審では、1990年に従前の上告許可制が廃止され、1994年に審理不続行制度が導入された。上告審手続に関する特例法第4条第1項は、上告理由に関する主張が同項第1号ないし第6号の事由を含まないと認められるときは、それ以上審理をせず、上告棄却の判決をすることができる等の特例を規定している。これは、憲法の要求する大法院の最終審裁判所としての性質を尊重しつつ、民事・家事・行政等訴訟事件において上告審裁判受付の客観的な基準を定めるに当たって個別的事件における権利救済よりも法令解釈の統一をより優位においた規定として、その合理性を有すると解されている（憲法裁判所2012. 5. 31. 言渡 2010憲ま625決定等）。審理不続行棄却率は、60%程度に至っている。

　一方、少額事件審判法第3条は、少額事件（訴額が3000万ウォンを超過しない金銭その他の代替物や有価証券の一定の数量の支払を目的とする第一審民事事件）に対する地方法院本院合議部の第2審判決又は決定・命令に対しては、①法律・命令・規則若しくは処分の憲法違反与否及び命令・規則若しくは処分の法律違反与否に対する判断が不当であったとき、②大法院の判例に相反する判断をした場合に該当するときに限って、大法院に上告をすることができる旨規定している。裁判制度利用の効率化の側面から、或いは、私益に関する紛争解決方式である民事訴訟から得られる利益と支出しなければならない費用・努力との比例均衡維持の要請、迅速に処理されるべき少額事件手続特有の要請をともに考慮するとき、右規定は、決して合理性がないとか、立法者の違憲的な差別であるとすることはできないと解されている（憲法裁判所2012. 12. 27. 言渡 2011憲ま161決定等）。

8．訴訟事件数

　訴訟事件数は、経済的、社会的状況の変化、訴訟に対する国民の意識、訴訟にアクセスするための便宜性等により影響を受けるものであると考える。

第 9 章　大韓民国における司法アクセス　371

図 9-2　民事事件の新受件数の年度別推移

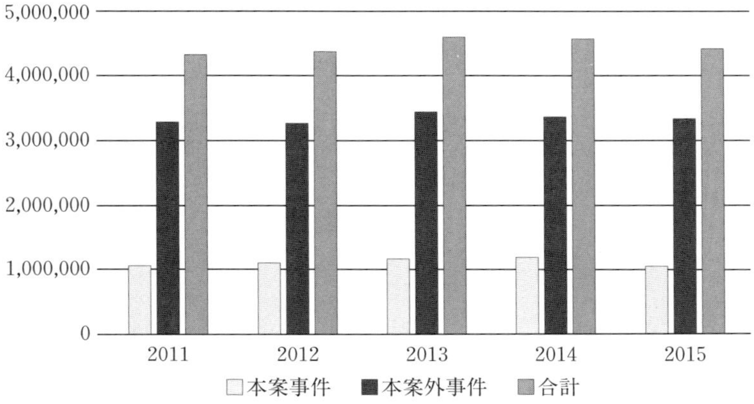

（出所）　大法院法院行政処司法年鑑（2016 年）により集計。

図 9-3　訴訟事件事件別

行政 42,521（0.7%）
少年 71,754（1.1%）
家事 159,620（2.5%）
特許 1,487（0.0%）
選挙 17（0.0%）
刑事 1,641,117（25.8%）
民事 4,445,269（69.9%）

（出所）　大法院法院行政処司法年鑑（2016 年）。

　2015 年に全国の裁判所に受付された事件は、計 20,609,851 件で、事件の種類別構成を見ると、訴訟事件は 6,361,785 件（31%）、非訟事件は 14,248,066 件（69%）である。訴訟事件をさらに本案事件と本案外事件に区分すると、本案事件は 1,525,846 件で全訴訟事件の 24.0%、本案外事件は 4,835,939 件で全訴訟事件の 76.0% を各占めている。また、訴訟事件を事件別に見ると、民事事件が 4,445,269 件で訴訟事件の 69.9%、刑事事件が訴訟事件の 25.8% を占めている（図 9-3 参照）。

図 9-4　民事本案事件事件別

（出所）　大法院法院行政処司法年鑑（2016 年）。

2015 年に受付された民事事件 4,445,269 件のうち、本案事件は 1,078,878 件であり（本案外事件は 3,366,391 件）、そのうち第 1 審が 1,006,592 件で 93.3％、控訴審が 58,421 件で 5.4％、上告審が 13,865 件で 1.3％の比率を占めている。民事本案事件 1,078,878 件を合議・単独・少額事件に区分した場合、合議事件は 41,589 件で 3.9％、単独事件は 262,730 件で 24.4％、少額事件は 702,273 件で 65.1％を占めている（図 9-4 参照）。更に第 1 審のみを基準として民事本案事件 1,006,592 件を合議・単独・少額事件に区分した場合、合議事件は 41,589 件で 4.1％、単独事件は 262,730 件で 26.1％、少額事件は 702,273 件で 69.8％を占めている。

9．審 理 期 間

2015 年確定した民事本案事件の確定審級別の第 1 審受付日から最終審級の終局までの期間（審級別言渡日から上級審受付日までの期間を含む）は、表 9-3

表 9-3　2015 年確定した民事本案事件の確定時までの平均処理期間

（単位：日）

	第 1 審確定			控訴審確定		上告審確定	
	合議	単独	少額	高裁	地裁	合議	単独（少額含む）
確定事件数	36,255	234,643	696,261	9,968	25,600	5,368	6,850
平均処理日数	252.9	163.4	117.7	708.6	554.5	991.1	797.2

（出所）　大法院法院行政処司法年鑑（2016 年）。

のとおりである。第1審統計には、無弁論、公示送達事件等の争いなく終結された事件も含まれており、上告審において破棄差戻され控訴審に受付・進行された場合は、上告審確定事件と見なしている。

2015年の民事本案事件の平均処理期間は、次の表9-4とおりである。

表9-4　2015年の民事本案事件平均処理期間

(単位：日)

	第1審			控訴審		上告審	
	合議	単独	少額	高裁	地裁	合議	単独(少額含む)
判　決	329.7	187.1	134.2	317.5	255.6	207.9	122.3
その他	205.7	153.7	94.3	233.8	171.0	87.3	62.0

(出所)　大法院法院行政処司法年鑑（2016年）。

10．司法予算

民事司法制度は、公共インフラなのであって、その整備は国の責務である。法的サービスを国が十分に提供するため、司法予算の拡大も考慮に入れなければならない。

2015年度一般会計歳出予算総額は、前年比3.5％増加した1兆3,163億ウォンで、韓国の一般会計歳出予算258兆5,856億ウォンの0.5％である。その事項別内訳は、次の表9-5のとおりである。

表9-5　事項別内訳

(単位：千ウォン)

事項別	2014年予算	2015年予算	増減	％
1．基本的経費	876,880,597	911,620,487	34,739,890	4.0
①　人件費	876,880,597	911,620,487	34,739,890	4.0
2．事　業　費	394,540,000	404,702,000	10,162,000	2.6
①　基本事業費	66,919,000	69,843,000	2,924,000	4.4
②　主要事業費	327,621,000	334,859,000	7,238,000	2.2
合　　計	1,271,420,597	1,316,322,487	44,901,890	3.5

(出所)　大法院法院行政処司法年鑑（2016年）。

Ⅳ 国民の司法参加および司法情報へのアクセス

1．刑事裁判における国民参加裁判

韓国では、現在まで民事裁判では、陪審制や参審制が導入されておらず、刑事裁判では、主権者たる国民の司法参加によって司法領域において国民主権主義を実現し、司法の民主的正当性を確保し、国民の司法に対する信頼を高めるための趣旨から、2007年6月1日「国民の刑事裁判参与に関する法律」が制定され、2008年1月1日から国民参加（参与）裁判制度が導入された。同法に従って刑事裁判に参加するよう選定された者を「陪審員」というが、国民参加裁判制度は、陪審制及び参審制の中、ある一方の制度をそのまま導入したものではなく、両制度を適切に修正・補完した制度である。その特徴は、① 陪審員は原則的に裁判官の関与なしに評議を行った後全員一致で評決に至らなければならないが、もし全員一致の評決に至らないときは、裁判官の意見を聞いた後に多数決で評決することができること、② 陪審員は、審理に関与した判事とともに量刑に関して討議しつつも、評決を通して量刑決定に参加するのではなく、量刑に関する意見を表明することができるということ、③ 陪審員の評決は、裁判所を覊束せず、勧告的効力を有するものであるということである。国民参加裁判は、刑事合議部事件に関して被告人の申立があるときに限り行われる。一方、陪審員に生命・身体・財産に対する危険の恐れがあるとか、共犯が希望しないか、性暴力犯罪の被害者が希望しない場合、その他国民参加裁判を行うことが適切でない場合には、被告人の申立にも拘らず、裁判所が国民参加裁判を開かないことができる（国民の刑事裁判参与に関する法律　第9

表9-6　国民参加裁判件数

2010年	2011年	2012年	2013年	2014年	2015年	2016年
162件	253件	274件	345件	271件	203件	305件

（出所）　http://www.scourt.go.kr/img/pub/jur_2017_Book4.pdfにより作成。

条第1項)。

2008年2月12日、初の国民参加裁判が開かれたことを初めとして2016年12月31日までに総1,972件の国民参加裁判が行われた。そのうち、93.1％に達する1,835件において陪審員の有・無罪評決と裁判部の判決が一致した(司法年鑑(2017年)参照)。一方、裁判所が国民参加裁判排除決定をした比率は、2013年15.4％、2014年17.6％、2015年26.6％に達した。

民事事件でも、国民の司法参加の必要性及びその方法に関する議論が継続的に提案されている。

2．法廷公開

裁判の審理及び判決を公開の法定で行う公開主義は、憲法上の要請である(憲法 第109条、法院組織法 第57条)。但し、審理は、国家の安全保障・安寧秩序又は善良の風俗を害する恐れのあるときは、決定でこれを公開しないことができる。公開の原則を徹底するとすれば、法定で裁判を傍聴させる公開のみでは十分でなく、放送を媒介する中継等も考えることができる。しかしながら、法院組織法第59条は、何人も裁判所内においては裁判長の許可なく録画、撮影、中継放送等をすることができない旨規定している。記者は、法廷で裁判過程を取材するためのカメラはもちろん、音声録音のための録音機やMP3、携帯電話等を取り出すことができない。記事作成のためのノートパソコンも使用することができない。裁判長の許可なく録音、録画、撮影、中継放送等を行う者は、裁判長が退廷を命ずることができる(法廷傍聴及び撮影等に関する規則 第3条第1号)。

3．訴訟記録公開

民事訴訟においては、当事者との利害関係を疎明した第三者について訴訟記録の閲覧及び謄写が可能であり(民事訴訟法 第162条第1項)、その他権利救済・学術研究又は公益的目的で訴訟記録を閲覧しようとするときは、確定された裁判の訴訟記録閲覧を申請することができる(民事訴訟法 第162条第2項)。

一方、訴訟記録中に当事者の私生活に関する重大な秘密及び当事者が有する営業秘密が記載されている部分に対する閲覧等を申請することのできる者を当事者に限定することができるようにしている（民事訴訟法 第163条）。この第163条は、第162条に対する例外的規定である。

4．判例（全件）公開

　大法院判決及び下級審判決の全部を対象とし、誰でも事件番号を特定して判決書写本提供を申請すれば個人情報等を削除した判決文の写本を申請人の請求方法に従い電子メール、直接、郵便等の方法により提供する。

　また、「判決書インターネット閲覧」サービスを利用して、確定された民・刑事事件の非実名処理の行われた判決書をインターネットを通じて検索、閲覧・複写することができる（刑事判決書は2013年1月1日から、民事判決書は2015年1月1日から）。このサービスで公開される判決書は、個人情報保護のため名前、住民登録番号、住所等個人に関する事項が非公開処理された写本である。判決書に対するアクセシビリティを高め、裁判の公開原則が実質的に保障されるようにしたものである。

　右「判決書インターネット閲覧」サービス以外にも、裁判所図書館を訪問し、特別請求（判決情報特別閲覧室）で裁判所の判決文検索システムを利用して判決文を国民が直接検索・閲覧することができるようにしている。

　また、大法院及び下級審判例（言渡しされた判決全てが提供されるものではない）、法令、大法院規則・例規・内規、法律文献を迅速かつ正確に検索することのできる情報検索システムとして、総合法律情報システム（http://glaw.scourt.go.kr）がある。現在約8万件の大法院判例、5万件の下級審判決、3千件の憲法裁判所決定が収録されており、憲法・法律・条約・施行令等現行の法令全部が裁判所内外部利用者に無料で提供されている。総合法律情報システムの特徴としては、一つ目に、判例情報、法令情報、法律文献情報を有機的に連結し、相互連結照会（Hyper Link）が可能であり、二つ目に、内部判決書管理システムと連携して最新判例等を迅速かつ正確に提供しており、三つ目に、

法律関連語集（Legal Thesaurus）及び検索語自動完成機能を通じて法律専門用語が正確に分からない一般人も手軽に情報検索が可能であるという点等を挙げることができる。

V　集合訴訟・団体訴訟制度

1．民事訴訟上の制度

韓国における集団紛争解決のための民事訴訟上の制度としては、共同訴訟制度と選定当事者制度がある。

2．証券関連集団訴訟法上の証券関連集団訴訟

2005年から施行されている証券関連集団訴訟法上の証券関連集団訴訟は、有価証券の取引過程において被害を受けた多数の集団的被害者のうち、1人又は数人が代表当事者となって訴訟を遂行する損害賠償請求訴訟である。代表当事者は、全被害者から明示的な授権を受けなくとも、裁判所の許可を得て全体のために当事者となり訴訟を追行し、その判決の効果は、除外の申出（opt-out）を行った構成員（被害者）を除いては、全体（全員）に及ぶ。

2016年6月までに提起された証券関連集団訴訟件数は、計9件に過ぎず、このうち、訴訟許可決定の確定したものは、5件に過ぎない。終結した事件は、1件で、派生商品契約（KIKO）損失額を株主に十分に知らせなかったとの理由で投資者からの訴訟で、裁判所が集団訴訟を許可したのち、本案訴訟に移行せず、27億4300万ウォン規模の現金及び株式を投資者に配当する条件で和解終結した。

不特定多数の被害者に対して既判力が及ぶため、適正な判決が下されるようにすることが重要な課題であるが、過度に厳しい訴訟許可要件と訴訟における裁判所の消極的な姿勢などが問題であるといった指摘もある。

3．消費者基本法上の消費者団体訴訟

2006年9月27日、消費者基本法で消費者団体訴訟制度を導入した。消費者団体訴訟は、消費者基本法第20条の規定に違反して消費者の生命、身体又は財産に対する権益を直接的に侵害し、その侵害が継続される場合に、消費者団体が裁判所に消費者権益侵害行為の差止め、中止を求める訴えを提起することができるもので、消費者等に対し金銭的損害賠償請求までは認めていない。

また、2011年からは、個人情報保護法によって権利侵害行為の差止め、中止を求める団体訴訟も導入されている。

VI　裁判外紛争解決方法の状況

裁判外紛争解決制度（ADR）は、その主なものとして仲裁、調停、斡旋等があり、ADRは、訴訟によらず、当事者の合意に基づき独立した第三者の介入によって紛争を解決する手続であると解されている。そして、ADRには、介在する第三者の属性に応じて、司法型、行政型、民間型の3類型があるとされる。関連法令として、「民事調停法」、「仲裁法」等があるが、一般的ADR法は制定されていない。ADRが、裁判と並ぶ魅力的な選択肢となるよう、民事紛争の解決機能を多様化し、拡充することも重要な課題として挙げられる。

調停及び仲裁等をともに行うADR機関として大韓商事仲裁院（http://www.kcab.or.kr）、韓国医療紛争調停仲裁院（https://www.k-medi.or.kr）等があり、

表9-7　大韓商事仲裁院仲裁件数

年度	2013		2014		2015	
	件数	金額(億ウォン)	件数	金額(億ウォン)	件数	金額(億ウォン)
国内仲裁	261	5,044	295	4,171	339	5,813
国際仲裁	77	1,539	87	2,390	74	2,505
合計	338	6,583	382	6,561	413	8,318

（出所）　http://www.kcab.or.kr の統計を基に作成。

調停のみを行う機関が大多数である。ADR機関の利用度は、活性化のできている機関がある反面、そうでない機関もある。

Ⅶ　民事手続のコンピュータ化

　司法アクセスの改善については、民事手続のIT化等が重要であると考えて司法情報化を進展させてきた。

1．電算情報センター

　大法院は、1986年民事業務の電算処理が可能な民事システムを開発した。2007年には、裁判官の裁判業務を支援する適合型裁判支援システム構築を通じて裁判日程管理、事件進行の管理、電子的判決書作成業務等裁判官業務に関する総合的な支援をすることができるようになった。そして2008年、司法情報システムの統合運営のための基盤施設である大法院電算情報センターを建設した。

2．電子訴訟

　2010年4月、特許事件に電子訴訟制度を初めて導入して以降5年間、段階別に2011年5月民事電子訴訟、2013年9月申請電子訴訟、2014年4月回生・破産電子訴訟、2015年3月執行電子訴訟を拡大施行しており、電子訴訟の活性化のため利用者便宜機能改善等利用者支援を継続している（電子訴訟サイト：http://ecfs.scourt.go.kr）。

　2015年民事訴訟第1審合議事件2万5,875件、単独事件11万4,739件、少額事件42万3,990件が電子訴訟として受付され、同期間の全民事訴訟受付件数の56.1％を占める規模である。特許訴訟は、再審及び破棄差戻された事件を除いた全ての事件が電子訴訟で行われている。家事訴訟の場合、2015年の第1審2万3,781件が電子訴訟によって受付され、同期間の家事訴訟の全受付件数の46.9％に該当する。行政訴訟も、2015年の第1審全訴訟受付件数の99％

に該当する1万8,087件が電子訴訟で受付された。

　また、2016年9月30日からは、民事訴訟等（民事訴訟手続を準用する家事訴訟、行政訴訟、特許訴訟を含む）の手続において、証人・鑑定人が裁判の行われる法廷でない場所からビデオ等中継装置による中継施設（証人、鑑定人）やインターネット画像装置（鑑定人）を通じて尋問をすることのできる遠隔映像尋問制度が導入された。

3．電子供託ホームページ

　電子供託ホームページ（http://ekt.scourt.go.kr）では、供託制度、供託手続、供託関連法律及び各種様式、供託事件検索等多様な供託関連情報を提供している。2012年12月17日からは、金銭供託事件に関して、供託申請、供託金還付・取戻請求（供託金が5千万ウォン以下の事件に限る）、閲覧及び事実証明等をインターネットを利用してオンラインで処理することのできる電子供託制度を導入・施行している。

4．裁判所競売ホームページ

　裁判所競売情報ホームページ（www.courtauction.go.kr）では、全国の裁判所でなされる競売手続に関する情報の提供を受けることができる。競売期日、住所、物単位で全国の競売事件を検索することができ、各種競売関連法律情報も提供される。新たに導入されたインターネット地図基盤サービスを通じて競売対象不動産を一目で知ることができ、競売対象不動産の写真等も確認することができる。

5．インターネット登記所

　2002年に全ての登記所の電算化と不動産登記システム構築が完了したことに伴い、全国の裁判所の登記課、登記所において電算システムによって不動産登記簿謄・抄本の交付を受けることができるようになった。2007年からは、インターネット登記所（www.iros.go.kr）サービスを開始し、登記所や官公署

を訪れる必要なく、自宅でもインターネットを通じて登記情報に便利に接することができるようになった。特に、2006年からは、インターネットを通じて電子登記申請をすることができるようになった。これに伴い、所有権保存及び根抵当権設定等を初めとした82個の不動産登記類型並びに法人設立及び法人代表者変更を初めとした全ての法人登記類型に関して、1日約3千件の電子登記申請が受付される等、実質的なインターネット電子登記申請時代が開かれることとなった。

6．電子家族関係登録情報システム

2013年3月4日から電子家族関係登録システム（http://efamily.scourt.go.kr）サービスを開始することにより、インターネットを通じて便利に家族関係証明書等の交付を受けることができるようになった。

Ⅷ　訴訟代理に関する原則及び本人訴訟

1．弁護士代理の原則 - 訴訟代理人の資格

訴訟委任による訴訟代理人の資格は、原則的に弁護士（又は法務法人等）でなければならない（民事訴訟法 第87条）。 一方韓国は、民事訴訟においてまだ弁護士強制主義を採択していないため、本人は自ら訴訟行為を行うことができる。

下表は、事件のうち、弁護士が代理人として選任された事件の数を示したものである。「原告」欄は、原告のみが代理人を選任した場合、「被告」欄は、被告のみが代理人を選任した場合、「双方」欄は、原告・被告双方が代理人を選任した場合（当事者の一方または双方が数人である場合は、そのいずれか1人のみが代理人選任した場合を含む）である。( )内の数は選任の割合である。

能力のある適切な弁護士を、迅速に探し、選任できるようにするために、弁護士の専門知識・経験などに関する情報開示のための方策が試みられている。

表 9-9　第 1 審民事本案事件の弁護士選任件数

年度	合議				単独				少額			
	処理件数	原告	被告	双方	処理件数	原告	被告	双方	処理件数	原告	被告	双方
2011	53,437	13,373	3,475	24,239	241,185	66,196	10,765	27,822	673,366	169,035	5,163	2,367
%		(25.0)	(6.5)	(45.4)		(27.4)	(4.5)	(11.5)		(25.1)	(0.8)	(0.4)
2012	54,475	14,628	3,408	24,071	243,570	59,705	11,165	28,111	722,142	132,235	5,688	2,735
%		(26.9)	(6.3)	(44.2)		(24.5)	(4.6)	(11.5)		(18.3)	(0.8)	(0.4)
2013	58,053	16,360	3,610	25,204	254,130	61,630	11,126	29,713	804,992	124,272	7,313	3,736
%		(28.2)	(6.2)	(43.4)		(24.3)	(4.4)	(11.7)		(15.4)	(0.9)	(0.5)
2014	59,087	17,076	3,591	25,322	270,298	77,258	11,079	29,654	795,180	131,493	6,556	3,679
%		(28.9)	(6.1)	(42.9)		(28.6)	(4.1)	(11.0)		(16.5)	(0.8)	(0.5)
2015	50,957	14,143	2,889	24,421	257,638	77,025	11,480	33,545	711,578	126,592	7,225	4,195
%		(27.8)	(5.7)	(47.9)		(29.9)	(4.5)	(13.0)		(17.8)	(1.0)	(0.6)

(出所)　大法院法院行政処司法年鑑（2016 年）。

2．本 人 訴 訟

　本人訴訟（"ひとりで訴訟"）ホームページ（pro-se.scourt.go.kr）は、訴訟代理人（又は法務士（司法書士））の手を借りることなく本人が直接訴訟を準備する場合のための支援サイトである。具体的な訴訟手続及び相手方の訴訟行為に対する対応方法、必要な書式等、訴訟を行うのに必要な情報を得ることができ、また、電子様式（e-form）の提供をインターネット上から受け、訴訟書類を簡単に作成することができる。様式に入力された情報は、その後電子訴訟において活用することができる。

　民事訴訟手続は、専門性が高く、法的な知識を有する弁護士が遂行することに、より適していると考えるので弁護士強制主義の採用の検討が必要であると考えている。

　ソウル地方弁護士会が弁護士選任に経済的負担を感じ、本人訴訟をする少額事件当事者を援助するため、「民事少額事件訴訟支援弁護士団」を運営している。申請を受け事件を追行する弁護士をマッチングし、低廉な費用で弁護士の

援助を受けることができるようにしている。国民の裁判を受ける権利を実質的に保障する一方、弁護士による訴訟代理拡大を図るという趣旨である。

Ⅸ　訴訟（裁判）費用・訴訟救助

司法アクセスの保障のための主要なものとして提訴手数料制度の改革、法律扶助の拡充、法律費用保険の普及と対象の拡大などといった、司法の利用者の費用負担の軽減方策が求められる。

1．訴訟費用の敗訴者負担原則

民事訴訟にあたって司法制度を利用する当事者及び訴訟関係人にその費用を負担させる裁判有償主義を前提として、訴訟費用の負担に関し原則として敗訴した当事者が訴訟費用の全部を負担すると規定している（民事訴訟法 第98条）。すなわち、本案の敗訴当事者は、自身の訴訟費用のみならず、勝訴当事者の訴訟費用をも負担することが原則である（敗訴者負担原則）。

2．訴　訟　費　用

訴訟費用とは、「民事訴訟費用法」の規定する費用のみならず、訴訟追行のために支出される経費を全て含む意味である。国家に納付する提訴手数料（印紙額）及び送達料、検証費用、鑑定料、証人の日当・旅費等の立替金等である。

民事訴訟の訴状には、特別の事情がない限り印紙を附し、或いはそれに代える金額を納付しなければならない（民事訴訟等印紙法 第1条）。訴訟の目的の価額（以下「訴額」）に印紙を連動させる制度を採択し、訴額が増加するほど印紙額も上がっていくよう定めており、控訴状には通常印紙額の1.5倍、上告状には2倍となるようにすることにより（民事訴訟等印紙法 第2条、第3条）、経済力のない国民の裁判請求権行使を過度に制限するという恐れがある。

より裁判制度を利用しやすくするため、必要な改善措置を講じるべきである。

表 9-10　民事訴訟印紙額算出方式

訴　額	印紙額	訴額の例	印紙額の例
1千万ウォン未満	訴額×1万分の50	1千万ウォン	5万ウォン
1千万ウォン～ 1億ウォン未満	訴額×1万分の45 ＋5千ウォン	2千万ウォン	9.5万ウォン
1億ウォン～ 10億ウォン未満	訴額×1万分の40 ＋5万5千ウォン	1億ウォン	45.5万ウォン
10億ウォン～	訴額×1万分の35 ＋55万5千ウォン	10億ウォン	405.5万ウォン

3．訴訟救助

　訴訟費用を支出する資金能力の足りない者が敗訴することが明らかでないときは、申立又は職権でその者のために訴訟救助することができる（民事訴訟法第128条）。救助の内容は、裁判費用の場合は納入を猶予し、弁護士の報酬及び立替金は支払いを猶予し、訴訟費用担保を免除し、その他の大法院規則の定める費用を猶予又は免除するものである。基本的には、費用の支払いを免除するものではなく、猶予することがその内容である。

4．法律扶助

　右民事訴訟法上の訴訟救助が制度上・運営上の問題点のために活性化されていない点を勘案し、訴訟救助と別途に法律救助法により大韓法律救助公団（http://www.klac.or.kr）が法律救助を行っている。大韓法律救助公団は、法律知識が不足しながらも、経済的に困難で法の保護を十分に受けられない者に法律相談、弁護士による訴訟代理及び刑事弁護等の法律的支援をしている。その運営金は、主に政府の出捐金に依存している。民事訴訟法上の訴訟救助と大韓法律救助公団の法律救助のように国家による二元的な救助制度を存続させるのではなく、両制度を一元化し、その内実を補強することが望ましいといえる。

表9-11 大韓法律救助公団追行法律救助実績年度別統計

年度	民事、家事事件等（行政、憲法訴願事件含む）				刑事事件
	計	訴訟前救助	訴訟救助	救助金額（億ウォン）	
2010	113,092	115	112,977	28,367	19,579
2011	122,057	133	121,924	27,967	13,888
2012	126,898	123	126,775	34,996	13,612
2013	136,747	116	136,631	37,140	16,257
2014	143,853	98	143,755	36,984	21,546
2015	148,161	112	148,049	40,629	21,759

（出所）　https://klac.or.kr/main.jsp の統計。

X　弁護士報酬のあり方

　弁護士報酬について、利用者に分かりにくい、事前予測が困難である等の指摘がある。弁護士報酬の合理化、透明化の視点から諸般の施策を進める必要がある。

1．弁護士報酬の訴訟費用算入制

　韓国民事訴訟法は、最初に裁判所が弁護士選任命令をした場合（民事訴訟法144条参照）を除き、弁護士費用を訴訟費用に算入しない法制であったが、1981年「訴訟促進等に関する特例法」において弁護士報酬の訴訟費用算入制を導入し、1990年改正の「民事訴訟法」において「訴訟促進等に関する特例法」上の弁護士報酬の訴訟費用算入制を受容し制度化した。

　現在、弁護士報酬を当事者が支払った報酬又は支払うべき報酬の全額ではなく、そのうち次のように大法院規則である「弁護士報酬の訴訟費用算入に関する規則」の定める金額の範囲内において訴訟費用として認めている（民事訴訟法第109条第1項）。

　算定した金額が個別訴訟の特性及びこれに伴う訴訟代理人の選任の必要性、

表9-12 弁護士報酬の訴訟費用算入に関する規則第3条第1項別表

訴　　額	算入される比率	訴　　額	算入される比率
1,000万ウォンまでの部分	8％	7,000万ウォンを超過し、1億ウォンまでの部分	3％
1,000万ウォンを超過し、2,000万ウォンまでの部分	7％	1億ウォンを超過し、2億ウォンまでの部分	2％
2,000万ウォンを超過し、3,000万ウォンまでの部分	6％	2億ウォンを超過し、5億ウォンまでの部分	1％
3,000万ウォンを超過し、5,000万ウォンまでの部分	5％	5億ウォンを超過する部分	0.5％
5,000万ウォンを超過し、7,000万ウォンまでの部分	4％		

　当事者が実際に支出した弁護士報酬等に照らし、著しく不当に低い金額であると認められるときは、当事者の申立により2分の1の限度内において右金額を増額することができる（弁護士報酬の訴訟費用算入に関する規則　第6条第2項）。

2．刑事事件の成功報酬約定は無効

　刑事事件の成功報酬約定は、捜査・裁判の結果を金銭的な対価と結びつけることにより、基本的人権の尊重及び社会正義の実現を使命とする弁護士職務の公共性を低下させ、依頼人及び一般国民の司法制度に対する信頼を著しく損なう危険があるため、民法第103条による社会秩序に反する法律行為として無効という最近の判例（大法院2015.7.23.言渡　2015ダ200111全員合議体判決）があった。

XI　法律費用保険

　あらかじめ保険料を払い込み、紛争が発生した場合に保険金によって弁護士報酬等訴訟費用を解決しうる法律費用保険が国内に導入されている。ドイツ系

法律費用保険専門保険会社である「ダス（D.A.S.）法律費用保険（株）」が去る 2009 年にサービスを開始し、国内保険会社も法律費用保険商品を販売しているが、法律費用保険について十分に広報できていない。活性化できずにいるもっとも大きな原因は、保険対象事件が著しく制限的であるという指摘や一部のみ担保する特約を行わせる現在の保険構造では法律費用保険発展に限界があるという指摘がある。大部分の法律費用保険は、普通保険約款を土台として、給付内容に従い特別約款を使用しているが、実定法に明文で法律費用保険関連規定を置くことを考慮する必要があると主張する。いまは、国家的次元で法律費用保険の必要性及び実現方策に対する政策的論議が不完全な状態であり、保険会社の立場からも法律費用保険自体の有する特殊性により、本格的な試みをできずにいるという実情であるといえる。司法へのアクセスを容易にするための方策として、法律費用保険の普及が進むことを期待したい。

XII　そ　の　他

1．外国人及び移住者のための司法アクセス

司法アクセスは、内外国人全てに差別がないようにしなければならない。例えば、ソウル家庭法院に移住女性の裁判上離婚事件が年 2 万件を超える等、外国人の訴訟が急増する傾向を見せていることに伴い、外国人に対しても、均等な司法アクセスが保障されなければならない。

大法院の開設した外国人及び移住者のための司法サービスホームページ（http://jifi.scourt.go.kr）がある。そして、移住外国人のためのオンライン無料法律相談（http://migrantlaw.or.kr）が行われている。

また 2010 年 9 月から段階的に「外国人訴訟救助指定弁護士制度」が実施されている。

そして、民事・家事・行政事件に関連し、外国人のための通・翻訳サービスも支援する。ソウル行政法院は、2016 年 7 月 19 日「通・翻訳司法支援センター」を設置した。センターは、常勤通訳者 1 人と通訳支援奉仕団 27 人で構成

されている。

2．視聴覚障害者や情報疎外階層のための司法アクセス

大韓民国裁判所ホームページ（www.scourt.go.kr）の対国民サービスは、事件検索、判決文提供、総合法律情報、各種公告等多様なサービスを提供しているが、視聴覚障害者や情報疎外階層も簡単にアクセスすることができるようウェブアクセシビリティが遵守されている。

参考文献
1 本文中に掲げたホームページアドレスの資料・統計。
2 大法院法院行政処司法年鑑（2016 年）。
3 法務部法務年鑑（2017 年）。
4 司法制度改革推進委員会・司法先進化のための改革：司法制度改革推進委員会白書（上・下）（2006 年）。

第10章

シンガポールにおける司法アクセス

平 田 勇 人

Ⅰ　シンガポール司法アクセスの理念・立法動向 / Ⅱ　シンガポール民事司法制度の特色 / Ⅲ　シンガポールにおける訴訟に関する費用 / Ⅳ　その他 / Ⅴ　おわりに

Ⅰ　シンガポール司法アクセスの理念・立法動向

1．歴史的背景

　シンガポールの近代史は、1819年のスタンフォード・ラッフルズ卿の上陸に始まる。当時の人口は150人と言われ、その後英連邦の中継港として発展し、マレー人、中国人などが職やビジネスチャンスを求めて移民してきたほか、アラブ世界との貿易基地としてアラブやユダヤの商人が住みついた。こうした移民国家であるため、時代によって民族比率が異なるが、シンガポール人という民族は存在せず（シンガポーリアン＝シンガポール国籍を有する者）、民族国家としての歴史を持たない。民族的には中国人、マレー人、インド人などで、少数ながら、イギリス人、日本人なども含まれており、多民族が共存できるような配慮がなされている。こうしたことから、ムスリム（イスラム教徒）婚姻登録局、イスラム法裁判所、ヒンズー基金庁が存在し、公用語としては、英語（行政用語）、マレー語（国語）、中国語、タミール語が用いられ、公認宗教として、仏教、道教、イスラム教、キリスト教、ヒンズー教などがある。法律は明確に一義的に規定されており、解釈の余地の少ないものである

が、解り易さ重視のため、重複が多いため、法体系としての美しさには著しく欠けると言われている（シンガポール憲法は "the Untidiest and Most Confusing Constitution" と言われている）。また、特定の宗教に係る規制については、特別法（ムスリム婚姻法など）が制定されている[1]。

2．司法アクセスに関する理念

シンガポールの司法アクセスへの理念は、時代の先端技術を駆使し、積極的に挑戦することである。2016 年 1 月、シンガポール政府は研究開発戦略「RIE（Research Innovation Enterprise）2020」を発表し、2020 年までの 5 年間で過去最大となる 190 億 S$ の予算を充て、大学・政府機関・民間企業の研究開発をこれまで以上に支援していく構えである。産業用 IoT やロボティクス、クラウドコンピューティングなど最新の先端製造技術分野の研究支援には、今後 5 年間で 32 億 S$ が投資される予定である[2]。

3．司法アクセスに憲法的保障はあるのか

シンガポール憲法には、国民主権の明文規定がない。これは、独立時の不安定な国際環境の反映であると言われている。国家主導型の政治運営によって、経済発展と国民統合を目指す政府の政策に反対することは徹底的に取り締まられ「危険分子」を無期限に拘束できる治安維持法が現在でも破棄されていない[3]。ただ、シンガポールがより開かれた民主的な国家に向かうべきという合

---

1) 平谷英明「特集 1：近代法の原則を超えて」自治体国際化フォーラム国際化情報誌（自治体国際化協会 [CLAIR] 発行）http://www.clair.or.jp/j/forum/forum/articles/sp_jimu/130_1/index.htm
2) シンガポール経済開発庁（EDB：Singapore Economic Development Board）「世界に広がる産業用 IoT が拡大の潮流：その先端を走るシンガポール」Bridge magazine vol. 01 (2017/Mar/20) p. 5. https://www.edb.gov.sg/content/edb/ja/resources/downloads/bridge/mar-jp-article-01.html
3) 田村慶子「民主化に向かうシンガポール：2011 年総選挙と活発化する市民社会」国際問題 625 号（2013 年 10 月）46 頁。

意は出来つつあり、現在は移行期にあるとも言われている[4]。

　a．シンガポールの憲法
　シンガポール憲法の特徴は以下の3点である。
　第1は、権利保障・選挙制度などで少数者に対する配慮がなされている点である。これは、多民族国家であることに起因するが、1968年に創設された「少数者の権利に関する大統領諮問会議」（第68～92条）、1988年に導入された「グループ代表選挙制度」（第39条A項）において象徴的に表れている。
　第2は、大統領が広範な権限を持っている点である。1991年の憲法改正で新設された「執行大統領制度」導入後に、公選で選ばれた大統領は、多数党の党首に対して内閣を組織するよう求めることが可能となり、大統領が実質的に強大な権力を持つことになった。
　第3は、基本的人権の保障において制約要因が存在する点である。「思想・信条の自由」や「人種などによる差別の禁止」など社会状況に即した保障規定（第9～16条）がある半面、「法律の留保」といった制約規定が存在し、「破壊活動に対する特別権限及び緊急権」（第149～151条）が規定され、「緊急事態」に際しては基本的人権が制約されうる内容が明記されている。
　シンガポール憲法は、形式的には権力分立制の形をとっているものの、実質的には行政優位となっており、さらに基本的人権の保障規定が存在する反面、それらを厳しく制限する規定が設けられており、「外見的立憲主義」型と評されている[5]。

　b．Gary K. Y. Chan 教授の分析
　Chan 教授は、シンガポールとマレーシアにおける司法へのアクセス権の憲法的保障に関して次のような問題を定立している。すなわち、正義へのアクセ

---

4)　田村・前掲「民主化に向かうシンガポール」55頁。
5)　權香淑「シンガポール憲法の改正」国立国会図書館『外国の立法』222号（2004年11月）179頁。

ス権は存在するか？ もしそうなら、その法的地位とは何か？ 正義へのアクセス権は、憲法上で地位が与えられた権利なのか、それとも単にコモン・ローから派生した権利か？[6]

　Chan 教授は、マレーシアとシンガポールにおいては、正義（広義の）へのアクセスの一般的な権利に関して、憲法上の地位は与えられていないと分析している。ただ、シンガポールの裁判所が、正義へのアクセスに対する積極的な権利ベースの憲法的アプローチを採用する可能性は低いものの、シンガポール司法が憲法解釈に対する過去の消極的アプローチから脱却して、正義へのアクセスに、よりよい地位を与える可能性はあると述べている[7]。そして、正義へのアクセス権に関するシンガポールでのより多くの議論と明確化が望まれると結んでいる。Chan 教授の分析を参考にすると、シンガポールの裁判所は明示的に正義へのアクセスの憲法上の権利の問題を検討しておらず、憲法的保障が不透明であることは否定できない[8]。

　c．ASEAN 人権宣言を受けて

　Chan 教授が前記論文で、シンガポールは正義へのアクセスの憲法的保障に消極的であると述べてから、7年後の第 21 回 ASEAN（東南アジア諸国連合）首脳会議で以下のことが確認された。すなわち、ASEAN 憲章が掲げる ASEAN の目的及び原則を支持すること、特に人権及び基本的自由並びに民主主義、法の支配、良き統治の諸原則を尊重し促進しかつ保護することを再確認し、さらに世界人権宣言、国際連合憲章、ウィーン人権宣言及び行動計画、及び ASEAN 加盟国が当事国となっている他の国際人権文書への誓約を再確認し、ASEAN 地域における女性の地位向上に関する宣言、ASEAN 地域における女性に対する暴力の撤廃に関する宣言を含む、人権の促進における ASEAN の努

---

6)　Gary K Y Chan, "The Right of Access to Justice : Judicial Discourse in Singapore and Malaysia," *Asian Journal of Comparative Law Vol. 2 [2007] Iss. 1, Art. 2*, p. 2.
7)　*Ibid.*, p. 39.
8)　*Ibid.*, p. 8.

力の重要性を再確認し、この宣言が地域における人権に関する協力の枠組みを確立する手助けとなり、ASEAN 共同体設立の過程に寄与することを確信し、宣言された。

　正義へのアクセスに関連する条項として、第5条【基本的権利の侵害に対する救済】「すべての者は、憲法または法律によって与えられた権利を侵害する行為に対し、裁判所又は他の権限ある機関によって決定される、実効的かつ実施可能な救済を受ける権利を有する。」、第20条【公正な裁判を受ける権利】「(1)刑事上の罪に問われているすべての者は、権限のある、独立の、かつ公平な裁判所により、告発された者の防御の権利が保障され、公平な公開審理により、法律に基づいて有罪とされるまでは、無罪と推定される。(2)何人も、実行の時に国内法又は国際法により犯罪を構成しなかった作為又は不作為を理由として有罪とされず、また、何人も、実行の時に法により定められた刑罰よりも重い刑罰を科されない。(3)何人も、ASEAN 加盟国それぞれの法律及び刑事手続に従って既に確定的に有罪又は無罪の判決を受けた行為について再び裁判され又は処罰されることはない。」が挙げられる[9]。

4．近時の動向：雇用請求法廷（ECT）

a．賃金紛争を専門的に解決する法廷

　2017年4月に、労使間の紛争を低額で迅速に解決するため、労使間の賃金紛争を専門に扱う「雇用請求法廷」（Employment Claims Tribunals：ECT）が裁判所内に新たに設置され、運用が始まった。従来は、労使間で賃金支払に関する紛争が生じた場合、通常の民事訴訟の他にも、比較的迅速かつ安価な紛争解決の手段として、人材開発省（Ministry of Manpower：MOM）における裁定制度（Labor Court）が用意されていた。ただ、月収が4,500S$[10]を超える管理職・上級職の人や、法定機関・政府で働く人など、シンガポール雇用法が適用されない人は、この裁定制度を利用できず、通常の民事訴訟を提起するしか

---

9)　渡辺豊「ASEAN 人権宣言」法政理論 47巻1号（2014年）157～188頁。
10)　1 S$（シンガポールドル）＝ 83.56円（2014年期中平均）。

法的手段がなかったため、提訴に二の足を踏む傾向が見られた。そこで 2014 年に人材開発省が、労使間において低額で迅速な紛争解決を図る新たな裁判機関として、ECT を設置する旨を提案し、それを司法省や、地区法廷、全国経営者連盟 (SNEF)、全国労働組合会議 (NTUC) 等の意見も踏まえて具体化した法案が、2016 年 8 月 16 日の国会で可決され、ECT 誕生に至った[11]。

　b．ECT の概要

　ECT は、主に賃金の支払に関する紛争を対象にする。具体的には、ボーナスの支払、残業代、退職金、解雇予告期間中の賃金、出産給付金の支払など、雇用契約に付随する 18 種類の法定の請求が可能とされ、賃金以外の解雇の有効性などを争うことはできない。申立金額は、原則として 2 万 S$ が上限で、労働組合が関与する紛争では、3 万 S$ が上限となる。申立期間は、雇用契約継続中は権利発生から 1 年以内に、雇用契約が終了した場合は雇用契約終了から 6 ヶ月以内に申立を行う必要がある。申立主体には、あらゆる賃金水準の従業員が含まれ、雇用法の保護対象にならない公務員や家事労働者、船員も申立主体となることができる[12]。

　ECT は地区法廷のもとに設置され、シンガポールの裁判官が、シンガポールの法令・判例等に従って判断をする。また、証拠や関連書類を提出させるために第三者を召喚することも可能となる。なお当事者は ECT への申立に先立ち、2017 年 4 月に新設された「紛争処理のための政労使同盟」(Tripartite Alliance for Dispute Management：TADM) という機関において調停を受ける必要がある (調停前置)。調停において労使間で合意ができた場合には、両当

---

11)　笠松航平・高橋宏行「シンガポールの法律実務～賃金紛争の解決に特化した新たな裁判所「ECT」とは？～」http://logbooks.jp/?p=810 参照。野原俊介「賃金紛争を専門的に解決する新たな機関『ECT』について」AsiaX Vol. 311（2016 年 10 月 3 日発行）https://www.asiax.biz/biz/40155/
12)　野原・前掲「賃金紛争を専門的に解決する新たな機関『ECT』について」。笠松・高橋・前掲「シンガポールの法律実務」。

事者が合意書に署名し、その内容は判決と同様の拘束力を持ち、強制執行が可能となる。調停で合意に至らなかった場合に、ECT 手続に移行する。ECT で敗訴した当事者は、高等法廷に上訴できる。なお、ECT では請求金額が少額のため、代理人弁護士を選任することができない[13]。

II　シンガポール民事司法制度の特色

1．司法制度のインフラストラクチャー

a．シンガポールの裁判所制度[14]

シンガポールの裁判所は、最高裁判所（Supreme Court）、国家裁判所（State Courts of Singapore）に大別される。最高裁は、第1審に対する上訴や訴額が高額なケース等を審理する高等法廷（High Court）と、その上級審である上訴法廷（Court of Appeal）に分かれており、後者が事実上の最終上訴審となる。2015年1月、この高等法廷の専門部として、シンガポール国際商事裁判所（Singapore International Commercial Court：SICC）[15]が設置された。このシンガポール国際商事裁判所の裁判官は様々な法域・法分野からの法律家が含まれており、外国人弁護士も代理人を務めることができ、事案によっては審理を非公開とし得る等、高い専門性を持つ者によって国際商事紛争を効率的に解決しうる裁判所として設計されている。他方、国家裁判所は、以前は下級裁判所（Subordinate Courts）と呼ばれていたが、2014年3月7日に改名された[16]。国

---

13) 野原・前掲「賃金紛争を専門的に解決する新たな機関『ECT』について」。笠松・高橋・前掲「シンガポールの法律実務」。
14) Singapore Academy of Law Website, http://www.singaporelaw.sg/sglaw/ 参照。
15) 谷口安平＝鈴木五十三（編）『国際商事仲裁の法と実務』（丸善雄松堂、2016年）38・39頁。なお、シンガポール国際仲裁センター（Singapore International Arbitration Centre 以下「SIAC」という）については、谷口＝鈴木・同書68～70頁参照。
16) 2017 Singapore Academy of Law Website。野原俊介「シンガポールの裁判所」AsiaX Vol. 293（2015年12月）」。シンガポール国家裁判所のウェブサイトによれば、

家裁判所は、民事・刑事事件を扱う 28 の地区法廷（District Court）と 4 の治安裁判官法廷（Magistrates' Court）[17]、専門法廷（すなわち、家庭法廷、少年法廷等）、少額法廷等に細分化され、国家裁判所が司法の取扱件数の 95％以上を処理している[18]。

　最高裁の高等法廷は、一定の重大犯罪に対する第 1 審裁判所であると同時に、地区法廷と治安裁判官法廷に対する第 2 審裁判所でもある。高等法廷は、シンガポール国内で発生した全ての犯罪の他、国外での犯罪についても一定の状況で発生したものにつき、管轄権があるが、実際は、高等法廷が第 1 審として受理する刑事事件は死刑又は 10 年を超える禁錮刑が定められた重大犯罪のみである。また、高等法廷は、地区法廷等が決定を留保し、移送してきた特殊な事案について、法律上の重要な問題を決定する権限がある。高等法廷は、最高裁長官でもある首席裁判官と若干名の高等法廷裁判官が在籍する。特別の定めがない限り、高等法廷における手続は単独の裁判官が担当する。他方、上訴法廷は、シンガポールにおける最終的な上訴の法廷であり、高等法廷が第 1 審裁判所として下した判断に対する上訴審である。さらに、高等法廷が決定を留保し、移送してきた特殊な事案について、法律上の重要な問題について決定することもある。この他に、国家裁判所から高等法廷に上訴された事案を高等法廷が決定を留保して上訴法廷に移送し、上訴法廷において、社会の利益保護に重要な意義を有する法律の解釈について決定することもある。上訴法廷には、

　　国家裁判所は、オクタゴン（旧下級裁判所の建物）に隣接している新高層ビルに移転予定で、新しい国家裁判所複合施設である新高層ビルは 2019 年に完成予定で、60 以上の法廷と 50 以上の証言聴取・証拠調べの部屋 Hearing Chambers を収容するツインタワーで構成される。ツインタワー、裁判所の訪問者と国家裁判所のスタッフの管理された循環を可能にする一連の空の橋によって連結され、環境にやさしい建物で、新国家裁判所複合施設は自然換気のある廊下と高層庭園を備えており、スカイテラスは、緑豊かな穏やかな庭園を備えているとのことである。

17）　国際労働財団「シンガポールの基本情報」最終更新日 2017 年 6 月 5 日。http://www.jilaf.or.jp/country/asia_information/AsiaInfos/view/17
18）　野原・前掲「シンガポールの裁判所」。

最高裁長官でもある首席裁判官と若干名の上訴法廷裁判官が在籍する。通常は、3人の裁判官が合議体を構成するが、2人の裁判官で合議体を構成することや、5人以上の奇数名の裁判官により合議体が構成されることもある[19]。

(1) シンガポールは2審制

シンガポール憲法93条により司法権限は、前述のように最高裁判所と国家裁判所に付与されており、裁判は第1審と上訴審の2審制である[20]。

(2) 裁判官の選任

前述したように高等法廷と上訴法廷とにそれぞれ裁判官（Judges of High Court、Judges of Appeal）が働いているが、Full Judge と呼ばれる通常の裁判官は終身雇用（定年65歳：延長あり）であるのに対し、Judicial Commissioner と呼ばれる任期付き裁判官も存在する[21]。そして、Judicial Commissioner から Full Judge に昇進することもある[22]。

シンガポールの最高裁判事は14人いて、その任命権者及び任命手続は、首相の助言に基づき大統領が任命する。主な任命資格は、合計で10年以上法曹法（Legal Profession Act）2条に掲げる要件保持者でなければならない。要件保持者とは、1993年4月30日以前には①マラヤ大学等3大学の法学士の卒業試験合格者、②イギリスの法曹資格を有する者等、同日以降は大臣が法曹教育委員会と協議して定める規則に基づく資格と要件を有する者、又は法曹教育委員会が認定した者である。主な出身母体、選任時の配慮事項等としては、最近（1997年から2002年）選任された4人中2人は政府の法律部門である Singapore Legal Service 出身であり、残り2人は上級法律顧問でかつ最も優秀

---

19) 在シンガポール日本大使館「シンガポールの司法制度の概要―特に刑事訴訟法を中心として」（2013年5月）24・25頁。
20) 在シンガポール日本大使館・前掲「シンガポールの司法制度の概要」24頁。
21) http://zkrk.hatenablog.jp/entry/2017/08/17/011917（2017-08-17 裁判官選任 (9) シンガポール最高裁判所の場合）。
22) The Straits Times, "4 High Court judges appointed : PMO" (last updated 2017/8/16, last visited 2017/8/17), Today, "Four Judicial Commissioners promoted to full Judges" (last updated 2017/8/16, last visited 2017/8/17).

な開業弁護士という経歴の持ち主である。政府部門及び民間部門より、それぞれ優秀な者を選任するという傾向が見られる[23]。

(3) 弁　護　士

2017 年にシンガポール社会科学大学（SUSS）[24]において新たにロースクールが開校された。これにより、シンガポール国立大学（NUS）、シンガポール経営大学（SMU）に続く、国内 3 校目のロースクールとなった。近年、SMU のロースクールの定員を増加したり、一定の条件下でイギリス、アメリカ、オーストラリアなど海外ロースクール出身者にも司法試験受験資格を認めたりするなど、弁護士を増員するための改革が進められている[25]。

シンガポールの弁護士数は、2011 年に 3,800 人、2015 年に 4,834 人と、4 年間で 1,000 人以上も増加している[26]。現在シンガポールにおける弁護士の総数は、約 5,260 人であり、そのうち日本法弁護士を含む外国法弁護士の数は約 1,200 人となっている。シンガポール国民の総人口 547 万人から計算すると、国民約 1,040 人に 1 人の割合で弁護士が存在する事になる。日本と比較してみると、2014 年の日本の弁護士総数は、35,045 人であり、人口総数 1 億 2,702 万人から計算すると 3,624 人に 1 人の割合で弁護士が存在している。日本との比較においては、弁護士数は十分に存在するといえる[27]。

---

23)　司法制度改革推進本部・法曹制度検討会第 11 回会合（平成 14 年 10 月 31 日）事務局配布資料 11-2「諸外国等における最高裁判所裁判官任命手続等一覧表」http://www.kantei.go.jp/jp/singi/sihou/kentoukai/seido/dai11/11siryou2.pdf

24)　元々 SIM 大学 /SIM University (UniSIM) と呼ばれていたが、2017 年 3 月に SIM 大学からシンガポール社会科学大学（Singapore University of Social Science：SUSS）に大学名が変更された。

25)　野原俊介「［第 5 回］シンガポールの弁護士 〜急増する背景とその将来〜」AsiaX Vol. 299（2016 年 4 月 4 日発行）」。

26)　野原・前掲「［第 5 回］シンガポールの弁護士」。

27)　長谷川智香「現地政府・法曹等との連携体制の構築の状況について」『日本の法曹有資格者の海外展開を促進する方策を検討するための研究』法務省の現地政府・法曹レポート 14 頁。http://www.jilaf.or.jp/country/asia_information/AsiaInfos/view/17

シンガポール法務省が、弁護士を増やす第1の理由は、国内の企業法務や国際取引などを取り扱う弁護士が不足していることである。第2の理由は、家事事件や刑事事件の急増にもかかわらず、専門弁護士が不足していることである。従来、NUS や SMU のロースクール卒業生は、訴訟業務や企業法務の道に進み、家事事件や刑事事件の専門弁護士の数が不足していたため、今回新設された SUSS のロースクールでは、家事事件や刑事事件を専門とする弁護士の養成に力が入れられている[28]。

ただ、弁護士の供給過多の問題も指摘されている。シンガポールでは、弁護士として就業する前に法律事務所で6ヵ月間研修を積まなければならないが、各法律事務所が採用できる研修生数には限界があり、近年、研修先を確保できない弁護士の卵が増えており、その数は約650人の研修希望者のうち約150人にも及ぶと言われている（2014年度）[29]。

シンガポールに進出している海外の法律事務所に目を転じると、その数は100を超え、外国人弁護士数は約1,200人と言われている。シンガポール国際仲裁センター（SIAC）、シンガポール国際商事裁判所（SICC）、シンガポール国際調停センター（SIMC）といった紛争解決機関においては、外国人弁護士も代理人になることができ、2011年に創設されたシンガポール司法試験（Foreign Practitioner Examinations：FPE）に合格すれば、外国人弁護士も、シンガポール法業務の一部（訴訟や一定の国内法領域を除く）を行うことができるようになった。シンガポールの弁護士は、国際競争の波に晒されるが、それにより弁護士全体の質の向上やサービスの多様化が促進され、シンガポール弁護士業界の発展に寄与するものと期待されている[30]。

(4) 訴訟事件数

国家裁判所は、2015年に民・刑事合計で327,304件、2016年に民・刑事合計で312,850件の事案が持ち込まれた。民事部には2015年に43,611件、2016

---

[28] 野原・前掲「［第5回］シンガポールの弁護士」。
[29] 野原・前掲「［第5回］シンガポールの弁護士」。
[30] 野原・前掲「［第5回］シンガポールの弁護士」。

年に 42,060 件が持ち込まれた[31]。

　最高裁は、2015 年に民・刑事合計で 14,293 件、2016 年に民・刑事合計で 14,538 件の事案が持ち込まれ、2015 年には 13,772 件が処理され、2016 年には 14,059 件が処理された。処理率は民・刑事合わせて、2015 年が 96％、2016 年が 97％であった。以下において、詳細を分析すると次のようになっている。

　民事訴訟（Civil Originating Process）は、2015 年には出願数 6,544 件、処理数 6,508 件、処理率 99％。2016 年には出願数 6,845 件、処理数 6,820 件、処理率 100％。

　民事中間申請（Civil Interlocutory Application）は、2015 年には出願数 6,411 件、処理数 6,020 件、処理率 94％。2016 年には出願数 6,345 件、処理数 5,921 件、処理率 93％。

　高等法廷への上訴（Appeals before the High Court）は、2015 年には出願数 431 件、処理数 467 件、処理率 108％。2016 年には出願数 495 件、処理数 490 件、処理率 99％。

　上訴法廷への上訴（Appeals before the Court of Appeal）は、2015 年には出願数 235 件、処理数 210 件、処理率 89％。2016 年には出願数 195 件、処理数 198 件、処理率 102％[32]。

（5）審　理　期　間

　シンガポールでは、原告が請求内容を記載した書面（Statement of Claim）を裁判所に提出し、続いて被告が答弁書（Defence）を提出するという手続に則って裁判が進む。その後、原告と被告が順番に主張・反論を書面にて出し合う[33]。シンガポールでは、原則として各書類提出の期限が 14 日ごとに設定されており、短い日程で書面を準備しなければならず、当事者の負担が非常に重

---

31) シンガポール国家裁判所ウェブサイト：シンガポール国家裁判所 2016 年次報告書 36・37 頁。
32) シンガポール最高裁ウェブサイト：シンガポール最高裁 2016 年次報告書 46・47 頁。
33) 高橋宏行「シンガポールの裁判は世界一？」AsiaX Vol. 294（2016 年 1 月）。

いため、訴訟専門チームを設けている法律事務所も多い半面、裁判に要する期間は 150 日程度で、裁判が速く進むとの評価を受けている[34]。たとえば、シンガポール地区法廷を通して商業紛争を解決する場合、世界中で最も短期間の 150 日と請求額の 25.8％の費用がかかると言われている[35]。

　b．シンガポールの民事司法[36]

　シンガポール国内で生じた紛争に巻き込まれた外国人及び外国企業は、シンガポール国内の裁判所に訴訟を提起することができる。シンガポールの民事訴訟の第 1 審裁判所がいずれの裁判所になるかは、多くの場合、請求額に応じて決定される。25 万 S$ を超える請求は高等法廷が、6 万 S$ を超え 25 万 S$ までの請求は地区法廷が、6 万 S$ 以下の請求は治安裁判官法廷が、1 万 S$ 以下（当事者間の合意がある場合には 2 万 S$）の請求は少額事件裁判所が、原則として管轄する。シンガポールの裁判所の手続は、基本的には英語を用いて進められる。英語以外で記載された書面は、裁判所に提出する前に、資格のある翻訳者によって英語に翻訳する必要がある。

　シンガポールの裁判所における民事訴訟第 1 審の手続の概略は以下の通りである。

　(1) 訴訟の開始、訴答手続（Pleadings）[37]

　シンガポールにおける民事訴訟第 1 審手続は、原告が、被告に対して、召喚令状（Writ of Summons）又は訴訟開始召還状（Originating Summons）を送達して、訴訟を通告することにより開始する。召喚令状には、原告の請求及び主張する事実が記載された訴状（Statement of Claim）が通常添付される。送達された書面に記載された内容を被告が争う場合、被告は、受領後 8 日以内に、

---

34) 高橋・前掲「シンガポールの裁判は世界一？」。
35) 世界銀行 Doing Business 2016, p. 8.
36) Mercury General LPC & Partners「シンガポールにおける紛争解決」2016 年 12 月 26 日更新版。http://www.mercury-law.com/singapore-funso
37) Mercury General LPC & Partners・前掲「シンガポールにおける紛争解決」。

出廷予告状（Memorandum of Appearance）を裁判所に提出し、出廷が認められる期間の最後の日から14日以内に、答弁書（Defence）を提出する。被告は、答弁書と合わせて反訴状（Counterclaim）を提出することができる。被告が、期間内に応答しなかった場合、原告は、裁判所に対して、欠席判決（Default Judgement）を求めることができる。

被告の答弁書が送達されてから14日以内に、原告は、反論書（Reply）を提出する。訴状・答弁書・反論書には、主として争点についての当事者の主張が記載されており、争点を明確にするためにこれらの書面を交換する手続は、訴答手続と呼ばれる。かかる訴答手続は、反論書の送達から14日後に終了したものとみなされる。

(2) 文書開示・閲覧（Discovery and Inspection）[38]

訴答手続の終了後、文書の開示（Discovery）及び閲覧（Inspection）の手続が行われることが一般的である。かかる手続では、両当事者は、争点に関連する自身の書証を、相手方に開示する。

まず、両当事者が、自身が保持する文書のうち、訴訟の争点に関連性を有し開示義務を有する全ての文書についてリストを作成する。かかるリストは相手方に交付され、相手方はリストに記載された文書から、必要と判断する文書の写しを交付するように請求する。

一方当事者の文書の開示が不十分な場合、相手方当事者は、裁判所に対して、開示が必要と思われる文書の開示を申立てることができる。

(3) 証言録取書（Affidavits of Evidence-in-Chief）の交換[39]

口頭弁論の開始前に、両当事者は、召喚する予定の全ての証人について、証言録取書（Affidavits of Evidence-in-Chief）を作成し、相手方当事者と交換する。証言録取書が交わされていない証人の陳述は、原則として証拠とすることができない。

---

38) Mercury General LPC & Partners・前掲「シンガポールにおける紛争解決」。
39) Mercury General LPC & Partners・前掲「シンガポールにおける紛争解決」。

(4) 口頭弁論（Trial）[40]

口頭弁論手続は、被告側が立証責任を負う事案を除き、一般に、原告側の手続が先に行われる。原告側は、証人に証言をさせる前に、裁判所に対して、事実及び争点を説明することができる。既に全ての証人について証言録取書が交換されているため、通常、主尋問（Examination-in-Chief）は短時間で終わることが多い。その後、被告側の反対尋問（Cross-Examination）が行われる。この後、原告側は、自身の証人について、再尋問（Re-Examine）を行うことができる。原告側の全ての証人の再尋問が終了すると、原告側の手続は完了し、被告側の手続が開始する。被告側の手続も、主尋問→反対尋問→再尋問の順に進行する。全ての証人尋問が終わると、最終弁論（Closing Submissions）が書面又は口頭で行われる。

(5) 判決（Judgment）[41]

判決は、口頭弁論の終了時において裁判所が言い渡すことも可能であるが、通常は、最終弁論から2〜4ヵ月後に下される場合が多い。

以上が、シンガポールの裁判所における民事訴訟第1審の手続の概略である。シンガポールの裁判所は、迅速に裁判手続を進行させることに努めており、実際にも、訴訟提起から1年以内に第1審手続が終結することも少なくなく、事件は迅速に処理されている。

2．集合訴訟・団体訴訟制度（Class Action、Collective Action）

シンガポール裁判所規則（Order15 Rule12）においては、代表訴訟（Representative Action）という制度が存在する。代表訴訟制度においては、複数の当事者が存在し、裁判所の特段の指示がある場合に、代表者1人が複数の原告を代表して提訴することができ、イギリス法民事訴訟規則に由来している。

この代表訴訟においては、以下の2条件を満たす必要がある。第1の条件

---

40) Mercury General LPC & Partners・前掲「シンガポールにおける紛争解決」。
41) Mercury General LPC & Partners・前掲「シンガポールにおける紛争解決」。

は、代表原告が、他の複数原告と「同じ利益を有する（Same Interest）」ことを証明する必要（同じ利益の条件）があるということである。第2の条件は、裁判所が全ての状況を考慮して判断した上で、代表訴訟を提起することが適切であると判断する必要（適切性の条件）があるということである[42]。いまだ多くの代表訴訟が提起されている状況ではないものの、今後、この代表訴訟の用いられ方に注目が集まっていくと思われる[43]。

3．裁判外紛争解決方法の状況・利用度

a．シンガポール国内の仲裁機関による仲裁

シンガポールは、2015年の国際仲裁調査において世界で5番目に利用されている仲裁地にランクされた。国際仲裁は国際仲裁法（International Arbitration Act）によって運用され、国際仲裁を行う仲裁機関の1つに、シンガポール国際仲裁センター（Singapore Arbitration Centre：SIAC）がある[44]。SIACが処理している仲裁件数は、2012年には200件を超え、2015年には過去最高の271件に達している。なお、請求額が少額の紛争案件については、費用倒れにならないよう注意が必要である。以下においてSIACにおける仲裁手続を概観したい。

（1）仲裁手続の開始[45]

申立人は、定められた事項を記載した仲裁申立書を、SIACの書記官（副書

---

42) One Asia Lawyers News Letter 2016年10月特別号「日本版クラスアクションの創設およびASEAN各国のクラスアクションとの比較」2頁。http://oneasia.legal/wp-content/themes/standard_black_cmspro/img/News-Letter-October-2016-Special-Class-Action-Japan.pdf

43) One Asia Lawyers News Letter・前掲「日本版クラスアクションの創設およびASEAN各国のクラスアクションとの比較」2頁。

44) Mercury General LPC & Partners・前掲「シンガポールにおける紛争解決」。以下の手続及び規律は、2016年8月1日に施行された第6版のSIAC規則（Arbitration Rules of the Singapore International Arbitration Centre (6th Edition, 1 August 2016)）に基づき紹介されている。

45) Mercury General LPC & Partners・前掲「シンガポールにおける紛争解決」。

記官を含む）に提出し、同時にその写しを被申立人に送付する。仲裁申立書には、請求の原因を含めることができ、要件を満たす仲裁申立書を書記官が受領した日が、仲裁手続開始日とみなされ、手続開始が当事者に通知される。被申立人は、仲裁申立書を受領してから 2 週間以内に定められた答弁書を書記官に提出するとともに、その写しを申立人に送付する。

(2) 仲裁廷の構成

仲裁廷は、当事者間で合意がない場合、又は書記官が 3 人の仲裁人が必要と判断する場合以外は、1 人の仲裁人で構成される。仲裁人 1 人の場合、当事者は相手方に対して仲裁人を務める候補者を提案することができる。当事者全員が仲裁人の指名に合意したときは、SIAC の仲裁廷の長は、この者を仲裁人として選任できるが、裁量により他の者を仲裁人として選任できる。当事者間で合意成立に至らない場合、又は、どちらかの当事者の要請があったときは、SIAC の仲裁廷の長が仲裁人を選任する。

仲裁人が 3 人構成の場合、まず各当事者が 1 人ずつ仲裁人を指名し、3 人目の仲裁人は、当事者が合意した手続により選任されるが、一定期間内に当事者指名がない場合は、SIAC の仲裁廷の長が、議長仲裁人となる 3 人目の仲裁人を選任する。仲裁人は、独立かつ不偏であることが求められるが、SIAC 規則上、SIAC のメンバーであること等の具体的な資格要件は定められていない[46]。

(3) 仲 裁 手 続[47]

仲裁手続は、全ての当事者と協議の上で、紛争の公正・迅速・経済的・終局的な解決を確保するため適切な方法により進められる。仲裁廷は全証拠の関連性・重要性・証拠能力を決定する権限を有する。当事者は、仲裁地及び仲裁手続で使用する言語について合意をすることができ、合意がないときは、仲裁廷が使用する言語を決定する。また、当事者は、弁護士その他授権を受けた者を仲裁手続の代理人とすることができる。

仲裁廷構成後は、できる限り速やかに、最も適切かつ効率的な手続を検討す

---

46) Mercury General LPC & Partners・前掲「シンガポールにおける紛争解決」。
47) Mercury General LPC & Partners・前掲「シンガポールにおける紛争解決」。

るため、全ての当事者と事前準備会議を行う。当事者は、仲裁廷が定める期間内に、主張の根拠となる事実や法的根拠等を記載した主張書面を提出するが、主張書面には証拠書類の写しを添付する。

口頭弁論は、全当事者が書面のみによる仲裁に合意している場合等を除いて、当事者が要求するか又は仲裁廷が決定した場合に開催される。当事者間に別途合意がなされない限り、口頭弁論は全て非公開で行われ、一切の記録及び書面の秘密が守られる。仲裁廷は、口頭弁論前に、当事者が出廷要請している証人に関して、① 証人の身元、② 証言の対象事項、③ 争点との関連性を通知することをその当事者に求めることができる。また、当事者又は代理人は、証人又は証人となる可能性のある者が出廷する前に、この者と面会できる。

仲裁廷は口頭弁論において、証人の出廷を許可・却下・制限することができ、証人の証言を書面で提出することを命じることができるが、この場合に当事者は、当該証人が口頭弁論に出廷することを求めることができる。また仲裁廷は、当事者間で別途合意がない限り、全当事者と協議の上で、特定の争点について報告を行う専門家を選任できる。仲裁廷が必要と認めた場合又は当事者が求める場合、当事者間で別途合意がない限り、報告書を提出した専門家は口頭弁論に出席しなければならず、当該専門家を全当事者は尋問できる。仲裁廷は、全当事者と協議して、提出すべき主張及び関連性のある重要な証拠がないと確認した後に、仲裁手続の終結を宣言する。

(4) 仲裁判断[48]

仲裁廷は仲裁判断の草案を、判断を下す前に書記官に提出する。草案提出は、原則として仲裁手続終結宣言の日から 45 日以内に行われる。書記官は仲裁判断の形式についての修正を仲裁廷に対して提案でき、仲裁判断の内容についても注意喚起できるが、仲裁廷の判断の自由に影響を及ぼしてはならない。

書記官が仲裁判断の形式について承認後に仲裁判断が下される。仲裁人が 1 人以上の場合は、過半数により決定をし、多数決で決定できない場合は、仲裁

---

48) Mercury General LPC & Partners・前掲「シンガポールにおける紛争解決」。

廷の長が単独で仲裁判断を行う。仲裁判断は書面で下され、原則として仲裁判断の根拠となった理由が明らかにされる。仲裁は訴訟と同様に、終局的な紛争解決制度であり、判断が下された日から全仲裁当事者に対して法的拘束力が発生する。書記官は仲裁判断の認証謄本を全当事者に送信する。

(5) シンガポール国外で下された仲裁判断のシンガポール国内での承認・執行[49]

シンガポールは、ニューヨーク条約に加盟しているため、条約締約国である他の国において下された、外国仲裁判断に基づいて、シンガポール国内において強制執行が認められる。国際仲裁法に基づいて外国仲裁判断を執行するためには、外国仲裁判断が下された時点から6年以内に行う必要があり、申立てを処理する裁判所は、原則として、外国仲裁判断の実体的内容については審理・判断を行うことはできない[50]。

b．シンガポールの調停制度[51]

シンガポールには、シンガポール調停センター（Singapore Mediation Centre：SMC）や2014年11月に新設されたシンガポール国際調停センター（Singapore International Mediation Centre：SIMC）等における調停等の選択肢も存在している[52]。

シンガポールでは、政府及び司法当局による強力な主導により、近年短期間のうちに調停制度が急速に発展した。現在シンガポールにおける調停制度の柱となっている機関は、シンガポール法律アカデミーの傘下にあるSMC、法務省が統括するコミュニティ調停センター（Community Mediation Centre：

---

49) Mercury General LPC & Partners・前掲「シンガポールにおける紛争解決」。
50) 法定された拒絶事由に基づいてのみ外国仲裁判断の執行拒絶ができる。
51) 山田美和「シンガポールの調停制度——'Singapore Courts Mediation Model'を中心に」アジア諸国の紛争処理制度200号（ジェトロ：アジア経済研究所、2003年）41～68頁。
52) Mercury General LPC & Partners・前掲「シンガポールにおける紛争解決」。

CMC)、そして国家裁判所で行われている調停の3つである[53]。

(1) 「調停」とプリトライアル・カンファレンス

シンガポールにおいては、裁判遅延と未処理事件累積の問題の解決策として導入されたプリトライアル・カンファレンス(Pre-trial Conference：正式事実審理前協議)が後の調停制度導入の基盤となった。最高裁で行われたプリトライアル・カンファレンスの一部がのちに設立されるSMCの試験的プロジェクトとなった。また、国家裁判所におけるプリトライアル・カンファレンスから発展した手続が、後述する「シンガポール裁判所調停モデル」と呼ばれるものとなった[54]。

(2) シンガポールにおける調停制度の芽生え

ヨンプンホウ最高裁首席判事が調停制度導入の参考にしたオーストラリアでは、紛争解決方法として調停を推進してきたのは、コストと時間のかかる訴訟手続に不満足であった弁護士や市民を中心とする民間団体であり、調停は私的自治の原則に基づいた紛争解決過程と認識されている。それに対して、シンガポールでは参考とされたオーストラリアとは異なり、調停は本来私的自治の原則に由来するものという認識はなく、裁判所による主導で調停が制度化されたことがシンガポールの調停制度の特徴としてあげられる[55]。

(3) 調停機関の成立

(a) シンガポール調停センター(SMC)

1997年7月に商事調停センター小委員会によりSMCの設立案が作成され、法務省ADR委員会を経由して議会に提出された。議会の承認を受け、同年8月SMCが設立された。SMCは、調停を専門とする独立したADR機関であり、裁判外の調停を促進する中心的役割を担う重要な民間の調停センターであると述べた。SMCは、国家裁判所における調停とは異なり、裁判制度の一部ではない。同センターは、シンガポール法律アカデミーの傘下にありセンターの運

---

53) 山田・前掲「シンガポールの調停制度」41頁。
54) 山田・前掲「シンガポールの調停制度」42頁。
55) 山田・前掲「シンガポールの調停制度」47・48頁。

転資金は法務省を通じて政府から支出される[56]）。

(b) コミュニティ調停センター（CMC）

ADR委員会は、1997年7月に、商事紛争を主に扱うSMCとは別に、民事紛争を扱うCMCの全国ネットワーク構築を提案した。CMC設立の目的は、かつて存在した「村落共同体の精神」を取り戻すことによって、コミュニティの調和を醸成することであるとされた。法務省は、CMC設立の立法化を進め、最初のセンターがシンガポール東部地区に設置された。インフォーマルな紛争解決法は立法化されることによりフォーマルな制度と化した[57]）。

(4) シンガポール裁判所調停モデル

シンガポールにおいて調停制度導入の基礎固めと位置づけられたプリトライアル・カンファレンスから発展した調停として国家裁判所で行われているのが、シンガポール裁判所調停モデル（Singapore Courts Mediation Model）と呼称されるものである[58]）。

(a) シンガポール裁判所調停モデルの手続

1994年に国家裁判所は全ての民事事件に裁判所紛争解決（Court Dispute Resolution：CDR）と呼ばれる制度を導入した。CDRは、効率的に紛争を処理することを目的に、訴訟審理という手続以外にさまざまな紛争解決方法を当事者に選択させる。CDRの主たる選択肢は「和解会議」（Settlement Conference）であり、これがシンガポール裁判所調停モデルと呼ばれるものである。この調停モデルは、シンガポール人の多様なエスニック、文化背景そして現在の社会的状況を考慮して作られたと言われている。最高法院首席判事によってシンガポール裁判所調停モデルと命名されたこと、この手続を経る事件の多いこと、さらにシンガポール人自らが当該手続をシンガポールの調停の典型と形容することから、シンガポール司法制度における調停の特徴や位置づけが浮かび上がってくると考えられる[59]）。

---

56) 山田・前掲「シンガポールの調停制度」50頁。
57) 山田・前掲「シンガポールの調停制度」51頁。
58) 山田・前掲「シンガポールの調停制度」52頁。

(b)　日本の民事調停と異なる点

　第1に、シンガポールの国家裁判所では、受理した全ての事件が当事者の異議がなければCDRなかんずく和解会議のプロセスに入っていく。事件は訴えの提起という形式で開始される。訴訟が提起された時点では、当事者は調停という紛争解決方法をとることに積極的には合意していない。当事者からの異議がなければ自動的に和解会議が開始されるシンガポールに対し、日本では当事者の積極的意志と合意が調停手続の開始に必要とされる。第2に、シンガポールの国家裁判所による和解会議では、裁判官が和解裁判官として調停人となるが、日本の民事調停では裁判官である調停主任に加え、民間人の調停委員が加わる。第3に、両当事者が合意に達しなかった場合、シンガポールではすでに提出している冒頭陳述書に基づき訴訟手続が進行する。日本では、裁判所は調停に代わる決定を行うことができるが、この決定は、当事者の異議申立てによってその効力を失う。調停が成立せず事件が終了し、または調停に代わる決定が異議の申立てを受けて効力を失った場合において、訴訟にはしかるべき裁判所への提訴が必要となる[60]。

(c)　裁判所における調停制度についての考察[61]

　シンガポールの国家裁判所における調停を観察すると、第1に、手続の厳格性という本来調停にはない要素を、裁判所における調停は有している。第2に、調停モデルは、当事者の対話を補助する「補助モデル」(Facilitative Model)と争点のメリットを評価する「評価モデル」(Evaluative Model)に大別される。プリトライアル・カンファレンスの発展型であるシンガポール裁判所調停モデルは、対極にある上記2つのモデル双方の特徴を併せ持つが、調停人が裁判官であり、裁判官が適切と判断すれば係争事項のメリットを評価することができるので、対話促進を補助するよりも、評価モデルに傾いている。第3に、国家裁判所では、裁判官は審判としてのみならず、調停において指示的

---

59)　山田・前掲「シンガポールの調停制度」53頁。
60)　山田・前掲「シンガポールの調停制度」55・56頁。
61)　山田・前掲「シンガポールの調停制度」57〜60頁。

役割を担う調停人として機能することが求められている。ある事件の和解会議を担当した裁判官は、引き続き同事件の訴訟手続を担当することはない。しかし、同裁判所の裁判官は、ある事件においては裁判官として、また別の事件においては和解裁判官すなわち調停人として、2つの異なった役割を演ずることを求められる。

(5) シンガポールの調停制度におけるアジア的価値

シンガポールでは、手続の迅速性のための対症療法として調停をとり入れているわけではなく、この国で19世紀初頭にその起源を有する調停という文化の再導入と考えられている。その導入を正当化する根拠として、アジア的価値の復活が掲げられている。人口の77％を占める中華系の社会生活は調和と関係を重んじる儒教に基づいており、白黒をつけず面子を潰さない調停は華人社会の価値と合致する。また、仏教徒でもある中華系も許しと歩み寄りを信条とし、さらにマレー系では村の長が調停人として非公式に紛争を処理してきた伝統がある。インド系社会においても然りである。このように、アジア的価値と呼ばれるものが、伝統的社会における調停人のあり方を規定してきたのであり、それが現代のシンガポール裁判所調停モデルの最たる特徴と言われている[62]。

4．民事手続のコンピュータ化と司法アクセスの改善

a．シンガポール司法の総合化の歩み

シンガポールが、IT技術を政府機関等にも積極的に導入しているのは、国民の利便性や効率性重視からだけでなく、政府がIT時代の厳しい世界競争を勝ち抜くための国家戦略からである。1990年10月、電子文書の使用は、全ての刑事トライアルと選択された民事トライアルに拡張された。裁判所のハイテク化と電子文書の使用によって、IT技術の裁判所への導入の基礎が築かれ、加えて、電子化のみならず、1992年4月に設置された夜間法廷も国民の利便

---

[62] 山田・前掲「シンガポールの調停制度」61～63頁。

性を重視するシンガポール政府の姿勢の表れとみることができる。

　IT 化に話を戻すと、1994 年にハイテク・コートの青写真が描かれた。ハイテク・コートは、裁判官と弁護士に、法廷での IT 技術活用を経験させ、科学技術がもたらす恩恵を認識させた。最初のハイテク・コートは 1995 年 7 月に完成した。テレビ会議・その他の AV 設備や、デジタル記録システムのような先端科学技術が完備したハイテク・コートは、裁判所の IT 化に拍車をかけた。川嶋教授らの報告によると、多数の事件が「第 1 テクノロジー法廷」で審理され、この成功は「第 2 テクノロジー法廷」の建設へと人々を駆り立てた。この法廷の主な特徴は、裁判所手続進行のコントロール、証拠の提示、進行の記録、テレビ会議の方法による証言の録取を高めたことにあると言われている[63]。

　1997 年 3 月に、民事訴訟における関係者のニーズに迅速に対応するため、電子ファイリング・システム（Electronic Filing System：EFS）が導入された。最高裁によると今日、シンガポールの法律事務所の 3 分の 2 近くが EFS を利用している。

　1998 年の 8 月からは、控訴裁判所での全ての上訴と、刑事事件における裁判長の面前での治安判事の上訴が、電子文書を用いてなされるようになった。

　2000 年 3 月から、民事訴訟は全て電子申請が義務づけられ、紙ベースでの訴状は受け付けられなくなった。紙ベースの訴状は、裁判所の機関であるサービス・ビューロー（Service Bureau）に持参して電子化手数料を支払い、電子化した上で電子申請（電子ファイリング）しなければならなくなった[64]。シンガポール最高裁 Web サイトによると、電子訴訟システム（Electronic Litigation System：ELS）は、裁判所における高度技術化のための新たな一歩

---

63) 川嶋四郎＝園田賢治＝上田竹志「『e-サポート裁判所』の創造的システム構築に関する比較法的基礎研究」電気通信普及財団研究調査報告書 No. 23（2008 年）75 頁。

64) 日野修男「司法の IT 化（電子裁判手続）について」知的財産協会発行知財管理 2014 年 1 月号 4・5 頁。

と言われた。

　国家裁判所（旧下級裁判所）では、2000年9月にオンライン調停システム（e-Alternative Dispute Resolution：e@dr）が開設され、電子商取引に関する紛争や知的財産権に関する紛争処理がオンライン上で調停できるようになった。

　2001年7月から、裁判官と司法委員にラップトップ・パソコンが与えられ、Citrixサーバーを経由して、自宅から最高裁のネットワークへの遠隔のアクセスが確保されている。このことで、彼らは自宅で判決理由を書くために法律調査を行いながら、ヒアリングの準備のために電子事件記録を読みながら、仕事をすることができるようになり、遠隔アクセスは、最高裁の補助裁判官に拡張された[65]。

　2002年には、Justice OnLineと呼ばれるシステム（ウェブサイト上の双方向テレビ会議システムを利用して事前審理などを行う）が世界で初めて試験的に導入され、国家裁判所、最高裁判所の両院で利用されている。こうした取り組みのおかげで弁護士が裁判所に出向くことなくオフィスで業務遂行ができるようなり、利便性・経費削減にも大きな威力を期待できる。

　2014年には、新しいELSが導入され、総合電子訴訟制度（integrated Electronic Litigation System：iELS）と呼ばれている。iELSの主な利点として、①Singpassを介してウェブベースのサービスを安全に利用でき、②出願をオンラインで完了又は後日提出のために保存でき、③PDFファイルの代わりに裁判所のダイナミックな電子フォームが利用でき、④積極的にある事案に係る全ての文書にアクセスでき、⑤電子メールとSMS通知機能でファイル管理ができ、⑥予定表やヒアリングの日付の選択の柔軟性を可能にするヒアリング管理モジュール（Hearing Management Module）が挙げられ[66]、eLitigationホームページにアクセスするとサービスが受けられる[67]。

---

65)　川嶋ほか・前掲「e-サポート裁判所」78頁。
66)　シンガポール最高裁ウェブサイトのeLitigationより引用。http://www.supremecourt.gov.sg/services/services-for-the-legal-profession/elitigation
67)　eLitigationホームページ。https://www.elitigation.sg/home.aspx

ELSの進化型としてのiELSも、電子訴訟ロードマップ（Electronic Litigation Roadmap）を念頭に置き、EFS導入後のテクノロジーの進歩に合わせる形でリニューアルされた。iELSには3本の主な柱がある。①電子事件簿リポジトリー（Electronic Case-file Repository）として用いられる文書又はファイル管理システム、②意思決定又は決定過程の複雑さを保存するワークフロー・エンジン（Work Flow Engine）、③EFSで現在見られるスキャンされた文書に対する過度の依存を克服するため複式記入なしに情報源の構造化データ入力を可能にする電子書式ソフトウェア・システム（Electronic-form Software）がそれである[68]。

b．裁判手続のIT化

裁判手続のIT化の目標と正統性の基盤は、国民の裁判を受ける権利にあり、さらにこうしたIT化は単なる利便性を超えて、審理の充実と迅速化に寄与することによって、国民に分かりやすく利用しやすく頼りがいのある民事訴訟の実現にあると川嶋教授らは評している[69]。

(1) eディスカバリ制度

紛争当事者間の種々の行為が、デジタル情報に基づいてなされる時代において、事実究明についてもIT化が進んでいる。シンガポールでは、自らが保有する証拠文書のリストを互いに開示し（弁護士とのやりとりなどの情報は例外的に保護される）、相手方に対して希望する文書の開示を求めることができるディスカバリ制度が採用されており、手続の迅速化・効率化が図られている[70]。ディスカバリを支える理念は、コモン・ロー諸国に共通するため、現実

---

68) 国連公共管理ネットワーク（United Nations Public Administration Network：UNPAN）"The Electronic Filing System in Singapore — Tackling the 'Human' Elements," PDF資料。http://unpan1.un.org/intradoc/groups/public/documents/UNPAN/UNPAN031797.pdf 世界銀行 Doing Business 2016, p. 95-96.
69) 川嶋ほか・前掲「e-サポート裁判所」70頁。
70) 高橋・前掲「シンガポールの裁判は世界一？」。

に、証拠開示の手続は、程度の差こそあれ、コモン・ロー諸国に採用されている（英国やシンガポールでも電子文書がディスカバリの対象となることを前提としている）。

　この分野で最先端を行く米国のクラウドを利用したeディスカバリ・プロバイダー（カタリスト）は、210万点もの情報開示用文書を全てレビューする時間も資金もないクライアントと弁護士に代わって、eディスカバリ・テクノロジーを利用してレビュー費用を94％削減したことは有名である[71]。1990年代初期、カタリストは米国中部の大手法律事務所 Holland & Hart の一部としてスタートし、2000年にカタリストの前身となる会社組織が設立され、今日、カタリスト・レポジトリー・システムズとして、世界中でeディスカバリやその他の複雑な法律上の問題をテクノロジーの面から支援するに至っている[72]。このカタリストの事例報告では、クライアントは開示要求に応えて大規模な調査を実施し、様々な技術を使って不要文書の選別除去を行ったが、それでも開示が必要かどうか検討すべき文書の数が210万点強に及んだ。キーワード検索を行えば、文書数はもっと減らせると考えられたが、弁護士はそのやり方では見逃される文書が出るのではないかと不安に感じ、独自のテクノロジー支援型レビュー（第2世代TAR）エンジンである Insight Predict の継続能動学習（CAL[73]）プロトコルを利用して、レビュー対象文書の数を効果的に減らすことができ、独自のアルゴリズムによって、ランキングが上位の文書ばかりを集めた文書群からレビューを始めることが可能になった[74]。

---

71) 2015 Catalyst Repository Systems. https://catalystsecure.com/jp/pdfs/case_studies/Catalyst_CaseStudy_Major_Bank_Slashes_Review_Costs.pdf
72) https://catalystsecure.com/jp/about/who-we-are/history
73) Gordon V. Cormack & Maura R. Grossman, "Evaluation of machine-learning protocols for technology-assisted review in electronic discovery," *Proceedings of the 37th international ACM SIGIR conference on Research & development in information retrieval* (2014) 153-162.
74) https://catalystsecure.com/jp/pdfs/case_studies/Catalyst_CaseStudy_Major_Bank_Slashes_Review_Costs.pdf

2010年10月27・28日にシンガポールで開催されたeディスカバリ・エクスチェンジ・プラットフォーム・カンファレンスが開催され、複雑なビジネス環境やさまざまな管轄区域でeディスカバリを管理するための最善策と戦略を共有するために、主要なコーポレートカウンセラー、法律専門家、調査員、eディスカバリの専門家、法務技術コンサルタントが集まって情報交換したことから、eディスカバリに対する意識の高さが窺える[75]。今後、世界中で、訴訟案件との関連が高そうな文書を重点的にレビューできるため、弁護士チームが短期間で重要性の高い文書を把握し、案件の分析の精度を高めるために、eディスカバリはその重要性を増していると言えよう。

(2) eトライアル

　証拠開示手続が終わり、正式事実審理（Trial）に入ると、公開法廷で証人に対する尋問が行われる。シンガポールでは各証人に対してそれぞれ2～3日程度かけてじっくりと証人尋問が行われ[76]、この点では、手続の迅速化よりも適正化が重視されている。これが終わると、日本と同様、公開法廷にて判決が言い渡され、判決に不服がある当事者は上訴ができる。ハイテク・コートのテレビ会議システム（Justice Online）は、証人が地理的、物理的その他、何らかの理由で出廷できない場合に証言を得るための便利な手段である。このテレビ会議システムによって、世界のどこからでも証言を得ることができ、そのことは時間と費用の節約に直結している。

　なお、2002年に導入されたJustice OnLineは、ウェブサイト上の双方向テレビ会議システムを利用して事前審理も可能にしており、国家裁判所、最高裁判所の両院で利用されている。これにより弁護士は裁判所に出向くことなくオフィスで業務を行うことができるようになり、利便性の向上はもちろん、経費の削減にも大きな役割を果たしている。

　電子的なトライアル（eトライアル）と電子的なヒアリング（eヒアリング）

---

75)　https://catalystsecure.com/resources/news/news-releases/news-releases-2010/103-catalyst-leads-workshops-at-singapore-e-discovery-exchange-platform-conference

76)　高橋・前掲「シンガポールの裁判は世界一？」。

は、テクノロジー法廷すなわちハイテク・コートの重要な要素である。効率的で質の高いハイテク・コートは、裁判所の設備もさることながら、裁判官や弁護士など、関係者にとって使いやすいものでなければならない。

　川嶋教授らの報告では、シンガポールの裁判所事務官は、カラー・タッチ・スクリーン・パネルを使うことで、法廷の機能を幅広くコントロールすることができ、具体的には法廷の音声と光のレベルをコントロールすることができる。タッチ・スクリーン・パネルを使うことによって、カメラでパノラマ効果を出すために法廷に置かれた全 8 個のカメラで視点移動したり、特定の箇所をズームしたりしてコントロールでき、そうした電子環境が録音システム、電話・テレビ会議の設備との相乗効果で、事件の提示と証言の録取を、より容易かつ効果的に行えるようになった[77]。

　(3)　電子ファイリング・システム[78]

　シンガポールの電子ファイリング・システム（EFS）は、国家裁判所が最高裁判所に先行する形で導入された。シンガポールでは、国家裁判所も最高裁判所も、政府の LAWNET[79]（法情報提供制度）の恩恵を受けて、司法の IT 化が進んできた。LAWNET はオンラインで、法令、判例、破産、特許、不動産登記等のサービスを行うシステムである。シンガポールの EFS は、幾多の見直しの上にバージョンアップされてきている。2000 年施行の Phase1 と 2 で電子申請が強制され、その後、Phase3、Phase4 と改良が続けられ、2013 年には EFS Phase8 へ進んでいる[80]。また、国連公共管理ネットワークの報告でも、シンガポールでの EFS は、全国的な裁判所文書出願・処理システムであり、1997 年の導入から段階的に展開され、EFS は今日、シンガポールで民事訴訟手続の全てをカバーしており、EFS で弁護士は、訴訟開始や裁判手続を進め

---

77)　川嶋ほか・前掲「e - サポート裁判所」75 頁。
78)　http://unpan1.un.org/intradoc/groups/public/documents/UNPAN/UNPAN031797.pdf
79)　SAL LAWNET のウェブサイト https://www.lawnet.sg/lawnet/web/lawnet/home
80)　日野・前掲「司法の IT 化について」5 頁。

るために、紙ベースで文書を提出する必要がなく、1日24時間、1週につき7日間、訴え提起ができ、オフィス、自宅、海外のホテルからどんな文書でも送達することができて、地理的条件又は交通状況に左右されなくなった[81]。さらに同報告書によると、EFSは、以下の4つの特徴を持っている。

(a) フロント・エンド・システム

フロント・エンド・システム（Front End System：FES）のフロント・エンドとは、ウェブサイト等の画面越しにユーザが見て触れる部分である。法律関係者が、電子申立て、ファイリング、電子閲覧、電子送達（当事者送達）、電子情報提供をする場合に、こうしたIT化が実現されている。

弁護士は、ウェブ上でEFSポータルサイトに登録することによってEFSが法律事務所のPCですぐに使えるフロント・エンド（FE）ソフトウェアのダウンロードができる[82]。

(b) ドキュメント・イメージ並びにワークフロー・システム

ドキュメント・イメージ並びにワークフロー・システム（Court's Document Imaging and Workflow System）において、まずドキュメント・イメージ・システムについて説明すると、紙ベースの文書を電子化し、高速な検索・表示、他のプログラム（メール連携や文書管理システム等）と連携でき、情報共有や情報伝達を可能にするシステムである。文書作成ソフトで作った文書、表計算ソフトで作った表、プレゼンテーション・ソフトで作った図、スキャナで読み込んだPDFを全て纏めて1つのファイルにすれば電子メールでのやり取りが楽になり、さらに複合機で瞬く間に両面印刷して会議資料にできれば、労力と時間の削減が期待できる。

他方、ワークフロー・システムは、電子申請書や通知書を予め決められた決

---

81) United Nations Public Administration Network, "The Electronic Filing System in Singapore — Tackling the 'Human' Elements" より引用。http://unpan1.un.org/intradoc/groups/public/documents/UNPAN/UNPAN031797.pdf

82) http://unpan1.un.org/intradoc/groups/public/documents/UNPAN/UNPAN031797.pdf

裁ルートに従って決裁処理を行うことができ、申請から決裁までの期間が短縮でき、また決裁履歴が保存でき、内部統制の強化が期待できる。また、法律事務所からの提出物や裁判所からの回答を受領するためのFESならびに裁判所のワークフロー・アプリにあるゲートウェイ・アプリは、適切な当事者にそれを送り、そして、取引のために法律事務所が支払う手数料を計算して差し引いてくれる[83]。

(c) ケース・クエリ・システム

ケース・クエリ・システム（Case Query System）のクエリ（Query）とは、データベース管理システムに対する問い合わせを意味する。検索エンジンについて考えてみれば、検索エンジンは、キーワードの集合を受け取って、それに関連したページのリストを返すように作られているため、キーワードを空白で区切るなどしたリストをクエリとして与えることになる。法律家がコンピュータに対して、主に情報を得るために入力する質問や問い合わせがクエリなので、その形式は対象によっていろいろ異なることになる。なお、川嶋教授らの報告では、事件照会、情報提供を含んでいる[84]。

(d) 独立型キー管理システム

独立型キー管理システム（Standalone Key Management System）は、文書がEFSによって提出される時、裁判官は、スマート・カード上で法律事務所にデジタル証明書を交付することで彼らのアイデンティティを確かめて、認証することができるシステムである[85]。

EFS専用のネットワークの安全を確実にするため、一般的な鍵設備を要求する。電子署名技術は、当該システムを使って文書を提出する人を同定するものである。キー管理システムは、先に述べたスマート・カードと電子証明書の

---

[83] http://unpan1.un.org/intradoc/groups/public/documents/UNPAN/UNPAN031797.pdf
[84] 川嶋ほか・前掲「e-サポート裁判所」72・73頁。
[85] http://unpan1.un.org/intradoc/groups/public/documents/UNPAN/UNPAN031797.pdf

発行と管理に携わっている。EFS のユーザに登録された全ての弁護士は、固有の ID とパスワードが付されたスマート・カードが発行される[86]。

(4) EFS 以外の IT 化

(a) Justice Online テレビ会議システム

最高裁における科学技術利用は、2005 年に完成した新最高裁判所合同庁舎のデザインと建設において、最高潮に達した。無線 LAN と無線ブロードバンド設備を取付け、裁判所の建物の至る所に無線設備を拡張する計画が推進された。また、裁判所の手続を記録するためのマルチメディアのデジタル記録設備も備えられた。音声・画像・文書の 3 層による手続の記録化も可能になった。裁判手続におけるリアルタイムの証言の書き取りも可能になった。最高裁のインターネット・システムは、全ての知識管理ツールと利用可能なアプリケーションを、よりユーザーフレンドリーかつ有用性のあるものへ高めた。建物全体が、ブロードバンドやビデオ・ストリーミングのアプリケーションへの高速のリンクを促進するネットワーク・システムによって、サポートされているのである。

公共の場所における、電子掲示、完全に対話方式の情報キオスク、デジタル・ビデオのウォール・ディスプレイは、最高裁の全方位の情報へのアクセスを容易にする。このように、新しい最高裁の建物は、どんな意味においても高度な処理能力を有するものとなったのである。このように、国家的規模で、「司法の IT 化」を短期間に実現して、順調な実績をあげてきたシンガポールの改革事例とその具体的な諸方策は、日本における「e-サポート裁判所」の構築に際しても、有益な比較と実践の視座を提示してくれる[87]。

(b) ウェブ上の法律事務所直通システム

このシステムは、法律事務所に、彼らのパソコンで裁判関係文書を準備し、同時にインターネットを経由して電子的にそれを裁判所に提出することを可能にする。このシステムは、また、法律事務所に、それらの提出結果についての

---

86) 川嶋ほか・前掲「e-サポート裁判所」78 頁。
87) 川嶋ほか・前掲「e-サポート裁判所」79 頁。

情報を受け取ることを可能にし、同様に、裁判所から原本の副本のデータを引き出すことを可能とする。法律事務所は、裁判所に電子文書を提出することに加え、他の法律事務所に裁判関係文書を直通システムによるインターネット経由で提供することができる。

(c) 宣誓供述管理官システム

宣誓供述管理官システム（Commissioner for Oaths System）は、宣誓供述管理官の面前での宣誓供述書の誓いと確認を、電子的に行うことを許すものである。それは、司法部と非司法部、両方の宣誓供述管理官の面前での宣誓供述書をカバーしている。

c．オンラインADR[88]

シンガポールにおける電子行政の推進は、ADRにおいても電子化による効率化や質の向上のみならず、厳しい世界競争を勝ち抜くための国家戦略の一環として行われてきた。

前述したように、国家裁判所では2000年9月にオンライン調停サービス（e@dr）が開設され、商業、インターネット関連の問題をオンラインで調停するこのサービスは、紛争処理のスピード化、秘密の保守、利用料金がケースにより無料又は低廉であることを特徴としている。

具体的に調停eフォーム（Mediation e-Form）を見てみると、①調停の当事者数を「2人、3人、4人、それ以上」の中からプルダウンで選択。②当事者と代理人弁護士に関しては、本人又は代理人弁護士の名前、会社名、電話番号、E-mailアドレス、住所、郵便番号、国（世界196国の中からプルダウンで選択）、本人訴訟か弁護士を付けるかを選択。③手続を開始した場合に、手続の種類として、訴訟か仲裁かその他を選択。④損害賠償額については、0～25万S$、25～50万S$、50～100万S$、100～250万S$、250～500万S$、500～1,000万S$、1,000～5,000万S$、5,000万S$を超える、の中から

---

[88] Singapore International Mediation Centre, http://simc.com.sg/online-mediation-form の Mediation e-Form 参照。

プルダウンで選択。⑤ 紛争のタイプに関しては、代理店、航空／空港、銀行／金融、会社／株主、名誉棄損、雇用、家族、遺言の検認、情報技術／通信、インフラ／建設／エンジニアリング、保険、知的財産／商標／著作権、投資、合弁会社／パートナーシップ、鉱業、石油＆ガス、個人的な傷害、専門職過誤、不動産、販売／物品とサービスの供給／商品の所有権、スポーツとエンターテイメント、出荷、テナント、不法行為、信託、その他からプルダウンで選択する。⑥ 事件の要点の詳細について、最大1500語以内で記述させ、添付資料があれば送信させる。⑦ 調停に合意しているかについては、「両当事者は、書面または調停条項に従って調停に合意」か「両当事者は書面ではなく調停に合意」か「当事者は、調停に同意していない」をプルダウンで選択。⑧ 調停の希望の期間を「１日」か「２日」か「それ以上」の中からプルダウンで選択。⑨ 調停の希望日を記述させ、両当事者が希望日に合意しているかどうかを選択させる。⑩ 担当する調停人で良いかどうか選択させる。⑪ 調停人の名前を記述させる。⑫ 調停のための言語を選択させる。⑬ 調停地に関しては、「両当事者は、マクスウェル商工会議所またはSIMCを調停地に選ぶことに合意」か「両当事者は、自分たち自身が選んだ調停地に合意」かを選択させる。そして最後に、⑭ 合意及び宣言として、提供した全ての情報が正確、完全、かつ真であることを確認させ、SIMCの調停プロセスに関連してさらなる情報提供の要請があれば要請に従うことに同意してもらい、提供された情報が虚偽又は不正確な場合は手続が拒否されることと、任意情報が虚偽、不正確又は誤解を招く場合、SIMCに通知することに同意させるといった内容である[89]。このように、かなりユーザーフレンドリーな内容であることが分かる。このオンライン調停は、今後急増が予想される多岐にわたる紛争にも対応され、しかも世界中のどの国との紛争にも対応されている点で、画期的なインフラとして注目を集めている。

---

89) http://simc.com.sg/online-mediation-form

Ⅲ　シンガポールにおける訴訟に関する費用

1．弁護士費用

シンガポールの弁護士費用については以下の通りである。

　a．成功報酬制度の禁止

シンガポールでは着手金と成功報酬という組み合わせは存在しない。シンガポールでは、弁護士報酬は顧客との契約によって定められ、①時間給計算（タイムチャージ制）と②定額報酬の場合がある。

（1）タイムチャージ制

時間給計算は法律事務所や弁護士の経験年数によって差がある。経験年度の少ない弁護士（アソシエート、ジュニア）より経験豊富な弁護士（パートナー、シニア、コンサルタント）の方が時給額は高い。例えば訴訟案件の場合、弁護士は顧客と面会した上で、案件の性質を勘案して可能な限り見積もり額や計算方法を提示する[90]。弁護士1人の1時間あたりの弁護士費用は、弁護士の経験等に応じて約300～1,200S\$と言われ日本と同程度である（2011年を基準）[91]。2016年の「ビジネス環境の現状2016」の報告書によれば、日本の弁護士費用が裁判における請求金額の18.5％程度と分析されているのに対して、シンガポールでは同割合が20.9％程度と分析されており、費用面では日本の方が当事者に優しい[92]。

（2）定額報酬制

---

90)　Kelvin Chia Partnership（取材協力）「弁護士の料金体系」AsiaX Vol.066（2006年1月2日発行）https://www.asiax.biz/biz/2290/

91)　中山達樹「中山国際法律事務所　シンガポール・レポート Vol. 12」2011年4月5日。

92)　高橋宏行「［第2回］シンガポールの裁判は 世界一？：タイムチャージによる弁護士費用の支払い」AsiaX Vol. 294（2016年1月1日発行）https://www.asiax.biz/biz/34249/

不動産登記、特許申請、新会社設立登録など、また各種の法律・規制に関する法律相談、法的意見書の作成、契約書など法律文書作成に対しては定額制が適用される場合が多い。定額制の場合も、弁護士は顧客に、事前に金額、その金額に含まれる作業の内容項目を提示する。この額は、弁護士法により報酬の透明性と信頼性の確保のため「公平かつ合理的な額」でなければならず、その案件の顧客にとっての重要性・緊急性の程度、弁護士の特殊なスキルの必要性、複雑・困難性、時間を要するか、必要な書類の多少、業務提供の場所などの諸要素から総合的に算出される[93]。

b．弁護士費用の敗訴者負担

日本の裁判では、勝訴・敗訴にかかわらず基本的に自分の弁護士費用は当事者各自が負担するが、シンガポールでは勝訴者の弁護士費用の5～8割を敗訴者が負担するため、慎重さが求められる[94]。

c．Offer to Settle

シンガポールでは弁護士費用を敗訴者が負担するため独特の制度が存在する。Offer to Settle（和解提案）とは、和解の提案を弁護士費用の負担という効果に結び付けたやや複雑で巧妙なシステムと評されている。中山レポートによると、応じるべきであった和解の提案に応じなかった場合に、多額の弁護士費用を支払わされることにより「罰せられる」というシステムである。原告または被告から和解が提案されたのに、相手方がその提案を拒絶（かつ拒絶判断が誤っていた）した時に、次に述べる通り弁護士費用の負担が決定される[95]。

(1) 被告による和解提案

被告が Offer to Settle をした場合に、原告が和解提案に応じず、かつ、被告が提案した和解金額に比べて、判決額が同額ないし低額の場合、原告は「和解

---

93) Kelvin Chia Partnership・前掲「弁護士の料金体系」。
94) 中山・前掲「シンガポール・レポート Vol. 12」。
95) 中山・前掲「シンガポール・レポート Vol. 12」。

に応じるべきであったのに、それに応じず無意味に訴訟を長引かせた」ことになり、原告は勝訴したにもかかわらず、和解提案時以降の被告の弁護士費用の約7～8割（＝Indemnity Basis）を負担しなければならなくなる。和解提案までの弁護士費用は、通常の原告勝訴の場合と同様に被告が原告側の弁護士費用の約5～6割（＝Standard Basis）を負担するが、この制度があるため、被告は訴訟の初期に高額の和解案を提示しておけば、原告に以後の弁護士費用を負担させる心理的圧迫を与えて、訴訟を早期に終了させる可能性が高まる[96]。

(2) 原告による和解提案

原告がOffer to Settleをした場合に、被告が和解提案に応じず、かつ、原告の提案した和解金額に比べて、判決額が同額ないし高額の場合、被告は「和解に応じるべきであったのに、それに応じず無意味に訴訟を長引かせた」ことになり、和解提案時後の原告の弁護士費用を通常（約5～6割）より多くの割合（約7～8割）で負担しなければならなくなる。被告敗訴のため、いずれにせよ被告が原告の分も弁護士費用を負担させられることには変わりはないが、和解提案時後の弁護士費用の負担率、和解提案時前の負担率より数割高くなるため、訴訟を早期に終了させることが期待できる[97]。

2．シンガポールの法律扶助制度

a．シンガポールの法律扶助制度

シンガポールでは1958年から公的な法律扶助制度が存在し、現行制度は1995年制定・1996年全面改正された。そして、それは「法律扶助・助言法」に基づいて法務省法律扶助局が運用している。2011年度の統計に基づくと、法務省法律扶助局は、法律扶助申請を年間5,268件、助言申請を4,306件、書類等作成補助申請201件を受理した。法律扶助の主な内容である民事事件の訴訟代理人提供と訴訟費用減免に関して、代理人弁護士は、法律扶助局付の法律家又は同局に登録した指定弁護士であり、2011年度の比率については、法律

---

96) 中山・前掲「シンガポール・レポートVol. 12」。
97) 中山・前掲「シンガポール・レポートVol. 12」。

扶助局付の法律家が約3分の2を担当し、同局の登録指定弁護士が3分の1を代理した。扶助認定にあたっては、法律扶助局が申請人の資産・収入審査を行い（第7条）、申請人の可処分資産及び可処分所得が一定額を超えないと認定されたシンガポール人又は永住者は、訴訟代理を伴う法律扶助を受けることができる（第8条）。認定基準は、可処分資産が1万 S$、可処分所得が年間1万 S$ である。法律扶助の対象は民事事件一般であるが、少額訴訟裁判所に係属する事件、名誉毀損、婚約破棄、夫婦の別居に関する事件等は除外される。通常裁判所が管轄する事件のほか、両当事者がムスリムの場合にイスラム法を適用して審理を行うシャリーア裁判所が管轄する事件も扶助の対象になる（附則1第1部）[98]。

b．主な改正点

前述の「法律扶助・助言法」の改正法が 2013 年 7 月 1 日に施行された。この改正により、法律扶助の認定基準が緩和された。全25か条のうち、今回の改正対象は18か条に及び、2つの附則も改正された。具体的には、① 法律扶助を提供する指定弁護士の指定解除の権限を法律扶助局長に与え、指定解除事由が列挙され、② 21歳未満の未成年が法律扶助を受けている場合、成年に達したときに改めて法律扶助の申請をしなければならず、③ 法律扶助を受ける者の負担費用の免除に関する一律の基準が廃止され、④ 法律扶助対象となる事件が追加され、⑤ 可処分資産及び可処分所得の算定における控除対象及び額の拡大、といった5点が主なものである。これまでは、法律扶助を受ける者の可処分資産・所得が一定額を下回る場合に、自動的に費用負担は全額免除になっていた。しかし改正により、全額免除基準が廃止され、法律扶助を受ける全ての者に、裁量で費用負担を課すことが可能になった[99]。

---

98) 坂野一生「［シンガポール］法律扶助・助言（改正）法の施行」国立国会図書館調査及び立法考査局『外国の立法』（2013 年 8 月）。
99) 坂野・前掲「［シンガポール］法律扶助・助言（改正）法の施行」。

Ⅳ その他

1．法廷における言語

　多民族国家として存立するシンガポールにおいては、裁判では公用語である英語が基本的に使用されるとはいえ、訴訟を進める上で、使用言語（4つの公用語）の通訳や、生活文化の違い等に対する配慮等も必要となり課題も多い。他方、仲裁手続では当事者が言語を選択できる。また前述したように、調停eフォームでは調停のための言語を選択させる等の工夫がなされており、配慮が行き届いていると言えよう。

2．少数民族のための司法アクセスの改善

a．先住民の保護

　1500年代のマラッカ王国、及び1824年まで現在のシンガポールが一部を成したジョホール王国では、シャリーア法（イスラム法）が国家の法律として適用されていた。しかし、イギリスの植民地化を機に、シャリーア法は属人法に格下げされた。1915年、イギリス植民当局はイスラム諮問委員会を立ち上げ、イスラム教とその慣習に係る問題について、植民地統治者であるイギリス帝国に助言する義務を課していた。1965年に独立したシンガポール共和国の憲法には、マレー文化及びイスラム教の特別な地位に関する2種類の条項（第152条及び153条）が含まれていた。第152条において、政府は、シンガポールの民族及び宗教における少数派の権利を、常に保護する義務があるとされ、シンガポールの先住民であるマレー人の特別な立場を認識し、その機能を行使しなければならないとされ、同民族の政治、教育、宗教、経済、社会、文化的権利及びマレー語を保護、防衛、援助、促進する義務が政府に課されている。第153条においては、議会は、法律により、イスラム教活動の規制のため、また同宗教関連の問題において大統領に助言を行う理事会を構成するための規定を設けることが義務づけられている。

1968年に施行されたイスラム法施行法（AMLA）は、以下の3つの主要なイスラム機関の権限と管轄について定義している。第1は、シンガポールイスラム評議会（The Islamic Religious Council of Singapore）[100]であり、ムスリムに関連する事項について管轄する法定機関である。第2は、シャリーア裁判所（The Shariah Court）であり、AMLAによって定義された紛争を扱う管轄裁判所である。第3は、ムスリム婚姻登録所（The Registry of Muslim Marriages：ROMM）であり、夫及び妻の双方がムスリムである場合に登録を行う機関である（夫又は妻のいずれかがムスリムでない場合については、ROMMではなくシンガポール結婚登録所にて登録を行う）。これらの機関の責任はムスリム担当相にある一方、その権限は地域開発青少年スポーツ省（MCYS）の権限下にある[101]。

　b．移住労働者の問題[102]
　シンガポールでは、移住労働者がさまざまな形で差別を受けてきた。シンガポール人と同じ法的保護を受けられず、多くの人が極めて劣悪な環境で働いている。表現・集会・結社の自由の権利と無差別の原則は、シンガポール憲法において、市民にのみ与えられており、移住労働者には適用されていない。そうした中で、2013年12月8日、シンガポールで40年ぶりの暴動が発生した。暴動は、インド人居住区でインド人の建設作業員がバスにはねられ死亡したことが引き金となった。当局は、主にインド人の労働者53人を本国送還とし、他の国の労働者28人を刑事罰に問うと発表した。当局の恣意的な強制送還に対しては批判も多く、公正な裁判を受ける権利を認めるべきとの声も多い。シンガポール副首相は、「強制送還によって、国の法と秩序を脅かすものは許さ

---

100)　Majlis Ugama Islam Singapura：MUISとも呼ばれる。
101)　http://muslim-jp.com/islaminsingapore/islaminsg.html「シンガポールにおいてイスラム教とは？」。
102)　Amnesty International 国際事務局発表ニュース「シンガポール：移住労働者に公正な裁判を」2013年12月18日。

ないという明確な警告を送っている」と述べたが、シンガポールが国際法に従って、人口のおよそ4分の1を占める移民労働者の権利を保障するかどうかに関心が集まっている[103]。

V　おわりに

これまでの考察で、多民族国家ゆえにシンガポールが抱える問題が明らかになったと同時に、この国は情報化時代の到来をいち早く察知し、高度情報化社会に対応した取り組みを着実に進めてきていることが明らかとなった。司法のIT化は、手続の利便性や処理の迅速化だけでなく、司法当局が負担する経費削減にも大いに役立つものとなっている。日本では裁判書類の提出は紙媒体で求められ、電話やFAXが通信手段として用いられており、まだ司法のIT化が進んでいるとは言い難い。電子メールによる書類提出が認められ、ITを活用して手続が効率化され[104]、書類や証拠が全てデータ化されて、オンラインで裁判所に提出され、審理中は主張書面や証拠が、法廷で、各当事者席及び傍聴席にあるスクリーンに映しだされ、その場にいる全員が内容を確認することができる[105]といった裁判手続におけるIT化は、シンガポールの特徴であると同時に、将来の司法の在り方を考えさせるものと言えるであろう。

　［追記］　本稿はあくまでシンガポールの法律制度・司法制度がメインであるため、主に司法手続のIT化に関する部分（本稿Ⅱの4「民事手続のコンピュータ化と司法アクセスの改善」）を抽出して、拙著『AIによる紛争解決支援──法律人工知能』（成文堂、2018年）364〜379頁に掲載した。

---

103)　Amnesty International 国際事務局・前掲「シンガポール：移住労働者に公正な裁判を」。
104)　高橋・前掲「シンガポールの裁判は世界一？」。
105)　野原・前掲「シンガポールの裁判所」。

第 11 章

タイにおける司法アクセス

ナパット・ソラアット[1]

I　はじめに／II　司法アクセス研究の射程／III　民事司法アクセス権とタイ王国憲法／IV　民事手続法における司法アクセスの現状／V　タイにおける司法機関の構成、人員、訴訟件数／VI　その他の民事司法アクセス／VII　おわりに

　本章は、タイ王国における司法アクセスの保障を、とりわけ民事訴訟を中心に解説したものである。タイ王国では、2017年に改正されたタイ王国新憲法は、多くの条文で司法アクセス権の確立を要求している。このため、国内外において、タイにおける司法アクセスへの関心が高まっており、これを外国語で紹介することは、タイ王国の司法制度の発展に繋がるだけでなく、国外の司法制度に対する学術的な貢献ともなる。タイ王国の司法アクセス改革の中心は、弁護士費用の改善、司法基金法の制定と司法基金委員会の活動、各種ADRの導入、最新のテクノロジーを用いた訴訟手続の科学化・効率化が挙げられる。今回の報告では、これらの点を順番に解説し、法的な検討を加えた。この報告は、タマサート大学法学部から資金を援助されており、ここに謝意を表する。

I　はじめに

　本研究は、タイ王国における「司法アクセス（access to justice）」の現状と

---

[1]　タマサート大学法学部助教授。博士（法学）（中央大学）。

問題点を調査し、将来どのような改善策を実施すべきかについて、提案を行うことを目的とする[2]。司法アクセスとは、国民が、国内外の司法制度、とりわけ裁判制度の利用を妨げられない十分な環境が整備されていることを意味する。国内においては、民事法および刑事法上の諸手続を十全に利用することが、国外においては、国際社会が整備している標準的な司法手続（例えば国際仲裁制度）の利用を妨げられないことが、司法アクセスの基本的な前提である。

II　司法アクセス研究の射程

1．権力分立と司法アクセス

　タイ王国は、経済的、社会的、産業的に変化し続けている。タイ王国においては、19世紀から様々な分野で司法アクセスを目指すような動きがあり、法改正も何度か行われていた[3]。ヨーロッパでは、近代以降、公権力を「立法権力（legislature power）」「司法権力（judiciary power）」「行政権力（executive

---

2) タイに関する司法アクセスの関連論文としては、以下のものがある。金子由芳「アジアの災害復興における私権補償と司法アクセス」『国際協力論集』第22巻第2/3号1-42頁（神戸大学大学院国際協力研究科、2015年）、矢吹公敏＝鈴木多恵子＝上東亘「「アジアにおける司法アクセス」国際会議の開催成果報告」『自由と正義』第63巻4号87-96頁（日本弁護士連合会、2012年）、矢吹公敏＝鈴木多恵子「アジアにおける司法アクセスの現状と日弁連の役割：アジア司法アクセス・クアランプール会議報告」『自由と正義』第60巻3号102-111頁（日本弁護士連合会、2009年）。また、研究書としては、鮎京正訓〔編〕『アジア法ガイドブック』（名古屋大学出版会、2009年）、稲正樹＝孝忠延夫＝國分典子〔編著〕『アジアの憲法入門』（日本評論社、2010年）がある。さらに、タイ法へのアクセスを可能にするものとして、北村一郎〔編〕『アクセスガイド外国法』（東京大学出版会、2004年）がある。

3) ソムバット・プルックポンサパット「タイにおける民事管理的司法システムの改革～国際標準の確立のために」（タマサート大学博士論文、2556年）67頁.　สมบัติ พฤฒิพงศภัค, การปฏิรูประบบกระบวนการยุติธรรมทางแพ่งของประเทศไทยสู่มาตรฐานสากล, (วิทยานิพนธ์มหาวิทยาลัยธรรมศาสตร์ : นิติศาสตร์ดุษฎีบัณฑิต, 2556), น. 67.

power)」の 3 に区分し、相互監視をさせることを是としてきた（「権力分立（separation of powers)」）。この中でも、今回の研究と最も関係が深いのは、「司法権力」である。なぜなら、司法アクセスとは、直接的には国民の司法機関に対するアクセス可能性を意味するからである[4]。

　しかし、「立法権力」および「行政権力」もまた、司法アクセスと密接な関わりを持っている。このことは、2017年に改正された新タイ憲法の様々な条文から明らかである。例えば、68条1項は、タイ王国に「効率、公正、非差別を強化するため、あらゆる観点において司法手続の管理システムを組織すること」を義務付けている。このような効率、公正、非差別的な司法手続の構築は、司法機関の責務というよりは、法整備を行う立法府およびそれを実施する行政府の役割である。

　同様に、258条は、国家改革に関するものであるが、ここでは、政治、行政、法、司法手続、教育、経済、その他の分野の改革が促されている。司法アクセスとは、司法機関の自己改善のみによって達成されるものではなく、タイ王国全体がこれに向かって努力しなければならない。権力分立は、あくまでも相互監視を主たる目的としたものであり、公益に向かってお互いに協力することを禁止する思想ではない。

---

[4]　国民の司法機関に対するアクセスが妨げられるのは、① 金銭がない場合であるか、あるいは、② その他の障害事由がある場合である。このとき、その他の障害事由の中には、司法機関にアクセスするための知的・身体的能力がない場合、すなわち、「能力障害（disability）」の場合が含まれている。この能力障害には、① 認知能力が低い（知的障害）、② 言葉を発することができない（言語障害）、③ 文字を読むことができない（視覚障害）等がある。佐藤岩夫「総合法律支援法改正の意義と課題」『自由と正義』67巻10号20頁（2016年）。タイ新憲法もまた、司法アクセス権を規定するにあたって、経済的理由のみに着目しているわけではない。今回の研究における司法アクセス権の侵害については、困窮者以外にも、身体障害者や知的障害者が救済対象に含まれるように解釈しなければならない。

2．司法アクセス保障の法的根拠

　司法アクセスは、国家による温情的な福祉ではない。司法アクセスは、人権にもとづいて国民が国家に対して当然に請求できる法的な対象である。1948年12月10日の「国際人権宣言（Universal Declaration of Human Rights）」8条は、「すべて人は、憲法又は法律によって与えられた基本的権利を侵害する行為に対し、権限を有する国内裁判所による効果的な救済を受ける権利を有する（Everyone has the right to an effective remedy by the competent national tribunals for acts violating the fundamental rights granted him by the constitution or by law)」と定めている。人は、自己が帰属する国家に対して、国内裁判所によって効果的な救済を受ける権利を有するので、それぞれの国家は、自前の司法制度を整備しなければならない[5]。そして、その司法制度は、「効果的な救済（effective remedy）」を提供しなければならない。これは、司法アクセスのうちでも社会的正義を確立するものであり、民主主義の根幹であると考えられている[6]。

5）　このような説明は、司法アクセスの定義を考える上で、重要な示唆をもたらす。司法アクセスという言葉は多義的であり、定義されないまま用いられている例も散見される。例えば、番匠一光（他）「司法アクセスの拡充に向けて～パネルデータを用いた実証分析～」（WEST論文研究発表会、2010年）では、33頁に渡る講演原稿の中で、この言葉は一度も定義されておらず、自明であるかのように扱われている。また、Japan Association of Access to Justice の設立趣意書の中でも、この概念は一度も説明されていない（https://jaaj.jp/?page_id=24）。このように考えるとき、タイ新憲法が「効果的な救済（effective remedy）」を提供することを司法アクセスの本質とみていることは、大変有意義なことである。というのも、これによって、例えばアジア諸国で議論される災害時の私権救済が司法アクセスであること（これについては金子由芳「アジアの災害復興における私権補償と司法アクセス」『国際協力論集』第22巻第2/3号4頁（神戸大学大学院国際協力研究科、2015年）を参照）、すなわち、災害時に国民を無償で働かせてはならないことが司法アクセスの一種であると理解できるからである。なぜなら、権利侵害に対する効果的な救済という観点からして、無償奉仕の強制からの解放は明らかにその一種だからである。

6）　ターナンドンタック・バーウォンナンタッグン「司法基金を成立させるべきか否

さらに、1966年12月19日の「市民的及び政治的権利に関する国際規約」は、14条1項において「<u>すべての者は、裁判所の前に平等である。すべての者は、その刑事上の決定又は民事上の権利及び義務の争いについての決定のため、法律で設置された、権限のある、独立の、かつ、公平な裁判所による公正な公開審理を受ける権利を有する</u>。報道機関及び公衆に対しては、民主的社会における道徳、公の秩序若しくは国の安全を理由として、当事者の私生活の利益のため必要な場合において又はその公開が司法の利益を害することとなる特別な状況において裁判所が真に必要があると認める限度で、裁判の全部又は一部を公開しないことができる。もっとも、刑事訴訟又は他の訴訟において言い渡される判決は、少年の利益のために必要がある場合又は当該手続が夫婦間の争い若しくは児童の後見に関するものである場合を除くほか、公開する（<u>All persons shall be equal before the courts and tribunals. In the determination of any criminal charge against him, or of his rights and obligations in a suit at law, everyone shall be entitled to a fair and public hearing by a competent, independent and impartial tribunal established by law</u>. The press and the public may be executed from all or part of a trial for reasons of morals, public order (ordre public) or national security in a democratic society, or when the interest of the private lives of the parties so requires, or to the extent strictly necessary in the opinion of the court in special circumstances where publicity would prejudice the interests of justice ; but any judgement rendered in a criminal case or in a suit at law shall be made public except where the interest of juvenile persons otherwise requires or the proceedings concern matrimonial disputes or the guardianship of children）」と規定する[7]。司法アクセスにとって重要な文言は、

　　かに関する最終報告」（法務省権利・自由保護局、2017年6月19日検索）ฐนันดร์ศักดิ์ บวรนันทกุล, รายงานฉบับสมบูรณ์ (Final Report) โครงการศึกษาประเมินผลสำเร็จกองทุนยุติธรรม, http://www.rlpd.go.th/rlpdnew/index.php/2013-01-02-09-59-04, 19 มิถุนายน 2560

7)　ヒョンティシャ・キャット・スク「裁判所における国民の司法アクセス：民事事件における国家の弁護士補助」（タマサート大学法学部修士論文、2554年）3頁。ชลธิชา

筆者が下線を引いたところであるが、この条文は、さらに重要なことも述べている。それは、一定の場合には、裁判事項に関する国民の知る権利は制限されるということである。司法アクセスが裁判事項に関する情報へのアクセスも含む以上、当該アクセス権は無制限に認められるわけではない[8]。この「国際人権宣言」と「市民的及び政治的権利に関する国際規約」はタイも批准している。

さらに、ヨーロッパ人権条約の6条1項は「すべての者は、その民事上の権利及び義務の決定又は刑事上の罪の決定のため、法律で設置された、独立の、かつ、公平な裁判所による妥当な期間内に公正な公開審理を受ける権利を有する。判決は、公開で言い渡される。ただし、報道機関及び公衆に対しては、民主社会における道徳、公の秩序もしくは国の安全のため、また、少年の利益若

เกียรติสุข, การเข้าถึงกระบวนการยุติธรรมของประชาชนในการดา เนินคดีทางศาล : ศึกษากรณีการให้ความช่วยเหลือทางด้านทนายความในคดีแพ่งโดยรัฐ, (วิทยานิพนธ์มหาวิทยาลัยธรรมศาสตร์ : นิติศาสตร์มหาบัณฑิต, 2554), น. 3.

8) このことは、タイを含めた各国の法制度を見てみると、非常に複雑な論点を形成していることが分かる。ここでは、民事訴訟手続上の証拠収集の問題から考察してみよう。民事訴訟手続上、証拠が他人のプライバシーに関わるとき、その収集が困難になることがある。例えば、ドイツでは、自分の父親を特定するために、「母親が複数の男性と性的関係を持っていた」という主張をし、とりあえず母親を証人尋問するという請求が多発した。しかし、このような請求について「ドイツの判例は、当該領域での模索的証明を不適当であるとする」。小林学「民事証拠収集の拡充：中韓の動向を踏まえて」『比較法雑誌』第50巻第1号192頁（中央大学、2016年）。なるほど、ドイツの判例の判断は妥当であるとは言えるが、子が父親を特定することを妨害しているので、司法アクセス権に対する侵害であると評価することも可能である。これは、タイ新憲法68条3項が、「国家は、貧困者や恵まれない人に、司法プロセスにアクセスするための法的救済の必要かつ適切な手段を提供しなければならない。このことは、法曹の手配を含む（The State should provide necessary and appropriate legal aid to indigent persons or underprivileged persons to access the justice process, including providing a lawyer thereto)」と規定していることとも衝突する可能性がある。なぜなら、例えば自分の父親を経済的困窮ゆえに捜しており、かつ、経済的困窮ゆえに証拠を集められない人は、前述のような模索的証明に依るしかないかもしれないが、しかし、このことは別の観点から禁止されているからである。

しくは当事者の私生活の保護のため必要な場合において又はその公開が司法の利益を害することなく特別な状況において裁判所が真に必要であると認められる限度で、裁判の全部又は一部を公開しないことができる」と規定している[9]。裁判所の解釈によれば、当該ヨーロッパ人権条約は、刑事事件についてのみ言及しているが、民事事件にも適用される[10]。

3．司法アクセスと関連する手続の範囲

しかしながら、タイ王国全体の改革を調査することが、今回の研究の目的ではない。司法アクセスの改善のためには、最終的にはタイ王国全体の改革が必要であるが、司法アクセス向上のレベルには、さまざまなものが考えられる[11]。研究対象は限定されなければならない。今回の研究では、王国においてどのような司法アクセスの制度があるのかのみを調査する。

　a．憲　　　法

タイ王国全体を見渡してみると、そこには司法アクセスを推進する複数の制度があることが分かる。まず最初に思い当たるのは、憲法である。2017年改正の新憲法は、司法アクセス権の実現を大きな目標に掲げている。この憲法の理念を探求することは、今回の研究にとって必要不可欠である。

司法アクセスの人権性は、タイ憲法においても承認されている。このことは、2017年の新憲法のみならず、2007年憲法においてもそうであった。2007

---

9) Airey v. Ireland, Judgment of 9 Oct. 1979, Series A, No. 32. (Z1979-80) 2EHRR 305.
10) ソムバット・プルックポンサパット「タイにおける民事管理的司法システムの改革〜国際標準の確立のために」（タマサート大学博士論文2556年）75頁。สมบัติ พฤฒิพงศภัค, การปฏิรูประบบกระบวนการยุติธรรมทางแพ่งของประเทศไทยสู่มาตรฐานสากล, (วิทยานิพนธ์มหาวิทยาลัยธรรมศาสตร์ : นิติศาสตร์ดุษฎีบัณฑิต, 2556), น. 75.
11) キッティサック・ポッサティ＝ソムキャット・ワラパニャアーン『民事および商事における管理的正義の発達方法の相応性』172頁（ウィンユーション出版：バンコク、2555年）กิตติศักดิ์ ปรกติ และ สมเกียรติ วรปัญญาอนันต์, แนวทางพัฒนาการบริหารงานยุติธรรมทางแพ่งและพาณิชย์ให้คุ้มค่า, (กรุงเทพ : วิญญูชน, 2555), น. 172.

年憲法第3章は「タイ人の権利と自由」を規定しており、その第4部は「司法プロセスにおける権利」となっていた。そして、その40条は、民事訴訟および刑事訴訟に共通する基本権として、以下のように規定していた[12]。「司法プロセスにおいて、人は次の権利を有するものとする。1号：司法プロセスに簡便に、快適に、迅速に、かつ、無差別にアクセスする権利。2号：司法プロセスにおいて、少なくとも公的な審理を成り立たせる基本的権利、最大限の事実および関連する文書について十全に情報を提供されてそこへアクセスする権利、当該事案において事実・防御・証拠を争う権利、不公正な裁判官に対して異議を申し立てる権利、出席している裁判官全員によって配慮を受ける権利、判決または決定において与えられた理由を告げられる権利。3号：正確かつ早急に公平な審理を受ける権利。4号：被害者、弁護されている加害者、原告、被告、告訴されている利害関係人、単なる利害関係人、当該事件に関する証人は、司法手続において適切な扱いを受ける権利を有する。これは、正確に、早急に、かつ、公正に捜査される権利を、また、彼自身に反して証言しない権利〔訳者註：黙秘権〕を含む」。最後の4号は、どちらかと言えば刑事手続寄りであるが、刑事手続に適用を限定するものではなかった。

次に、民事手続に固有のものとして、同40条8号は、「民事訴訟において、人は、適切な法律支援を国から受ける権利を有する」と規定した。学説の中には、当該権利は人権ではなく、「基本権（fundamental right）」であるとするも

---

[12] これらの規定において特徴的なのは、近時議論されている環境問題における司法アクセスの明文がないことである。環境問題が環境権等の新しい人権に対する侵害である以上、環境問題解決の司法プロセスに関与することは、司法アクセスの改善であると言えよう。この問題については、山根裕子「環境関連事業と情報開示、市民参加と司法アクセス（上）（下）：オーフス条約とEU加盟国法の相克」『国際商事法務』第42巻3号349-358頁および4号545-554頁（国際商事法務研究所、2014年）を参照。この点、タイ新憲法43条2号「人および共同体は（中略）自然の資源、環境および生態系を、バランスのある持続可能なかたちで、法律が定める手続にもとづきながら管理、維持、利用する権利を有する」と規定しており、この条文と司法アクセスの条文との総合的な解釈が必要となろう。

のもあるが[13]、今回の研究では、人権と基本権との根本的な差異には立ち入らない。このことは、次節の手続法に関する考察で詳しく見る。

　最後に、刑事手続に固有のものとして、同40条は、以下の3つの権利を挙げていた。「5号：刑事事件における被害者、弁護されている加害者、告訴されている人および証人は、国家からの必要かつ適切な保護および支援を受ける権利を有する。支払われるべき給付金、補償金、費用は、法律によって規定されねばならない。6号：子供、若者、女性、老人あるいは障害者は、司法手続において適切な保護を受ける権利を有する。また、性的加害と関連する事件において、適切な扱いを受ける権利を有する。7号：刑事事件において弁護されている加害者および告訴されている人は、正しく、早急に、かつ、公正に捜査ないし審理を受ける権利を有する。これは、自身の事件において防御する適切な機会を伴う。証拠を検証しそれについて情報提供を受ける権利、助言を通じて自己を防御する権利、保釈される権利も有する」[14]。

　上記の規定から、2007年憲法の司法アクセスの理解が、① 平等性、② 効率性、③ 国家権力からの保護の3点を念頭に置いていたことが分かる。① の平等性は、司法アクセスが万人のものであること、また、貧困者等にも利用可能なのものであることから明らかである。② の効率性は、「適切、迅速、公正」

---

13) キッティサック・ポッサティ＝ソムキャット・ワラパニャアーン『民事および商事における管理的正義の発達方法の相応性』30頁（ウィンユーション出版：バンコク、2555年）กิตติศักดิ์ ปรกติ และ สมเกียรติ วรปัญญาอนันต์, แนวทางพัฒนาการบริหารงานยุติธรรมทางแพ่งและพาณิชย์ให้คุ้มค่า, (กรุงเทพ : วิญญูชน, 2555), น. 30.

14) これらの権利には、司法アクセスと直接関係するものもあれば、間接的にしか関係しないかあるいはほとんど関係しないものもある。但し、その判定は難しい。世界的に見ても、何が司法アクセスの一部であり何が一部でないかについては、ほとんど合意が見られないからである。例えば、子供や老人に対する非訴訟手続上の支援が司法アクセスの（間接的）問題であると考えられることもある（大谷美紀子「国際的な子の奪取の民事上の側面に関する条約」（ハーグ条約）の実施に向けて：法律支援・司法アクセスの観点から『総合法律支援論叢』第4号51-71頁（日本司法支援センター、2014年）や上村淳子「高齢者居所への出張相談」『月報司法書士』第505号29-31頁（日本司法書士連合会、2014年）を参照）。

という表現が繰り返し現れることから明らかである。③の国家権力からの保護は、不公正な裁判官からの保護、捜査機関からの保護等から明らかである。では、このような2007年憲法の司法アクセス理解が、2017年新憲法によってどのように変化したのか、これについては後述の憲法の箇所で詳しく見て行きたい。

b. 手　続　法

次に、各種手続法が挙げられる。最大のものは、民事訴訟法と刑事訴訟法ということになるであろうが、しかし、民事訴訟法と刑事訴訟法は、民事事件と刑事事件における訴訟の進め方を規定したものであり、国民の司法アクセスを促進することを原則的に目的としていない。そこで要求されているのは、自由心証主義を中心とした公正な裁判、国家権力の制限、自白の強制や拷問を禁止する人権の擁護、（とりわけ民事の共同訴訟における）複雑な利害関係の処理等である。とはいえ、タイ民事訴訟法がそうであるように、訴訟当事者の費用を扶助することは、通常の手続においても認められている。訴訟費用の扶助、とりわけ民事訴訟法上の扶助もまた司法アクセスを実現するための重要な機能であるから[15]、これらの訴訟法上の機能を概観する必要がある。さらに、今回

---

15) この点について、民事訴訟法上の費用扶助が司法アクセスの推進を目的としていることに疑いの余地はないが、刑事訴訟法上の費用扶助が司法アクセスの実現を目的としているのか、それとも、被告人に生じた損失の補填であるのかについては、疑問が残る。というのも、まさに日本の刑事訴訟法もそうであるように、刑事訴訟法上の費用扶助は、原則として無罪判決を受けた者にしか給付されないからである（日本刑事訴訟法188条の2）。それどころか、「免訴（刑訴337条）や控訴棄却（刑訴338条、刑訴339条）など、無罪判決以外の裁判については、一律に補償の対象から外れるというのが通説・判例である」。後藤昭＝白鳥祐司『新・コンメンタール刑事訴訟法〔第2版〕』407頁（日本評論社、2013年）。無罪判決を受けた者にしか給付されない補償は、国民全体の司法アクセス権に資するものであるとは言えないし、貧困者等に対する特定の社会保障的な性格を有しているとも言えないであろう。したがって、刑事訴訟法上の費用扶助は、司法アクセスの問題と言うよりは国家による無実の被告人に対する金銭補償と解するべきである。

の研究では、訴訟法上の費用扶助に加えて、「司法基金法（Justice Fund Act）」における訴訟費用、仮釈放保釈金、人権侵害時の損害補償に関する議論を厚く見ておくことにする。

c．法　教　育

「法教育」は、タイ新憲法等においても規定されている司法アクセス権実現のための手段のひとつであるが、何が法教育であるかについてのコンセンサスはない。とりわけ、法教育は、国民の法律理解と関連するため、様々な問題を引き起こしている。例えば、法改正も問題のひとつである[16]。国民は、例えば民法や刑法があることは知っているが、民法の具体的な条文や刑法の具体的な条文を知っていることは少ない。ましてや、その民法の条文や刑法の条文にどのような解釈が存在しているか、どのような判例が存在しているかを知っている者は、なおさら少ない。複雑な解釈を前提とする司法は、「質の高い法律専門家の存在とこれらの法律専門家に対する市民のスムーズなアクセス権の保障なしには成り立ち得ないところであるが、これを維持することは極めて大変である」[17]。このような問題は、タイにおいても頻発している。憲法、民商法、破産法、刑事補償法等の新設・改正がそうであり、タイ国民は現時点でどのような法律があるかを把握しにくい。法律家だけが知っている法システムは「法律家の名を高めることにはなっても」法そのものの価値を高めることはない[18]。

しかし、その一方で、法律を素人がそのまま適用することができると考えるのは、不可能である。そのような状況が発生するならば、裁判官も検察官も弁護士も不要になる。したがって、妥協点として、国民がすべての法律の中身を知っている必要はなく、むしろ誰に相談すれば良いかを知っているようにしな

---

16) 髙須順一「「the Champions of Civil Code」としての弁護士の役割」『自由と正義』60巻3号113-114頁（2009年）
17) 同上113頁。
18) 同上115頁。

ければならない。ここから導き出されるのは、法律の中身の解説の必要性ではなく、法制度（とりわけ救済制度）の広報の必要性である。

III 民事司法アクセス権とタイ王国憲法

1．歴　　史

a．司法アクセス権のない時代

　歴史的に見ると、司法アクセス権がタイ王国憲法で明記されたのは、2007年憲法40条が初めてであった。それまでの1997年憲法においては、75条で「国は法律の遵守、人の権利および自由の保護、国民に対して迅速かつ平等な司法制度の効率化および利便化、ならびに国民の必要に即した行政制度および国の他の事業の効率化を監督しなければならない」と定めるだけで[19]、司法へのアクセスを基本的人権とはとらえていなかった。

　司法アクセスを整備することと司法アクセス権があることとは異なっており、司法アクセス権がなくても、国は国民の福祉のために自発的に、すなわち非義務的にアクセス整備をすることができる。なぜなら、国力の増進や選挙での人気獲得のためにそのような政策を打ち出すことはありうるからである。しかし、これは義務ではない。司法アクセスの整備がタイにおいて義務化されたのは、2007年であると言える。

b．司法アクセス権のある時代

　タイ王国において司法アクセス権が基本的人権であると定められたのは、2007年に改正された憲法の第3章においてである。この第3章40条については、既に冒頭で概観した。この40条が ① 平等性、② 効率性、③ 国家権力からの保護の3点を強調していたことについても分析した。

　では、2007年憲法は、これらの要素をどのように具現化しようとしたのか。

---

19) https://www.jetro.go.jp/ext_images/world/asia/th/business/regulations/pdf/general_001.pdf

これについては、同憲法81条を見なければならない。同条文は、「国は以下のように法律及び司法面での政策指針に基づき施政にあたらなければならない。㈠正しく、迅速、公正で、あまねく法律に従った執行及び指揮、国民に対する法律上の支援、知識の提供促進があるように監督し、国民及び職業団体の司法プロセスへの参加と国民への法律上の援助により司法プロセスにおける公務及びその他の国の業務制度を効率化する。㈡国の職員及びその他の者による侵害から人の権利と自由を保護し、全国民が平等に公正な扱いを受けなければならない。㈢国の法律を改革及び開発するため、並びに、法律により影響を受ける者からの意見聴取により法律を憲法に従ったものにする法律改革のため、独立した法律改革機関を設置する法律を定める。㈣司法プロセスに関係する機関の業務を支援・開発するため、独立した司法プロセス改革機関を設置する法律を定める。㈤被害者、特に家庭内暴力の被害者に対しての法律上の援助を提供する民間組織の業務を支援する」と定めていた[20]。

さて、この条文は、40条の3つの理念を適切に具体化したものである。というのも、この80条において、①の平等性は2号において、②の効率性は1号において、③の国家権力からの保護は両号において明記されているからである。しかも、80条は、40条の3つの理念に加えて、立法のための支援機関と、司法プロセス改革のための独立機関を設けるように命じている（80条3号および4号）。実体的な権利の保護とその手続的な実現とが、必ずしも同一の内容にならず、むしろ手続の実現は実体的な権利よりも多くのことを要求する。これは、実体法の民法が、手続法の民事訴訟法、民事保全法、民事執行法等を必要とすることに似ている。手続法の整備は、実体法の整備よりも困難であることが多い。例えば、タイ民商法は2015年に改正されており、これも司法アクセス改善の一貫と位置付けることができるが、その方面に対する効果にははっきりとしたものが見られない。実際、手続法をまったく立法せずに実体法のみを立法しても何ら意味がないように、実体法単体では国民の権利を実現

---

20) https://www.jetro.go.jp/ext_images/world/asia/th/business/regulations/pdf/general_1_2007.pdf

することはできないのである。

　c．2007 年憲法以降の問題点

　そして、まさにこのような困難さゆえに、2007 年憲法に対しては多くの批判が起きていた。それは、以下の諸点にまとめることができる。まず、国民は司法アクセス権という基本的人権を持っているにもかかわらず、どのように司法にアクセスすれば良いかが判然としない。一貫性がなく、容易に全体を把握できない[21]。

　次に、憲法が平等性を追求する余り、国民を等しく同一のものとして扱っているが、これがかえって司法アクセス権の行使を阻害していた。例えば、社会的・技術的変化は、若者と老人の間に大きな格差を発生させており、ICT 技術に関しては、若者に合わせると老人が使えないシステムが出来上がり、老人に合わせると若者にとっては緩慢で遅々としたものになる[22]。

　さらに、司法アクセス実現のための諸制度が複数の特別法によって規律されており、お互いに一貫性のないものになっていた。第 4 の問題として、司法アクセスの充実が、タイ王国全体ではなく専らバンコクを中心に行われてきたことが挙げられる。これは、いわゆる法曹過疎地域[23]（裁判官、検察官、弁護士

21）　以下の批判については、キッティサック・ポッサティ＝ソムキャット・ワラパニャアーン『民事および商事における管理的正義の発達方法の相応性』30 頁（ウィンユーション出版：バンコク、2555 年）กิตติศักดิ์ ปรกติ และ สมเกียรติ วรปัญญาอนันต์, แนวทางพัฒนาการบริหารงานยุติธรรมทางแพ่งและพาณิชย์ให้คุ้มค่า, (กรุงเทพ : วิญญูชน , 2555), น.18.

22）　例えば、タイの司法アクセスが優れていることとして、2017 年憲法以前から、法律文献を探すときの「大学の OPAC の充実ぶり」や法律情報を取得するときの「法制委員会のホームページ」などが挙げられていた。鮎京正訓〔編〕『アジア法ガイドブック』236-237 頁（名古屋大学出版会、2009 年）。しかし、これらのシステムは、ICT 技術を習得している人のためのサービスであり、パソコンの使い方が分からない人々や、そもそもパソコンを所有するほど裕福ではない人々にとっては、アクセス可能なものではない。タイの犯罪被害者支援窓口のように、人間が直接的にサポートする分野は現在も整備が進められており、十分なものであるとは言えない。

23）　どのような地域が法曹過疎地域か、という問題は、定義が困難である。まず最初

この問題と直結しているのが、広報活動の不足である。司法アクセス権が国民にあることを周知させるだけでなく、具体的にどのような司法アクセス手段があるのかを国民に理解させなければならない。けれども、このような広報活動は、他の啓蒙活動と同様に、国民自身があまり関心を示さないという難点がある。この難点は、国民が訴訟活動等を身近なものとして感じられない現実、また、国民の中には、自分が司法からアクセスされること（すなわち刑事事件の被疑者として訴追されたり民事事件の被告として訴訟を提起されたりすること）を忌避し、司法アクセスの向上自体に反対する者もいる現実によって悪化させられる。

　そこで重要になるのが、国民自身が司法アクセスの必要性を感じた場合、す

に思い浮かぶのは、田舎の農村のように、そもそも弁護士がいないというケースであろう。ところが、近年、このような場合の他に、大規模災害によって弁護士需要が急増し、相対的に法曹過疎化することがありうるという指摘がなされている。宇都宮健児「2011年の活動を振り返りつつ、2012年を展望する」『自由と正義』63巻1号6-7頁（2012年）。また、日本では「ゼロワン地域」すなわち「弁護士が0人か1人である地域」を法曹過疎地と呼ぶことが多いが、タイにおいては弁護士資格の取得は日本よりも容易であるため、人口に対する法曹の割合は多く、日本と同じ定義を使うことはできないであろう。「ゼロワン地域」の定義については、伊藤方一「弁護士過疎対策の取り組み」『自由と正義』63巻3号27頁（2012年）を参照。

24) 法曹過疎地における問題は、① 国民が法曹に会うことができないという問題と、② 国民がそもそも法曹のことを知らないという問題の2つに区分されうる。「司法過疎地域における司法サービスの現状と課題」『静岡法務雑誌』第2巻149-150頁（ITSC静岡学術出版事業部、2009年）。国民は、法曹と言えば弁護士のことであると誤解することが多く、弁護士以外の法曹にまったく相談をしないという傾向が見られる。同論文150頁。

25) アジア諸国における法曹過疎地域の問題については、矢吹公敏＝鈴木多恵子＝上東亘「「アジアにおける司法アクセス」国際会議の開催成果報告」『自由と正義』63巻4号90-91頁を参照。この会議によると、「弁護士過疎地においては、弁護士が不足しているが故に市民に対する法律相談が十分に行えない現状があることが各国において報告された」。同論文90頁。

なわち、その生涯において何度か起こるかもしれない訴訟沙汰が起きた場合、国民に対して適切にアドバイスをすることができる補助者の量産である。ところが、この補助者の量産は、タイの司法制度においていくつかの壁にぶつかる。第一の壁は、法曹になるための高等教育機関への在籍、試験での合格、研修所での研修、法曹協会への参加等、複雑かつ難易度の高いプロセスが存在することである[26]。第二の壁は、たとえ法曹になったとしても、給料の面で十分な所得を得られないことである。「タイにおいては、裁判官が法曹において最も権威を有すると考えられている。それは、弁護士になるのとでは比べものにならないぐらい、なるのが困難なのがひとつの要因である。その裁判官を志望する者が近年増加している。その要因のひとつが、給与の大幅な増加である。優秀な人材をリクルートするためには、単に名誉だけでなく、金銭的な保障も必要であることを端的に表している」[27]。つまり、タイにおいて法曹の数が十分でないのは、裁判官以外の法曹は給与が低く、法曹を目指すインセンティブが高くないからである。このため、後述するように、弁護士の給与も司法アクセスを考える上で重要なファクターとなる。

　金銭的な問題は、法曹だけでなく訴訟当事者にも発生していた。その中でもとりわけ欠陥であると考えられるのは、仲裁の場合には費用を補償する手続がまったく存在しないことである。ADRの一貫としての仲裁を普及するためには、仲裁を選択した方が安価である必要があるにもかかわらず、タイの司法制度はこの点について十分な改革を行っていなかった。集団訴訟等の規定は新設されたが、集団訴訟自体は特定の事件に関する司法アクセスを向上させるものであり、訴訟全体の改善にとっての改正であるとは言えない。

　最後に、これは後述の2017年憲法の主眼になるのであるが、司法制度改革のための中央機関が最後まで設けられなかったことである。このことは、2007年憲法の主眼が政治的改善を目指していたこと[28]、また、各種専門裁判所が

---

26)　鮎京正訓〔編〕『アジア法ガイドブック』233頁（名古屋大学出版会、2009年）
27)　同上 234-235 頁。
28)　同上 225-227 頁。

「当該分野の紛争が特別の性質を有することから、当該分野に詳しい裁判官や外部専門家に審理・裁判を行わせるために独立のものとして設置」[29]されており、それぞれの裁判所が特殊な訴訟手続を採用していることに起因する。専門裁判所の設置には合理的な理由があるため、全裁判所共通のアクセス手続を設けることは困難である[30]。

2．2017年憲法による民事司法アクセス権の改善

a．第4の理念の追加〜公務員活動の適正性〜

このような2007年憲法の方向性と問題点を受けて、2017年公布の新憲法では、68条1項が「国は、司法プロセスを、効率、公正、非差別を強化するため、あらゆる観点において当該司法プロセスの管理システムを組織する責任を有する。そして、国は、人々が司法プロセスに遅滞なく簡便かつ適時にアクセスすること、また、高額な費用を負担する必要がないことを促進しなければならない」と定めている。2項では「国は、司法プロセスにおける国家公務員のために、彼らがいかなる干渉や情報操作も受けることなく職務を厳格に行うことができるような保護措置を提供しなければならない」と規定する。3項では「国は、経済的困窮者および社会的不遇者が司法プロセスにアクセスするための必要かつ適切な法的救済措置を提供しなければならない。これには、彼らに法曹関係者を紹介することも含まれる」と定めている。

---

29) 同上230頁。
30) このことは、例えば破産裁判所について考えてみれば分かる。破産裁判所は、破産法にもとづく特殊な訴訟手続を有しているだけでなく、グローバル化社会において、国際倒産法制と足並みを合わせる必要すら生じている。深山卓也〔編著〕『新しい国際倒産法制』5頁（金融財政事情研究会、2001年）「UNCITRAL（国連国際商取引法委員会）では、こうした現状を改め、国際倒産事案を処理する効果的なメカニズムを提供することを目的として、各国国内法のモデルとなる国際倒産モデル法の策定を課題として取り上げ」ており、「加盟各国に対し、モデル法を尊重した法整備を行うことを勧告する旨の決議がされるに至った」。タイ王国がこのようなモデル法を尊重した場合、破産裁判所の手続を他の裁判所の手続と統合することは、ますます困難になる。

これらのそれぞれの項目は、第一に、国民一般が司法プロセスにアクセスする権利を有していることの確認、第二に、捜査機関が外部からの干渉を受けない公平性の確保、第三に、国民の中でも、とりわけ経済的あるいは社会的に困窮している人々に対する救済措置の確立とまとめることができるであろう。

　このことは、2007年憲法と比較して、2017年憲法が司法アクセス権に対する捉え方を変えたことを意味する。2007年憲法は、国に対して平等性、効率性、国家権力からの保護という3つの到達目標を設定したわけであるが、これは司法制度の性質に関する規定であった[31]。これに対して、2017年憲法は、3つの理念の設定だけでは不十分であると認識し、とりわけ、国家公務員の汚職が司法アクセスの実現を阻害しているという見地に立ち、公務員活動の適正性を付加した。これは、2007年憲法が、司法アクセスのシステムを単なる「箱（box）」のようなものと認識し、この箱の改善のみを目指していたのに対して、2017年憲法は司法アクセスを「建物（building）」のようなものとして捉え、その中にいる人間もまた改善されなければいけないと考えたことを意味している。つまり、制度的改善だけでなく、人的改善も必要であると認識したのが、2017年改正の骨子である。

　b．民事司法アクセス権の確立に関する具体的到達目標

　このようにして、現行憲法は、司法アクセス権を制度と人材の両面から追求していると言ってよい。そして、この二面的な改善を実現するための具体的方策として、同憲法258条が規定されている。258条は、「様々な領域における国の改革は、少なくとも以下の成果に到達するように実行されなければならない」と規定し、具体的な到達目標を掲げた。そのｃ項において、司法制度改革における具体的な到達目標が設定されている。すなわち、「㈠この憲法の公布

31）　タイにおいては、2007年憲法以後、行政裁判所が国家公務員による汚職と権利侵害に対処することを期待されている。鮎京正訓〔編〕『アジア法ガイドブック』233頁（名古屋大学出版会、2009年）。これもまたタイにおける司法アクセス改善の努力の一例であろう。

第 11 章　タイにおける司法アクセス　449

日以前に施行されている法律、政令、規則、細則を、77 条の諸原則に合うように改正するためのメカニズムを持つこと、並びに、これらの法律、政令、規則、細則を国際標準に適合するように発達させること。このことは、許可システムや委員会システムの運用にあたって、国との対等性を強化し、不誠実な行動や誤った運営を防止することによって行われる。但し、機能の実現にとって必要であり、明確な責任の所在があり、かつ、義務のない証明を人々に負わせないものに限られる。㈡法に携わる人々を、法的思考を持ちかつ法曹としての道徳心と倫理観を備えた十分に知識のある人々へと成長させるという観点から、法に関する学習、指導、教育のシステムを改革すること。㈢国の法データベースシステムを開発すること。これは、公共が法的情報に適時アクセスすること、そして、法律の実体を容易に理解することを可能にするという観点から、様々な技術を用いることによって行われる。㈣人々に、法律草案の準備と提案にあたっての支援を与えるメカニズムを確立すること」と定められている。これらの条文は、憲法改正に伴う法律の整備と国際化、司法システムの改善（例えば、汚職を通じた不正な許可の防止）、法教育の充実、最新テクノロジーを用いた情報公開を主眼としている[32]。

　次に、訴訟手続改革の具体的目標は d 項において定められている。「㈠すべての段階における司法プロセスの時間的上限が明確に決定され、その結果とし

---

32)　これらの施策は、2007 年憲法で発生した諸問題に対する対策であると思われる。例えば、法教育は国民の法曹に対する理解の向上を促し、形式的な人手不足（すなわち実際には弁護士以外の法曹がいるにもかかわらず、国民が彼らに相談に行かない問題）を解消するであろう。特に、国民の法知識が増加することによって、例えば裁判員制度のように、「刑事法の理念を修得し、それにしたがって判断できる「裁判員たる資質」が」身につくかもしれない。黒川亭子「法教育担当教員研修の実践と課題」『宇都宮大学教育学部教育実践紀要』第 3 号 87 頁（宇都宮大学、2017 年）。しかし、いくつかの政策については、全体の司法アクセスとのバランスを考えなければならない。例えば、法律の国際化によって、司法アクセスの整備をタイ王国が自分自身で決定できなくなるかもしれない。最新テクノロジーを用いた法廷の ICT 化は、貧困に苦しむ人々が司法にアクセスする機会をさらに減少させるかもしれない。

て、人々が遅滞なく正義を手にすることができるように努力すること。また、司法プロセスへのアクセスに対する十分な手段を持っていない人々を支援するメカニズムが実在するように、また、社会における不平等と不公平を削減するという観点から、法の厳正な施行のためのメカニズムが確立されるように努力すること。㈡刑事捜査のシステムを、適正なチェック及び捜査当局と検察官との間のバランスをもたらすことにより、改善すること。これは、時効によって訴訟が失効することを回避し、かつ、刑事捜査における捜査当局と検察官の職務遂行の公的な信頼性を増進する目的で、全ての関連当局及び検事の職務遂行のために時間的上限を設定することによって、並びに、公衆が事実の証明のための代替手段を有するという目的で、捜査において法医学の知見を用い、また、当事者からは独立した少なくとも一人の代理人を通じて、法医学のサービスを提供することによって行われる。㈢人々にとって便利で迅速な司法を容易にするという観点から、関連組織の組織文化を促進し発展させること。㈣法を効率的に施行すること。これは、公共の義務、権力、任務に関する法律に対する適切な修正案と改正案を作成することによって、また、警察当局の人員管理に関する法律を修正及び改正することによって行われる。後者の目的は、効率性を保証し、また、警察当局が適切な報酬を受け取ること、並びに、警察当局の任命及び異動が公正性を伴って行われること、並びに、手当及び成功報酬は、成功報酬システムに従って明確に支払われることを目的とする。任命及び異動は、警察当局が誰からの依頼もなく独立して、効率的に、かつ職務遂行における誇りを伴ってその職務を遂行することができるようにするための知識と能力に鑑みながら、先任順位に従うものとする」と定めており、権利保護を実際に達成するための努力義務を設けている。

　このd項において特徴的なのは、訴訟に要する時間の厳格化、法医学の応用、組織の効率化という、司法アクセス権においては馴染みの論点のみならず、警察当局の報酬及び人事の適切性が挙げられていることであろう。このことは、憲法にも明記されているように、外部からの人事干渉を排除し、癒着や汚職を防止するために必要な措置であると考えられる。したがって、前節にお

いて、2007年憲法の理念は3つであったが（平等性、効率性、国家権力からの保護）、2017年憲法においては4つである（平等性、効率性、国家権力からの保護、公務員活動の適正性）という分析は、258条と照らしても正しいものと思われる。

　しかし、これらの理念がどの程度まで実現可能であるかについては、各機関および立法者の裁量に委ねられている。とりわけ重要なのは、訴訟に要する時間の上限を決定する試みは、司法アクセス権から見てメリットにもデメリットにもなる、ということである。司法アクセス権は、新憲法においてすらそうであるように、一方では公正な裁判を要求し、他方では迅速な裁判を要求する。迅速な裁判のためには、訴訟ができる限り早く終結しなければならない。しかし、性急な判断は、公正な裁判を阻害する。即決すれば良い、というわけではないのである。したがって、民事訴訟においてであれ刑事訴訟においてであれ[33]、審理に要する期間を機械的に決定してはならない。もし訴訟期間の上限を数値によって定めるならば、裁判官はこの期間内に判断することを余儀なくされ、十分な心証を形成できないまま判決を下すことになるであろう。

　c．訴訟システムの統一とその問題
　さて、以上のように、タイ新憲法は、訴訟の統一的マネジメントを要求しているわけであるが、このマネジメントについては、2つの側面からアプローチすることができるであろう[34]。①タイ王国内における司法プロセス全体を統一

33）但し、民事事件における訴訟期間と刑事事件における訴訟期間とは、それぞれ別の性質を有していることに注意しなければならない。というのも、民事事件において証明の失敗の責任を負うのは私人であるが、刑事事件において証明の責任の失敗を負うのは専ら検察官である。

34）この2つの観点は、横並びになっている裁判所の関係に似ている。裁判システムを統一することは国家の統一にとって必要不可欠であるが、どのように統一するかについては、本文で書いた2つの方法が考えられる。すなわち、①全ての裁判所を通常裁判所として設立し、ただ手続保障のためだけに審級関係（第一審裁判所→控訴裁判所→最高裁判所）を認めるか、あるいは、②特別裁判所を認めた上で、通常

し、全ての裁判官、検察官、弁護士、行政職員（警察官やその他の公務員）、市民、外国人が、この統一的な司法プロセスに斉一的に参加する。あるいは、このような統一は行わず、②タイ王国内における司法プロセスが複数のシステムに分かれていることを是認し、それらのシステム相互間の調整を行う。①は、司法プロセス全体を実体的に統合して単一の司法システムのみを認めるものであるから、実体的統一と呼ぶことができ、②は、司法プロセスを実体的には統合しないで複数の司法システムを許容し、それらの複数のシステムの調整のみを志すものであるから、調整的統一と呼ぶことができるであろう。

　実現可能性という観点から見ると、①の実体的統一は不可能である。1番目の理由として、高度化した現代社会においては、必ず専門裁判官（破産専門裁判官、知的財産専門裁判官など）が必要であり、専門裁判官は通常裁判所で働くよりも特別裁判所で働いた方がよいからである。すべての司法プロセスを実体的に統一するためには、すべての裁判所を通常裁判所（統一裁判所）にする必要があるが、これは専門裁判官の存在を否定するので不適切である。同様のことは、軍事裁判所についても言える。軍事裁判所は、国防省の管轄であるから[35]、これをその他の司法機関に統合することはできない。2番目の理由は、国際取引が活発化しており、タイ国内だけで司法プロセスを統一することができないからである。

　特に、国際取引法、国際倒産法、国際仲裁法などは、常に変化する国際情勢に応じて変わるので、タイ国内の司法プロセスを実体的に統一すると、かえって国際法の変化に対応することができなくなる恐れがある。「国際私法の規律対象が国際的私法生活関係であるにもかかわらず、それを規律する役割を担う

　　裁判所と特別裁判所の関係を調整するかの、いずれかである。タイ王国は、中央破産裁判所、中央労働裁判所、中央租税裁判所、中央知的財産・国際取引裁判所、中央少年家族裁判所等の特別裁判所を認めている。鮎京正訓〔編〕『アジア法ガイドブック』229頁（名古屋大学出版会、2009年）。それどころか、タイ王国には、軍事裁判所も置かれている。同書233頁。したがって、タイ王国は、裁判所間の統一について、②の調整的統一を目指していることになる。

35)　鮎京正訓〔編〕『アジア法ガイドブック』233頁（名古屋大学出版会、2009年）

国際私法は、現実には各国の国内法として存在している。そのため、各国国際私法間に不統一が生じることは避けられない。その結果どこの国の裁判所に訴訟が提起されるかによって、国際私法が異なり、したがって最終的に適用される法も異なってくる。これでは判決の国際的調和が達成されない。そこで各国の国際私法を統一する必要があり、このため国際私法の統一運動が積極的に展開されてきた」[36]。このような問題は、とりわけ契約において顕著である。なぜなら、国際契約法においては、当事者自治の原則、すなわち、当事者が準拠法を自分たちで決定することが認められているからである[37]。

これに対して、① 任意規定についてのみ当事者自治を認め、強行規定については認めない、という質的制限説、あるいは、② 契約の内容と最も関係がある国の法律を適用すべきである、という量的制限説も存在するが、この見解は裁判所からも学者からも支持されていない[38]。なぜなら、任意規定と強行規定の区別は、国によって異なるので、どれが任意規定でどれが強行規定であるかを一義的に決定することができず、また、契約内容と最も関係がある国という基準も曖昧だからである[39]。このような複雑な決定は、タイ王国においては国際取引裁判所の専門裁判官の知見に委ねるしかないであろう[40]。

---

36) 松岡博〔編〕『国際関係私法入門〔第2版〕』6頁（有斐閣、2009年）
37) 同上93頁「当事者の意思に従い準拠法を決定することを、当事者自治または主観主義と呼ぶ。これは、当事者の意思を連結点とするものである。契約以外の問題においては、法律関係を構成する客観的な要素を連結点とする客観主義が原則とされているのに対して、契約については諸国の国際私法上、当事者自治が原則とされている」。
38) 同上94頁。
39) 同上。
40) このような裁判官の裁量に委ねざるをえないという事実が、タイ王国における司法プロセス向上をどの程度まで促進するのか、あるいは、妨害するのかは不明である。完全に自由な取引という思想は、弱者の司法アクセス権を阻害するであろう。「国際契約の当事者は、弱者保護や社会経済秩序の維持などの観点から各国が定めている強行法規の適用を回避することが可能になる」松岡博〔編〕『国際関係私法入門〔第2版〕』94頁（有斐閣、2009年）。

以上のような理由から、複数の司法プロセスの存在を許容しつつ、全体を調整的に統一していく方式のみが現実的であることが分かる。すると、次の論点は、そのような統一のための機関作りということになろう。これは、2007年憲法が成功していない点でもあり、新憲法施行後の政府の動きが注視される。

Ⅳ 民事手続法における司法アクセスの現状

1．民事訴訟法上の訴訟費用支援

タイにおける司法アクセス権に関する法律整備は、まだ十分なものであるとは言えない。今回のレポートでは、その中でも比較的確立されたものとして、まず、民事訴訟法による訴訟費用の決定を概観する。刑事訴訟法上の費用扶助については、それが司法アクセス権ではなく、身体の自由に対する国家権力の不当な拘束を補償するものであるから、ここでは除外する。

タイ民事訴訟法149条は、裁判手続費用に関して、通常の裁判費用のリストを与えている（民訴別表1および別表2）。このリストは、訴訟費用を明確化するとともに、訴額のみを基準にしないことを規定したものである。

この表から分かるように、通常の訴訟手数料（項目a）は、訴額が5,000万バーツであるか否かを基準に計算される。5,000万バーツ未満であるときは、5,000万バーツであるときよりも高い割合で手数料を取られるが、上限として20万バーツが設定されている。訴額が5,000万バーツを超えるときは、この上限設定はない。

このような区別が司法アクセスに対する問題を孕んでいるのではないか、という疑問は生じよう。というのも、民事訴訟法上の費用扶助は「民事訴訟によって権利を実現しようとする者が十分な資力を有していない場合であってもなお訴訟手続きを利用できるようにするために設けられた」[41]ものであるが、タイ民事訴訟法の場合には、低額の訴訟の方が（額ではなく）割合が高くなるか

---

41) 河野正憲『民事訴訟法』912頁（有斐閣、2009年）。

表11-1 タイにおける通常の訴訟手数料（訴訟物が金銭評価できる場合）

事件の種類	訴額	支払うべき手数料	注意点
(1)申立てられた救済が、金銭で計算可能なものである事件において、手数料の額は次のように計算する。			(a)(b)(c)における手数料は、総額が1バーツに満たないときは、考慮に入れない。
(a)原告に対して、(b)(c)以外のケースで請求する場合	5,000万バーツを超えないとき	訴額の2％。但し、手数料は最大20万バーツを超えてはならない。	
	5,000万バーツを超えるとき	0.1％	
(b)国内仲裁人によって為された裁定の執行に関する請求、あるいは、国内仲裁人によって為された裁定の無効化に関する請求であるとき	5,000万バーツを超えないとき	執行を裁判所に求めた額の0.5％。但し、5万バーツを超えてはならない。	
	5,000万バーツを超えるとき	0.1％	
国際仲裁人によって為された裁定の執行に関する請求、あるいは、国際仲裁人によって為された裁定の無効化に関する請求であるとき	5,000万バーツを超えないとき	執行を裁判所に求めた額の1％。但し、10万バーツを超えてはならない。	
	5,000万バーツを超えるとき	0.1％	
(c)抵当権の執行あるいは抵当権受戻権喪失を求めたことに関する請求であるとき	5,000万バーツを超えないとき	債権額の1％。但し、10万バーツを超えてはならない。	
	5,000万バーツを超えるとき	0.1％	

らである。これは、「消費税（consumption tax）」の逆進性（裕福な人の負担割合が貧乏な人の負担割合よりも軽い）という問題と類似している。通常、訴額の大きな訴訟は、裕福な人によって（とりわけ企業によって）提起されるであろうし、貧乏な人は少額の訴訟を行うであろう。すると、次のような現象がありうる。裕福な人が5,000万バーツの民事訴訟を1回提起すると、5万バーツ（5,000万バーツ×0.1％）の手数料を取られる。ところが、貧乏な人たちが100万バーツの訴訟を別々に50回提起すると、25万バーツ（100万バーツ×0.5％×50回）の手数料を取られる。裕福な人1人が提起する5,000万バーツの訴訟の手数料は、貧乏な人50人が別々に提起する総額5,000万バーツの手数料よりもずっと安い。したがって、民事訴訟法上の費用体系は、貧困者に対する別の費用扶助を必要としている[42]。

　この手数料計算は、仲裁手続の結果に対する執行が申立てられたときは、より安い金額で計算される。但し、国内仲裁手続と国際仲裁手続とでは、さらに額が異なっており、国際仲裁手続の方が若干高めに設定されている。このことは、国際的な執行がより難しいことを考慮すれば、原則的に妥当であると考えられる。

　しかし、この妥当性が維持されるのは、国際仲裁を利用する当事者は、国際取引等のグローバルな活動を行っており、通常は非常に裕福な個人であるか、あるいは、国際企業であろう、という推測にもとづいている[43]。もし国際仲裁

---

[42] このようなタイ民事訴訟法上の問題は、日本の民事訴訟法においても発生している。すなわち、民事訴訟法ではなく民事法律扶助法が、「民事裁判手続で自己の権利を実現するために必要な費用を支払う資力がないかその支出により生活に著しい支障を生じる国民やわが国に住所を有し適法に居住する者のために、民事裁判手続の準備・追行のために必要となる訴訟代理費用・書類作成費用の立替並びに法律相談の実施等の業務を行う」ことになっているからである。上田徹一郎『民事訴訟法〔第6版〕』40頁（法学書院、2009年）。

[43] このことは、例えば「国際物品売買契約に関する国際連合条約（CISG）」においても見られる推測である。というのも、当該条約は、売買契約を規律するものであるが、「国際物品売買は、国内取引と異なり、物品の輸出入を通常伴い、貿易取引として一般に理解されている」からである。松岡博〔編〕『国際関係私法入門〔第

表 11-2 タイにおける通常の訴訟手数料（訴訟物が金銭評価できない場合）

事件の種類	訴額	支払うべき手数料	注意点
(2) 申立てられた救済が、金銭で計算不能なものである事件において、手数料の額は次のように計算する。	※金銭評価不能な訴訟物なので、訴額は存在しない。		
(a) 前掲 (1) 以外の訴訟及び人事訴訟		1 件につき 20 万バーツ	
(b) 227 条、228 条 2 項及び 3 項にもとづいて為された最高裁への上訴ないし抗告		1 件につき 20 万バーツ	※ 228 条 1 項にもとづく上訴ないし公告について手数料は取らない

　の利用者が困窮者である場合、例えば、誘拐された人、家族関係の処理を求めている人などである場合には、国際仲裁の高額な費用は、司法アクセス権を侵害する。

　訴訟物が金銭評価できない場合は、3 つのケースに分けられる。すなわち、1 項に含まれていないもの、人事訴訟、民事訴訟法 227 条及び 228 条 2 項、3 項にもとづく最高裁への上訴ないし抗告である。これらについては、訴額がそもそも存在しないため、一律 20 万バーツとなっている。なお、手数料の請求からそもそも除外されている 228 条 1 項とは、「当該法律にもとづいて、人に対して拘禁、罰金、引き止めをすること」が命じられて、これに対して抗告する場合である。つまり、著しい不利益的措置が命じられた場合は、手数料を支払わなくても抗告できることになる[44]。このような制度は、経済的余裕のない

---

　2 版］』354 頁（有斐閣、2009 年）。このため、CISG38 条 1 項は、普通の民法には存在しない買主の商品検査義務を課している。しかし、売主が困窮者である場合は、商品検査を実施することはできないと考えられるので、CISG が国際物品売買の当事者を裕福とみなしていることは明らかである。

表 11-3 一定の請求についての手数料

事件の種類	訴額	支払うべき手数料	注意点
(4) 以下のような事件に対する請求である場合。すなわち、損害賠償、生活費、生活保護、保険年金、養老年金、維持費用及びその他の将来発生する定期的支払。		100 バーツ	

者が身体拘束や罰金を理不尽に受けないという点で、司法アクセス権の実現の一例であると言えよう。

さて、次の3項目は、一部が金銭評価可能、残部が金銭評価不能の場合であり、これは評価可能部分と評価不能部分の組み合わせによって計算されるので(つまり1項と2項の組み合わせによって計算されるので)、今回のレポートでは省略することにする。

重要なのは、一定の請求について手数料を減額している4項目である。この4項目は、とりわけ請求者が支払を受けなければ困窮する場合、すなわち、損害の被害者、生活費、生活保護費、年金などを支払われていない者を対象としている。これらの者に対しては、100バーツという極めて少額の手数料が設定されており、これもまた司法アクセス権の実現に資するものであろう。

さらに、タイ民訴156条から160条が、一定の場合に手数料の支払を免除する規定を置いている。156条1項によれば、第一審において、原告も被告も、自己に支払能力がないことを理由に、訴訟費用の免除を申請することができる。このとき、2項によって、支払能力のないことの証拠を提出するように義務付けられ、かつ、提出された証拠が不十分なときは、裁判所は追加の証拠を請求できる。

---

44) これに加えて、身体拘束の場合には別種の補償が存在していることも挙げられる。この補償は、近年におけるタイ刑事補償法の整備によって向上した。

2．「司法基金法（Justice Fund Act）」

a．概　　説

　タイにおいては、以前から、司法アクセスに関する補助基金が存在した。しかし、この補助基金は、政府や法律によって正式に認められたものではなかったため、法人化していなかった[45]。この法人には、資金が不足していただけでなく、司法アクセス全体に配慮したものでもなく、さらには、活動も遅延していた。そこで成立したのが、「司法基金法（Justice Fund Act）」である。

　司法基金法は、2015年に制定された、司法アクセスの保障のためのファンドに関する法律である。この法律の18条第2項において定められているように、「司法基金委員会（Justice Fund Committee）」は、司法アクセスの保障に必要なルール作りを担当している。

　例えば、2016年には、委員会は、被支援者の申請等に関するルールを整備した。その4条によれば、手続が国内であること、訴訟だけでなく、広く司法手続に関するもの（例えば告訴、応訴）であること、これらの手続は民事、刑事、行政のいずれでもよく、家族法関係の事件でもよいこと、特別裁判所における事件でもよいことを定めている。さらに、その他のケースについても、支援は認められていることになっている。その典型例は、執行手続である。また、9条は、支援の内容を定めている。すなわち、①弁護士費用（弁護士法にもとづく正規の弁護士のうち、ファンドに登録した者）、②ファンドに登録した弁護士以外の専門家などの相談料、③訴訟手続の手数料（裁判所に対して支払われるものを言う）、④それ以外の、訴訟手続にとって必要であった費用である。④の例としては、証拠収集の費用、翻訳費用、法律解釈のアドバイスの費用などが挙げられる。⑤委員会が特別に承認した費用も、支援の対

---

45)　財務省主計局「司法基金の発展方法および司法基金活動の分析」2559年6月号（2017年6月29日検索）รายงานวิชาการของสำนักงบประมาณของรัฐสภา ฉบับ 6/2559 การวิเคราะห์การดำเนินงานและแนวทางพัฒนากองทุนยุติธรรม, http://library2.parliament.go.th/ebook/content-ebspa/pbo-report7-2559.pdf, 29 มิถุนายน 2560.

象になる[46]。

b．条文解説
(1) 第1章「司法基金」

　司法基金法は、1条から4条までは用語の定義等であるから、5条から見ていくことにする。5条は「法務省の事務次官において、一定の基金が設立されなければならない。この基金は、『司法基金（Justice Fund）』と呼ばれ、法人格の地位を、また、訴訟、一時的な被告訴人あるいは被告人の仮釈放の請求、人権侵害および法的知識の教授に関して人々を支援する条文と関連する費用のための資金源を伴わなければならない」と規定する。この条文で重要なことは、司法基金は法務省の管轄事項であり、かつ、民事手続と刑事手続とを区別していないことである[47]。

　次に、6条は、次のように規定する。「基金は、5条の目的の範囲内の活動を実施するための権限を持たなければならず、その権限は、以下のものを含まなければならない。㈠所有権、占有権および財産能力を持つこと。㈡権利を設定し法律行為を行うこと。㈢当該基金の目的を達成するためのマネジメントにとって重要なその他の関連する行為を行うこと」。これらの条文は、基金がひとつの法人格であり、一定の財産能力（所有権、占有権、財産取得権）、

---

46) このリストは、いわゆる訴訟手続費用と弁護士報酬とを合わせて規定している点で、日本の民事法律扶助法に似ているが、日本の法律扶助においては、「裁判費用」（申立手数料、送達手数料、証拠調べ費用）、「当事者費用」（訴状などの書類作成費用、当事者や代理人の旅費等）、「弁護士報酬」を厳格に区別している（民訴費2条11号を参照）。上田徹一郎『民事訴訟法〔第6版〕』442頁（法学書院、2009年）。このような日本の法制度から見ると、タイの法律扶助は費用の分類について改善の余地があるのではないかと解する。今回の研究が、訴訟手続上の諸費用と弁護士報酬を分けて記述しているのは、このような理由からである。

47) このことは、日本が、民事事件については「民事法律扶助法」を制定し、刑事事件については「刑事補償法」「被疑者補償規程」「犯罪被害者救援基金」を制定し、両者を区別していることと比べて特徴的である。タイの立法の仕方が良いかどうかは、今後検討されるべきである。

法律行為能力および目的達成のために必要な事柄を為す能力があることを認めている[48]。

6条が司法基金に権利能力を認めているので、7条1項は具体的な資金の獲得方法について規定している。「基金は、以下の金銭ないし財産から成る。㈠40条にもとづいて基金に譲渡された金銭ないし財産。㈡政府からの補助金あるいは毎年の国家予算から受け取った金銭。㈢8条にもとづいて受け取った金銭。㈣基金に贈与された金銭ないし財産。㈤基金の金銭あるいは財産からの果実。㈥何らかの原因で基金が受領したその他の金銭あるいは財産」。これらの財産に関する規定も、前項と同様に確認規定である。このことは、6号が「その他の金銭あるいは財産」の取得をすべて認めていることからも明らかである。むしろ、重要なのは2項である。2項は「基金の当該金銭または財産は、国家収入として財務省に送金する義務を負わない」と規定している。つまり、基金と国庫は明確に区別されている[49]。

次に、6条3号が言及した8条について見てみよう。8条によれば、「基金は、その収入を、刑事訴訟法にもとづいて支払われた保釈金、民事訴訟法にもとづく裁判手数料および判決にもとづく過料の場合に、当該裁判所が強制執行をかけた金銭から取得することができる。但し、財務省の承認にもとづいて財務省に送金されなければならない金額の5％を超えてはならない」。この条文は、解釈の上でひとつの問題をもたらす。それは、後半部分の「送金されなければならない金額」とは、何を意味しているか、である。条文は、この送金の

---

48) この条文は、特殊な法人格を創設したものではないと解される。なぜなら、タイ民商法67条は、「66条の適用のもとで、法人は、自然人のみにしか認められない権利義務を除き、自然人と同じ権利義務を有する」と規定されているからである。所有権、占有権、財産取得権、法律行為能力等は、自然人に固有のものではないから、司法基金が法人である以上は、当然にこれらの能力は認められる。したがって、6条は権利創設規定ではなく確認規定である。

49) このことは、自明に妥当であると言えるわけではない。というのも、国庫から切り離して財務省の管轄から除外すると、資金の監督がうまくいかない恐れがあるからである。

主体を明記していない。この点、7条2項では、基金には送金義務がないと書かれていた。したがって、基金が送金するべき額ではなく、裁判所が財務省に送金すべき額ということになる。つまり、基金は裁判所が取得した一定の金銭から収入を得ることができるが、そのような収入の場合には、財務省への送金額が最初から控除されている。この規定は、裁判所が基金を利用して財務省に送金する義務から全額解放されることを防いでいる[50]。

次に、9条は、次のように規定する。「基金の金銭は、以下の事柄に対して支出されなければならない。㈠訴訟において人々を支援する目的。㈡被告訴人ないし被告人を仮釈放するための請求。㈢人権侵害を被っている人あるいは人権侵害の影響を受けている人を支援する目的。㈣人々に法的知識を教授する目的。㈤基金の運営の実施、あるいは、当該基金の諸事項を計画することと関連しているかあるいは重要であるその他の事項の実施」。この規定は、財団の「金銭（money）」の使い道を制限したものである。

9条では金銭のみが言及されており、その他の財産に関しては規定がない。これについては、2通りの解釈をすることができる。ひとつは、「金銭（money）」は例示であって、その他の財産についても当然に9条各号の使用が認められるという解釈である。もうひとつは、金銭は例示ではなく限定列挙であり、その他の財産については9条は適用されないという解釈である。

どちらが正しいか、次のような事例にもとづいて検討しよう。基金は、ある篤志家Aから金銭ではなく不動産を贈与された。このような不動産の贈与は、7条5号によって認められており、当然に基金に帰属する。では、基金がこの不動産を利用したいときには、どうすればよいであろうか。ここで、9条が適用されると解釈すると、利用として認められるのは、例えば、人権侵害を受け

---

[50] 仮に8条の割合制限がなかったならば、次のようになるであろう。8条がない以上、基金は、裁判所が取得した資金を、5％だけでなく、全額基金に移転することができる。すると、7条2項にもとづいて、基金は、当該資金を財務省に転送する義務から解放される。したがって、財務省は、裁判所が取得した金銭に対して一切手をつけられなくなる。これは不当である。

ている人の避難所として利用すること（3号）、法的知識を市民に授けるためのセミナーハウスとして活用すること（4号）、その他、基金の運用のために、例えば、基金の支部を作るために建物を改築したり増設したりすること（5号）であろう。逆に、適用されないと解釈すると、これ以外の目的、例えば、財団の資金を増やすためにマンションを建設してこれを一般市民に貸与し、家賃収入を得ることができるであろう。この分析から明らかなように、9条が適用されるか否かは、専ら利殖活動や商業活動が認められるか否かにかかっている。

とすれば、9条においては「金銭（money）」しか言及されていないが、その他の財産についてもこれを類推適用するのが妥当である。なぜなら、基金の活動は司法基金法5条によって厳格に定められており、そこに利殖活動や商業活動は含まれていないからである。したがって、基金は、市民から寄贈された不動産を一般市民に貸与したり、そこにマンションやホテルを建てて運用することはできない。この解釈は、基金が財務省への送金義務から解放されていることに照らしても妥当である。なぜなら、もし基金が収入を国庫に入れなくて良いならば、財務省が管轄しない公務員の商業活動が認められてしまうからである。

次に、10条を見よう。「外国人と関係する事件において、法務省の事務次官が基金の代理人とならなければならない。この場合、法務省の事務次官は、彼または彼女のために事務を遂行し義務を負う人物を定めることができる。但し、当該指定は、司法基金委員会によって特別に定められた規則に従わなければならない」。外国人事件においては、司法基金の一般職員ではなく、法務省の事務次官が担当することが要求されている。これは、複雑な国際情勢に配慮するため、より高次の政治的判断が求められるからであろう。とはいえ、事務次官本人が当該事件を処理する必要はなく、適当な人物を指定してこの者に事務を処理させることができる。但し、このような指定は、法務省事務次官が司法基金に対して干渉することを引き起こすので、基金の独立性の観点から、司法基金委員会（後述）が定めた規則が優位するものとされている。

11条前文は、「司法基金は、法務省の事務次官室の中に設立されねばならない。これは、基金、委員会、副委員会、および、この法律にもとづいて指定されたワーキンググループないし従事者のための事務員の責務を履行するためである」と定める。つまり、司法基金は、法務省事務次官室の下位組織である。さらに、同条後文は、「司法基金の事務室は、以下の権限を持ち、義務を負う。㈠この法律にもとづく支援の申請を受け付けること。㈡関連する副委員会に対して、前号にもとづく申請と関連する意見を提出すること。㈢基金の活動において、政府組織、国家公務員および私的機関と協力し、協働すること。㈣法務省の承認を得た上で、委員会によって特別に定められた規則に従い、基金の金銭を受領、支払、保管すること。㈤基金の活動をサポートするにあたって、基金のサービスのシステム、フォーマットおよび目標を発展させること。㈥基金の活動のサポートと関係のある情報を収集、集約、分析すること。㈦委員会あるいは副委員会によって承認されたその他の義務ないし活動を実施すること」と定めている。ここで注意しておかなければならないのは、司法基金は法務省の下位組織であるが、全体の活動については司法基金委員会が主たる決定を下すことである。

　12条は、次のように定める。「首都バンコク以外の他の県における基金の活動は、当該県における基金にとっての事務と関連する責務を果たすために、法務省事務次官が、法務省の監督の下で、当該県の代理人を指定することができる」。この条文は、新憲法における司法アクセス権の問題点を浮き彫りにしている。というのも、新憲法は、首都バンコクにおける司法アクセスの向上のみを命じているわけではないのだが、事務的にはバンコクでの任務がメインになっているからである。少なくとも、この条文は、司法基金の活動の中心がバンコクであることを前提にしている。2017年新憲法に照らして、この条文はもう一度再考すべきであろう。

　(2)　第2章「司法基金委員会」

　「司法基金委員会（Justice Fund Committee）」とは、「委員長としての法務大臣、副委員長としての法務省事務次官、財務省の代表者、権利・自由保護庁の

代表者、予算局の代表者、タイ王室警察の代表者、裁判所の代表者、司法長官事務室の代表者、法曹会議の代表者、および、首相によって選ばれた6人の有識者」から成る特別委員会である（同法13条1項）。このメンバーから分かるように、司法基金委員会は、特に地位の高い公務員から成り立っており、通常の基金のような私人の理事会とは全く異なっている。

13条1項は、首相によって選ばれた6人の有識者の入会を認めている。14条によれば、「有識者は、以下の資格事由を持ち、かつ、欠格事由を有してはならない。㈠タイ国籍であること（資格事由）。㈡35歳未満ではないこと（欠格事由）。㈢破産者ではないこと、あるいは、不誠実であると認定された破産者になったことがないこと（欠格事由）。㈣禁治産者ないし準禁治産者ではないこと（欠格事由）。㈤政治的な役職、地方会合の役職、地方の行政職、政治政党の管理に関する監督者ないし責任者、あるいは、政治政党の助言者ないし事務員ではないこと（欠格事由）。㈥公職停止処分期間に該当していないこと、あるいは、法律にもとづいて公職ないし公の地位から排除されていないこと（欠格事由）。㈦公職、公務員職あるいは国営企業から、規律違反を理由とする免職等を受けていないこと（欠格事由）。㈧懲役の確定判決を受けたことがないこと。但し、過失による犯行ないし小罪を理由とするものは除く（欠格事由）。㈨裁判所から、彼あるいは彼女の財産が、不当資産として国庫に没収されるような判決ないし命令を下されたことがないこと（欠格事由）」。これらの条項から分かるように、資格事由よりも欠格事由のほうが多い。

司法基金法は、品行方正で不祥事のない人間を指定するように要求している。この中でも特に重要なのは、政治家等の就任の禁止である（5号）。この禁止は、2つのことを意味する。第一に、司法基金委員会は、政治に携わる人間から完全に独立していなければならない。司法基金委員会は、公務員および非政治的な私人のみから成り立つ委員会であり、立法府および地方議会からは独立している。第二に、このような政治的人間の排除によって、基金による支援は、政治的要素を排除したものとなる。このことは、新憲法が要請するところの、司法アクセス権の確立における平等性の要請には適している。しかし、

一方で、その都度の政治状況の反映に関しては、これを自覚的に拒絶している。このことは、タイ憲法が政治汚職の排除に努めてきたことと整合的である[51]。

　15条はさらに、有識者の任期等を定めている。1項によれば、「有識者は、4年間の公職を得るものとする」。2項によれば、「有識者が、任期の終了によって公職を終えた場合、首相は、新しい有識者を6日以内に指名しなければならない。この6日間のあいだ、新しい有識者は、たとえ指名されたとしても、まだ公職には就いていない。そして、任期が終了したことにより退職した元有識者は、新しい有識者が彼あるいは彼女の責務を引き継ぐまでは、自己の責務を引き続き果たさなければならない」。3項によれば、「任期満了により退職する有識者は、再度指名されることができる。但し、2期よりも多く連続で指名されることはできない」。

　以上をまとめると、次のようになる。まず、有識者の任期は、1期につき4年である。3項は、2期連続での就任を認めているので、最長は連続8年である。但し、3項は、「連続で（consecutive）」3期就任することは禁じているが、非連続に3期就任することは禁止していないので、1度退職してから、一定期間後にもう一度指名されることはできるものと解される[52]。

　16条は、「任期満了（expiration of term）」以外の有識者資格喪失事由を定めている。すなわち、「任期満了による退職に加えて、有識者は、以下の場合に

---

51) 鮎京正訓〔編〕『アジア法ガイドブック』227頁（名古屋大学出版会、2009年）「タイにおいては、近年司法に対する期待が高まっている。それは、公務員等の汚職問題を処罰する役割を担っているのがひとつの要因と考えられる。また、（中略）行政と立法部門の双方の実権を握る人物、政党が現れたため、その行き過ぎを抑制する役割も期待されている」。

52) 但し、この規定の濫用は認められない。例えば、Aという人物が2期8年有識者となり、任期満了で退職したあと、Bという人物が1ヶ月だけ有識者となって辞任し、Aが再び有識者になることは認められないであろう。条文の趣旨からして、特段の事情がない限り、2期目と3期目の間は少なくとも4年空いていなければならない。

も公職を失う。㈠死亡。㈡自主的な辞任。㈢14条の資格事由を喪失したか、あるいは、14条の欠格事由に該当した場合。㈣責務の履行における懈怠あるいは不誠実を理由として、首相によって解任された場合」である。1号の死亡と2号の自主退職によって公職を失うのは当然であるし、3号の資格事由喪失あるいは欠格事由該当によって公職を失うのも当然である。首相に任命権があるので、解任権があることも妥当である（4号）。

　ここで重要なのは、有識者が実際には有識者ではなかった場合、すなわち、13条が定義する「明白な知識、専門性および権利と自由の保護における実務経験」が無かった場合に、解任することはできないということである。なぜなら、そのような解任事由はないからである。但し、これらの知識や技能がない場合、当該人物の仕事は怠慢なものになるであろうから、16条4号に該当する可能性はある[53]。

　以上のように、任期満了以外での空席の可能性もあるので、17条は、次のように定めている。「有識者が、任期満了前に公職を辞した場合は、委員会は、残りの委員で構成され、退職した有識者と交代する新しい有識者の指名は、この席が空席になったときから6日以内に行われなければならない。被指名者は、置き換えられた委員の残りの任期についてのみ公職に就く」。任期満了以外の事由で委員が空席になった場合、委員会の活動は停止せず、残りの委員によって運営される。そして、首相は、空席が発生したときから6日以内に新しい委員を指名し、辞任した委員の残りの任期についてのみ公職に就けなければならない。

　以上で有識者の選定について説明を終えたので、司法基金委員会の基本的な

---

[53]　このような解釈から、16条4号の「懈怠（negligence）」は、タイ民商法217条が定める契約履行上の「過失（culpa）」よりも広く解するのが相当である。すなわち、過失があったことにより職務が履行できなかった場合だけでなく、標準的に期待される有識者としての職務を果たすことができない場合には、解任することができる。但し、司法アクセス権との関連で、首相が政治的理由から有識者を解任することはできないと解するべきである。なぜなら、前述したように、司法基金法は、全体として政治家の関与を拒絶しているからである。

職務について解説する。18条は、次のように定める。「委員会は、以下の権限を有し、義務を負う。㈠基金の活動のための方針、計画およびガイドラインを策定すること。㈡この法律のもとで規則を定めること。㈢委員会によって承認された責務の実施のために、副委員会あるいはワーキンググループを指名すること。㈣基金の目標に適合した活動結果を監督し、モニターし、調整すること。㈤年報を検討し承認すること。㈥基金の目標に合致した活動と関連する通知を発すること。㈦委員会の権限あるいは義務に合致するかたちで法律によって規定された責務を果たすこと、あるいは、首相によって指定された責務を果たすこと」。

順番に見て行こう。まず最初に指摘しておかねばならないのは、18条は、6条のような確認規定ではない、ということである。6条が定めている所有権等は、タイ民商法67条「66条の適用のもとで、法人は、自然人のみに認められない権利義務を除き、自然人と同じ権利義務を有する」によって法人に当然に認められる権利であるから、単なる確認に過ぎない。これに対して、18条は、委員会に法令の策定権を与えているので、授権規定である。

この授権規定としての性格から、ひとつの大きな問題が生じる。それは、委員会にその他の法律の解釈権があるか否かである。委員会が発することのできる「規則（rules）」と「通知（notification）」は、「法律（law）」よりも下位に属する規範である。しかし、当該司法基金委員会が担当しているのは、基本的人権としての司法アクセス権であるから、当該司法基金委員会が発する規則や通知は、基本的人権を擁護するものであり、法律よりも上位の規範に根拠づけられている。すると、委員会は、法律が自己の制定しようとしている規則や通知に（文言上は）反しているように見える場合は、当該法律に対する解釈権を有しても良いのではないか、という考え方もあろう。このことは、委員会の中に裁判官等の法曹関係者も含まれていることによって支持を受けるかもしれない。

しかし、このような解釈権はなく、司法基金委員会は、立法府が公布・施行した法律を文言通りに遵守する義務を負うというのが、筆者の考えである。その理由は、「タイは一体かつ不可分の王国であり、<u>国王を元首とする民主主義</u>

政体」[54]を採っていることにある（下線部は筆者による）。民主主義政体の基本は、民主主義的選挙によって選ばれた代議士による立法（法律の制定）が最上位であり、公務員はこれに服するという原則にある。もちろん、「憲法が明示的黙示的に又は憲法裁判所の判決を通じて保障する権利および自由は保護を受け、また、法律の制定、適用及び解釈において国会、内閣、裁判所及び他の国家機関を直接に拘束する」[55]ので、もし法律が憲法に反しており、委員会の規則が憲法に合致しているならば、法律よりも委員会の規則が優先されるべきであるが、しかし法律が憲法に合致しているか否かは、憲法裁判所が判断すべき事項であって、司法基金委員会が判断すべき事項ではない[56]。このような解釈は、7号において、委員会のその他の責務が法律によって規定されることと整合的である。

19条は、委員会の意思決定について定める。1項によれば、「委員会の会合は、全委員の半数以上の出席を要件とする」。2項によれば、「委員会の会合において、委員長が出席していないか、あるいは、職務を果たすことができないならば、副委員長が委員長に代わって会合を務めなければならない。もし委員長も副委員長も出席していないか、あるいは、職務を果たすことができないな

---

54) 稲正樹＝孝忠延夫＝國分典子『アジアの憲法入門』87頁（日本評論社、2010年）
55) 同上。
56) これと関連して問題となるのが、人権擁護のための特別委員会を設置することが、憲法上認められるか否かである。タイ王国内では、人権擁護のための特別な法律、あるいは、人権擁護のための特別な組織の設置に関する議論が盛んであるが、人権は非常に強力な権利であるため、慎重な議論が必要である。例えば、日本でも人権擁護のための特別な法律に関する議論があるが、現在もまだ公布されておらず、その問題のひとつとして、「マスメディアによる人権侵害も重要な問題であるが、それらの人権侵害事象に対しては、原則としてメディアの自主的な取り組みに委ねるべきである」という指摘が為されている。北口末広「人権擁護法案の問題点と人権救済機関の課題」『人権問題研究資料』17号1頁（近畿大学人権問題研究所、2003年）。つまり、専門の裁判所ではない少人数の委員会に人権侵害の有無を判断させることは、少人数に非常に強力な権利を与えることになり、危険であるという批判である。

らば、出席している委員は彼ら自身の中から会合において長を務める者を1名選出しなければならない」。3項によれば、「会合の決定は、投票の多数決による。投票にあたっては、各委員が1票の権限を有する。投票の結果が半々であるときは、長を務める者が追加の1票を有する」。まず、委員会の会合は、全委員の半数以上の出席を必要とし、委員は全部で通常15人いるので、8人以上の出席が必要である。委員会には、必ず長を務める者がいなければならなず、通常は委員長(法務大臣)が、委員長がいないか仕事をすることができないときは副委員長(法務省事務次官)が長となり、委員長も副委員長もいないときは、出席者の中から選挙で選出する。このとき、長の選挙は重要である。なぜなら、3項が規定している通り、委員会の決議は多数決で行うのであるが、投票結果が互角のときは、長に決定権があるからである[57]。

　20条は、委員会運営の補助者ないし副委員会の設置に関する規定である。1項によれば、「委員会は、一人または複数人の『支援提供副委員会(assistance provision subcommittee)』を選定し、規則、手続法および委員会によって特に定められた条件に従い、王国内における基金のあらゆる活動において補助するための権限を付与することができる」。2項によれば、「支援提供副委員会の事務室は、3ヶ月ごとに、委員会を補助する目的で行われた支出の報告書を提出しなければならない」。司法基金委員会のメンバーは、政府の高官であるから、実際に司法基金を運営することはできない。そこで、法律は、支援提供副委員会を設置して、これに職務を代行させることを認めた。支援提供副委員会は、タイ王国内において司法基金と関連する職務全般に関する権限を有するが、その適正性の確保のため、3ヶ月ごとに報告書を提出しなければならない。この

---

57)　ここから、追加の論点として、委員長および副委員長がいないときの「長(one to preside)」の選出は、出席者による全会一致なのか、それとも、過半数で良いのかが問われる。この点について、条文は何も規定していないので、委員会の慣行ということになるであろうが、筆者の考えによれば、もし権利・自由保護庁の代表者あるいは裁判所の代表者が出席しているときは、できる限りこの2人のいずれかにすべきである。なぜなら、司法基金の任務の内容と最も関係のある仕事をしているのは、この2人だからである。

第 11 章　タイにおける司法アクセス　471

報告先は、21条3項も合わせて考えると、財務省ではなく司法基金委員会である。

　21条は、さらに県単位の支援提供副委員会の設置を認めている。すなわち、1項によれば、「委員会は、『県単位支援提供副委員会（provincial assistance provision subcommittee）』を、首都バンコクを除く各県にそれぞれひとつずつ置くことができる。そして、基金から支援をするための補助を提供するための権限および義務を付与することができる。但し、訴訟、被告訴人ないし被告人の仮釈放に関する個人の補助の支出を目的とするものに限り、また、規則、手続法および委員会が特に定めた条件に従わなければならない」。2項によれば、「法務省の監督に服し、12条にもとづいて指定された県内の代理人の長は、県単位支援提供副委員会の委員として、また、事務員として奉仕しなければならない」。3項によれば、「県単位支援提供副委員会の事務室は、支援提供副委員会に対して、補助の目的に関わる支出を報告し、さらに、20条2項にもとづき委員会にも報告しなければならない」。これらの条文の中で重要なのは、支援提供副委員会は、各県にひとつしか置かれないということである。このことは、首都バンコクが除外されていること、すなわち、首都バンコクの司法アクセスが最も重要であると判断されていることに鑑みると、若干問題があるようにも思える[58]。

---

[58]　2007年憲法の問題点において確認したように、法曹過疎地域、すなわち、法曹関係者が少ない地域があること自体が、司法アクセス権を侵害している。したがって、司法基金委員会が首都バンコクを中心に活動し、他の県は副委員会にのみ任せるというシステムは、2017年憲法の司法アクセス権強化の観点から言うと、改善の余地があるであろう。この点、地方では、地元の有力者を中心に和解によって解決を図ることが可能なので、「市民の司法アクセスは担保されているのではないか」という指摘もある。中村憲一〔編〕「私たちのシンポ『アジア諸国の司法アクセス：法整備に関する学生のシンポジウム』」『ICD NEWS』54号27頁（法務省法務総合研究所国際協力部、2013年）。例えば、ベトナムなどでは、地方において和解で解決されることが多いが、「しかしながら、和解の実態は不透明なものとされています。例えば、先ほども申し上げましたとおり、和解組で選ばれるメンバーには権力者が多く、彼らの思惑どおりの判断になってしまうことも避けられません。そして、和

22条は、支援提供副委員会あるいは県単位支援提供副委員会において、職員が職務の遂行をすることができなくなったときの規定である。すなわち、その1項によれば、「支援提供副委員会あるいは県単位支援提供副委員会に対する申請を表明する緊急の事態が起こった場合は、支援提供副委員会の座長あるいは県単位支援提供副委員会の座長が、可能な場合は、この申請について検討し、支援提供副委員会あるいは県単位支援提供副委員会に報告する者となる。可能な場合は、これは遅滞なく行われなければならない」。2項によれば、「仮釈放における支援の申請を検討するにあたって、もし支援提供副委員会ないし県単位支援提供副委員会に対して申請を表明する緊急の事態が起こったときは、当該副委員会は、この申請に関して検討し、支援提供副委員会ないし県単位支援提供副委員会に報告する者を指定することができる。可能な場合、司法基金委員会によって特に定められたルールに従い、遅滞なく行わなければならない」。このような緊急事態としては、例えば大規模自然災害によって、司法アクセス権の侵害の回復が急務になった場合が考えられよう[59]。

23条は、支援提供副委員会および県単位支援提供副委員会のメンバーが、司法基金委員会と同様の資格事由および欠格事由に服することを定めている。

解組で出された判断が公開されていないことも問題点の一つとして挙げられます。紛争がどのように解決されるのか、またその結果は当事者にしか分かりません」。同論文28頁。

59) 但し、自然災害の規模によっては、そもそも司法機関や警察機関が麻痺して、仮釈放自体が行われない可能性も高いであろう。そのような場合は、担当者は、仮釈放支援の中止とその旨の報告を行うことになるであろう。例えば、インドネシアの2004年スマトラ津波のとき、司法アクセスシステム自体が崩壊したため、司法アクセス権の実施は、仮釈放等の実行ではなく、地域コミュニティの再建から始めなければならなかった。金子由芳『国際協力論集』22巻2/3号12頁（神戸大学大学院国際協力研究科、2015年）「2004年12月26日のスマトラ津波は死者・行方不明者20万人の未曾有の被害をもたらし、その応急・復興過程は熾烈なものとなった。当時は災害対応の法制基盤はなく、災害復興は試行錯誤で展開されざるを得ず、国が臨時に被災地バンダアチェに設置した復旧復興庁（BRR）による復興マスタープラン（2004-2009年）が策定・実施された」。このような大規模災害の場合には、司法基金も災害復旧に当てるべきであろう。

さらに、委員が空席になったときの処理も同様に準用されている。

24条は、「司法基金委員会および副委員会の委員は、財務省の承認により、当該委員会によって特に定められた規則に従って、[他の委員会の]会合に出席する許可を受けることができる」。それぞれの委員会のメンバーがお互いの会合に出席することは、当然必要なことであるが、会議場の設定、準備等、国家予算を用いることになるので、財務省の承認が必要である。このことは、司法基金における財源の問題との関連で重要である。というのも、司法アクセス権は、内心の自由のような消極的な権利ではなく、社会権に近いからである。社会権の多くは、政府の財政出動がなければこれを実現することができない。しかし、政府の財政出動は必然的に税金の使用に繋がるため、予算編成において調整を受ける。したがって、財務省等のコントロールに服さなければならないのである。

最後に、25条は、「当該法律にもとづく義務の実行において、司法基金委員会および副委員会の委員は、刑事訴訟法上は公務員として扱われる」と規定する。つまり、司法基金に関係する委員の職務は、いわゆるみなし公務員である。この条文の存在から推測するに、司法基金委員会および副委員会のメンバーは、もともと公務員である人々を除いて、正規の公務員職ではない。

(3) 第3章「資金からの支援に対する申請」

26条から32条までは、支援の申請に関する規定である。まず、26条1項は、「人は、基金からの支援に対する申請を、訴訟の場合、仮釈放の場合、人権侵害の場合、人権侵害の結果に関与している場合に行うことができる。これは、人々に法的知識を提供するための計画の支援を含む」と規定する。2項は、「申請の一時的な預かり、申請の書式、支援提供の検討に関する規則、手続、条件は、委員会によって特に定められた規則に従わなければならない」と規定する。これらの条文は、これまで見て来た司法基金の目的およびルールから明らかである。

27条1項は、「訴訟における人々の支援は、代理人の費用、裁判費用その他の訴訟の費用と関係する費用から成る」と定め、さらに2項は、「支援の目的

の規則、手続および条件は、委員会が特に定めた規則に従わなければならない」と定める。このとき、「代理人（attorney）」の範囲が問題になる。訴訟における代理人には2種類おり、訴状等を単に提出するときの代理人等、非法曹の代理人と、訴訟を代わりに追行する代理人すなわち法曹の代理人（特に弁護士）とに分かれる。筆者の考えによれば、前者も後者も両方含まれるものと解される。なぜなら、非法曹の代理人だけを使うケースは稀だからである。いずれにせよ、どの範囲の代理人の費用まで支払うかは、委員会の規則に依ることになろう。

28条は、「訴訟における支援あるいは人権侵害を受けている人の支援あるいは人権侵害の結果と関係している人の支援が目的であるとき、支援提供副委員会および県単位支援提供副委員会は、以下の原則に従って検討しなければならない。㈠基金からの支援を申し立てている人物の態度と事情。㈡基金からの支援を申し立てている人物の地位。㈢基金からの支援を申し立てている人がその他の法律にもとづいて受け取る支援ないし救済の機会」。

まず、1号についてであるが、基金から支援を申し立てている人物の「態度（behavior）」とは、道徳的な意味での「行儀（manners）」のことではなく、申立の内容が疑わしくなるような態度（例えば、事情を説明することができないか、あるいは、一度申立てた事情が後から頻繁に変わる等の、詐欺を推測させる態度）のことであると解さなければならない。なぜなら、「行儀（manners）」が悪いことは、人権侵害から保護するかどうかの判断と、何も関係がないからである。タイ憲法は、品行方正な人にのみ人権を認めたわけではない。

次に、2号についてであるが、支援の申立てをしている人の「地位（status）」とは、社会的地位が高いかどうかではなく、むしろ、低いかどうかで判断すべきであろう。というのも、司法基金は、自己の資金で司法にアクセスできる人に対する救済を目的としているのではなく、自己の資金で司法にアクセスできない困窮者に対する救済を目的としているからである。

最後に、3号についてであるが、支援の申立てをしている人が、例えば既に民事法上の損害賠償を提起しており、勝訴の可能性が高いような事情がある場

合は、より司法アクセスの機会の少ない他の人に対する保護を優先するように命じる趣旨であろう。このような場合に含まれるものとして、民事法上の損害賠償請求における勝訴可能性だけでなく、刑事補償法上の救済、あるいは、その他の犯罪被害者の救済に関する制度等も考えられるであろうし、民間の福祉事業も考えられるであろう[60]。

　29条は、「被告訴人あるいは被告人の仮釈放において支援の提供を検討する場合には、もし被告訴人あるいは被告人が仮釈放されたならば、彼あるいは彼女が証人や証拠に対するトラブルを引き起こすか、あるいは、その他の損害を引き起こす可能性がないかどうかを検討しなければならない」と規定する。この条文は、仮釈放の場合に2重のチェックを要求している。というのも、被告訴人あるいは被告人が、証人、証拠等を侵害したり、その他の損害を引き起こしたりするであろうと予見されるときは、そもそも裁判所の段階で仮釈放が認められないはずだからである。しかし、司法基金法は、このような裁判所の判断のみならず、司法基金委員会、支援提供副委員会、県単位支援提供副委員会にも、チェックの義務を課した。その理由にはいくつか考えられるが、もし司法基金が援助をしないならば、裁判所はそのことを仮釈放の可否の判断に入れても良いことになり、より適切な仮釈放の判断ができるからではないかと推測

---

[60] 但し、国家賠償法上の救済に関しては、慎重に判断しなければならない。なぜなら、国家賠償に関する訴訟は、国が否認した場合には非常に長期化するからである。同様の問題として、行政訴訟やその他の行政上の救済可能性が認められているときに、例えば、土地の収用に関して、「土地収用は、国家的権力の行使による私人の土地所有権の強制的取得であり、財産権の侵害」であるから、「私人財産権を保護するために、世界各国のほとんどは、法律で土地収容の適用範囲、補償、手続、救済などに関する規定を設け、土地収用権の行使に当たっては、公共の利益の増進、正当な補償、公正な手続をしなければならないと要求する」。江利紅「中国における土地収用制度とその改善に向けた課題(1)」『比較法雑誌』第46巻第4号182頁（日本比較法研究所、2013年）。しかし、土地の収用は多くの場合に早急に行われることが多く、行政訴訟等を提起しても、その間は土地を持つことができない。このような場合に、行政訴訟等の救済があるので司法基金は援助しないという主張は、できないのではなかろうか。

される。もっとも、司法基金は、金銭的な理由から仮釈放の援助をしないことも考えられるので、裁判官は、司法基金から援助を受けていない理由を確認すべきであろう。このことは、次の30条において、被告訴人あるいは被告人が、司法基金の職員のサインを受け取ることができるという規定と整合的である。

30条は、再び仮釈放の規定である。1項によれば、「被告訴人あるいは被告人の仮釈放の申請について、基金は、基金の職員あるいは法務省の職員に対して、当該申請をした人物に奉仕し、保釈保証書にサインする権限を有する」。また、2項によれば、「仮釈放の申請は、基金からの支払いに関する確認証、被告訴人あるいは被告人の保釈保証書のコピー、4項における保証合意書のコピーを添付しなければならない」。さらに、3項によれば、「基金からの支払い確認書は、もし被告訴人あるいは被告人が、いかなる金額についてであれ保釈保証に違反した場合は、基金が当該金額を被告訴人あるいは被告人のために支払うべきであるとことを特に明記していなければならない」。4項によれば、「基金からの支払いの確認書の発行にあたっては、仮釈放を希望している被告訴人あるいは被告人が、基金と、次のように述べている合意を書面で作成することが最優先となる。すなわち、もし基金が、3項にもとづいて一定の金額の支払いを義務付けられたならば、当該被告訴人あるいは被告人は、当該金額を基金に償還しなければならない、と。当該被告訴人あるいは被告人は、夫、妻、両親、卑属、間接的親族、監護者あるいは雇用者に、保証をさせなければならない」。最後に、5項によれば、「支払い確認書の発行にあたっての規則、手続、条件は、委員会が特に定めた規則に従わなければならない」。

当該条文は非常に長いものであるが、とりわけ問題になるのは4項である。4項には、2つの論点がある。第一に、被告人は、保釈金を司法基金から贈与されるのではなく、司法基金に保証を依頼するだけである。司法基金は、被告人が保証金を支払わない場合に代わりにこれを弁済し、そして、被告人に対してその求償を請求することができる[61]。すると、たとえ被告人が困窮者である

---

61) タイ民商法693条「保証人が債務者の債務を弁済したときは、現金、利息及びその保証によって生じた損害につき、債務者に請求する権利を有する」。

としても、最終的には保釈金は全額支払わなければならないことになる。なぜなら、求償の対象は元本全額だからである。これが司法アクセス権を真に保護しているかどうかは、慎重に検討しなければならない。

　第二に、司法基金が保証することに対して、さらに保証人が必要となっている。これについては、孤児等の無親族者の場合はどうなるのか、という問題が生じる。30条4項は、「監護者（supervisor）」も保証人に含めているので、孤児の場合でも全く監護者がいないということはないであろう。しかし、例えば児童福祉施設の監護者や、養老院の監護者が、司法基金に対する保証義務を負うというのは、非常に奇妙なことのように思われる。というのも、彼らはこの特定の人物（現在、被告訴人あるいは被告人として扱われている人）に対する個人的な責任者ではないからである[62]。

　31条は、人権侵害に関する申請の規定である。1項によれば、「人権侵害あるいは人権侵害の結果から生じた事件における支援の申請については、申請者が以下のように被った損害について支援を申請することができる。㈠治療に必要な費用。これは、精神的・身体的リハビリを含む。㈡人権侵害によってある人物が死亡した場合に、その侵害の結果から損害を被っている人に対する支援。㈢通常の仕事に従事することができなかった期間の無収入の補償のために与えられる金銭。㈣委員会が適切であるとみなしたその他の損害に対す

---

[62]　このことは、求償権行使のときの抗弁権がどのように継承されるか、という問題を生じさせるので、民商法上はなおさら複雑になるであろう。例えば、裁判所に対する保釈金の支払いが消滅時効にかかったが、司法基金がこれを知らずに弁済し、被告訴人あるいは被告人の保証人に求償するとき、当該保証人は消滅時効の抗弁を用いることができるであろうか。695条は「保証人が債務者が有する債権者への対抗要件を用いなかったときは、用いなかった対抗要件の部分につき債務者に対し求償権を失う。ただしその対抗要件の存在を知らず、かつ自己の過失によって知らなかったのではないことを証明できるときはその限りではない」と規定しているので、保証人が消滅時効の成立を知らず、かつ、それについて無過失であったときは、司法基金に対して消滅時効の抗弁を用いて、求償を拒絶することができるはずである。しかし、このような解決策が実務において実際に採用されるかどうかは、今後の推移を見守る必要がある。

る補償における支援」となっている。2項によれば、「支援を提供するにあたっての規則、手続、条件は、委員会によって特に定められた規則に従わなければならない」。

　この条文が興味深いのは、犯罪被害者補償に似た性格を有することである。これらの条文は、人権侵害を対象とはしているが、通常の犯罪のほとんどは人権侵害であるから、かなり広範に適用される可能性があろう。例えば、殺人罪は身体の自由に対する侵害であるし、窃盗罪は財産権に対する侵害である。

　32条は、支援提供副委員会に関する規定であり、1項によれば、「支援提供副委員会は、人々に法的知識を提供するプロジェクトを提案している人物に対する支援について検討する権限を有する」。2項によれば、「当該支援に対する申請および当該支援の提供にあたっての規則、手続、条件は、委員会が特に定めた規則に従わなければならない」。この条文から明らかであるように、法的知識の教授に関するプロジェクトは、司法基金委員会の仕事というよりは、支援提供副委員会の仕事であると言える。

(4)　第4章「財政、会計および監査」

　33条は、次のように定める。「基金は、会計項目のための記録および適正な会計システムを構築し、活動の支出および基金の財政状況を示さなければならない。これは、会計の諸原則に一般的に従うものとする。さらに、規則の基礎に関する内的な監査を、また同様に、内的な監査の結果を、委員会によって特に定められた規則に従って、委員会に報告しなければならない」。司法基金が金銭等を扱い、しかも、財務省に送金しないという特別な許可を得ているので、内部監査が重要になる。当該条文は、内部監査の仕方を定めたものである。内部監査は、適正な一般的会計基準に従うことになっているが、これに関しては「国際財務報告基準（International Financial Reporting Standards）」が参考になるであろう[63]。

---

63)　国際会計基準は、世界中の会計に影響を与えており、採用するか否かとは別に、必ず検討しておかなければならない基準である。世界各国におけるIFRSの状況については、仲尾次洋子「台湾におけるIFRSの適用」『商経学叢』62巻3号 425-447

34 条は、「基金は、財務に関するステイトメントによって、活動結果および国庫の年次期末から6日以内に報告されるべき基金の財政状態を示さなければならない」ものとされ、35 条によれば、「タイ監査官事務局、あるいは、タイ監査官事務局によって承認された監査人が、基金の監査人にならなければならない」。これらの規定から明らかになるように、基金における「監査（audit）」の目的は、会計監査がメインである。

36 条によれば、「監査人は、基金の監査報告書とともに、国庫の年度末から 150 日以内に報告を行わなければならない。また、監査人によって監査された財務のステイトメントおよび監査報告書は、政府広報紙で発表されなければならない」。司法基金は、国民の司法アクセス権の保障のための基金であるから、その財務状況は国民一般に関係している。したがって、司法基金の内部だけでなく、政府広報紙によって外部にも発信されなければならない。

37 条によれば、「基金は、内閣官房に、年次報告書とともに、国庫の年度末から 180 日以内に報告を行わなければならない」。会計監査が 150 日以内であるから、会計監査が終了してから 30 日の猶予で報告が完了するという読みであろう。このことを考えると、会計監査が年度末から 60 日で終わった場合には、基金はできる限り 30 日以内に内閣官房に報告をするのが理想ということになろう。

司法基金の会計年度は、国庫の年度に合わせられる（38 条）。そして、「基金の金銭の受領、金銭の支出、金銭の保管は、財務省によって承認され、委員会によって特に定められた規則に従わなければならない」（39 条）。ここでも、会計の対象として「金銭（money）」のみが挙げられているけれども、前述の

頁（近畿大学経営学部、2016 年）、野口晃弘「国際財務報告基準とイスラム金融」『商学論究』63 巻 3 号 191-205 頁（関西学院大学商学研究会、2016 年）、西海学「カナダにおける IFRS 導入の影響に関する一考察」『経営管理研究所紀要』21 号 59-70 頁（愛知学院大学経営管理研究所、2014 年）、岡田博憲「ASEAN 諸国における国際財務報告基準（IFRS）の導入モデル：新制度論からのアプローチと今後の展望」『企業会計』66 巻 11 号（中央経済社、2014 年）等を参照。

その他の財産に関する規定の場合と同様に、その他の財産にも適用されると解するべきである。

(5) 第5章「移行の規定」

40条から43条は、既存の法律と司法基金法との関係を規律するものであるが、今回の研究の目的から外れるので、割愛する。

3．弁護士費用の実務

a．概　説

最初に指摘しておかなければならないこととして、タイの弁護士は、日本のような委任契約ではなく[64]、請負契約によって処理されているということである。すると、「仕事の完成」の意味が問題になってくるが[65]、通説判例によれば、弁護士の「仕事の完成」とは、訴訟を終えることであり、勝訴判決を得ることではないと解されている（最高裁10707/2550判決）。したがって、タイの弁護士が、日本の弁護士よりも高度な義務を負っているわけではない。敗訴しても、クライアントは債務不履行を主張することはできず、弁護士費用を支払わなければならない。

b．任意弁護士費用と法定弁護士費用

タイにおける弁護士費用には、2種類ある。ひとつは、クライアントとエージェントのあいだで自由に合意される弁護士費用であり、こちらが通常である。もうひとつは、タイ民事訴訟法の別表に記載された法定弁護士費用であり、これは、誠実に訴訟を追行して勝訴した側が、相手方に支払わせることのできる額である。例えば、弁護士費用をクライアントとエージェントが10万

---

64) 日本において弁護士が請負契約ではなく委任契約であることについては、大村敦志『新基本民法総則編』168頁（有斐閣、2017年）を参照。

65) タイ民商法587条「請負とは、請負人と呼ぶ当事者の一方が、注文者と呼ぶ一方の当事者に対し、ある仕事を完成することを約し、注文者がその仕事の結果に対して報酬を与えることを約した契約のことである」。

バーツで合意した場合、この10万バーツのうちの一定額を、敗訴した側が負担することになる（民訴161条）。法定弁護士費用は、訴額に応じており、例えば、第一審の訴訟物が金銭であるときは、最高でその訴額の5％、金銭でないときは最高で30,000バーツ、控訴審ないし最高裁においては、訴訟物が金銭であるときは最高でその訴額の3％、金銭でないときは最高で20,000バーツとなる（民訴別表6）。この額は、現実の裁判費用と比べると低額であり、勝訴しても裁判費用を負担しなければならないのが実情である。

c．弁護士費用の算定基準[66]

さて、タイにおける弁護士費用の算定基準には4つのパターンがある。1番目のパターンは、単純に労働時間をみるものであり、訴額や訴訟の難易度を無視する。2番目のパターンは、訴額に着目して、そのうちの一定額を最初に支払う方式である。3番目は、企業顧客のケースであり、最初に一定額を弁護士に支払い、それを例えば年間の顧問料とするパターンである。この3番目のパターンにおいて考慮されるのは、その企業が平均どのくらいの訴訟を行っているかである。4番目のパターンは、判決文で得た額のうちの一定の割合を得る方式である。最後のケースで敗訴した場合は1バーツももらえないことになるが、現在の判例ではこのような弁護士契約は違法となっている（最高裁810/2554判決：タイ民商法150条「法律によってはっきりと禁止された、公序良俗を逸脱、または公序良俗に反する目的を持った行為は無効とする」）。

2015年には、タイ民訴222条の37が追加されて、クラス・アクションについて、原告弁護士の費用以外に「勝訴報酬（reward）」も請求できるものとされ、かつ、その報酬額は訴額の30％以内であることが定められた。

司法ファンド委員会は、弁護士費用に関するサポートを担っている。まず、弁護士費用は5,000バーツから3万バーツの支援が相場である。特別裁判所の

---

[66] ワニダ・ミースィー「弁護士料の事件結果からの算定」17-18頁（タマサート大学法学部修士論文、2558年）　วนิดา มีศรี,การกำหนดค่าทนายความตามผลคดี, (วิทยานิพนธ์ : นิติศาสตร์มหาบัณฑิตย์, 2558), น. 17-18.

場合は、5,000バーツから2万バーツとなっている。高等裁判所および最高裁判所も同様である。但し、複雑な事件、国民への影響が大なる事件、司法手続の信頼性にとって重要な事件の場合は、この額を変更することができる。執行の場合は、5,000バーツから3万バーツである。

他方で、相談料、証拠などの専門家に関する費用については、まだ規定が作られていないのが実情である。このため、委員会の裁量に委ねられており、交通費や宿泊費などを勘案して算出している。交通費に関しては、1日に2回の移動のみとするのが実務慣行になっている。なるべく早い基準作りが求められる。

サポートの可否は、① 被支援者の収入額、② 被支援者の生活に適した支出額かどうか、③ 債務があるかどうか、④ 他の法律によって支援を受けられる可能性があるかどうか、⑤ 司法ファンドの資産状態によって決定される。

例えば、2016年10月1日から2017年5月31日まで、1,153人の被支援者がおり、支援総額は弁護士費用8,124,338バーツ、裁判手数料は544人に3,813,958バーツ、その他の手続費用18人に134,863バーツ、交通費および宿泊費16人に35,566バーツとなっている（人数は述べ人数で、重複を含むものとする）。

V　タイにおける司法機関の構成、人員、訴訟件数

まず、タイの司法機関の仕組みについて説明しておこう。タイの通常の司法手続は、日本とよく似ており、地方裁判所、高等裁判所、最高裁判所の三審制を採用している。他方で、日本と異なり、特別裁判所の設置が認められている。すなわち、租税裁判所、知財＝国際取引裁判所、破産裁判所、労働裁判所である。このような4つの特別裁判所の設置の目的は、専門知識を必要とする事件について、専門の裁判官が当たることにより、事件の処理を迅速かつ正確に行うということにある。この点で、司法アクセス権の強化に繋がっている。

今回のレポートでは、バンコクの地方裁判所（民事）、地方高等裁判所及び前述の特別裁判所の事件数、担当裁判官数、担当職員数、毎年の繰り越し事件

数などを概観し、司法アクセスの基本である裁判所の処理能力について、表を紹介しておく。

表 11-4　Bangkok Civil Court

〔構成員〕[67]

年	裁判官	職員	合計
2017	107	350	457
2016	104	361	465
2015	136	364	500

〔事件数〕[68]

年	前年からの繰り越し件数	新規件数	その年の解決件数
2016	2,757	7,189	7,422
2015	2,430	7,458	7,131
2014	2,156	6,729	6,455

表 11-5　Southern Bangkok Civil Court

〔構成員〕

年	裁判官	職員	合計
2017	49	229	278
2016	50	239	289
2015	80	240	320

〔事件数〕

年	前年からの繰り越し件数	新規件数	その年の解決件数
2016	1,511	2,871	3,028
2015	1,322	3,238	3,049
2014	1,133	2,760	2,571

---

67)　裁判官の統計は、裁判所などの HP にもとづく（2017 年 10 月 10 日検索）。
　　http://www.jor4.coj.go.th/doc/data/jor4/jor4_1481094633.pdf
　　http://www.jti.coj.go.th/doc/data/jti/jti_1463985288.pdf
　　http://www.jti.coj.go.th/doc/data/jti/jti_1463984889.pdf
68)　2015-2017 年までの事件数を上述の統計等から計算したものである。

表 11-6　Thonburi Civil Court

〔構成員〕[69]

年	裁判官	職員	合計
2017	42	125	167
2016	46	126	172
2015	61	129	190

〔事件数〕[70]

年	前年からの繰り越し件数	新規件数	その年の解決件数
2016	719	2,699	2,792
2015	537	2,958	2,776
2014	535	2,423	2,421

表 11-7　すべての高等裁判所の人員および事件数

〔構成員〕

年	裁判官	職員	合計
2017	394	213	607
2016	381	204	585
2015	360	203	563

〔事件数〕

年	前年からの繰り越し件数	新規件数	その年の解決件数
2016	1,337	8,448	8,705
2015	1,194	8,146	8,002
2014	1,214	7,706	7,717

---

69)　2015-2017 年までの事件数を上述の統計等から計算したものである。
70)　http://www.coj.go.th/home/index.htmi（2017 年 8 月 10 日検索）。

表 11-8　地方高等裁判所（全 9 ヶ所）の人員

〔構成員〕

年	裁判官	職員	合計
2017	600	728	1,328
2016	527	729	1,256
2015	547	731	1,278

表 11-9　2016 年 10 月 1 日より、家庭裁判所、破産裁判所、知的裁判所、労働裁判所、租税裁判所からの上訴の最終審が高等裁判所となっており、その担当者数

年	裁判官	職員	合計
2017	72	87	159

表 11-10　高等裁判所

〔構成員〕

年	裁判官	職員	合計
2017	430	434	864
2016	437	452	889
2015	392	455	847

〔事件数〕

年	前年からの繰り越し件数	新規件数	その年の解決件数
2016	2,085	3,284	3,278
2015	4,464	3,785	6,164
2014	7,137	4,040	6,744

　以上の表から言えることは、2 つある。ひとつは、司法アクセス権の確立にもかかわらず、裁判所の人的能力には、目立った向上が見られないことである。このため、訴訟が多い年には、裁判官の数が非常に不足することになり、多様な裁判外紛争処理が求められる最大の理由はここにある[71]。もうひとつは、

この人的能力の停滞に伴い、解決事件数にも、目立った進歩が見られないことである。これらは、タイにおける司法アクセス権が、システム整備という面でまだ実現していないことの一例であるように思われる。

Ⅵ その他の民事司法アクセス

1. 概　　説

最後に、仲裁とオンライン紛争解決に関する諸事項を見ておきたい。タイにおけるADRは、裁判を使わないことによって安価・迅速な手続きを実現し、当事者が望む人物に判断させることにメリットを置いている[72]。具体的には民事および商事の任意規定および公共の利益（例えば借地借家関係など）に反しないものは、原則的にADRに付すことができる[73]。既に述べたように、仲裁については、①民事訴訟法上の費用扶助の対象になっておらず、また、②司法基金法においても特段言及されておらず、③仲裁人の公平性等についても困難な問題が生じうるというデメリットが存在する。しかし、慣習による解決は、アクセスの容易さ、価格の安さ、親しみやすさ、日常言語での対話、迅速さ等の点において、メリットがあることも確かである[74]。

---

71) パシット・ドゥンタウォン「将来の司法裁判における調停人の育成とその展開モデル」『ドゥンラパ』58年度1巻58頁（2554年）ประสิทธิ์ ดวงตะวงษ์, ตัวแบบการสร้างและพัฒนาผู้ไกล่เกลี่ยของศาลยุติธรรมในอนาคต, ดุลพาห เล่ม 1 ปีที่ 58, (มกราคม - เมษายน, 2554) น. 58.

72) ナロン・ジャイハン〔監修〕『司法基金のポリシーに関する研究報告：およびタイ南部諸県における紛争の状況にもとづく法律支援のための活動および結果に関するデータとその分析』88頁（バンコク：ニーオーデジタル出版、2556年）รศ.ณรงค์ ใจหาญและคณะ ,รายงานวิจัยข้อเสนอแนะทางนโยบายเรื่อง กองทุนยุติธรรม : ข้อมูลและบทวิเคราะห์ผลการทางานและประสิทธิภาพในการให้ความช่วยเหลือทางกฎหมายอันเนื่องมาจากสถานการณ์ความขัดแย้งในจังหวัดชายแดนภาคใต้, (กรุงเทพฯ : นีโอดิจิตอล จากัด, 2556), น. 88.

73) Thailand Arbitration Center〔編〕「仲裁について」（2560年6月23日）การอนุญาโตตุลาการ, http://www.tai.coj.go.th/doc/data/tai/tai_1497241345.pdf,23 มิถุนายน 2560

オンライン紛争解決について、タイの情報法関連分野は、国外からも高い評価を受けており[75]、2017年憲法においても、司法アクセス整備におけるテクノロジーの重要性が強調されている（258条c項3号）。司法アクセス整備におけるテクノロジーとして重要なのは、①法情報をインターネット上で閲覧できること、また、そのようなデータベースが存在することであるが、これに加えて、②訴訟手続をオンライン上で行うこともここに含まれる[76]。

しかしながら、利用に関しては多くの問題がある。例えば、ADR法19条2項は、原告と被告はいつでも民事仲裁において和解できるとものと定めるが、あまり人気のある制度とは言えなかった[77]。

2．仲裁センター THAC（タイ仲裁センター）[78]

「タイ仲裁センター（Thailand Arbitration Center）」は、仲裁機関として設立された公的機関であり、調停および仲裁のプロセスの促進および発展を目的としている。仲裁制度の支援・促進、国際的な基準を持つ独立した仲裁機関の設置、関連法律に関する知識の普及、エージェントの育成・発展等も視野に入れ

---

74) 中村憲一「私たちのシンポ『アジア諸国の司法アクセス：法整備に関する学生のシンポジウム』」『ICD NEWS』54号47頁（法務省法務総合研究所国際協力部、2013年）。

75) 鮎京正訓〔編〕『アジア法ガイドブック』237頁（名古屋大学出版会、2009年）。

76) この点で最先端を走っているのはアメリカであるが、近年ではとりわけ裁判システムそのもののデジタル化も検討されている。但し、このような動向は既に10年以上前から見られるが（例えば、田中貴紘＝西原国義＝安村禎明＝新田克己「事例を用いた模擬裁判支援システム」『人工知能学会全国大会論文集』3巻59頁（人工知能学会、2003年）を参照）、未だどの国でも機能していないことに注意を払う必要があろう。

77) プラメミサ・ニュルングラム「裁判外紛争解決の発展：強制調停手続のタイへの導入に関する検討」『Journal of Thai Justice System』2013年2号101-117頁（2560年6月20日検索）เปรมมิศา หนูเรืองงาม, การพัฒนากระบวนการยุติธรรมทางเลือก : กรณีศึกษาการนากระบวนการไกล่เกลี่ยข้อพิพาทเชิงบังคับมาใช้ในประเทศไทย, www.ncjad.go.th/index.php/files/download/32c48ffaf2972e7, วันที่ 20 มิถุนายน 2560.

78) http://www.thac.or.th/

ている。但し、現在のタイの仲裁方法によって紛争を解決することが原則となっており、その点では国内司法アクセスを管轄する部署である。

3．国際仲裁センター（ICC）[79]

国内外における民事紛争および商業紛争において、国際仲裁サービスを提供するために設立された機関である。国際的な標準サービスを提供することを目的としており、タイ王国内での特殊利害に配慮したものではない。国際取引では迅速性が特に強調されるため、THACとは別に専門化されている。このことは、タイ王国内において、国際取引裁判所が通常裁判所から分離していることと同様である。

これとは別に、アジアに特化したECAFEもある[80]。

4．オンライン紛争解決（ODR）

オンライン紛争解決は、当事者がオンライン上の交渉等さまざまなデジタル的手法で紛争を解決することに同意する場所である。調停オンライン紛争解決とオンライン紛争解決（電子商取引版）の2つが設けられている。

当事者は、契約が電子的に締結された日から、紛争が発生した後はいつでもオンライン手続で済ませることに同意したことになる。オンライン紛争解決の利点は、便利で、速く、時間を節約し、費用効果が高いことにあるが、今回の研究の途中でも述べたように、インターネット等の最新ツールは、高齢者等には使いにくいというデメリットがあり、ネット環境の整備やインターフェイス

---

79) アナン・ジャンタラオーパーゴン『紛争解決の交渉、調停、和解、仲裁の選択』（バンコク：タマサート大学、2558年）101-102頁。อนันต์ จันทรโอภากรณ์, ทางเลือกในกระบวนการระงับข้อพิพาท การเจรจา การไกล่เกลี่ยและประนอมข้อพิพาท อนุญาโตตุลาการ, (กรุงเทพ : โรงพิมพ์มหาวิทยาลัยธรรมศาสตร์, 2558), น. 101-102.

80) タイ王国議会「タイ王国における取引仲裁」（2560年6月24日）สำนักงานสภาอนุญาโตตุลาการการค้าไทย สภาหอการค้าแห่งประเทศไทย, http://rss.thaichamber.org/rss/view.asp?nid=1169, 24 มิถุนายน 2560.

の改善などが急務となるであろう[81]。e-governance との関係も慎重に検討しなければならない[82]。

Ⅶ　お わ り に

　以上、タイにおける司法アクセス権の現状について研究した。以下の3点に要約することができる。

　第一に、タイ王国2017年憲法は、司法アクセス権に対する規定を積極的に導入しており、この点で、国民、政府、司法関係者が司法アクセス権を重視していることが分かる。つまり、理念的なレベルで言えば、タイは司法アクセス権について積極的な態度を示していると言えよう。このことは、法曹過疎地域に対する対処、法教育活動、そのための広報活動の他、各司法プロセス（民事裁判プロセス、刑事裁判プロセス、憲法裁判プロセス、知的財産裁判プロセス、行政裁判プロセス、破産裁判プロセス、家事裁判プロセス等）の調整的統一が必要であり、この調整的統一は、タイ王国国内の司法プロセスと国際司法プロセスの統合も含む。

　しかし、第二に、実務的なレベルになると、「司法基金法」などの特別法の

---

[81]　ロシアが行なっている裁判所のIT化においては、① 裁判期日のパソコン上での表示、② 全裁判記録のデータベース（但し2008年以降のものに限られる）、③ 遠距離間でのビデオカメラを用いた裁判等が導入されている。中村憲昭「サハリン州の仲裁裁判所」『自由と正義』63巻2号1頁（2012年）。

[82]　いわゆる「電子行政（e-governance）」が最も進んでいるのは、アジア諸国ではなく、EUであろう。EUにおいて e-governance が盛んなのは、各国の言語や法制度が異なるため、インターネット上で法令等を参照できないと、司法アクセス権が著しく制限されるという事情に起因している。このような事情は、ASEANの役割が拡大するにつれて、タイ王国においても生じるであろう。EUにおいて最も進んでいるのはオーストリアの電子政府であり、これについては、Brigitte Barotanyi, Harald Hoffmann and Leszek Kotsch, Austria's Legal Information System (RIS) in View of the R4eGov, in : *Zeichen und Zauber des Rechts,* Bern : Weblaw, 2014, pp. 199-238 を参照。

整備や、民事訴訟法における経済的弱者への配慮などの散発的な救済を除いて、十分な制度設計ができているとは言いがたい。例えば、捜査当局の独立性は憲法においても強調されているところであるが、警察官の汚職は、タイにおいて依然としてアクチュアルかつ深刻な問題である。民事的な部分についても、弁護士サポート支援などを含めて、課題は山積みである。これらの改善は、莫大な資金を必要とし、必然的に大きな政府を要求することから、政治上の問題も生じる。大きな政府の誕生は、北欧諸国のように高税率を前提とするからである。タイ王国が北欧のような高福祉高負担社会を必ずしも目指すべきであるようには思われない。

　第三に、司法アクセス権の理念は、しばしば裁判所の事務処理能力と競合する関係にあるように思われる。司法アクセス権の実現は、詰まるところ司法手続に対して救済を求める人の増加であり、裁判所が適切な処理能力を有さなければ、訴訟遅延などの新たな問題を引き起こすことになろう。この点で、司法制度改革は、司法制度充実へと舵を切らなければならないはずである。けれども、このような拡充もまた莫大な資金を必要とするため、現実的には多大な困難を伴う。例えば、司法基金法においても、保釈金の付与は贈与ではなく保証契約になっており、債務は被告訴人あるいは被告人が直接負担するものとされている。これについて、司法基金が全額負担すべきだという理想論を掲げるのは容易であるが、そのような保釈金の財源がどこから出てくるのかは不明である。

　これらの3点を踏まえた場合、タイ王国における司法アクセス権は、理念的レベルでは十分に確立されているが、実践的レベルでは、まだ着手したばかりであると言える。司法アクセス権は、消極的自由権ではないので、必然的に多くの資金を要求しており、このような財源をどのように確保していくのか、あるいは、司法アクセス権の実現はあくまでも努力目標であると考えて、現在の財源のみで実施していくのか、様々な面からの考察・検討が急務であろう。

参 考 文 献

1　Brigitte Barotanyi, Harald Hoffmann and Leszek Kotsch, Austria's Legal Information System (RIS) in View of the R4eGov, in : *Zeichen und Zauber des Rechts,* Bern : Weblaw, 2014, pp. 199-238.

2　Thailand Arbitration Center〔編〕「仲裁について」(2560年 6 月23日) การอนุญาโตตุลาการ, http://www.tai.coj.go.th/doc/data/tai/tai_1497241345.pdf , 23 มิถุนายน 2560.

3　アナン・ジャンタラオーパーゴン『紛争解決の交渉、調停、和解、仲裁の選択』(バンコク：タマサート大学、2558年)

4　伊藤方一「弁護士過疎対策の取り組み」『自由と正義』63巻3号27-30頁(2012年)

5　稲正樹＝孝忠延夫＝國分典子〔編著〕『アジアの憲法入門』(日本評論社、2010年)

6　上村淳子「高齢者居所への出張相談」『月報司法書士』505号29-31頁(日本司法書士連合会、2014年)

7　上田徹一郎『民事訴訟法〔第6版〕』(法学書院、2009年)

8　宇都宮健児「2011年の活動を振り返りつつ、2012年を展望する」『自由と正義』63巻1号6-7頁(2012年)

9　大村敦志『新基本民法総則編』(有斐閣、2017年)

10　大谷美紀子「国際的な子の奪取の民事上の側面に関する条約」(ハーグ条約)の実施に向けて：法律支援・司法アクセスの観点から『総合法律支援論叢』第4号51-71頁(日本司法支援センター、2014年)

11　岡田博憲「ASEAN諸国における国際財務報告基準(IFRS)の導入モデル：新制度論からのアプローチと今後の展望」『企業会計』66巻11号1722-1728頁(中央経済社、2014年)

12　金子由芳「アジアの災害復興における私権補償と司法アクセス」『国際協力論集』第22巻第2/3号1-42頁(神戸大学大学院国際協力研究科、2015年)

13　北村一郎〔編〕『アクセスガイド外国法』(東京大学出版会、2004年)

14　キッティサック・ポッサティ＝ソムキャット・ワラパニャアーン『民事および商事における管理的正義の発達方法の相応性』(ウィンユーション出版：バンコク、2555年)

15　黒川亨子「法教育担当教員研修の実践と課題」『宇都宮大学教育学部教育実践紀要』第3号81-88頁(宇都宮大学、2017年)

16　鮎京正訓〔編〕『アジア法ガイドブック』(名古屋大学出版会、2009年)

17　江利紅「中国における土地収用制度とその改善に向けた課題(1)」『比較法雑誌』第46巻第4号157-188頁(日本比較法研究所、2013年)

18　後藤昭＝白鳥祐司『新・コンメンタール刑事訴訟法〔第2版〕』(日本評論社、2013年)

19　小林学「民事証拠収集の拡充：中韓の動向を踏まえて」『比較法雑誌』第50巻第1

号 175-199 頁（中央大学、2016 年）
20 佐藤岩夫「総合法律支援法改正の意義と課題」『自由と正義』67 巻 10 号 19-24 頁（2016 年）
21 財務省主計局「司法基金の発展方法および司法基金活動の分析」2559 年 6 号（2560 年 6 月 29 日検索）
22 ソムバット・プルックポンサパット「タイにおける民事管理的司法システムの改革〜国際標準の確立のために」（タマサート大学博士論文 2556 年）
23 ターナンドンタック・バーウォンナンタッグン「司法基金を成立させるべきか否かに関する最終報告」（法務省権利・自由保護局、2560 年 6 月 19 日検索）
24 タイ王国議会「タイ王国における取引仲裁」（2560 年 6 月 24 日）สำนักงานสภาอนุญาโตตุลาการการค้าไทย สภาหอการค้าแห่งประเทศไทย, http://rss.thaichamber.org/rss/view.asp?nid=1169, 24 มิถุนายน 2560.
25 高須順一「「the Champions of Civil Code」としての弁護士の役割」『自由と正義』60 巻 3 号 112-118 頁（2009 年）
26 田中貴紘＝西原国義＝安村禎明＝新田克己「事例を用いた模擬裁判支援システム」『人工知能学会全国大会論文集』3 巻 59 頁（人工知能学会、2003 年）
27 仲尾次洋子「台湾における IFRS の適用」『商経学叢』62 巻 3 号 425-447 頁（近畿大学経営学部、2016 年）
28 中村憲一〔編〕「私たちのシンポ『アジア諸国の司法アクセス：法整備に関する学生のシンポジウム』」『ICD NEWS』54 号 25-29 頁（法務省法務総合研究所国際協力部、2013 年）
29 ナロン・ジャイハン〔監修〕『司法基金のポリシーに関する研究報告：およびタイ南部諸県における紛争の状況にもとづく法律支援のための活動および結果に関するデータとその分析』88 頁（バンコク：ニーオーデジタル出版、2556 年）
30 野口晃弘「国際財務報告基準とイスラム金融」『商学論究』63 巻 3 号 191-205 頁（関西学院大学商学研究会、2016 年）
31 西海学「カナダにおける IFRS 導入の影響に関する一考察」『経営管理研究所紀要』21 号 59-70 頁（愛知学院大学経営管理研究所、2014 年）
32 パシット・ドゥンタウォン「将来の司法裁判における調停人の育成とその展開モデル」『ドゥンラパ』58 年度 1 巻（2554 年）
33 番匠一光（他）「司法アクセスの拡充に向けて〜パネルデータを用いた実証分析〜」（WEST 論文研究発表会、2010 年）
34 ヒョンティシャ・キャット・スク「裁判所における国民の司法アクセス：民事事件における国家の弁護士補助」（タマサート大学法学部修士論文、2554 年）
35 深山卓也〔編著〕『新しい国際倒産法制』（金融財政事情研究会、2001 年）
36 松岡博〔編〕『国際関係私法入門〔第 2 版〕』（有斐閣、2009 年）

37　矢吹公敏＝鈴木多恵子＝上東亘「「アジアにおける司法アクセス」国際会議の開催成果報告」『自由と正義』第63巻4号87-96頁（日本弁護士連合会、2012年）
38　矢吹公敏＝鈴木多恵子「アジアにおける司法アクセスの現状と日弁連の役割：アジア司法アクセス・クアランプール会議報告」『自由と正義』第60巻3号102-111頁（日本弁護士連合会、2009年）
39　山根裕子「環境関連事業と情報開示、市民参加と司法アクセス（上）（下）：オーフス条約とEU加盟国法の相克」『国際商事法務』第42巻3号349-358頁および4号545-554頁（国際商事法務研究所、2014年）
40　ワニダ・ミースィー「弁護士料の事件結果からの算定」（タマサート大学修士論文、2558年）

索　　引

あ行

インターネット法院　346
eディスカバリ　414
オープン・コート　35, 151, 174
オンラインADR　421
オンライン調停　342, 413
オンライン紛争解決　78, 179, 488

か行

クラスアクション　15, 103, 203
クラスアクション基金　217
グループ訴権　281
権利保護保険　259
広域係属訴訟　127
国際訴訟法学会　4

さ行

裁判過程情報公開ネット　344
裁判へのアクセス　269
司法アクセス　33, 149, 243, 283, 363
司法基金法　459
司法行為請求権　7, 241
集合訴訟　15, 226
集団訴訟　340
証券関連集団訴訟　377
消費者団体訴訟　378
審理期限制度　335
人民調停　341
成功報酬契約　195
全面成功報酬契約　25, 85, 236

総合電子訴訟制度　413
訴訟費用保険　199

た行

タイ仲裁センター　487
第三者による訴訟支援　99
第三者による訴訟費用支援　24, 196, 237, 353
代表訴訟　403
団体訴訟　226
仲裁　134, 321, 404
調停　140, 316, 408
デュー・プロセス　38
電子訴訟制度　379

は行

平等な正義　33
ピント法　308
法廷のカメラ公開　72
法律援助　351
法律費用保険　386
法律扶助　24, 90, 191, 237, 278, 384, 425
本人訴訟　40, 79, 257

わ行

和解裁判官　247

執筆者紹介 （執筆順）

（　）はふりがな

大村雅彦（おおむら まさひこ）　　中央大学教授
小島武司（こじま たけし）　　　　中央大学名誉教授
山城崇夫（やましろ たかお）　　　白鷗大学教授
小林　学（こばやし まなぶ）　　　中央大学教授
猪股孝史（いのまた たかし）　　　中央大学教授
萩澤達彦（はぎさわ たつひこ）　　成蹊大学教授
豊田博昭（とよだ ひろあき）　　　広島修道大学特任教授
清水　宏（しみず ひろし）　　　　東洋大学教授
秦　公正（はた きみまさ）　　　　中央大学教授
田中誠人（たなか まこと）　　　　甲南大学教授
町村泰貴（まちむら やすたか）　　成城大学教授
櫻本正樹（さくらもと まさき）　　東洋大学教授
Giorgio Fabio COLOMBO（ジョルジョ・ファビオ・コロンボ）名古屋大学准教授
陳　　剛（ちん ごう）　　　　　　広州大学教授
韓　　寧（かん ねい）　　　　　　桐蔭横浜大学准教授
田　炳西（ジョン ビョンソ）　　　韓国中央大学校教授
平田勇人（ひらた はやと）　　　　朝日大学教授
Naphat SORA-AT（ナパット・ソラアット）タマサート大学助教授

司法アクセスの普遍化の動向

日本比較法研究所研究叢書（116）

2018 年 12 月 11 日　初版第 1 刷発行

編　者　大村雅彦
発行者　間島進吾

発行所　中央大学出版部

〒 192-0393
東京都八王子市東中野 742-1
電話 042(674)2351・FAX 042(674)2354
http://www2.chuo-u.ac.jp/up/

Ⓒ 2018　Masahiko Omura　ISBN978-4-8057-0816-3　㈱千秋社

本書の無断複写は，著作権法上での例外を除き，禁じられています。
複写される場合は，その都度，当発行所の許諾を得てください。

日本比較法研究所研究叢書

#	著者	タイトル	判型・価格
1	小島武司 著	法律扶助・弁護士保険の比較法的研究	Ａ５判 2800円
2	藤本哲也 著	CRIME AND DELINQUENCY AMONG THE JAPANESE-AMERICANS	菊判 1600円
3	塚本重頼 著	アメリカ刑事法研究	Ａ５判 2800円
4	小島武司／外間寛 編	オムブズマン制度の比較研究	Ａ５判 3500円
5	田村五郎 著	非嫡出子に対する親権の研究	Ａ５判 3200円
6	小島武司 編	各国法律扶助制度の比較研究	Ａ５判 4500円
7	小島武司 著	仲裁・苦情処理の比較法的研究	Ａ５判 3800円
8	塚本重頼 著	英米民事法の研究	Ａ５判 4800円
9	桑田三郎 著	国際私法の諸相	Ａ５判 5400円
10	山内惟介 編	Beiträge zum japanischen und ausländischen Bank- und Finanzrecht	菊判 3600円
11	木内宜彦／Ｍ・ルッター 編著	日独会社法の展開	Ａ５判（品切）
12	山内惟介 著	海事国際私法の研究	Ａ５判 2800円
13	渥美東洋 編	米国刑事判例の動向Ⅰ	Ａ５判（品切）
14	小島武司 編著	調停と法	Ａ５判（品切）
15	塚本重頼 著	裁判制度の国際比較	Ａ５判（品切）
16	渥美東洋 編	米国刑事判例の動向Ⅱ	Ａ５判 4800円
17	日本比較法研究所 編	比較法の方法と今日的課題	Ａ５判 3000円
18	小島武司 編	Perspectives on Civil Justice and ADR : Japan and the U. S. A.	菊判 5000円
19	小島・渥美・清水・外間 編	フランスの裁判法制	Ａ５判（品切）
20	小杉末吉 著	ロシア革命と良心の自由	Ａ５判 4900円
21	小島・渥美・清水・外間 編	アメリカの大司法システム(上)	Ａ５判 2900円
22	小島・渥美・清水・外間 編	Système juridique français	菊判 4000円

日本比較法研究所研究叢書

23	小島・渥美・清水・外間 編	アメリカの大司法システム(下)	A5判 1800円
24	小島武司・韓相範 編	韓国法の現在(上)	A5判 4400円
25	小島・渥美・川添・清水・外間 編	ヨーロッパ裁判制度の源流	A5判 2600円
26	塚本重頼 著	労使関係法制の比較法的研究	A5判 2200円
27	小島武司・韓相範 編	韓国法の現在(下)	A5判 5000円
28	渥美東洋 編	米国刑事判例の動向Ⅲ	A5判 (品切)
29	藤本哲也 著	Crime Problems in Japan	菊判 (品切)
30	小島・渥美・清水・外間 編	The Grand Design of America's Justice System	菊判 4500円
31	川村泰啓 著	個人史としての民法学	A5判 4800円
32	白羽祐三 著	民法起草者 穂積陳重論	A5判 3300円
33	日本比較法研究所 編	国際社会における法の普遍性と固有性	A5判 3200円
34	丸山秀平 編著	ドイツ企業法判例の展開	A5判 2800円
35	白羽祐三 著	プロパティと現代的契約自由	A5判 13000円
36	藤本哲也 著	諸外国の刑事政策	A5判 4000円
37	小島武司他 編	Europe's Judicial Systems	菊判 (品切)
38	伊従寛 著	独占禁止政策と独占禁止法	A5判 9000円
39	白羽祐三 著	「日本法理研究会」の分析	A5判 5700円
40	伊従・山内・ヘイリー 編	競争法の国際的調整と貿易問題	A5判 2800円
41	渥美・小島 編	日韓における立法の新展開	A5判 4300円
42	渥美東洋 編	組織・企業犯罪を考える	A5判 3800円
43	丸山秀平 編著	続ドイツ企業法判例の展開	A5判 2300円
44	住吉博 著	学生はいかにして法律家となるか	A5判 4200円

日本比較法研究所研究叢書

45	藤本哲也 著	刑事政策の諸問題	A5判 4400円
46	小島武司 編著	訴訟法における法族の再検討	A5判 7100円
47	桑田三郎 著	工業所有権法における国際的消耗論	A5判 5700円
48	多喜寛 著	国際私法の基本的課題	A5判 5200円
49	多喜寛 著	国際仲裁と国際取引法	A5判 6400円
50	眞田・松村 編著	イスラーム身分関係法	A5判 7500円
51	川添・小島 編	ドイツ法・ヨーロッパ法の展開と判例	A5判 1900円
52	西海・山野目	今日の家族をめぐる日仏の法的諸問題	A5判 2200円
53	加美和照 著	会社取締役法制度研究	A5判 7000円
54	植野妙実子 編著	21世紀の女性政策	A5判 (品切)
55	山内惟介 著	国際公序法の研究	A5判 4100円
56	山内惟介 著	国際私法・国際経済法論集	A5判 5400円
57	大内・西海 編	国連の紛争予防・解決機能	A5判 7000円
58	白羽祐三 著	日清・日露戦争と法律学	A5判 4000円
59	伊従・山内・ヘイリー・ネルソン 編	APEC諸国における競争政策と経済発展	A5判 4000円
60	工藤達朗 編	ドイツの憲法裁判	A5判 (品切)
61	白羽祐三 著	刑法学者牧野英一の民法論	A5判 2100円
62	小島武司 編	ＡＤＲの実際と理論Ⅰ	A5判 (品切)
63	大内・西海 編	United Nation's Contributions to the Prevention and Settlement of Conflicts	菊判 4500円
64	山内惟介 著	国際会社法研究 第一巻	A5判 4800円
65	小島武司 著	CIVIL PROCEDURE and ADR in JAPAN	菊判 (品切)
66	小堀憲助 著	「知的(発達)障害者」福祉思想とその潮流	A5判 2900円

日本比較法研究所研究叢書

67	藤本哲也 編著	諸外国の修復的司法	Ａ５判	6000円
68	小島武司 編	ＡＤＲの実際と理論Ⅱ	Ａ５判	5200円
69	吉田　豊 著	手付の研究	Ａ５判	7500円
70	渥美東洋 編著	日韓比較刑事法シンポジウム	Ａ５判	3600円
71	藤本哲也 著	犯罪学研究	Ａ５判	4200円
72	多喜　寛 著	国家契約の法理論	Ａ５判	3400円
73	石川・エーラース・グロスフェルト・山内 編著	共演　ドイツ法と日本法	Ａ５判	6500円
74	小島武司 編著	日本法制の改革：立法と実務の最前線	Ａ５判	10000円
75	藤本哲也 著	性犯罪研究	Ａ５判	3500円
76	奥田安弘 著	国際私法と隣接法分野の研究	Ａ５判	7600円
77	只木　誠 著	刑事法学における現代的課題	Ａ５判	2700円
78	藤本哲也 著	刑事政策研究	Ａ５判	4400円
79	山内惟介 著	比較法研究　第一巻	Ａ５判	4000円
80	多喜　寛 編著	国際私法・国際取引法の諸問題	Ａ５判	2200円
81	日本比較法研究所 編	Future of Comparative Study in Law	菊判	11200円
82	植野妙実子 編著	フランス憲法と統治構造	Ａ５判	4000円
83	山内惟介 著	Japanisches Recht im Vergleich	菊判	6700円
84	渥美東洋 編	米国刑事判例の動向Ⅳ	Ａ５判	9000円
85	多喜　寛 著	慣習法と法的確信	Ａ５判	2800円
86	長尾一紘 著	基本権解釈と利益衡量の法理	Ａ５判	2500円
87	植野妙実子 編著	法・制度・権利の今日的変容	Ａ５判	5900円
88	畑尻　剛・工藤達朗 編	ドイツの憲法裁判　第二版	Ａ５判	8000円

日本比較法研究所研究叢書

89	大村雅彦 著	比較民事司法研究	A5判 3800円
90	中野目善則 編	国際刑事法	A5判 6700円
91	藤本哲也 著	犯罪学・刑事政策の新しい動向	A5判 4600円
92	山内惟介 ヴェルナー・F・エブケ 編著	国際関係私法の挑戦	A5判 5500円
93	森 勇 米津孝司 編	ドイツ弁護士法と労働法の現在	A5判 3300円
94	多喜 寛 著	国家（政府）承認と国際法	A5判 3300円
95	長尾一紘 著	外国人の選挙権 ドイツの経験・日本の課題	A5判 2300円
96	只木 誠 ハラルド・バウム 編	債権法改正に関する比較法的検討	A5判 5500円
97	鈴木博人 著	親子福祉法の比較法的研究Ⅰ	A5判 4500円
98	橋本基弘 著	表現の自由 理論と解釈	A5判 4300円
99	植野妙実子 著	フランスにおける憲法裁判	A5判 4500円
100	椎橋隆幸 編著	日韓の刑事司法上の重要課題	A5判 3200円
101	中野目善則 著	二重危険の法理	A5判 4200円
102	森 勇 編著	リーガルマーケットの展開と弁護士の職業像	A5判 6700円
103	丸山秀平 著	ドイツ有限責任事業会社（UG）	A5判 2500円
104	椎橋隆幸 編	米国刑事判例の動向Ⅴ	A5判 6900円
105	山内惟介 著	比較法研究 第二巻	A5判 8000円
106	多喜 寛 著	STATE RECOGNITION AND *OPINIO JURIS* IN CUSTOMARY INTERNATIONAL LAW	菊判 2700円
107	西海真樹 著	現代国際法論集	A5判 6800円
108	椎橋隆幸 編著	裁判員裁判に関する日独比較法の検討	A5判 2900円
109	牛嶋 仁 編著	日米欧金融規制監督の発展と調和	A5判 4700円
110	森 光 著	ローマの法学と居住の保護	A5判 6700円

日本比較法研究所研究叢書

111	山内惟介 著	比較法研究 第三巻	A5判 4300円
112	北村泰三・西海真樹 編著	文化多様性と国際法	A5判 4900円
113	津野義堂 編著	オントロジー法学	A5判 5400円
114	椎橋隆幸 編	米国刑事判例の動向Ⅵ	A5判 7500円
115	森　勇 編著	弁護士の基本的義務	A5判 6300円

＊価格は本体価格です。別途消費税が必要です。